〔社科基地重大项目综合性成果

民俗文化遗产丛书〕董晓萍 主编

数字

钟敬文工作站

SHUZI ZHONGJINGWEN GONGZUOZHAN

董晓萍 赖彦斌 吕红峰 马 磊 鞠 熙 著

北京师范大学出版集团
BEIJING NORMAL UNIVERSITY PUBLISHING GROUP
北京师范大学出版社

图书在版编目（CIP）数据

数字钟敬文工作站／董晓萍主编.—北京：北京师范大学出版社，2009.9（2010.6重印）

（数字民俗文化遗产丛书）

ISBN 978-7-303-09785-2

Ⅰ．数… Ⅱ．董… Ⅲ．数据库－应用－民俗学－研究－中国 Ⅳ.K892-39

中国版本图书馆 CIP 数据核字(2008)第 207384 号

营 销 中 心 电 话	010-58802181 58808006
北师大出版社高等教育分社网	http://gaojiao.bnup.com.cn
电 子 信 箱	beishida168@126.com

出版发行：北京师范大学出版社 www.bnup.com.cn

北京新街口外大街 19 号

邮政编码：100875

印　　　刷：	北京联兴盛业印刷股份有限公司
经　　　销：	全国新华书店
开　　　本：	170 mm × 230 mm
印　　　张：	19.75
插　　　页：	34
字　　　数：	326 千字
版　　　次：	2009 年 9 月第 1 版
印　　　次：	2010 年 6 月第 2 次印刷
定　　　价：	46.00 元

审图号：GS(2008)2626 号

策划编辑：赵月华	责任编辑：毛　佳
美术编辑：高　霞	装帧设计：大象设计＋吴传友
责任校对：李　菡	责任印制：李　啸

丛书总序

董晓萍

中国民俗文献史及数字化管理系统

钟敬文先生是中国民俗史和民俗学史领域的开基宗师，"中国民俗文献史及数字化管理系统"是其中青年后学团队接续衍生的科研项目，本丛书是该项目成果的组成部分。[①]

一、基本思路

现在讨论中国民俗文献史，有两种理念。首先，从历代文献中剥离民俗资料而成史，这是一项不可逾越的基础工作，它主要是由前辈学者完成的。钟先生晚年提出中国民俗学派学说时，已对它的独立意义和学术价值作了总结。20 世纪以来，在海外汉学界，已有康德谟（Max Kaltenmark）、谢和耐（Jaques Gernet）、杜德桥（Glen Dudbridge）、欧达伟（R. David Arkush）、石泰安（Rolf A. Stein）和劳格文（John La-

---

① 中国民俗文献史项目的研究，与另外两个中法国际合作项目"北京寺庙碑刻与社会史"和"传统行业技术与社会网络"结合进行，法国学者吕敏（Marianne Bujard ）和蓝克利（Christian Lamouroux）教授分别为两个项目的法方主持人，我任北京师范大学合作方的主持人。本丛书的几位作者鞠熙、周锦章、舒燕、赖彦斌和吕红峰等先后参加了合作项目，担任研究生助手，并曾得到两位学者的指导，特此说明并致谢。

gerwey)等一批学者,① 研究我国先秦至民国时期的历史文献，找到了讨论中国民俗社会和民间小人物的不少好课题，他们都从国际学坛呼应了我国民俗学者的工作，有的还与钟先生有过学术接触。这批中外学者的一大成就，就是在民俗史料的发掘和研究上筚路蓝缕，建立了它的资料系统和一套处理资料的方法，将之变成学问。他们的著作不仅对我国民俗学有启发，也在我国文学、艺术、宗教和哲学等研究领域里产生了广泛的影响。

其次，按照民俗事象的自身观念和行为系统建史。按照这个理念，学者要对民俗本身的资料形式和内容含义加以描述和研究，而不是仅仅依据历史文献去做民俗史。它不是在前人的工作之外另起炉灶，而是在前人打地基之后进行工作，前人的成果是它须史不可忽视的学术史。从资料上说，我国也历来存在着历史文献与口头传统交叉互渗的事实，完全脱离历史文献建民俗史是空谈；从民俗学的方面看，依靠口头传统资料去写民俗文章是可以的，但若建"史"，也还是不科学的做法。本丛书在前期研究和现实准备的基础上，在将两者汇合的条件比较成熟的情况下，重新界定民俗史的概念，主要是以民俗自身的观念、解释、结构、分类和功能系统为主体，在现代民俗学的理论框架下，审视历史文献中的民俗记载和现实田野作业中的民俗记录两者，建设以民俗学研究目标为主的、历史文献与民俗志相结合的民俗史。它区别于次生于历史文献的民俗史，也区别于单纯强调口头传统的民俗史。它在新理念的框架下，根据我国实际，将文献与口头资料综合起来建史，故称"民俗文献史"。

在工作过程中，我们尝试解决三个问题，以使这一研究形成完整思路。

第一，分期与分类。建史，一个不可回避的问题是分期。但是，从原则上说，民俗是不能按照历史文献的分期法去分期的。所谓唐代的民俗不等于隋代没有，老百姓也不是按照历史朝代去考虑该不该传承包饺子和祭祖宗的民俗的。给民俗事象做历史分期是学者的想像，它能满足于学者的书面阅读习惯和传统治学方法，却不适合于在人生文化和社会整合中代代传递的民俗。民俗是一种对人类利用自然和文化的观念与行为产生连续影响的人文现象，是连续同一体文化，历史性是它获得学术权威性的策略，它在本质上又是日常形式的动

---

① 西方学者研究中国文献并涉及中国民俗资料的，例如：[英]杜德桥(Glen Dudbridge)《妙善传说》(*The Legend of Miao-shan*)，London：Ithaca Press, 1978。[美]欧达伟(R. David Arkush)《中国民众思想史论》，董晓萍译，北京，中央民族大学出版社，1995。[法]龙巴尔(Denys Lombard)、李学勤主编：《法国汉学》(第一辑)，北京，清华大学出版社，1996。《法国汉学》丛书编辑委员会编：《法国汉学》(第二编)，北京，清华大学出版社，1997。[法]劳格文(John Lagerwey)主编：《客家传统社会》，北京，中华书局，2006。

态文化，以传统而时尚的方式传承，所以才能代代抓人，这与正史中的历史人物和历史事件所追求的静态文化性质不同。与民俗史不同的是，民俗学史的研究可以分期，但这种分期也是要极其谨慎的，要建立使用历史文献的原则和正确的分析方法，否则就会假学者之手，把民俗的形式和本质给割裂了。从前从历史文献中剥离民俗的某些做法，把民俗变成了静态历史，也殃及民俗学史。在本次研究中，试图改变这种状况。我们并不忽略民俗学史的历史遗产，但在建设民俗史中，主要在从历史文献中钩稽民俗记载时，还做到补充和完善以下三点：①列出围绕被认定民俗要籍的其他文献要目，包括反映社会上下文的文献，以及文学、农学、哲学、宗教学和语言学等相关史料，形成整体文献系统；②补充历史上已形成的民俗文体文献，如"风土记"、"岁时记"、"志怪"笔记、"水利簿"、"人物志"、"竹枝词"和"俚言解"等，按照这种民俗文体的原有分类，进行跨历史的纵向归纳、描述和分析；③将以上两种文献综合观察，描述和分析我国民俗文献的形成方式、文献化过程、解释价值和社会功能。再按民俗分类，并根据现代民俗学的基本问题，设题成史。以往的民俗史已有通史或断代史，但它们缺乏对分期和分类的差异的认识和讨论，没有建立搜集、使用历史文献和民俗文体文献的各自原则和综合分析方法，缺乏对社会上下文和相关学科史料的交代，这是不够的。本次研究希望在这些方面有所突破和改进。

第二，恢复民俗社会研究目标。做我国的民俗文献史，需要有比较明确的学术目标，不能为民俗而民俗，或为文献史而文献史。没有学术目标的建史，即便另有想法，也不会对学术发展真正有所增益。本次研究是要恢复一个民俗社会的结构框架，讨论在民俗社会的结构中民俗文献的内涵和价值，而这正是从历史上到现在的学者都关心的问题。进一步说，我们要尝试解释民俗文献史中的一些基本问题，如在民俗社会中历史文献被使用的意义，口头传统与文字文化的复杂关系，民俗被地方文献化的过程和利用途径等。我们还试图说明历史文献记载中的人、事原型，与民俗文献中的自然、人和社会的原型，以及在现代社会条件下被唯物主义地解释的人、事与自然风物资料三者的关系等。总之，通过这类努力，揭示我国不同历史时期、不同层次的文献文化现象，指出民俗文献的生命力。

第三，避免海量信息垃圾。在现代民俗学的理论方法下研究民俗文献史，不仅有历史文献和口头资料两个庞大系统，还要对它们的分类方法、使用原则、描述逻辑进行分析、从资料中提取民众知识专题库，所获信息是海量的。如果不控制信息容量而上手开工，项目结项就是天方夜谭。在解决这个问题上，计算机的数据库技术和GIS技术等给我们帮了大忙。本项目的全称是"中国民俗文献史及数字化管理系统"，其中后半句的"数字化管理系统"含义指此。数字化可以促成更优胜的分类逻辑和储存理念，不仅能给信息文本减肥，还能给学者节省大量的时间，加快研究进度，并能将预期成果在数字运行环境下演示再现，形成新的研究平台，好处不少。当然，要使这种理工科技术在文科使用得当，还要进行专门的研究探索。在本次研究中，我们就做了其他两个相关的项目，以寻找"民俗文献史"与"数字化系统管理"的最佳结合点：一是针对历史文献中的民俗辑录作数字化，目前已从历代地方志切入，搜集传统节日史料，建立节日民俗文献数据库；一是针对民俗文献和口头传统中都稳定存在的故事记录作数字化，重点从20世纪钟敬文先生等前辈的故事研究著述和使用资料切入，建成中国故事集成县卷本基本词数据库；现在这两个项目的完成，都为本丛书的整体成型支付了成本，也作了必要的积累。事实证明，只要文本研究扎实，再借助数字化，数字化就能给文本研究插上翅膀。

二、突破点

中国民俗文献史的研究和数字化管理工作，在理论和实践上突破了一些难题，可以促进现代民俗学的基础理论建设及应用研究。

在理念上，钟敬文先生所倡建的中国民俗学派理论是本次研究的重要支撑，但这个草图还需要后学去充填。在本次研究中，通过对我国民俗文献史的系统搜集、整理、研究，扩大了以往民俗史的研究领域，还可以为加强民俗学史的建设打底。这有助于进一步发展钟先生的学术设想，丰富中国民俗学派的内涵。在本丛书中，《数字钟敬文工作站》一书对此作了详细阐释。

在体例上，以往民俗学界做民俗史，主要根据文人文字记录对民俗史料作分期、分类和分门别类的解释。中国民俗文献史突破了这一模式，引入了民俗文献的概念，根据民俗文献被民众理解和民俗社会应用的实际，作重新分类和学术解释。另一方面，本次研究也指出，在民俗记载上，文字文献与民俗文献之间具有共同点，也有差异面和多层次的区分，在新的分类体例下，对它们可以作更精细的研究。

在资料上，本次研究有三个关注点。首先，历史上的文人文献有对民俗的情感、直觉和"当时性"的描绘，并累世汇集成了由无数个"当时性"片段组成的地方史，在后人无法对历史民俗现象作田野调查之处，它们都成为后人认识民俗史的第一手资料，这点是与上层正史不同的。在研究和撰写中国民俗文献史中，我们指出，任何文献都是识字阶层参与的结果，因此需要指出历史上的文人观念和现代学者观念对造成民俗文献的作用。我们还应力求对上述资料作出比较全面的梳理和批评，以说明中国民俗文献被记录和保存的内在规律，探求民俗文献形成和流传的本质。其次，对有些民俗文献，如有条件作田野作业，可以开展田野调查，这样往往会得到其他收获，至少可以看到现实社会中历史文献被保存下来的民俗观念的传承变迁和现实应用活动，有利于将文字中看不到的民俗含义揭示出来。再次，对民俗社会的口头传统资料也要保持距离。它们固然传了民俗信息，但也要看到它们受到地方化过程的限制，又被选择在现代社会条件下作解释，以及由此发生的变化；要指出它们在地方运作的鲜活资料，帮助读者看到民俗文献能"活"下去的理由。本丛书基于上述思考，将历史文献中的民俗记载、民俗文体文献和田野资料共同搜集，整体研究，这种工作迄今少见。

三、方法与方案

本丛书对以往民俗学的方法论扬长避短，在新理念的指导下，采用了民俗分类、整体观照和数字管理的新方法开展工作；在方案上，采用"建库"、"建志"和"建个案"的三步并综合进行。

"建库"，指"建学术史库"。在各子课题中，对该子课题所涉及的前辈学者研究问题和前人所使用的资料，尽可能地搜集、整理和研究。由于前人没有从本次研究的角度作工作，故各子课题所实际涉及的资料其实并不是过多的，而是可以被控制的。同时，各子课题也注意国际同行对相关民俗文献的主要理论争论和最新研究成果，并在这一部分中，有所对话或讨论。

"建志"，指"建民俗文献志"，或子课题所研究的"民俗志分类专题库"。它包括在该分类事象上的历史文献记载、口述史、民间碑刻、民间行业、民间技术会章和民间社会组织史料等，作者要将它们建成大体完整的专题民俗志系统。在这方面，还要考虑我国民俗在不同地区和不同民族的多元性，所以该库的范围要限定在特定地区和特定民族内。在描述和研究上，还要与相关学术史问题进行观照。例如，在《数字行业民俗志》一书中，就对传统手工行业的民俗文献和现代传承的基本问题作了研究。

"建个案"，指各子课题在对田野个案点的调研基础上，完成资料系统的建设和研究。个案点的选择，应该是将学术史、民俗分类专题库和田野作业资料贯穿起来的地点。当然，不是所有学术史上讨论的历史文献都能找到对应的个案，也不是所有民俗分类专题库的资料都要作田野调查，更不是现在热闹的民俗地点就适合成为个案。本丛书所选择的个案点是历史成就、现实价值和未来意义的统一体。例如，在《数字碑刻民俗志》中，便根据明清碑刻铭文的线索，对照民俗分类调查资料，同时根据地方政府保护非物质文化遗产名录中的民俗遗产地点，确定了猪行、纸行等个案。

在理论呈现上，本次主要开发了 WebGIS 自带数据库，辅助民俗的文献储存、管理和研究。在各册书的撰写中，还都增加了数字辞典，也有的编制了数字民俗地图，形成了较为完整的数字化管理系统。仅以数字辞典为例，由于民俗文献史的内容涉及面广、文献保存介质复杂、学术史问题多、个案时间跨度大和民间用语极为丰富等，在撰写著作中，很容易出现驾驭失控、成果散包，或者失去目标的问题，为了克服这些弊病，我们在每本书中都做了数字辞典，附在书后，供读者查询。数字辞典的功能有三：一是管理各书及其子课题的民俗文献编制目录、搜索引擎和民俗分类表述系统；二是介绍各书所使用的主要概念、专业术语、历史文献提要、民间用语的含义，防止因子课题中的历史词语、现代概念、项目术语和民间语汇混合共用，所可能出现的歧义纷纭的弊病，也避免将不同性质、不同时期和不同介质的文献放在一起讨论，所可能产生的概念交叉和理论界定不统一的毛病；三是说明各书的资料和理论的整体结构系统和研究方法。各书的数字辞典数量不一，视研究内容而定，如在《数字钟敬文工作站》中，附有三个数字辞典，即中文版辞典、英文版辞典和书库数字辞典，在《数字碑刻民俗志》和《数字行业民俗志》等其他著作中，也各有一个数字辞典。①

四、成果要目

本丛书是综合性系列著作，总称"数字民俗文化遗产丛书"。它们在成果性质上，都是中国民俗文献史研究的分类著作；在成果形式上，都是纸介著作、田野报告和数字辞典(或数字民俗地图)的三合一，整体成史。

还有一部分民俗文献史的子课题，侧重学术史上的基本问题，研究专题民俗文献史。但它们不是做以往民俗史上的断代史或通史，而是尝试根据研究对象的不同，侧重梳理前人工作，补充搜集、整理和研究相关民俗文献，辅以口述史访谈和数据库，形成独立成果，例如：《抗日战争和稍后时期的民俗文献史：1937—1949》，② 以及《建国初十年民俗文献史：1949—1959》，③ 其他专题民俗文献史著作也将陆续完成。

中国民俗文献史的研究目前还只是"纲要"，后面还有很多科研工作要做。但仅就已完成的成果看，它的意义是明显的：在理论上，它能使学界同行和国人对我国民俗文献之博大精深增加认识；在社会环境上，它从调查、研究到撰写，都已不可避免地与我国正在开展的非物质文化遗产保护工作和国家文化软实力战略建设发生联系，这些背景给我们以激情和后劲。

---

① 本丛书的《数字碑刻民俗志》和《数字行业民俗志》两册在出版时，限于字数，其数字辞典原文未刊，将另行出版，但这两册书都保留了数字辞典的方法讨论和方案设计内容，以保持成果的完整性。

② 庞建春：《抗日战争和稍后时期的民俗文献史：1937—1949》，打印稿，2005。

③ 黎敏：《建国初十年民俗文献史：1949—1959》，北京，中国文史出版社，2008。

目　录

第一单元　生平传记组图

图 1　钟敬文学术传记数字地图(1923～2002 年)

表 1　钟敬文学术传记数字地图(1923～2002 年)基本信息表

图 1.1　钟敬文学术传记数字地图动画区释例图(1923～2002 年)

图 1.2　钟敬文学术传记数字地图数据库释例图(1923～2002 年)

图 2　钟敬文生平游历数字地图(1903～2002 年)

表 2　钟敬文生平游历数字地图(1903～2002 年)基本信息表

图 2.1　钟敬文生平游历数字地图动画区释例图(1903～2002 年)

图 2.2　钟敬文生平游历数字地图数据库释例图(1903～2002 年)

图 2.3　钟敬文生平游历数字地图后台资源研究释例图(1903～2002 年)

第二单元　学术著述组图

图 3　钟敬文使用民俗学资料区域分布数字地图(1922～2002 年)

表 3　钟敬文使用民俗学资料区域分布数字地图(1922～2002 年)基本信
　　　息表

图 3.1　钟敬文使用民俗学资料区域分布数字地图动画区释例图
　　　(1922～2002 年)

图 3.2　钟敬文使用民俗学资料区域分布数字地图 GIS 工具条释例图

第三单元　高校教育组图

绪 论

在 20 世纪中后期，名校名师现象受到注意。在知名学府的常青藤中，名校和名师循环往复地打造上层精英，形成了持续的社会影响。

经济全球化以后，媒体工业进入我国，媒体人以现代工业化的概念、技术和速度，打进大学圈，以学问为媒质，生产流行产品，使部分学问的影响发生了新闻爆炸力。

不过，在中国这样一个文明古国中，大学排名也好，名校名师打造也好，媒体干预也好，学人与社会的互动，脱离了治学之所联系的国家社会主流，脱离了学人之所必需的厚德载物，脱离了新锐思想观点之所依托的博大精深学术体系，这种学与用的互致影响，又都将是行之不远的。

进入现代化时期以后，我们还需要思考另外的问题，就是学人影响社会的理念和成果。远的不说，仅从大学文科说起，以往这类营造，在共性上无非两点：一是创造学术环境，二是出书。但创造学术环境也有两重性：它既是知识精英的特训基地，也容易造成对外界社会环境的脱离；出书也有两面性：它既能保存少数人的书面成果，也能损失大多数人的非书面传承的无量功德和行为智慧。就某些自然科学和社会科学来说，以其性质和目标，也许尚能在两者的利弊之间有所补救；但对民俗学这种人文科学来说，一味追求如此，就要得失参半了，因为民俗学是与社会整体文化模式和非书面传承距离最近的科学。

在国际同行中，大都在试图解决这些问题。从 20 世纪 60 年代起，民俗学者花了三十多年的功夫，靠近人类学，吸收它的细部个案思想；也靠近社会学，吸收它的社会运行理论研究和方法，民俗学由此得到充实。从此，民俗学者对内部文化模式的解释，不再局限于历史的"文化惊奇"和现实的"祖先遗产"，而是要揭示超历史的民俗模式和跨文化的民俗交流对整个人类社会持续运行的意义。但这种整体拉网行动带回了海量民俗信息，也让民俗学者棘手。民俗学者总是勤奋的学者，他们背负行囊走进非书面传承的庞大世界，同时又要对被书面文化控制已久的金科玉律作挑战；而民俗学的对象，在世界不同地区、不同民族、不同文化之间，还长期存在着种种不平等，这又使民俗学的研究目标有时是复杂的：这时已不仅是民俗学本身的问题，还有政治、经济和现代教育等因素在起作用。而当这些因素结合在一起的时候，民俗学也会很难处理。因此，在全球化和现代化的社会，民俗学在思路和表达上的创新就显得尤为重要。在这一层意义上说，处理海量信息，也要在尊重文化平等的前提下进行。数字化，正好提供了解决这类问题的新工具，包括它的理念和产品。

本书所要阐述的钟敬文工作站，正是将民俗学与数字化相结合所完成的一项探索性成果。在这里，数字化，已不是原来的技术名词，而被纳入应用民俗学知识体系中，成为现代大学遗产的理念构成，也成为民俗学的社会公共教育产品。在北京师范大学的民俗学专业中，它还被列入"文化项目"的方向，启动了研究生培养模式的改革，也丰富了人文科学国家项目的成果形式。

在本成果中，主要以先师钟敬文先生为典范，把先师所毕生献身的高层建设的民俗学学说，转化为现代大学遗产；所高度凝练的非书面传统研究精华，开发为社会公共财富；所高尚境界化的学术命题，从国际国内学界被困扰的难关，转化为有高分析含量的习题样本。我们重点以数字环境、数字整合和数字拉链为概念，以符合民俗学研究目标的数字技术路线为方案，以名师网所为概念成果，以数字名师地图为应用产品，建成个性化的现代民俗学研究专家系统，同时面向热爱民俗文化的读者，按照他们不同层次的需求，提供可分级播放的数字传播版。先师一生秉持"人民学者"的信念，我们愿意借此促进他的这种伟大信念和思想学说继续传承。

一、数字环境

在学者影响社会的过程上，2006年，我曾应《北京师范大学学报》之邀，写过一篇文章，主要谈先师的贡献，讨论的范围限于纸介成果。兹就相关部分略作摘述。

大学学报的角色是以大学学报为阵地，通过对大学作者学术成果的选刊，特别是与学科带头人的深入接触，对大学产生的具有重大学术价值和长远社会意义的成果加以推介。北师大学报与北师大民俗学国家重点学科的联系，是由钟敬文教授生前建立的，民俗学的文化影响很大，价值不容低估，但它不是学术大户，学报与民俗学科的联系，还促进了北师大民俗学在大学圈中影响的扩大，并对北师大民俗学的特色建设、标准的坚持和传统的延续，起到了不可替代的作用。

北师大民俗学科与钟敬文教授学说有一脉相承的关系。迄今为止，学报已刊载钟先生在1949年以后阐述民间文艺学和民俗学核心学说的各种论文，内容涉及继承和弘扬民族文化遗产、开辟民间文艺学史和民俗学史、设置大学民间文学和民俗学的课程、与苏联、日本和其他欧美理论界的对话、发展民俗文化学、建立民俗学的中国学派等。它们一经发表，都曾对当时国内民间文学和民俗学运动起到指导作用，也产生过相当的国际影响。①

先师本人不搞数字化。在他生前的时代，数字化虽已兴起，但对一般民俗学者来说，还仅是一种自然科学技术。到撰写此文时，北京师范大学民俗学专业已开展数字化三年，这是因为后来的学术条件发生了变化。在先师身后，国际同行和国内高校文理科专业，都出现了数字化的氛围，一些可参考的外围工作已经铺开。对北京师范大学民俗学专业这种长期以培养研究生高级专业人才为对象的学科点来讲，接受和利用数字化，主要还是从对民俗学基础研究与社会应用的根本推进意义上思考的。数字化带来了一些全新的认识，其中之一是"数字环境"的概念。本专业在建设数字环境中，从头到脚地自我更新，并在整体学术推进与师生团队合作锻炼中，提升了对先师学术文化思想及其社会成就的理解，我们随之动手创建了数字钟敬文工作站。

从学科整体发展角度建设钟敬文工作站，要抓紧核心问题。主要是将钟先生的理论成就和人文学术资源的纸介传播优势，转化为数字传播优势。在国内外同行尚未解决的民俗海量信息储存和民俗人文成果评价标准的共同难题中，以中国民俗学为例，尝试走出自己的解决道路。应根据钟先生学术文化学说和中国民俗学的实际，以国际前沿、国内空白、政府提倡、社会急需和民间关注的课题为选题原则，发挥北京师范大学文理资源综合、大学与政府有长期合作基础和民俗学国家老牌重点学科的积累优势，在较短的时间内，完成数字民俗资源的原始积累，跨越外界同行将数字博物馆和数字典藏库分开建设的漫长时期，直接进入两者整合建设，把钟先生的精神文化遗产转化为社会公共财富。

中国是世界上出书最多的国家之一，也是数字信息资源大国，但首先是纸介著述大国。我们所从事的数字环境建设，是始终与纸介成果相参照进行的，对著作等身的先师更是如此。

所谓数字环境，有两层含义。一是外部含义，指开展数字民俗研究所需要的数字仪器、数字氛围、数字技术、数字项目团队和数字产品等硬件部分；二是内部含义，指恢复重建民俗生态社会的数字运行环境，再现民俗传承和民俗时空运作的历史价值和社会现实意义。在现代化和全球化下很多传统民俗生态环境遭到破坏或消失后，这种数字运行环境的建设就变得更为迫切和更有价值。在数字化工程中，民俗学者也在数字环境下，发展数字民俗的概念群，发

---

① 董晓萍：《大学圈中的学报效应》，载《北京师范大学学报》，15页，2006(5)。

展出民俗学的新概念，解决民俗学的学术困扰问题，开发民俗学的新产品。

数字环境所给我们提供的东西，不是个别专篇或主题的叶片枝杈，而是根深叶茂好大一棵树；不是静态文字，而是可以恢复整体运行的、活起来的思想和行动；不是单一项目和单层思想，而是多步骤方案和多层成果迭进的整体呈现系统。这种数字环境所能做的搭建，是有序的网状结构，为纸介著作的线性认知效果所无法比拟。对一位学术宗师来讲，很显然，适合在数字环境中被娓娓陈述。

二、数字整合

不是所有民俗学名师的成就都适合数字化的。数字化的得益之处，一般民俗学者可能认为，除了构建民俗信息系统，还能虚拟，即能把人们用肉眼无法观察的民俗传承过程予以再现，再把学者研究民俗传承的核心命题时所看不见的思维活动和论证过程复写出来。但是，从建立钟敬文工作站的目标来讲，这些还都是远远不够的。

所谓数字整合，指以数字化的现代手段，研究民俗学名师的生平学说数据，按其人文属性和数字逻辑，建立元数据和数据集，进行时空框架内的数据整合，演示名师与社会主流文化建设共进的史实。重点组建研究先师生平、学术、创作和社会活动的数据资源，全面展示他的民俗学名师特征。

钟敬文先生是中国民俗学之父，著名民俗学家和民间文艺学家、现代诗人、散文家和作家、创建民俗学高等教育事业的一代宗师，曾建立和长期指导北京师范大学民俗学国家重点学科的建设。他的多方面社会成就，没有数字化，要整体传承是很难的；但在数字整合之后，便有望变成现实。在建设钟敬文工作站的实际操作中，我们借助"数字整合"的概念，主要通过组建先师生平、学术、创作和社会活动的数据资源，对钟敬文先生个性化的成就整体整合，再放入数字环境中，作再研究，然后开展时空框架内的数据整合，以全面展示这位民俗学大师的特征。

数字整合，也能帮助社会用户从名师本身和后学以数字化手段研究名师的两个角度，有近有远地观察，了解著名学者与社会主流共进的史实和可学可仿的素质。

据我们所知，到目前为止，从国内到国际，还没有一所由大学文科专业人员创办的名师研究工作站。本站在理论和实践上具有超前性。钟敬文工作站，以钟敬文民俗学学说为理论基础，以国际先进人文学科理论和文理交叉的数字化实验室为前沿，以钟敬文教授在北京师范大学工作期间积累的大量学术资料为原始数据，充分利用北京师范大学文理工学科分布集中和综合人才聚集的优势，采用计算机制作、数字化技术和缩微处理等现代手段，征集和整理以钟敬文为代表的中国民俗学理论、民俗学田野作业资料，民俗学者参与中国十大民族民间文艺集成志书工程的社会应用成果、民俗学学科点人才培养和国际学术交流的成果，并加以呈现。没有数字化的队伍，要完成这样庞大的方案是纸上谈兵。但在数字整合之后，就具有可操作性。

钟敬文工作站，还要体现学术大师独特的人格教育魅力，展现他对高级专业人才的培养教育历程，体现他热爱祖国文化事业和献身民俗文化研究与高校教育的崇高精神，探索高校民俗学教育与现代社会大众文化遗产公共事业衔接的道路。主要把他的教育成就用四阶段数据展示出来。

所谓四阶段，是指名师进入主流社会的分析性起点、过程描述、学术探索快感、欣赏做学问并回报社会的超越个人的境界。它们缺一不可，缺少任何阶段，都不会成为社会影响型学者，都不能造就后续精英队伍。

分析性起点，与大师切入学术问题的最初起点有关，它是原创性、高层次的分析起点，是名师对一门新学问的选择和创建的起点。

过程描述，指要求学者在建设理论和方法论上正确运行，也要求其将学术探索的内部过程描述出来，能为后人所验证和模仿。很多人能正确运用理论和方法解决问题，但却不能把个中过程描述出来，因此只能是"匠"，而不是"师"。只有少数人才能将自己头脑中的思维活动和资料处理过程精细完整地描述出来，并概括成学术规则，这种人才能成为"师"。钟敬文先生等一批著名学者还都是描述头脑内部思维的高手，因而是大师。

学术探索的快感，它指学者在经过长期考察和艰苦求索，一朝得到结论，所产生的豁然开朗的愉悦感。它是一种由神经系统传达到生理身体上的舒服感，是一种通体透亮的精神解放感。普通人得到它，能抛却压抑，放松心情。少数人得到它，还能酿造学术精髓，并在学问之外，能将之化为锦绣文章、抒怀诗篇和壮丽戏剧，引邀广大社会读者前来共享，乃至产生对该学问的兴趣。

做学问而至欣赏其苦，报效社会而至情操忘我，这更是少数人的精神世界。一般好学者多少也具有，但对大师学者而言，它便是日常人生的化境和生命意义之所在。

没有数字化，这些心理的、思维活动的、素质的、情致的和境界的东西是很难表达的，更不能从看不见的东西变成看见的东西。它们从来只属于古人所说的"只可意会，不可言传"的神秘内容。以往的纸介成品，包括学术著作、散文诗篇和传记文学等，也能表述它们，但却分门别类地肢解了多面手学者的成就，现在要促进世人对这类学者的全面理解，就要借助数字化的功能。

在这点上，数字整合，能发挥其独具优势，演示上述四阶段的内容，为纸介著作所不能替代。在"数字整合"之后，先师的这些独具特质都能得到展现。

在当今现代化和全球化的背景下，民俗学得到了蓬勃发展。在先师身后，建立钟敬文工作站，是北京师范大学民俗学国家重点学科中青年后学弘扬传统、面向未来的重要基础工作，是继续践行先师建立民俗学中国学派的总体规划的组成部分，是编制中国现代社会民俗学发展史的重头教材，也是培养一代接一代民俗学新生力量的可视化课堂。没有数字化，所有这些工作都将假以时日，旷日持久；但现在我们凝聚了师生团队，完成了数字整合，已可以将民俗学宗师的学术成果、教育成果和社会公益事业成果共同推出；它还能吸引世界各地热爱中国民俗文化和希望了解中国民俗文化的学者、留学生，扩充国家文化遗产保护的经验，把民俗学国家重点学科的水平和功能提升到新高度。

三、数字拉链

进入 21 世纪以后，短短几年，在高校内外，计算机应用已经普及，甚至已不足以用学校的公选课程科目来描述。现在的计算机应用，是普通教具，是生活方式，是两三岁孩子就开始接触的外部世界，是地球各角落文化揭密的公开武器，这是个大题目。

但本书讨论的数字化与计算机普及并不相同。在这里，数字化，被放在应用民俗学的创新目标下大题大做。民俗学者用它所带来的概念群，发展出自己的概念，解决自己的学术困扰问题，开发自己的概念产品。在钟敬文工作站中，我们创用了"数字拉链"的概念，同时完成了它的概念产品，如纪念站、研究站、遗产站和数字名师教育地图集等。

"数字拉链"的含义，是针对民俗学研究对象的区域差异、民族差异、文化认同差异、代际差异和性别差异而言的，用现在的流行语说，这叫"文化多样性"。其他现代自然科学和人文社会科学的研究对象，也存在这些差异问题，但民俗学与之有原则上的不同。在民俗学中，以这些差异的人文精神为国家主体性文化的核心，以阐释这些差异的人文共享模式为主业、以坚持这些差异的世代传承为民族文化权利，这些都是民俗学独有的任务和目标。钟敬文先生所强调建设的中国民俗学派，还以尊重这些差异，推进跨文化的差异性交流和理解为学科影响社会的主旨，以期将中国民族民俗文化的国家代表作奉献于世界文明宝库，把中国民俗学研究的思想和学者声音呈现于世界学坛。他的这一学说，因适合中国国情，符合世界学术思潮的方向，而引起中外关注。另一方面，"文化多样性"的内涵，又大于民俗学所研究的上述差异的本身，民俗学也要据此扩大发展自我现代知识体系，增强学科的社会应用功能。

从创造概念性的产品上说，数字拉链，要兼顾民俗自身的差异，也要兼顾跨文化背景下的民俗解读者和享用者的差异。有些差异总是差异，不能被统一，也不能被同化，它们始终没有差异消失的答案。数字化工程，把所有的差异按原样做成数据，按差异的生态分类入库，按差异的研究分类登记，按差异的社会用户分类打包，再以一个可求同存异的文化项目为总拉链，把打包后的产品都放进去，封口拉上，组装成型。打开拉链，它们的差异犹存；合上拉链，民俗对象的总体文化象征就能显示出来；这样的数字化概念产品，就是人文研究成果，而不可能是一架严丝合缝的机器。与此相关，它的数字化应用产品，也是现代民俗学投放社会公共使用的创新教具，而不是原生态的物品。钟敬文工作站，正是这方面的一种尝试。

我们以一个学者和一个学科、一个国家社会的关系为例，建立数字化的学者工作站，尝试通过这一个案的探索，让国家间、区域间和代际间的跨文化民俗传播长存，让文化解密与民俗权利并存，让学术深描与用户选择同行，我们怀着理想而奋斗。

第一章　数字人文研究

在数字环境下，建立钟敬文工作站，需要根据现代民俗学的基本问题，讨论民俗学与数字信息学的几个接触点。首先，它应该是民俗学界长期探索并有待解决的问题，经民俗学者进行数字化的交叉研究，将原学术圈内的问题空间加以扩展，予以信息科学新视角的探索，开展跨学科宏观层面上的数据含义扩充，然后在坚持本土文化逻辑的前提下，对民俗学的理论问题做出新解释，推动人类共享文明成果的积累和传承。其次，它应该为民俗学公共教育事业服务，促进对钟敬文学术文化著述的社会意义阐发，以现代人所熟悉的介质形式和所使用的互动语言，提供社会应用模型，体现民俗学与民俗文化产品相关性。再次，它应该是学术大师的个性化数字纪念馆，能够从大师生平、治学创作、社会活动、他人研究、重大社会影响和其弟子的后续工程中，展现其卓越历史贡献和大师魅力。我们抓住这些接触点，按照深化专业理论和面向社会传承的共同目标，确定数字人文研究的基本课题，建设数字钟敬文工作站。

第一节　工作站的基本选题

钟敬文工作站的基本选题，包括现代民俗学的大学遗产概念内涵、民俗学社会公共教育的要素构成和大师个案传承的样式等。它们的选定，是在中国现代社会历史所允许的条件下，民俗学的学科创建和发展所达到的相对高峰期的产物。它们的研制开发，又是在中国步入现代化和经济全球化阶段后，建设数字信息文化大国，带动人文科学的理念和工具变革的结果。目前，国际国内人文成果的保存、利用和传承系统都已在迅速数字化，整个现代社会的生活方式也在不同程度地数字化，这是一场精英理论与日常应用交互的革命，民俗学者一向在精英与日常的关系中选择课题，对这种变化也不能忽视。我们借助数字化的理念与方法，将钟敬文学术文化成就转成数字化的高等教育成果和社会传承模式，尝试实现基础研究与研发产品的统一。

一、民俗学者的大学遗产

在现代社会，学术文化思想能够成为人类共享文明的，首先应该是现代大学遗产，但又不是所有大学学者的成果都能转化为这种遗产的。本书所讨论的现代大学遗产，有两个含义：一是对国家社会主流文化发展产生重要影响的思想学说，同时又能为人类共享文明提供新财富；二是在现代大学发展中，它具有普遍教育价值和未来教育价值，能通过大学渠道向全人类传承下去。钟敬文的中国民俗学派学说及其名师教育个案，正是这样一种典范。

在世界民俗学150年的历史上，在中国民俗学80年的发展历程中，中国民俗学派学说，是以钟敬文为代表的中国民俗学者经过长期探索所提出的学术命题。在世界范围内进入全球化时期后，民俗成为民族文化主权的构成成分，其跨文化交流的性质和遗产保护价值已日益呈现。在这种变化趋势下，对中国民俗学派学说的思想内涵展陈和推广，具有更迫切的需求。

北京师范大学民俗学学科点是中国民俗学派学说的教学科研基地。在这里，该学说有较为结构齐备的研究分支，也形成了独具特色的教育传统。该学说不是一个概念，而是一个系统。它对中国文化史中的民俗文献、对现代民俗调查研究，对中国多民族多地区人民的精神生活模式、物质文明传统、民间技术发明和基层社会的生命哲学等，都以民间文化为囊括，做整体研究；对民间文化与上层文化的关系，以提取民间文化的特质优异成分及其与上层文化交叉的要素为焦点，做打通研究；其宗旨是有利于民俗学研究成果的全社会公共传承，也提供人类优秀文明共享。

将钟敬文的中国民俗学派学说数字化，是在北京师范大学现代大学遗产建设中进行的。2002年，在北京师范大学的百年庆典中，已将该学说列入北京师范大学校史上的标志性成果与我国高校师范教育史上的突出成就。在2002年9月10日在人民大会堂进行的北京师范大学百年校庆纪念会上，钟秉林校长做了总体工作报告。他在报告中指出："钟敬文教授奠定了民俗学中国学派的基础"。[①] 在社会各界，"中国民俗学派"的概念，也已在多种有关民俗文化的著述中出现，或被很多文化项目所引用，成为反映研究理念的专业工作用语。海外汉学界也给予积极地反响，将之视为在中国文化体系内理解中国基层文化的学说系统。[②] 在我国政府近年开展的非物质文化遗产保护中，该学说还成为前期基础研究的支撑。总之，从高校和社会两方面说，它的大学遗产品质都是十分明显的。

---

① 钟秉林：《在北京师范大学百年校庆上的讲话》，载《人民日报》、《光明日报》各大报和《北京师范大学校报》第1版，2002-09-10。

② ［法］劳格文（John Lagerwey）：《客家传统社会》，北京，中华书局，2005，"劳格文序"，2页。董晓萍、［法］蓝克利（Christian Lamouroux）：《不灌而治》，北京，中华书局，2003，"总序"，5页。

对钟敬文中国民俗学派学说做数字遗产的转化，有一个前提，就是要准确阐述钟敬文学说的原创领域和原创思想。主要有以下三点。

（一）民间文艺学及其原创点

在钟敬文的中国民俗学派学说中，民间文艺学是根基。早在 20 世纪 20 年代中期，他已开始搜集和整理歌谣、故事，进行了相应的理论考察。最初是对民间歌谣，接着是对民间故事和民间传说，相继写作了一些随笔和短论。以后，他在长期不懈的探索中，形成了自己的民间文艺学学说。他的原创思想有以下几点。

第一，创造中国民俗志故事分类法。钟敬文认为，民间文学是主要依靠口头传播的文学，是口头传统中的艺术作品。它在传承过程中，要经历各种不同时代和不同心理的人们的传述和修改。因此，民间文学作品，特别是它的散文叙事文学（如故事），经过这种过程，要产生出许多异文。学者为了探究这些异文，发明和使用了"类型"的概念。由于芬兰学派的提倡和传播，还以这一概念为核心，形成了一套理论和方法，成为故事类型学。它已广泛地流行于各国民俗学界，简称 AT 分类法。① 20 世纪 20 年代后期，钟敬文曾与杨成志合译约瑟雅科布斯（Joseph Jacobs）修订的《印度欧罗巴民间故事类型》，② 以翻译的形式，开启了中国故事类型的研究方向。20 世纪 30 年代初，他就当时个人所能接触到的故事资料，按中国民间叙事生态样式，根据中国故事本身的情节结构逻辑，以中文命名习惯，选择中国故事的代表作，草成了 50 多个类型，并由此首创中国故事的民俗志分类法。这些故事类型初刊于《开展》月刊的"民俗学专号"，后译载于日本的《民俗学》月刊。③ 后来德国学者艾伯华（Wolfram Eberhard）的《中国民间故事类型》和丁乃通（Nai-tung Ting）的《中国民间故事类型索引》相继出版④，日本、韩国民俗学界也有故事类型著作出现（且日本远

---

① 董晓萍：《关于 AT 类型法及其对中国民俗学界的影响》，见《现代民间文艺学讲演录》，359～368 页，桂林，广西师范大学出版社，2008。

② 约瑟雅科布斯（Joseph Jacobs）修订：《印度欧罗巴民间故事类型》，钟敬文、杨成志译，中山大学民俗学会小丛书，1928。

③ 钟敬文：《中国民间故事型式》，原文作于 1929～1931 年间，原载《民俗学集镌》1931 年第 1 辑，收入钟敬文：《钟敬文民间文学论集》（下），342～356 页，上海，上海文艺出版社，1985。

④ ［德］艾伯华（Wolfram Eberhard）：《中国民间故事类型》，王燕生、周祖生译，北京，商务印书馆，1999。［美］丁乃通（Nai-tung Ting）：《中国民间故事类型索引》，郑建成、李琼、尚孟可、白丁译，北京，中国民间文艺出版社，1986。

不止一种）。这些国际学者研究中国民间故事类型的著作，或者亚洲国家学者研究本国故事类型的著作，都比较详尽，但是，从时间上说，钟敬文对故事类型的制作，却是较早的尝试。已故日本民俗学家关敬吾教授，在晚年给自己的著作《民俗学》的中译本作序时曾说，他注意民间故事的比较研究，跟阅读了钟敬文的《中国民间故事型式》的日译文有直接关系。① 可见，钟敬文这种早期的故事类型的制作，在亚洲民俗学界是有一定影响的。钟敬文所创造的民俗志故事分类法，迄今还属独步之作。在后面还将谈到，1979 年后，我国开展大规模的故事搜集运动，编纂了覆盖全部省、县的故事集成志书，中国故事的丰富性和独特性整体呈现出来。② 使用 AT 类型对这些中国故事进行分类和标号，是可以找到共性部分的，但也有更多的差异部分无法对号，必须根据中国故事本身的逻辑去分类；即使那些能够对号的中国故事，也照样存在中国自己的多民族差异或地区差异，这些差异都是中国多民族和各地区故事中的文化底线，当地社会的文化生命力和群体情感正在这些底线上积淀和蓄势。对这些中国故事的分类和解释，钟敬文在七八十年前创用的中国民俗志分类法正好用上。

第二，创建民间文艺学科。钟敬文于 1935 年提出创建民间文艺学。③ 在他看来，对民间文学作品，要从总体性质上去把握，把它建成一门研究口头传统的专业门类。在这个学科门类中，故事类型学只是其中的一个分支。他认为，民间文艺学是一门特殊文艺学，主要研究民间文学自身的特点，要指出它既是文学现象、又是民俗现象。在国际学界的研究中，从前民间文学虽被不同程度地列入民俗学、人类学或文艺学的对象，但是，在他们的实际研究中，却不大注意到民间文艺作品本身具有的特点，自觉或不自觉地用象征制度或文学规律去对待它。在我国，在个别文学史家的著作中，甚至还把它等同于一般专业作家的书面文学，造成研究观念的阻滞。钟敬文由于深入这种创作的实际，感到非着重指出它的特点不可。④ 自 20 世纪 70 年代后期以来，他在一些论文

---

① 关敬吾受钟敬文影响而治民间文艺学，参见［日］关敬吾：《民俗学》，王汝澜等译，北京，中国民间文艺出版社，1986。

② 关于中国民间故事集成的讨论，参见本章"第二节 钟敬文与三集成工程"。

③ 钟敬文：《民间文艺学的建设》，原作于 1935 年 11 月 4 日，初刊于《艺风》，1936（1），收入钟敬文：《钟敬文民间文学论集》（下），1～12 页，上海，上海文艺出版社，1985。

④ 钟敬文与文学史研究者对待民间文学的不同看法的理论讨论，参见钟敬文：《高等学校应该设置"人民口头创作"课》，原文撰于 1957 年 5 月 6 日，初刊于《新建设》，1957（7），收入钟敬文：《钟敬文教育与文化文存》，49～54 页，海口，南海出版公司，1991。

和学术报告中，针对那些含混不清的观念，反复做概念上的厘定和原理上的阐释，唤起学者们的注意。同时，他还指出，对民间文艺学的理解和研究，必须具有相应的人文科学和社会科学知识。这些理论上的阐明，对我国民间文艺学的奠基和发展，曾经起到重要的指导作用。①

第三，创立民间文学研究个案。钟敬文在浙江执教及日本留学时期，已陆续写作了几篇有分量的论文，如《中国的天鹅处女型故事》、《蛇郎故事试探》、《中国的植物起源神话》、《老獭稚型传说的发生地》和《槃瓠神话的考察》等。这些论文在国内外发表后，颇受到学者们的注意。② 20 世纪 70 年代后期以来，他继续撰写了一些有关神话、传说和民间故事的论文，其中有关于少数民族传说的，如《刘三姐传说试论》；有关于考古学资料的，如《马王堆汉墓帛画的神话史意义》；有关于世界扩布神话主题的，如《洪水后兄妹再殖人类神话》；有关于中日共同故事比较的，如《中日民间故事比较泛说》等。③ 通过这些论文，他指出了中国民间故事代表作的一些名篇，完成了对这些故事的民俗志分类，并建立了自己的理论研究个案。这些代表作个案所含故事类型是：天鹅处女型、毛衣女型、牛郎织女型、蛇郎型、植物起源型、巧女型、呆女婿型、徐文

---

① 钟敬文自 1979 年后对民间文艺学做了很多理论建设工作，参见钟敬文：《把我国民间文艺学提高到新的水平》，原文撰于 1979 年，初刊于《民间文学》，1980(2)，收入钟敬文：《新的驿程》，131～148 页，北京，中国民间文艺出版社，1987。钟敬文：《加强民间文艺学的研究工作》，收入钟敬文：《民间文艺学文丛》，北京，北京师范大学出版社，1～12 页，1982。

② 钟敬文：《中国的天鹅处女型故事》，原文撰于 1932 年，收入钟敬文：《钟敬文民间文学论集》（下），36～73 页，上海，上海文艺出版社，1985。钟敬文：《蛇郎故事试探》，原文撰于 1930 年，收入钟敬文：《钟敬文民间文学论集》（下），192～208 页，上海，上海文艺出版社，1985。钟敬文：《中国的植物起源神话》，原文撰于 1932 年，收入钟敬文：《钟敬文民间文学论集》（下），149～162 页，上海，上海文艺出版社，1985。钟敬文：《老獭稚型传说的发生地》，原文撰于 1934 年，收入钟敬文：《钟敬文民间文学论集》（下），128～148 页，上海，上海文艺出版社，1985。钟敬文：《槃瓠神话的考察》，原文撰于 1936 年，收入钟敬文：《钟敬文民间文学论集》（下），101～127 页，上海，上海文艺出版社，1985。

③ 钟敬文：《刘三姐传说试论》，见《钟敬文民间文学论集》（上），93～120 页，上海，上海文艺出版社，1982。钟敬文：《马王堆汉墓帛画的神话史意义》，见《钟敬文民间文学论集》（上），121～147 页，上海，上海文艺出版社，1982。钟敬文：《洪水后兄妹再殖人类神话》，原文作于 1990 年，收入钟敬文：《民俗文化学：梗概与兴起》，220～247 页，北京，中华书局，1996。钟敬文：《中日民间故事比较泛说》，原文作于 1991 年，收入钟敬文：《钟敬文学术著作自选集》，367～400 页，北京，首都师范大学出版社，1994。

长型、歌仙型、兄妹婚型、女娲型、灰姑娘型、老鼠嫁女型、田螺娘型、青蛙王子型、老虎外婆型和石狮子型等。现在我国各地非物质文化遗产的保护和开发项目，在理论论证和方案制定上，很多都受到钟敬文研究个案的启发，在这种社会应用中，钟敬文的个案也体现了基础研究的价值。这些个案还探索了东亚国家间的民间文学交流史，特别为日、韩等国的民俗学者所知悉。有的内容也转化为他们的文化保护项目。20 世纪 60 年代前期，钟敬文在处境困难的条件下，还奋力写成了一系列关于晚清时期学者的民间文学观点、理论的论文。① 它们的出现，从学术价值上说，是对中国民间文艺学史领域的开辟；从社会意义上说，也是对钟敬文研究个案的补充。它们能进一步阐发中国民间故事代表作的历史内涵和社会应用功能，对后来的故事个案遗产化有相当的启示性。

(二)民俗学及其原创点

钟敬文从 20 世纪 30 年代转向专业民俗学研究。20 世纪 80 年代以后，他又对民俗学体系结构的问题进行了整体思考，发表了《关于民俗学结构体系的设想》、《"五四"时期民俗文化学的兴起》等系列论文②，使这门学问的体系问题为学者所瞩目，并有利于学科研究水平的提高。在民俗学的原创思想上，他主要提出以下两点。

第一，中国文化三层说。一个文化比较发达的民族，它的国民文化大都是有层次的。中国古代学者所强调的"雅"与"俗"，"五四"时期学者所常说的"贵族文学"和"平民文学"，都是一种对民族文化层次的看法。这是一种二分法，在西方学界也有类似的见解。但是，钟敬文根据他多年实际观察的结果，提出了三分法，即认为中国文化有上、中、下三个层次。据他的解释，上层文化，指传统社会的贵族、士大夫和附属于他们的知识阶层所拥有和传播的文化，也就是所谓的经典文化或精英文化。中层文化，指唐、宋以来，都市发达，都市

---

① 钟敬文：《晚清革命派著作家的民间文艺学》，收入钟敬文：《钟敬文民间文学论集》(上)，212~261 页，上海，上海文艺出版社，1982。钟敬文：《晚清革命派作家对民间文学的运用》，收入钟敬文：《钟敬文民间文学论集》(上)，262~289 页，上海，上海文艺出版社，1982。钟敬文：《晚清改良派学者的民间文学见解》，收入钟敬文：《钟敬文民间文学论集》(上)，290~353 页，上海，上海文艺出版社，1982。

② 钟敬文：《关于民俗学结构体系的设想》，见钟敬文：《钟敬文民俗学论集》，138~153 页，上海，上海文艺出版社，1998。钟敬文：《"五四"时期民俗文化学的兴起》，收入钟敬文：《民俗文化学：梗概与兴起》，85~142 页，北京，中华书局，1996。

的市民、商贾及各种附着在都市生活中的文化；在中国文学史上，元明以来流行的戏曲、小说和时调俗曲等，都属于它的范围。下层文化，指传统农村的农民、农村和小市镇的手工业工匠等所创造和享用的文化。这三种文化的主人，是社会地位、身份、教养等不同的各类群体，他们的文化，当然各有自己的特点和风格，彼此不同，甚至于互相碰撞。但这些不同文化的主人，又生活在同一个大群体（民族、国家）里。他们相互依存，乃至利害相关（如面临外敌入侵的时候）。这样，他们的文化，就不能不有其共同的地方。所谓民族凝聚力，正是从这里发生的。因此，他们的文化既有互相差异或抵触的一面，又有互相融合或一致的一面。随便强调哪一点，都是不全面的。① 钟敬文的三分法，要比二分法细密些；也比那些只强调一点的说法要符合事实，因而得到国际国内学界有些同人的认可。

第二，倡立民俗文化学。钟敬文于 1989 年提出"民俗文化学"的概念，并提倡把它建成学科。与他的民俗学思想相比，他的民俗文化学是将民俗学与文化学交叉建设，从文化的视角延伸和扩展民俗学。而这种文化的对象，不是泛指的文化，而是中国文化。早在 20 世纪 20 年代末、30 年代初，钟敬文着手探讨《山海经》，拟写成一部专著，书名就定为《山海经之文化史的探究》（后因故只完成局部篇章）。他把《山海经》所记载的许多远古信仰、古代科学知识及神话传说等，都看作文化现象。他的观点在那时已经萌生。后来，随着他对民俗学的不断探索和国内文化学的兴起，他的这种意识更为明显。他认为，民俗现象，也是一种文化现象，是一种贴切人民生活的、范围广泛的文化现象。它与人们生活的关系，正像水对于鱼的关系一样。他多年来所写的文章多透露了这种意思。20 世纪 80 年代后期，他反思五四新文化运动的历史，阐明了这种学科成立的基础；此后，他又对该学科的学术性质、特点和作用等，做了初步概括论述。② 在我国，这种学问虽然还处于初步发展时期，响应者还限于部分学者，但是，由于它本身成立的充足根据，及它适应社会文化发展的要求，得到了迅速成长。它产生了三个导向，一是将民俗事象纳入中国文化史研究，加强了对中国历史文献中大量记载的民俗史料的研究，同时补充田野民俗志记

---

① 钟敬文在 1984 年赴杭州大学的一次讲演中，首次提出中国文学的三层说，后发展为中国文化三层说，参见钟敬文：《谈谈民族的下层文化》，收入钟敬文：《话说民间文化》，1～8 页，北京，人民日报出版社，1990。

② 钟敬文：《民俗文化学发凡》，收入钟敬文：《民俗文化学：梗概与兴起》，3～35 页，北京，中华书局，1996。

录，催生了历史民俗学、民俗文献史和文献民俗志等多个新研究方向，也促成了文献与田野结合的民俗学方法论的形成；二是将民俗学纳入中国整体社会文化框架中研究，对中国上、中、下三层文化做总体观照，再给民俗学定位，这使民俗学研究基层社会文化的优势得到突显；三是将民俗学的应用成果纳入现代国家社会发展的重大文化需求中，在国家政府文化保护工程中，在相关主流文化事业发展中，发挥民俗学知识体系的作用，学科本身也拥有了把优秀研究成果和民俗杰作遗产化的平台，可以立足本国，探寻丰富人类共享文明的途径。把以上三个导向归结起来，有一个共同的趋势，就是让中国民俗学更为靠近中国社会文化发展的实际，这对民俗学的现在和未来都是有实质意义的。民俗学于 20 世纪初从西方引入，经过在中国近一个世纪的发展，钟敬文更加坚定了对它"中国化"的信念，这是对国际思潮和本国国情双方深入思考的结果。20 世纪 90 年代末，钟敬文正式提出中国民俗学派的学说，① 说明他已经感到水到渠成，也表现了他对这门学问发展的学术远见。

(三)社会活动成果及其原创点

钟敬文是中国民间文艺学和民俗学的创建人，他在这两门学科中的领域开拓和原创思想，当然是最主要的。但是，由民俗学的民众学问性质所决定，民俗学者在治学的同时，也要有面向民间的社会活动。钟敬文在这方面的实践和原创性贡献，主要有以下几点。

第一，不断地致力于民俗学机构的建立。20 世纪 20 年代前期，钟敬文响应北京大学歌谣研究会的号召，努力致力于民谣、故事等资料的搜集和编纂，同时也热心地加入它的大学工作机构，成为北京大学歌谣研究会的通信会员（因为他当时不在北京）。到了中山大学时期，他就热情沸腾地参加了筹建中国民俗学会的工作，并承担了编辑刊物、丛书和办理民俗学传习班等会务。这是中国第一个民俗学会，它的初期学术团体运作和各类活动的组织，是与他分不开的。在杭州时期，钟敬文再度建立杭州中国民俗学会，操办学会的各种活动，他对这一时期的编辑书刊和发展会员等工作莫不尽力。1949 年后，新中国建立初期，钟敬文为了建设这方面的学术机构，执意留在北京，终与周扬等合力建成了中国民间文艺研究会。他被选举为副理事长（郭沫若任理事长），并实际主持工作。由于中央研究会的建立，全国各省（市、自治区）很快也成立了分会（或类似分会性质的机构）。这些学术团体，对于我国 56 个民族的民间文

---

① 钟敬文：《建立中国民俗学派》，哈尔滨，黑龙江教育出版社，1999。

学的收集、编纂和出版，起了决定性的作用。1976 年以后，钟敬文认为恢复建设民俗学会机构的时机已经成熟，于是，亲自草拟了建立新中国民俗学会的倡议书，分别请顾颉刚、杨堃、容肇祖、杨成志和白寿彝诸先生签名，呈交中国社会科学院主管部门，并于中国文联第四届代表大会中散发了该倡议书。经过数年的筹备，终于 1983 年 5 月，在北京恢复成立了中国民俗学会。钟敬文被公举为理事长，一直连任四届。在他主持该会工作的 20 余年中，曾出版了民俗研究的会刊，扶助了各省（市、自治区）分会的成立。现各省（市、自治区）的分会数量已达全国省（市、自治区）总数的 2/3 以上；有的省（市、自治区）所辖的地区和县级单位也成立了同类的学术团体。这些机构，大都拥有一定的成员，并致力于地方民俗民间文艺资料的搜集、整理和出版工作。这些学术机构的普遍建立，大大地促进了全国性民俗文化资料的搜集和出版工作，乃至促进了民俗学的研究工作。中国现代民俗学运动的蓬勃发展，是与钟敬文长期致力于民俗机构的建立与加强的作用密切相关的。

第二，长期致力于并积极号召对国内民俗资料的挖掘和整理工作。钟敬文从青年时期起，就大力从事民俗资料（主要是民间文学资料）的搜集、整理，他早年出版的一些民歌集、故事集，就是一种明证。他的这种意念和活动，一直持续着，晚年还有越老越起劲的趋势。在广州和杭州时期，他因为编辑刊物、丛书，从事了搜罗民族民间文化文物的活动，几乎达到一种高潮的程度。在中山大学后期和香港达德学院时期，他虽然没有亲自去做田野考察，但也不忘利用教课之便，向来自四方的学生进行收集活动。1949 年到北京后，他与彭燕郊共同编辑《光明日报》的副刊《民间文艺》周刊，并利用这个机会，征集了不少资料。中国民间文艺研究会成立后，这种搜集的道路更为广阔，经会内同人整理或协助地方搜集者整理出版的作品集也不少。改革开放后，中国民俗学会恢复成立，钟敬文等举办了几次民俗学讲习班，他亲自主持演讲，指出资料搜集工作的重要性，并希望学员们做勤苦的搜集者。自 1984 年后，他全身心地投入到文化部发动的中国民族民间文艺十套集成志书的编纂工作中，担任其中中国民间故事集成的主编。这是一项保存民族民间传承文化的伟大工程，其历史意义决不是限于中国的、而是亚洲的，乃至世界的。钟敬文晚年能为这项工程尽力而深感快慰。他在投入这项工作的同时，还以高度的社会责任感，加强高等教育，培养了一批中青年高级专业人才，这在一定程度上，为我国后来开展的非物质文化遗产保护事业奠定了理论基础和进行了人才储备。

第三，开辟民俗学社会公共教育事业。20 世纪 30 年代，他在浙江省立民众教育实验学校执教时，首次为他的民众教育行政专修科的学生讲授了《民间文学纲要》，后来又为师范科的学生讲授"民间故事研究"。他在这前后，还为该校的《民众教育季刊》(后改为"月刊")发表了几篇论文，并为它编辑了一些专号，如《民间文学专号》、《民间艺术专号》、《民间风俗文化专号》和几册"民间文化小丛书"。他后来参加新中国政府文化工作和坚持给各地基层群众文化骨干开展民俗学培训，都坚持了这个想法。他为我国民俗学社会公共教育事业奠定了基础。

对钟敬文中国民俗学派学说进行数字化成果转化，建设钟敬文学说的大学遗产，要体现数字化的优势，扩大对钟敬文学术文化成就传承的可能性，提高现代民俗学的传承能力。我们主要把握两个原则：一是在研究和展现中国民俗学派学说体系中，体现民俗学高等教育连续传统的组合方式，从研究传统、教育传统和社会公共服务传统三方面，将钟敬文的全面成就转化为现代大学教育遗产；二是体现钟敬文长期指导的高校学术团队的不中断传承，增加后续专精成果。

北京师范大学民俗学国家重点学科的中青年学者，在钟敬文中国民俗学派学说的体系框架下，近年来，对理论民俗学、现代民俗学、民俗志学、历史民俗学、应用民俗学和民间文艺学等，都有所发展；在各个结构环节上，都有相应的著作出版或论文发表，这对钟敬文学术文化遗产的生命力是一种阐释，也使钟敬文工作站能成为吸引现代青年一代和具有未来传承功能的公共平台。

二、社会公共学术新财富

在对钟敬文学术成就进行数字遗产转化的同时，建设民俗学社会公共教育新财富，要解决一个基本问题，即民俗学基础研究与数字化社会应用之间的关系。

就阐释和展陈钟敬文学术文化贡献的选题来说，将其中的有关部分转化为社会公共学术财富，可能不是近年民俗学和数字化工程各自的关注点。此前，在高校民俗学圈中，把民俗学的教学科研成果放在学者视线之内，而把民俗学者的文学创作当成副业；从另一方面说，在以往上网的文化产品中，已有不少文学名著网站或历代文学名人图书索引，但这又不属于学术研究成果。总之，长期以来，民俗学基础研究和文学文化成果的数字化，各有各的分类归属，过去两者不搭界。然而，这个工作框子并不适合于描述拥有多方面学术文化成就的学者，像钟敬文。世界上还有其他一些国家的民俗学之父，也都既是学术巨匠，也是文学名家，像英国的安得鲁·朗(Andrew Lang)、芬兰的科隆(Karl Krohn)、德国的格林兄弟(Jacob Grimm & Willleam Grimm)和日本的柳田国男等，各国各民族的读者群，都是通过他们的优美文笔，认识了他们的学问；他们也以自己富有理性兼才情的著述，开启了无数人走近这种人文科学公共教育的心智之窗。我们的探索目标，正是要克服以往这方面分类过细的不足，开发民俗学基础研究与数字化工程之间的更多联系，这可以增加社会公共教育财富的发展空间。

在钟敬文工作站中，我们的做法是，根据钟敬文学术文化成就的实际，把以往民俗学和数字化文化产品各不搭界的部分进行整合，把增加社会公共教育财富作为一个新领域进行开拓和充实，向读者全面介绍钟敬文的历史贡献。我们不仅阐述钟敬文的民俗学治绩，我们也推介他的文学文化成就。这样的探索，也能还原民俗学与民俗作品密切联系的总体学科形态。这类社会公共教育人文产品，由于适合现代社会读者的认知习惯，还有利于实现本站面向社会传承的宗旨。

在钟敬文工作站中，我们在已有研究的基础上，再分三类，阐释钟敬文的多面手成就，开发这方面的资料积累。

(一)从治学活动中提取公共教育要素

钟敬文民俗学著述丰富、社会活动贡献巨大，但在以往对他的研究中，很少提到"治学活动"这个概念。在这里，治学活动，不是指民俗学研究本身，也不是指纯粹的社会活动，而是指钟敬文在自身时代历史条件下的发展的学历教育、专业调查和社会文化网络。钟敬文的治学活动广泛、漫长和富有传奇性，适合用于社会公共教育的精品教本。

在钟敬文那一代文人学者中，大都是"书斋学者"，在学问和社会之间，选择了学问，个人的学术发展依传统背景和兴趣而定，一般不需要另谋机缘。但钟敬文选择了治民俗学，这就需要他自己去谋划发展。在20世纪初的中国，民俗学还是没有成规的外来学科，连理论根基和社会认同也都相当缺乏，这就使他的治学活动必然加码。对这位中国民俗学的开拓者来说，治学活动的正确与否，决定了他事业选择的成败，决定了他有无学术阵地，也决定了他的学问成就的结构和社会影响力。钟敬文后来经常在他的著作中叙及个人的治学活动，这也反映出在他的人生事业中，治学活动是他自觉构建的内容。

专业学历教育。20世纪初，钟敬文初涉民俗学时，民俗学的故乡在欧洲，但窗口在日本。他于1934至1936年赴日本早稻田大学留学，专攻民俗学、文化学和神话学。他在日本接受了专业学历教育时，已成为我国第一位专业民俗学者。他在出国前已发表了一些民间文艺学的研究文章，这使他到了日本以后，就显得比一般中国留学生要成熟得多。他在回国前，已有《老獭稚型传说的发生地》、《槃瓠神话的考察》、《中国民谣机能试论》和《中国古代民俗中的鼠》等论文已被译成日文，在当时日本同行的学术刊物《民族学研究》季刊和《同仁》等月刊上发表。① 他还在日本提出了建设"民间文艺学"的思想，② 后终成我国高校的一门学科。在钟敬文的治学活动中，留学日本的学习经历是一个新起点，钟敬文的国际影响也从留日时期起奠定。

专业调查工作。在民俗学者的治学活动中，一个必要的构成部分是调查搜集民俗民间文艺资料。如前所述，钟敬文在青年时代已参加北京大学歌谣研究会的搜集活动。新中国成立之初，他在北京师范大学和辅仁大学、北京大学执教，又把早年调查的心得带入高校讲堂，培养新中国的专业调查人才。1979年恢复工作后，他参与并主持了全国范围内的中国民间文学集成调查、搜集和编纂工作，他带领教研室师生在京郊延庆县做调查，亲身示范这项工作的重要性。1995年后，他沿着北京大学顾颉刚先生70年前调查的踪迹，重上北京西郊妙峰山，完成了生命之旅中的最后一次调查。他的调查搜集资料被北京大学《歌谣》周刊和《钟敬文采录口承故事集》等收入。③ 他还撰写了一批讨论专业调查原则和学术标准的论文，如《关于故事记录整理的忠实性问题》等④。他的调查经历和他的调研文章，对我国高校和社会文化界的民俗学调查活动的组织和水平的提升，都起到了推动作用。

多学科学者网络。由于长期在北京工作的关系，钟敬文先生与北京高校和科研院所的同行交往较多，也与民俗学相邻学科的学者多所交谊，如北京大学东方文化学家季羡林教授、社会学和人类学家费孝通教授、哲学家张岱年教授、中央音乐学院民族音乐学家杨荫浏教授和音乐理论家廖辅叔教授、中央民族大学民族学家罗致平教授和民族语言学家马学良教授、中国社会科学院历史学家顾颉刚教授和民族学家杨堃教授、北京师范大学古典文化史家启功教授等，他与这些不同学科的学者多年订交，彼此互赠书刊、互致音问、互邀讲学，创造了大文科氛围。通过这些活动，他所指导的民俗学学科能与我国的人

① 钟敬文：《民间文艺学及其历史》，董晓萍编，钟敬文，"自序"，9页，济南，山东教育出版社，1998。

② 钟敬文：《我与中国现代民间文艺学》，收入杨哲编：《中国民俗学之父——钟敬文生涯、学艺自记与学界评述》，202页，合肥，安徽教育出版社，2004。

③ 钟敬文：《钟敬文采集口承故事集》，张振犁编，郑州：黄河文艺出版社，1989。

④ 钟敬文：《关于故事记录整理的忠实性问题》，原文撰于1980年，收入钟敬文：《民间文艺谈薮》，317～325页，长沙，湖南人民出版社，1981。

文社会科学整体进程保持及时联系和互动关系。

在学术社团中发展。钟敬文青年时代选择民俗学为终生职业，是通过学术社团活动为渠道的。1927年，他在广州中山大学执教时，曾与顾颉刚等一道，成立了中国第一个由大学教师组成的民俗学会。此后，他在杭州再建中国民俗学会，以及在"文革"后恢复重建中国民俗学会，都保持了这种大学与社会共建的学术社团格局。学术社团对钟敬文的重要意义有三。第一，成为他创建新学科的前奏。他于1950年参与创建中国民间文艺研究会（后改名中国民间文艺学家协会），紧接着开始了新中国民间文艺学的建设；20世纪70年代末，他刚刚恢复工作，就立即投身新时期中国民俗学会的恢复重建工作，不久提出建设民俗学的学科体系，然后开始倡建民俗文化学。第二，成为他为社会服务的桥梁。新中国成立后，他参与了历次全国民间文学作品的搜集运动，他在这些工作的实施步骤中，根据社会实际需求，为社团培养人才，加强社团组织建设，帮助社团积累资料，推动社团开展国际文化交流，做了大量工作。在长达半个多世纪的时间里，我国的民间文艺学和民俗学社团一直都很活跃，社会影响广泛，这是与他的社团理念和推进工作分不开的。第三，成为他用来发布和传播学术文化思想的社会渠道。他利用社团所提供给他的中央和地方的活动空间，举办了多种民俗学和民间文艺学传习班，同时也借助向各地社团发工作贺信的方式，阐释他的理论观点。他在不同的社会时期中，对创建学问与创设社团阵地都给予高度重视。他一方面从事高校的学科建设，另一方面也兴办社会公共文化事业，让两者做到互补发展。

（二）从文学创作中提取公共教育内容

钟敬文是现代文学家。民俗学给了他很大的社会影响，文学创作则给了他相当的社会名气。在我国现代史上，许多人听说他的名字，起初都是通过他的文学作品得知的。但有一种似为定论的说法是不对的，即钟敬文主要在20世纪20至30年代从事文学创作，后来便放弃了文学，转向民俗学，不再经营此道了，其实这是不准确的。事实上，他到晚年还在作诗、写散文，出版文学集子；确切的说法应该是，他终其一生都是民俗学家兼文学家。①

钟敬文的文学名作很多，比较主要的有《荔枝小品》、《西湖漫拾》、《湖上散记》、《未来的春》、《战地报告文学集》、《钟敬文散文选集》、《兰窗诗论集》和

---

① 我本人在过去的撰文中，曾根据当时学习钟敬文先生著述的浅见，并参考其他研究文章，也持相同的说法，但近年我改变了这种观点。

《履迹心痕》等。① 他通过这些创作，把激情喷薄的文人才华持续了一生。现代社会是电脑网络的时代，喜欢动笔写字的人少了，像这种文学文化财富就更要传承下去。

在钟敬文文学创作中可提取的公共教育要素如下。

东部与西部。钟敬文在文学作品中表现了对花草水色的敏感和欣赏。他的生平执教地点主要在我国东部，东部的繁花绿水与西部的雄奇山川，是两种十分不同的文化。他是歌咏东部文化的才俊。他自幼耽爱的苏东坡、王渔洋和周作人等的名家名作也都是东部文库的历代佳制。他天生的诗人气质也适合他在东部文化中生根滋长、开花结果。

钟敬文出生在花都广东，他的第一篇作品就是写花，题名《水仙花》，② 不久他又以《三朵花》、《荔枝小品》等花木命名的作品一举成名。20 世纪 30 年代后，他在杭州执教，徜徉于余杭风光胜迹之间，他再次被那里的秀水丽湖和花团锦簇的环境所冲击，很快撰写了《西湖漫拾》和《湖上散记》等文集出版，并以文字的清新迤逦和才思的雅致细腻，将个人的创作特质的表达推上了巅峰。他后来回忆说："（在杭州），我散文中所写过的，比较突出的对象是山水草木等自然景物。这除了我那时个人的思想等原因之外，客观环境是很有关系的"。③ "那近在身边的西子湖，却以她强烈的魅力逗引着我……，我除了应付教学和学术的活动外，就把西湖的自然风光和人文古迹，作为我精神的寄托所和避难所。……它是我全部生涯中写作旅游文学的一个高峰期"。④ 中年以后，北京成为他的久居地，但他在散文创作中仍保留了杭州时的风格，发表了《碧云寺

---

① 钟敬文：《荔枝小品》，上海，北新书局，1927。钟敬文：《西湖漫拾》，上海，北新书局，1929。钟敬文：《湖上散记》，上海，明日书店，1930。钟敬文：《未来的春》，北京，言行社，1940。蔡清富编：《钟敬文散文选集》，天津，百花文艺出版社，1989。钟敬文：《兰窗诗论集》，北京，北京师范大学出版社，1993。钟敬文：《履迹心痕》，北京，中国旅游出版社，2000。

② 钟敬文：《水仙花》，原作于1924年，作者时年不足21岁，见《钟敬文文集》（散文随笔卷），4页，合肥，安徽教育出版社，2002。

③ 钟敬文：《我与散文》，此文写于1988年，原为给蔡清富先生所编：《钟敬文散文选》撰写的自序，此书由天津百花文艺出版社出版，见《钟敬文文集》（散文随笔卷），768页，合肥，安徽教育出版社，2002。

④ 钟敬文：《我在旅游上的兴趣与写作》，此文原作于1999年，是先生为中国旅游出版社出版的个人散文集《履迹心痕》撰写的自序，后收入杨哲编：《中国民俗学之父——钟敬文生涯、学艺自记与学界评述》，194页，合肥，安徽教育出版社，2004。此页此段原文"我全生涯中"似排印有误，兹订正为"我全部生涯中"。

的秋色》等佳作。对于此点，他到晚年也还是认可的。

钟敬文后来也到过西部。1956 年，他作为中国作家西北地区参观团的成员，与朱光潜、冯至和常任侠等一道，壮游西安、延安和兰州等地，并进行了文学创作。改革开放后，1979 至 1987 年，他再访兰州，又写了抒怀文字。他还到过西部的滇贵川高原数省的名城，包括昆明、贵阳和成都等，在来去途中，都写诗撰文以畅情明志，如说，"在参加各种工作之余，不免欣赏当地的自然景光"。① 但在他的这批西部散文诗篇中，仍将苍劲豪迈的胸臆掩笔于温蕴的风格之中。可以说，寄情花草，已成为他终生创作的核心要素。

个人与祖国。钟敬文的故乡在南国宁静的广东海丰小镇。他也生性安稳，创作心态沉静。但他又生于祖国 20 世纪社会巨变的时代，赶上了辛亥革命、五四运动和抗日战争，经历了中国人民反对外来侵略、争取民族独立解放的一次次伟大斗争，这又使他不能不成为爱国志士，乃至脱下教授的西装，穿上草绿军服，奔赴炮火纷飞的战场，"随军队到粤北、东江一带"，日行百里，"向士兵和农村百姓宣传抗战必胜的道理"。② 他在动荡的岁月中奉献男儿的热血。他和同时代的许多优秀知识分子一样，在个人兴趣与祖国命运发生冲突的时候，毫不犹豫地为祖国而战。他在前线撰写了《战地报告文学集》，一改文静的风格，表现了轰轰烈烈的参与感。他明白，这样的生活和创作是与他的性格截然不同，但这种转变是值得的，这样的作品虽然"在内容和形式上有着种种不足的地方"，但"战争改变了一切"。他没有为放下大学的研究工作而焦虑，他克服了这种情绪，反而告诫"自己所制作的是一种战斗的精神武器，它关系到民族的生死存亡，关系到作为民族成员的自己是否尽到应尽的责任"！③ 他还把战争和动荡带给他的转变，又从文学创作中转移出来，移入到对民俗学建设的思考中，提出，民俗学者对自己的民众研究对象，决不能高高在上，漠不关心，而要把从民众资料中提炼出来的学术价值和文化精品送还给民众，让民众本身也能够享用它；在这个问题上，中国知识分子必须保持这种爱国心和社会

---

① 钟敬文：《我在旅游上的兴趣与写作》，收入杨哲编：《中国民俗学之父——钟敬文生涯、学艺自记与学界评述》，196 页，合肥，安徽教育出版社，2004。

② 郁风：《正直、勤奋、澹泊——悼念钟敬文先生》，收入杨哲编：《中国民俗学之父——钟敬文生涯、学艺自记与学界评述》，788 页，合肥，安徽教育出版社，2004。

③ 钟敬文：《我与散文》，收入杨哲编：《中国民俗学之父——钟敬文生涯、学艺自记与学界评述》，773 页，合肥，安徽教育出版社，2004。

责任感。纯学问是不存在的。①

　　文学与专业。在钟敬文身上，文学创作是天赋，民俗学是事业，两者之间是存在着某种矛盾的。我们有时能从他的笔下看到这种矛盾。他说："（二十世纪）三十年代开始以后，我的学艺的方向，集中于民间文艺和民俗的搜集、研究，很少再写作那原来对之兴致勃勃的散文。这个过程仿佛是从高峰跌落低谷的样子"。② 事实上，他对此是有紧张感的，但钟敬文在确定主导方面后，又会把两种突出能力合起来做事，达成原凭单一能力无法达到的新目标，这时他的两只拳头比从前的任何一个拳头都硬，所写研究文章或文艺创作也都产生了新的社会效果，这就是他的收获所在。我们所能发现的最终结果是，钟敬文在选择以民俗学为主后，他的文学创作成了民俗学者形象思维的产品，成了他的理性思维的知性材料，并且被更全面、准确地描述出来，而他原有的文学风格仍然得到了保持。我们从这个角度理解他说过的"学艺重点的转移"，③ 可以懂得，当他把目标放到为国家、民族，乃至为人类而工作的极高标准的时候，他不仅没有被学术和文学的矛盾所羁绊，还找到了适合双拳出击的好机会，并能把两种成就都坚持一生。④

　　在现在的中青年人中，已很少有这种本事既能写论文、又能写美文了，但前辈大师不乏其人，在他们中间，很多人还是超级多面手，文采夺目而学问卓越，像与钟先生晚年唱和的季羡林、程千帆、费孝通先生等，都是这样，他们

---

　　① 钟敬文："中译本序"，见[美]欧达伟（R. David Arkush）：《中国民众思想史论——20世纪初～1949年华北地区的民间文献及其思想观念研究》，董晓萍译，北京，中央民族大学出版社，1995，"中译本序"，5～6页。

　　② 钟敬文：《我与散文》，收入钟敬文：《钟敬文文集》（散文随笔卷），771页，合肥，安徽教育出版社，2002。

　　③ 钟敬文：《我在旅游上的兴趣与写作》，收入杨哲编：《中国民俗学之父——钟敬文生涯、学艺自记与学界评述》，195页，合肥，安徽教育出版社，2004。

　　④ 50年后，钟敬文有一段更清晰的阐释，说明个人正确处理文学和民俗学两种能力，已取得了综合效果，原文为："我对民间文艺学的探索，是从文学观点开始的。那些关于民间歌谣的评论文章，如对客家山歌及蛋民歌谣的看法，就是例证。稍后，虽然接触到英国人类学派的理论，并初步给予运用，但始终是比较局限的。（二十世纪）三十年代以后，我比较广泛地接触到国外的学说、理论，才渐渐改变了自己固有的纯文学的观点，自觉或不自觉地采用了民族学、民俗学、原始社会史及文化史等的观点，也包括马克思主义社会学的观点。尽管有些庞杂和生硬，但多少打破了纯文学观点的单一状态。研究方法，这时期比较丰富，运用上也比较自如"，钟敬文：《民间文艺学及其历史》，"自序"，11～12页，董晓萍编，济南，山东教育出版社，1998。

与一般文学家或学者相比，在说理上都有擅胜之处；在写作风格上也更加鲜明而透彻。

(三)从社会考察中提取公共教育经验

钟敬文经常在学术文化旅行中考察社会，把社会考察当作学问的一部分，也当作一种必要的文章底气。在我国 20 世纪各重要的社会转折期，他都有切身经历，也都有不同程度的考察。他的这些社会考察活动，有时受到历史变迁或社会事件的刺激，但更主要的是受到中国传统文化的载道观和良心观的驱使，同时也受到世界民俗学发现民众的人文思潮的影响，这使他的这部分经历容易提取为公共教育资料。

在 20 世纪早期，在五四新文化运动中，钟敬文开始了他人生的第一次社会考察。他在自传中说："那时新文化的洪涛巨浪已经冲涌到我们那里，'五四'的爱国运动，早已唤醒了年轻人的民族意识，'当仁不让'，我们也曾结队游行"，[①] "我们排列队伍，手摇纸旗，大喊口号，在大街小巷游行，并把这种活动推广到附近乡村。我们又组织应时话剧，在市镇的一些舞台上演出。为了杜绝敌人的经济侵略，我们还在镇上清查日货，并警告有关商户，以后不准做这方面的买卖"。虽然他介入政治游行的时间不长，但"在这历时虽不长的社会实践中，自身起了重大的变化。我原来是一个只知手捧书本、口念诗文，在思想上几乎与世隔绝的书生。但经过这次运动，却变成睁开眼睛，关心世务的另一种人"。以后他在社会考察上"更来劲了"。他回乡搜集故事歌谣，利用两三年的时间，在周围的社会圈子中做调查。他"向家人、朋友，向一些本来不熟悉的人，访问、搜集、记录歌谣、谚语，稍后扩大到一般风俗、习尚，并从汉族推到少数民族"。他这次考察的收获，是把中国传统文化教养与西方现代学术的民众发现观结合在一起。而他有了这种提升，"此后，生活经历上虽有曲折，但关注祖国、民族命运，不敢以个人得失去代替一切的思想、节操，却始终占居于主位"。[②] 他还力图找到民众的优质精神文化，用以提高国民自强的能力和国家独立的信心。

① 钟敬文："自传"，收入杨哲编：《中国民俗学之父——钟敬文生涯、学艺自记与学界评述》，4 页，合肥，安徽教育出版社，2004。
② 钟敬文：《永不能忘的启导洪恩》，原作于 1994 年，发表于《中国文学家自传辞典》，收入杨哲编：《中国民俗学之父——钟敬文生涯、学艺自记与学界评述》，12~13 页，合肥，安徽教育出版社，2004。

20世纪中前期，抗日战争爆发，他介入了第二次社会考察期。他这次的选择十分自觉，一旦得知祖国被侵略的报告，便立即行动。他表示，"像我这样一个长期蹲在书斋里的学徒，也不能在炮声、轰炸声中安住下去了"①。他提前结束了在日本的学业，西渡回国。两年后，他与友人一起，冲向军事战场，"带着一种热情去收集那些材料。当走到被敌人践踏过的村落、城市，曾经遭受过火的洗礼的山岗、林薮，或会见跟战事直接间接有关系的人物，我就仔细地观察，或反复地询问。有时还不免兼运用起想像来。种种结果，我尽量记录到本子上。为着比较周详的参证，我还竭力去收罗那些相关的文献——如报告、宣言、报章等"。② 他通过这次考察，一方面，直接了解了"民族革命时期军民奋斗的情形和民族所受深重灾难事实"；③ 另一方面，把个人的正义行动与世界民族解放潮流融汇在一起，而后者是更有价值的收获。这次特殊的考察，让他在国际大环境中，认识到学者与国家的关系样式，体验到学术与社会运动的评价方式，这为他在 1949 年后成为中国民俗学运动的学术指导者，作了社会工作的准备；也为他将来在国际国内的新舞台上，开辟我国民俗学高等教育阵地，迎接社会运动的新考验，提供了历史借鉴。

20世纪晚期，中国发生了政治、经济、文化体制的改革。在政治宽松、思想解放的氛围中，钟敬文进入了第三次社会考察期，它大体有三个特点。

第一，在担任多种社会职务中履行学者责任。他说：

所谓的"文化大革命"终于结束了。雨过天晴。拨乱反正之后，民族的生命回复了健康，民族的文化恢复了活力。"解放思想，实事求是"，这两句简单的话，给予了我们的学术、文化的生存和发展多少力量啊！我从被禁锢的环境中解放出来，为了恢复和发展我们民族和广大人民大众的科学、文化（民俗学、民间文艺学），虽然我年龄已过古稀，但只要一息尚存，就要为这种神圣的事业而鞠躬尽瘁。从一九七八年到一九九零年间，我的足迹几乎走遍祖国的东西南北。我奔走的具体目的，是出席地方有关学会的建立，参加有关的学术会议或学术讨论会，为当地的讲习班讲

---

① 钟敬文：《我与散文》，收入钟敬文：《钟敬文文集》（散文随笔卷），772 页，合肥，安徽教育出版社，2002。

② 钟敬文：《战地报告文学集》"序"，收入钟敬文：《钟敬文文集》（散文随笔卷），760 页，合肥，安徽教育出版社，2002。

③ 钟敬文：《我与散文》，收入钟敬文：《钟敬文文集》（散文随笔卷），773 页，合肥，安徽教育出版社，2002。

课……这些活动，是客观需要的，也是颇有成效的。在各种工作之余，
……参观各种社会、文化机构等。眼光接触各种现实。①

在这一时期，他身兼北京政协常委等多种社会职务，在各种社会场合中，
发表社会文化改革的建议，呼吁提高全民素质。他在对新时代的感恩中，执行
一个全国民俗学事业指导者的复出使命，高度自觉地投入工作，恢复了高校民
俗学和民间文艺学学科的建设。当时与他同样复出的我国高校的不同专业的学
术前辈也有相同的想法和行动。

第二，在学术反思中界定"学术成熟"。他又说：

> 自然，这时期，我为了客观的需要和主观的要求，也写作了一些论
> 文、讲稿。其中，有对于学科现状反省的，如《谈框子》、《怎样建设新的
> 民间文艺学》；关于民间文艺学的性质、学科任务及发展前途的，如《把我
> 国民间文艺学提高到新的水平》、《建立民间文艺学的一些设想》、《加强我
> 国民间文艺学的研究》等；关于专题研究的，如《刘三姐传说试论》、《洪水
> 后兄妹再殖人类神话》等；关于学科史的，如《"五四"前后的歌谣学运动》、
> 《作为民间文艺学的鲁迅》；关于国际作品比较研究的，如《中日民间故事
> 比较泛说》，……这些文章，既反映了时代的要求，也探索了学科的某些
> 法则。从我个人的学术经历说，也许是比较接近成熟期的作品。②

钟敬文把反思不足视为一种"学术成熟"的过程，他讲的原意是"比较接近
成熟"，他这话不是随便说说的。钟敬文在步入晚境后，通过社会考察，所界
定的"学术成熟"的内涵，已具有相当的针对性：一是传达了一位学科开拓者在
建立民众科学与国家民族价值相关性的最高目标下，为解决各种学术和非学术
的问题，所经历的相当复杂的过程，所获得的一种深思熟虑；二是在该学者锲
而不舍的探索所能达到的历史至高点上，对民俗学和民间文艺学所提出的基本
问题，包括"学科性质、任务和发展前途"、"专题研究"、"学科史"和"国际作
品比较研究"等；三是学科成熟不可能脱离它的国家社会所允许它发展的条件，

---

① 钟敬文：《我在旅游上的兴趣与写作》，收入杨哲编：《中国民俗学之父——钟敬文
生涯、学艺自记与学界评述》，196 页，合肥，安徽教育出版社，2004。

② 钟敬文：《我与中国现代民间文艺学》，收入杨哲编：《中国民俗学之父——钟敬文
生涯、学艺自记与学界评述》，207 页，合肥，安徽教育出版社，2004。

钟敬文的学术思考也都是在国家社会整体反思的背景下进行的。

第三，在国际交流中确立提升全社会成员文化自觉的目标。他还说：

> 促进这些学术的国际交流。像前文所述，在杭州时期，我们已经开始了这方面的工作。到了新时期，特别是在它的后期，这方面的活动有着更大的发展。自从一九八〇年末，我们迎来了日本口承文艺学会访华代表团访问中国之后（此次客人，有直江广治、大林太良、伊藤清司等著名学者），中国学者，或出国访问，或接受来访，交流活动也很频繁。这方面的交流所涉及的有关的国家、地区，遍及亚、澳、欧、美。我，或作为被访问者，或作为出国访问组织的推动者，真有朋友遍四方的快感。这种交流活动，无疑是促进我们学科前进的一个动力，也是对我个人治学的一种鼓舞。①

> 当然，也不是盲目地同外界交流。条件好了，也要考虑国情。

> 全球化也好，现代化也好，不是把我们自己给"化"掉，而是应该根据我们的需要，去吸收人类文化中的先进的东西，来壮大我们自己，不是相反。如果反过来，把自己的精华给化为乌有，那就成了悲剧。②

钟敬文提倡国际交流，同时提倡坚持国家民族的文化主体性。他从留日起已建立了国际视野。在 20 世纪 50 年代，在当时全国学苏联的"国际化"潮流中，他根据我国实际，推进了高校本专业学科建立和专业教育体制的确立，参与了创建中国民间文艺研究会的学术社团，也积极呼吁建设中国民间文艺新传统。1979 年重新工作后，他又在新的国际环境中，把国际交流扩大到"亚、澳、欧、美"。他强调在了解中国的同时，也要了解世界学术的进程。在这方面，他的实践是贯彻始终的。他有两个目标：一是学术目标，即了解国际同行的前沿学术进展，调整中国民俗学的位置和方向；二是社会目标，即通过对世界文化体系知识的增加，提高本国社会成员珍重和保护自我民俗文化的整体素质和集体意识。他为我国社会公共文化事业的发展毕生开拓，作出了真诚的贡献。

---

① 钟敬文：《我与中国现代民间文艺学》，收入杨哲编：《中国民俗学之父——钟敬文生涯、学艺自记与学界评述》，208～209 页，合肥，安徽教育出版社，2004。

② 钟敬文：《建立中国民俗学派》，收入钟敬文：《钟敬文全集》（民俗学卷），406、385 页，合肥，安徽教育出版社，2002。

三、百年人生的时空数据

钟敬文先生有百年人生，是位长寿学者。他的生命跨越了两个世纪，历经清末、民国、抗战、新中国、现代化和全球化等中国现代社会变迁的各时期，影响传播国内外。对他的个人经历和学术文化成就的表述，以几本著作、穷三五后学之力，是很难奏效的；以传统文科思路演绎他的人生学术历程，也有相当的局限性，因此，需要另辟蹊径。在数字环境中，北京师范大学民俗学专业团队与其他多学科联合攻关，承担了这个任务。

在表达钟敬文的人生成就方面，我们要解决的关键问题是：数字化表达的内涵、原则、目标和效果。我们避免以往追踪名人足迹的表层展示，也避免铺陈名人著述的简单罗列，而是通过建立、采集和编制钟敬文百年人生的时空数据，创建全新的数字名师个案模型，展陈他的卓越人生建树，实现工作目标。

（一）钟敬文百年人生时空数据的概念

在建设数字环境的过程中，重读钟敬文著述和以往钟敬文研究信息，可以发现，钟敬文的生平成就，时代性很强，与国家社会的相关性很明确，在时空数据的分布上，形成了比较明显的个性化特征。根据这种特征，我们创用了名师人生时空数据的概念，从新的角度，对数字信息进行搜集和处理。

所谓"钟敬文百年人生时空数据"，从概念上说，有两层含义。第一层含义，指时间数据，即他的人生轨迹和学术文化活动的时间点分布，以及从可以确定的时间点上，所提取的他的个人著述和其他外界研究成果的信息量。自五四运动以后，钟敬文听从社会使命感的召唤，按照中国现代社会史和学术发展的线路，确定个人生命时间的分配。他的时间点与数据信息的契合，在数量和质量上，都是有明确的内涵显示度的。第二层含义，指空间数据，即他的人生社会和学术文化圈的分布地点。我们可以在这些明确的地点上，提取他的个人著作和他人研究成果的信息量。钟敬文是学者文人，终其行脚一生，以在南北大学治学从教为主，这就有清晰的空间信息范围。他又早年成名，他生前在社会文化圈中活动的地点和业绩，又成为相关富含社会意义要素的空间地标。总之，钟敬文人生成就的时间点、空间点与数据信息的分配，是均匀而充实的。

在钟敬文工作站中，采集钟敬文人生时空数据，分两个步骤。首先，在纸介资料层面上，从所能搜集到的各种著作和文献中，查找钟敬文的人生路线、治学活动、文艺创作与社会考察的时空资料，按学者的人生时间、著述时间、人际交往地点、社会讲演地点等分类操作，制成原始数据。其次，从原始数据的时间与地点排列中，使用已被钟敬文本人阐述的意义，同时也参照使用其他研究成果中所阐述的意义，归纳出两者的同构逻辑，再经过对它们的综合研究，建立数字描述语言，编制数字数据。最后，经过对数字数据的人文表达逻辑和目标进行再分析，在再度核实原始文件的基础上，对数字数据的时间点和区域点做二次分类，再进行元数据的提取和归纳，确保数字数据表达的正确性。

通过上述步骤的工作，我们发现，在钟敬文百年人生时空数据中，有两个特征。

第一，时间数据集。围绕钟敬文的生平成就，大体以十年左右为一段，形成一个时间点。在每个时间点内，大约每隔一个时期，他会提出一个新思想或从事某种有公众价值的社会活动，使该时间点被赋予时代意义，形成时间数据集。大体体现在以下方面。

1．五四时期。1919～1928年，中国现代学术文化史的开端期，也是钟敬文步入文学的盛名期。他以散文小说成名，成为有冰心风格的文学家。他也以民间文艺搜集研究出名，被胡适的《白话文学史》所赞赏。[①] 他所参加的北京大学歌谣学运动和中山大学民俗学会的创建，成为中国新民俗运动和新民间文艺运动的南北发轫事件。天时地利都赋予他一个新人文学科思潮代表人的充足信息，在他的身上，可采集到名师早期选择事业的价值观、情感和理想的信息。

2．抗战时期。1929～1941年，中国民族解放运动期，也是钟敬文民俗学研究地位的确立期。他在该时段中，留日又抗日，在学术与祖国命运的不同性质的历史抉择中，开创了民俗学和民间文艺学的理论新领域。他的建树对象有故事类型、神话传说，还在民间节日、民间艺术、生产民俗和民间信仰等方面，进行了研究性的尝试。该时段的信息，凸现了名师成就的国际背景因素，还可以采集到名师对民族、国家利益的名节观，对民众文化和殖民文化严格区分的人文立场和追求世界和平的种种信息。

3．解放前期。1942～1949年，这是中国民族独立的决胜期和新社会主义国家蓝图的构想期，也是钟敬文民俗学公共教育思想的实践期。他创编了高校文科的民间文艺学专业化课程和教材，指导研究生，从事社会基层民众教育，开展了地方方言文学运动。在该时期的末尾，他还参加了全国第一届文代会，提出优秀口头文学是国家文化遗产的观点。该时期信息具有名师学术与新国家

---

① 胡适：《白话文学史》，"自序"，10页，上海，新月书店，1928；长沙，岳麓书社，影印本，1985。

社会主流方向相融合的特点。

4. 解放初期。1950～1956 年，新中国社会主义意识形态建构初期和苏联社会主义文艺思想和教育制度对新中国的影响期。钟敬文在当时的国际国内背景下，创建了中国高校民间文艺学教育体制，参与创立了中国民间文艺研究社团的工作体制。他还亲自在北京师范大学、北京大学和辅仁大学上课，培养高级专业人才。该时期的历史规定性，也造成了名师信息与当时苏联高校信息的混合，但由于他本人和其他学者的独立思考和创业努力，也开启了我国学者对民间文艺学基本理论问题的分析倾向，如民间作品的人民性问题、社会史的研究方法问题和国别民间文艺学史的撰写问题等。

5. 挫折时期。1957～1978 年，国内政治、思想、文化、教育的极"左"时期和动荡时期，也是钟敬文一生历时最长的低谷期。该时期信息的成因，主要是外部原因。我们从中能采集到名师的坚定信仰和学者品质的宝贵信息。这些信息证明，在名师素质的构成中，人生逆境期不等于学术停滞期，他们会用它来解决那些需要孤独寂寞的长时段思考才能解决的重大问题，而这类成果一旦产生，也愈发显示出他们的强大内功。该时期钟敬文撰写的晚清民间文艺学史的系列论文，正是这种成果。它们与季羡林在"文革"中翻译印度巨型史诗《罗摩衍那》等，在性质上是一样的。

6. 恢复时期。1979～1989 年，我国改革开放初期，同时在世界教育体系中建立了中国完整的学位制度体系，这也是钟敬文复出，在高校专业与全国专业社团中开展全面指导工作的时期。该时期的所有信息，都带有恢复和新建的双重性质。比较突出的信息是钟敬文发表了一批"新"字头的专题论文，以及他在解放思想的时机到来后，接续 20 世纪 30 年代的民俗学研究观点，正式建设民俗学和民俗文化学。

7. 高潮时期。1990～2002 年，中国全面进入现代化和经济全球化的进程，钟敬文本人也进入自己的从事民俗学、民间文艺学、民俗学高等教育、民俗学社会工作和文学创作的晚年总结期。这一时期产生了三种大信息量的重要成果：①钟敬文各种专著、专辑、结集、诗文集和全集被陆续出版，形成了名师学术文化著述整体系列；②钟敬文的各种个人或个人主持高校教育改革与政府的项目，陆续获国家级、省部级奖励和个人终身成就奖等，形成了名师社会公共评价标准和公认样本的高层标杆；③他提出的各类高校前沿学科机构获准建设，如民俗学国家重点学科、教育部国家重点人文社科研究基地"民俗典籍文字研究中心"，以及相关 211 工程和 985 工程项目等，形成了名师开拓高等教育的系列模式。该时期信息的集大成者，是钟敬文提出了建设中国民俗学派的学说。

以上时间点的划分不是绝对的，有时受到社会、政治、历史等不可克服的因素干扰，钟敬文会在某一时间点上把工作时间拉长或缩短，造成个别时间段的长短不尽一致。另外，我们对时间点的命名，也有一定的象征性，主要以该时间点的重大历史事件和名师贡献作标题，用以说明历史时间给予名人的舞台和局限。不过，毕竟人不是数字，人文科学研究和社会活动也不是纯粹的数阵排列，许多历史偶然性和社会变动性都可能出现，引起名师时间数据集的容量和信息结构的变化，这正是民俗学搞数字化不同于理工科的地方，但这些又是民俗学者开展数字化研究所必须思考和不能放弃的内容。

第二，空间数据集。钟敬文一生在国内南北多所大学执教，他的学术研究与教育活动是并行的。把他的这些活动地点连接起来，可见其从教与治学的两条线十分清晰，衔接完整。他的高校圈、学者圈和文化圈活动等，也都在区域内相应展开，形成丰富多样的区域数据信息。主要有以下几个方面。

1. 广东区域点。钟敬文从家乡广东陆安师范进入教育界，由此开始，从事了长达 80 年的教育活动。而广东区域点的辐射力，达到了他 1949 年之前的大半时间。在该区域点内，可以采集到他的故乡地点信息，岭南大学和中山大学校史信息，他转战广东四战区翁源、连江、坪石等地点信息、他与顾颉刚、陈原、黄药眠等共事的学术信息，与彭湃等早期无产阶级革命家交谊的思想信息，与冼星海、马思聪等音乐家往来的艺术信息，还有当时还是青年文学家的黄秋耘和秦牧等相遇的文学信息等。广东区域点的信息中心是中山大学。

2. 浙江区域点。钟敬文在该区域点的活动有两个特点：一是以西湖景点为中心，形成文学创作的高峰；二是从杭州到日本、到再折回杭州，完成了民俗学的留学历程，确立了他在中国民俗学创建史上的地位。他以杭州为居地，在浙江大学等省内高校、省立民众教育实验专科学校和基层县域地点，开展教学科研和社会公共教育。他还在该区域点保留了与俞平伯、周作人、郁达夫、朱自清、赵景深、许钦文和陈学昭等知名作家订交的信息，以及与竹内实等一批日本学者和艾伯华等德国学者学术交流的史料。

3. 香港区域点。钟敬文于 1949 年从香港回内地，在该区域点中，有他在香港从事民俗学和国文高等教育的信息，但更多是他与共产党领导下的文化艺术界著名人士接触的信息，他与柳亚子和夏衍等人的知交还持续到回内地后的生活中。

4. 北京区域点。钟敬文在北京度过了中年和晚年。该区域点的信息，对钟敬文本人和研究钟敬文都有特殊的意义。首先，以钟敬文在北京高校和政府文化机构的活动地点为线索，展现了他建设新中国民俗学和民间文艺学研究、高等教育和社会文化事业的历程，以及他与郭沫若、周扬、老舍、林林、林默涵、周巍峙、季羡林、费孝通、张岱年、廖辅叔、马学良、白寿彝、启功等交往的史实。其次，以钟敬文从北京到外地的旅行地点为线索，体现了他在国内民俗学发展中的指导地位，也展现了我国民俗学、民间文艺学教育与社会工作的地方分布网络。再次，以钟敬文在北京师范大学接待国际学者和培养留学生为线索，证明了半个世纪以来中国民俗学所处的国际环境与中国民俗学国际影响的扩大与发展。

钟敬文的学术文化成就，绝不止以上举述所能覆盖。但是，仅就这些方面的数字数据信息分析已可窥见，用时空数据集的概念和方法开展工作，已有丰富、充实而完整的收获。更重要的是，对这些时空数据集的处理，可以被民俗学者所控制，可以帮助民俗学者实现传承名师学说财富的构想，也能让传播名师成就与增加社会公共财富的探索汇合一处。它既创新又现实，能动脑子也可让人上手，这让人兴奋。

（二）钟敬文百年人生地名库的概念

在采集时空数据之后，要建立钟敬文百年人生地名库。该地名库的含义，是指对所采集时空数据，经过进一步的民俗学分析，做最小意义单元的提取。主要是根据时空数据所能自成结构的，可传达名师教学研究、文学创作或社会活动内涵的完整信息群，就它们的意义分布，找出最小完整意义单位，再压缩到含有时间点的区域地名上，做再次输入，然后在数字环境下予以表达。这种地名库，以地图地名为原地名，将已经过研究的民俗学信息，包括名师研究的基本观点信息、名师的社会关系网信息、名师研究对象的民间文学作品信息、名师的文学作品信息等，有序地填入和编制，形成最小集合单元的类名，即基本单元地名。名师地名库是主题数据库，而基本单元地名的位置，是设在主题数据库下的专题库，我们提取到一个个民俗学信息意义地名后，再分门别类地放到这些专题库中去，最后合成名师百年人生地名库。

基本单元地名，在专题数据库中，又分三类，即行政地名、历史地名和民俗志地名。

1. 行政地名

行政地名来自行政地图上的原地名，但又吸收了时空数据分析后确定的名师的生平地点、工作地点和社会历史背景地点信息，按照名师人生学术的轨迹，加以重新编制，形成新的地名数据。

表1.1　钟敬文百年人生地名库行政地名(生平地点)采集样表

作　者	郁达夫
题　目	对钟敬文散文的评论
生平地点	广州、海丰县、日本
原文出处	《中国新文学大系·散文二集》(条目),1935,收入杨哲编:《钟敬文生平、思想及著作》,622页,石家庄,河北教育出版社,1991。

　　钟敬文与郁达夫友情笃厚,自20世纪二三十年代交往,也是留日同学。郁达夫在文中使用了三个地名:"广州"、"海丰"和"日本",此三地名与钟敬文自传及其他研究钟敬文的文章中所出现的这些地名,都是生平线索,但把钟敬文与郁达夫两人的文学往来信息压缩到这些地名上后,可从这一侧面,体现出三地名鲜为人知的信息质量。

表1.2　钟敬文百年人生地名库行政地名(工作地点)采集样表

作　者	黄秋耘
题　目	我所认识的钟敬文老师
工作地点	北京、广东、粤北坪石、长沙、衡阳、耒阳、郴州、广州、香港
原文出处	黄秋耘《我所认识的钟敬文老师》,原载《人民文学》,1989(5),收入杨哲编:《钟敬文生平、思想及著作》,893~897页,石家庄,河北教育出版社,1991。

　　1943年,钟敬文与黄秋耘在中山大学相识,当时钟敬文是进步民主人士,黄秋耘是共产党打入敌人内部的高级军官,但钟敬文从来不问黄秋耘的来历,黄秋耘也守口如瓶,两人只谈文学,不谈国事。后两人在香港相遇,钟敬文才知道黄秋耘的公开身份,两人遂成忘年之交。采集黄秋耘回忆钟敬文的信息,再编入地名含义中,这些地名就不仅仅是地名,而且增加了当时我党尊重爱国名士的史料价值。

表1.3　钟敬文百年人生地名库行政地名(社会背景地点)采集样表

作　者	[德]沃尔弗拉姆·爱柏哈德(艾伯华)
题　目	钟敬文(德国《民间故事百科全书》条目)
社会背景地点	广东海丰县、广州、浙江杭州、日本、北京
原文出处	[德]沃尔弗拉姆·爱柏哈德:《钟敬文》词条,居甫译,原载[德]《民间故事百科全书》,第三册,柏林,1980,收入杨哲编:《钟敬文生平、思想及著作》,736~737页,石家庄,河北教育出版社,1991。

表 1.3 所采集信息，原为用德文撰写的"钟敬文"词条。撰写人所列举的广东海丰县、广州、浙江杭州、日本和北京这五地名，可以告诉我们，在西方人向西方人解释中国民俗学之父时，所认知的中国民俗学者的社会工作地点，以及西方人头脑中的相关中国省域、市域和县域地名的地图图像。把这种信息编入地名数据，可以了解到，远方异国学者在表述中国民俗学者时，所运用的远距离社会人类学分析方法和不同的阐释意义。但外国学者的中译名，在以往我国的中文译著中，经常会有不同的译法，在这次编制数据时，我们尽量把影响较大的不同译法列出，以方便中外用户查询。例如，在纸介原文中，这位西方撰写人的中译名为"［德］沃尔弗拉姆·爱柏哈德"，现补入他本人的中文名字"艾伯华"，以利多种版本的核对。我们也将补入的信息一律用括号"（）"标出，以体现忠实于原文的原则，同时提示数字信息对纸介信息已有扩充。

经以上名师人生信息的输入，行政地名所具有的人文性质已比较清楚。一方面，这种地名具有引人驻足思索的文化号召力；另一方面，编制行政地点中的中外名人信息含义，也有助于恢复名人活动的自然环境和社会环境，让广大社会公众获得认识和学习他们的可能性。

2. 历史地名

历史地名来自历史地理地图的原地名，或者也可能现在仍是行政地图上的现地名或变迁地名，但它又被添加了民俗学者的时空分析数据，经对照名师的论文和文章，参考外界研究名师的文章，依上下文的实际意义，补入了相关历史文献地点信息、文物古迹地点信息、历史人物和历史事实地点信息等，形成新的历史地名数据。

表 1.4　钟敬文百年人生地名库历史地名（史料地点）采集样表

作　　者	顾颉刚
题　　目	《两广地方传说》"序"
史料地点	广东和广西地方志
原文出处	顾颉刚：《两广地方传说》"序"，原载《文学周报》，1928（33），1928年 9 月 30 日出版，收入杨哲编：《钟敬文生平、思想及著作》，754～755 页，石家庄，河北教育出版社，1991。

此表的数据来源，是顾颉刚为钟敬文《两广地方传说》所撰序文。顾颉刚是史学家，在举述"史料地点"上，具有丰厚史识。他撰写此序的中心意思是，把钟敬文搜集的广东和广西的历史遗址传说，与两省地方志中的遗址文献，两相对照，观察传说和史料描述的异同。他在这种背景下介绍的史料地点信息，一

方面是经他研究确认的地点，另一方面也有历史学者借鉴民俗学作研究，有方法论的意义。

表 1.5　钟敬文百年人生地名库历史地名（文物古迹地点）采集样表

作　　者	涂石
题　　目	民间文学研究中的一部重要著作——读《钟敬文民间文学论集》
文物古迹地点	湖南长沙
原文出处	涂石：《民间文学研究中的一部重要著作——读〈钟敬文民间文学论集〉》，原载《民间文艺集刊》，1984 年第 5 集，收入杨哲编：《钟敬文生平、思想及著作》，774～783 页，石家庄，河北教育出版社，1991。

在上表中，作者所说的"文物古迹地点"，指在湖南长沙出土的马王堆汉代文物遗址地点。钟敬文曾率先在民俗学界对该墓室的汉代祭祀造像作了神话学和民间宗教学的研究。在改革开放之初，这对恢复民俗学的研究，并扩大民间文艺学的研究，起到了开风气之先的作用。我们增列这种地点信息，在其考古地点的基础上，开发和补充了汉代民俗史的信息。十几年后，钟先生指导博士生撰写了汉魏民俗史研究的博士论文，① 继而又主持了"中国民俗史研究"国家社科基金重大项目，② 都是以此为起点的后续成果。

表 1.6　钟敬文百年人生地名库历史地名（历史人物和历史事件地点）采集样表

作　　者	林林
题　　目	值得尊敬的治学态度——在庆贺钟敬文八十寿辰座谈会上的讲话
历史人物和历史事件地点	东京
原文出处	林林：《值得尊敬的治学态度——在庆贺钟敬文八十寿辰座谈会上的讲话》，原载《民间文学论坛》，1983（3），收入杨哲编：《钟敬文生平、思想及著作》，674～676 页，石家庄，河北教育出版社，1991。

---

①　关于汉魏民俗史的博士学位论文，例如：萧放：《〈荆楚岁时记〉研究——兼论传统中国民众生活中的时间观念》，北京师范大学民俗学专业 1996 级博士学位论文，答辩时间：1999 年 6 月。郭必恒：《〈史记〉之民俗学研究》，北京师范大学民俗学专业 1999 级博士学位论文，答辩时间：2002 年 5 月。

②　"中国民俗史研究"系列丛书，钟敬文主持国家社科基金重大项目，北京，人民出版社，2008。

　　在钟敬文的留日好友中，除郁达夫外，此文的作者林林是其中之一。林林在文章中使用的地名"东京"，正是对近 40 年前的历史事件的回忆，他也回忆了两人都有交往的日本学界友人。在这些日本同道中，有日本民俗学者，也有日本俳句文学家，受到他们的影响，林林本人后来也成了有名的俳句作家。在他出版俳句文集后，钟敬文也以俳句相唱和，不胜欢悦。两人的交往史，不乏诗人佳作和中日文化交流史的价值。在这种中日学者交流的氛围中，"东京"的地名被采集，与仅在中国现代史上一般地采集这个地名，所携带的时代信息内涵和历史意义是大不相同的。

　　历史地名，富于名师学术关系和社会文化关系网络的信息，在不同的历史阶段和地域范围中，展现了名师在学者圈、文化圈和社会圈中的行为方式和影响成因。

　　3. 民俗志地名

　　民俗志地名，来自行政地图或历史地理地图上的原地名，但又不是这种地名的原意，而是使用者借助这种地名表达的指代性寓意。它有时是行政地图或历史地理地图上的地名，有时又是在行政地图或历史地理地图上根本不存在的地名，而是一种虚拟地名，或他界故事的地名，但这种地理上的虚拟地名却在地方文化空间中具有实实在在的意义，可以凝聚地方人群和地方文化事件，并有长期的传统。我们也把这种地名称作"精神地名"。它借助自然地点的说法，用想象的、超现实的、风俗的、宗教的意义加以附会，以体现这类地名的连续象征性和不中断传承价值。它所包括的要素成分有：艺术比喻、童年文化、故乡回忆、民间文学流传地、民俗或宗教象征地点和民间称谓等。我们运用民俗学的研究方法，将这些意义分别提取出来，再现它的文化内涵，这样构成的地名样式，为民俗志地名。

表 1.7　钟敬文百年人生地名库民俗志地名（艺术比喻）采集样表

作　者	凌泠西
题　目	《海滨的二月》"跋"
艺术比喻地点	西湖
原文出处	钟敬文：《海滨的二月》，上海，北新书局，1929，收入杨哲编：《钟敬文生平、思想及著作》，615～618 页，石家庄，河北教育出版社，1991。

　　表 1.7 中的"西湖"地点，乍眼看，是一处杭州景观名称，但在纸介原文中，它却并非指地名，并没有自然地理意义。它所指的是钟敬文移居杭州后的

高峰文学作品。这是凌泠西的一篇比较有名的文评，他仅用"西湖"做艺术比喻而已。在他看来，备受瞩目的钟敬文散文，外形动人而深藏热情，类似西子美女的绰约风姿。但凌泠西也认为，这时的钟敬文类似俄罗斯作家笔下的"罗亭"，不乏天才和能量，唯缺少追求爱人和理想的勇气。他还看出钟敬文的格调像清人王渔洋，以写制胜，即景抒情，不是那种豪迈刚烈的风格。他借助"西湖"演绎了另一种指代性的寓意。

这种采集艺术比喻的地名信息，比起自然地名，我们会看到，艺术比喻地名的虚构空间是广大的，这种空间不是只存在于作家头脑里的虚幻影像，而且是可以通过添加研究信息的方式，将之复印出来的图像。我们回头再看自然地名，能看到，自然地名本身很务实，而艺术审美的虚拟空间是汪洋恣肆、不可限量的。这两类地名的信息是不对称的，但一旦对称，也会失去很多人间的童趣与欢乐，有时也不为人间世界所取。

表 1.8　钟敬文百年人生地名库民俗志地名（童年文化）采集样表

作　　者	林非
题　　目	《现代六十家散文札记》"钟敬文"
童年文化地点	浙江绍兴
原文出处	林非：《现代六十家散文札记》"钟敬文"，天津，百花文艺出版社，1979，收入杨哲编：《钟敬文生平、思想及著作》，626～628 页，石家庄，河北教育出版社，1991。

童年文化，是所有遗产文化的内容之一，包括民俗民间文艺作品。几乎在所有名人的信息中，都有童年地点，它们被用来描述名人幼年时代所显露的超常品质和社会评价，钟敬文的人生资料也是这样。但对童年地点的记载有多种方式，上表所列，只是其中的一种类比方式。该童年地点，原为周作人的童年生活地点——浙江绍兴，但这条信息之所指，却是指钟敬文在东部文化中的性情养成和近周的文风。当然，在成功之道上，具有相似童年地点的名人也会各不相同，否则人文世界就要大为失掉其吸引力和新鲜味道。

我们还采集到这方面的另一些信息。例如，钟敬文像周作人一样，把谈天说地与个人经历的地点结合，把学术评述与对历史掌故的地点结合，把亲身经历的地点和当地景色描写结合等。这类名人通过这些富有感情色彩的，或苍劲或含蓄的地点描述，介绍自己的童年文化，我们在把握对这种地点的认识上，也要既多样化又有所限定。

表 1.9 钟敬文百年人生地名库民俗志地名(故乡回忆)采集样表

作　者	蔡清富
题　目	论钟敬文的散文创作
故乡地点	荔枝、白莲、水仙花，波浪国，南国槟榔，广州挂绿荔枝，平静的故乡，岭南饮食
原文出处	蔡清富：《论钟敬文的散文创作》，原载钟敬文：《钟敬文散文选集》，天津，百花文艺出版社，1989，收入杨哲编：《钟敬文生平、思想及著作》，640～662页，石家庄，河北教育出版社，1991。

　　凡名人之作或描写名人之作，大都有回忆故乡地名的情节。采集这种信息，便是抓住了名人生平的情胜处。表 1.9 的原文作者是钟敬文散文的研究者，对钟敬文作品中的故乡地点信息的观察细腻入微，表现出对其人文含义有多层面的把握。从民俗学的角度看，作者所介绍的钟敬文故乡地点及其故乡人文信息的附着内涵有：①植物地点，用荔枝、白莲、水仙花等亚热带植物，表现钟敬文故乡的南粤风光，以及钟敬文的故乡之恋；②海滨地点，用波浪之国，传达钟敬文思念故乡水色之情；③传说地点，用广州的挂绿荔枝的传说，表现钟敬文搜集故乡民间文学的业绩；④抗战前的地点，用钟敬文爱用的"平静的故乡"，指出他在战时渴望和平的思想；⑤饮食地点，用钟敬文笔下的岭南饮食，表达钟敬文用故乡特色饮食，描述个人乡情，缩小与社会读者的距离，创造共鸣感。

　　钟敬文的文学作品分咏物、游记、怀人和报告文学四类。在这四类文学中，都有这种涉及故乡的文字。他的故乡意识是由乡土情怀、思乡谈俗、乡土社会分析、城乡比较、反战倾向、乡土文化欣赏和热爱祖国等要素组合起来的。他在热爱故乡的基础上，发展了国家民族意识。他对故乡的表达复杂性，体现了他的思想和情怀。我们在采集时，对他的各个黏着了故乡文化特色的信息点，要给予充分理解和使用。

表 1.10 钟敬文百年人生地名库民俗志地名(民间文学流传地)采集样表

作　者	舒永
题　目	晚秋硕果更芳馨——读《钟敬文民间文学论集》(上)
民间文学流传地点	云南迪庆
原文出处	屈育德：《晚秋硕果更芳馨——读〈钟敬文民间文学论集〉》(上)，原载《民间文学》，1983(3)；收入杨哲编：《钟敬文生平、思想及著作》，763～773页，石家庄，河北教育出版社，1991。

在民俗志地名中，还有一种地点称"民间文学流传地"，它是带有民俗学者搜集和研究信息的地名，在本表中，它指钟敬文所研究的女娲故事在"云南迪庆"藏族聚居区的流传地。在搜集这类信息时，对作者屈育德的观点信息也要一并采集。作者指出，钟敬文通过对云南迪庆女娲故事情节单元的分析，通过对当地女娲故事流传范围分析，提出了重视民族志的思想，并完成了用民族志资料研究民间故事类型的个案。我们知道，这篇文章成为钟敬文后来发展的"民俗志"思想的前奏。民族志或民俗志，它们都有固定的自然地点，也有传统生态文化空间，而故事的地点一般都是泛指的，对此点，我们还将在下面继续讨论。以往学者讲到故事地点，有时是指故事的讲述地点和搜集地点，其实这种地点应该是准确的。而当研究者指出钟敬文使用民族志资料考察民间故事时，实际上是发现了钟敬文在使用地名的方法上发生了变化，即他用民族志或民俗志的可相对限定生态文化的地点，把故事中的泛指地点相对局限化，再增加考察故事的民族传承地点、地方传承地点和讲述人传承地点等，这样就能增加对故事的内涵、功能和现实价值的认识。对民俗学者来说，借助民族志或民俗志的地名研究，可以从方法论上，提升对民间文学流传地的研究水平。

表 1.11　钟敬文百年人生地名库民俗志地名(象征地点)采集样表

作　　者	汪玢玲
题　　目	民俗学运动的性质和它的历史作用
象征地点	长城
原文出处	汪玢玲：《民俗学运动的性质和它的历史作用》，原载《民间文学》，1979(5)，收入杨哲编：《钟敬文生平、思想及著作》，805～808 页，石家庄，河北教育出版社，1991。

在民间故事中，有一些地名是专门解释"地点"的形貌和来历的。在它们中间，有的还世代传诵，达到了妇孺皆知的效果。但这类地名不是普通的自然地理地点，而往往是一件人工物、一处特殊建筑、一块形貌奇特的土地或一个民间宝卷里的名词，如龙宫、天庭、昆仑山和西天佛国等。民众使用这些地点词语，传达精神世界的要求，包括现世愿望、宗教信仰、仪式功能或超现世的理想等。这类地点的名称，也属于民俗志地名的一个种类，并且早已被中国学者所关注。顾颉刚在对孟姜女文献的研究中，就已涉及这类问题。钟敬文也在

20世纪初开始了对这种地名的研究。① 实际上，在我国千百年流传的口头文学中，不乏诸如"昆仑"、"香山"、"梁祝读书处"一类的民俗志地名，它们的地点都不止一个，有时相同的地名有七八个，或者遍布全国。在表1.11中，所提到的"长城"，也属于这类性质的信息。长城是我国伟大的历史建筑，但长城故事中的"长城"却充满了地理地点上的不确定性，仅北京的孟姜女传说就有5处"长城"，而且每处的故事都对孟姜女万里步行到达长城的地点说得凿凿有实，更不要说全国范围内流传的孟姜女传说了。在本次采集的象征地名信息中，重点对钟敬文研究孟姜女传说中的几处长城地点做了采集和象征性分析，它们颇可反映民俗学者研究象征地名的学术传统和方法优势。

表 1.12　钟敬文百年人生地名库民俗志地名(民间称谓)采集样表

作　者	裴明海
题　目	钟敬文教授在宁波
民间称谓地点	小上海(对宁波的民间称谓)
原文出处	裴明海：《钟敬文教授在宁波》，原载《浙江民俗》，1982(8)，收入杨哲编：《钟敬文生平、思想及著作》，851～854页，石家庄，河北教育出版社，1991。

在地名库的采集数据中，还有一类被采集的民俗志地名，其实拥有双地名。在这种双地名中，有一个是地理地名，另一个是民间称谓。在地理学研究中，地理地名是研究对象，但对该地名的民间称谓是忽略不计的。在民俗学的研究中，却对地名的民间称谓并不轻易放过，往往挖掘其民俗含义，阐述它所承载的民间人口信息、移民信息和民俗社会史等，研究基层社会不同单元之间的彼此想像和整体结构。在上表中，提到钟敬文晚年讲学一个地点"小上海"就是一种民间称谓，它的地理地名叫"宁波"。民俗学的业内人士都知道，宁波的梁祝传说多，保存得也好，它与孟姜女传说一样，已成为我国传说代表作的遗产。"宁波"双地名信息被采集，可以传达钟敬文晚年南征北旅的学术关注点，相关地名的民俗文化内涵也容易被人们所记忆。

民俗志地名，对进入名师人生成就范围的学术文化成果而言，或者对进入名师研究视野的民间作品信息而言，或者对名师本人创作的文学作品信息而

① 钟敬文：《中国的地方传说》，原文撰于1931年，收入钟敬文：《钟敬文民间文学论集》(下)，74～100页，上海，上海文艺出版社，1985。

言，它们都会借助这种地名的发布，对阐释名师和研究名师产生特殊的教育意义。它们本来是一些看不见的精神活动，单纯用民俗学的方法，是无法将它们可视化地表达出来的。它们从前只能是经过专业熔炉的熬炼后得到的学术问题，或者是少数知识精英的理论兴趣，不容易让圈外人了解。当然，它们也是学者对民间原创资料的理论熔炼，也可以产生阐释和保护民间原创作品的巨大思想能量，但这种结果还是在少数人中共享的，无法推向社会。此外，受到传统文科研究手段的局限，对这类思想智慧和人文精髓，也还不能从宝塔尖中输出，送还民间的享用者，这也是文科人的亏欠。现在数字化能帮上这个忙。我们通过民俗学的数字化工程，可以在民俗学领域内，将这类专业成果送还社会。它们能展现在名师的手中，民间日常资料如何化为神奇，成为精英思想库的原创亮点；它们也能体现这类思想精品对保护和繁荣优秀民俗文化的社会现实意义。

（三）钟敬文百年人生地名库的合成样本

由以上采集表可见，制作钟敬文百年人生地名库，需要解释地名的字面含义，也要理解和充实地名背后的人文含义。比较而言，在三种地名中，行政地名的意义，有自然地名做基础，又有显性的人文含义，经过初步民俗学训练的研究生即可提取。但是，对历史地名和民俗志地名就较难把握，需要有民俗学的扎实功底和民俗知识的储备，并且有一定的历史文化知识面，能够对这类地名作出较为深层的专业分析，才能作出符合原意的数据提取。我们的目标，是要利用正确的数字数据，建立钟敬文百年人生地名库的合成样本。

1. 合成样本的原则与目标

名师生平成就和国际国内其他学者研究名师的成果，不同于一般文科作品，更不同于科技文献，它们有对多元人文信息的高度综合的陈述观点和表达方式。从使用语言看，名师及其精英群体的语言功力深厚，所表达的境界语浅意深，是丰富人文内涵与精简词语的高密度整合体。建立名师地名库的数据合成样本，就是要承载这方面的特点，并且能把名师自我和研究名师的成果内容都清晰地展现出来。

我们在实际提取数据时，可以看到，行政地名、历史地名和民俗志地名都是存在的，但将之完全剥离，又不能恢复纸介原文的全貌。在纸介原文中，有一些地名的类别交叉呈现，或者某地名被用作几种类别，如"西湖"既是行政地名，又是历史地名，又是民俗志地名。我们的原则，是在符合纸介成果原意的前提下，发展数字成果；我们的目标，是借助数字化技术增强我们的能力，将名师的学术文化成果准确而全面地传承下去。

2. 合成样本的设计与组合

根据我们的原则和目标，为了从地名分类和人文语意综合开发，正确地利用时空数据集，我们在制作分类采集样表的同时，设计了合成样本。在合成样本中，我们设计了纸介成果的原"发表时间"和"内容摘要"几列，另外也给三种地名的分类使用、交叉使用或共同使用等各种情况留出表述空间，再增设"关键词"一列，填写我们分析数字数据的研究结果。

在以上各"列"中，不同的"列"中的数据信息，可以串成一个关系组。关系组的数据关系构成，由"关键词"体现。这样，"关键词"的选择就很关键，它不再是原来纸介成果中的关键词，而应该是在数字环境下，解读名师本人或研究名师的高密度成果的分析纲要。

3. 合成样本的制作与格式

对于合成样表，我们采取提前设计与分类样表同步运行的方法进行。在工作步骤上，我们边编制分类采集表，边调整合成样表。这样得到的合成样表才是适用的。它的格式如下。

表 1.13　钟敬文百年人生地名库合成样表格式

作　　者	
题　　目	
发表时间	
关 键 词	
内容摘要	
行政地名	
历史地名	
民俗志地名	
原文出处	
文字录入	

在表 1.13 中，将三种地名同列，并增加"内容摘要"。这是在编制和填写分类采集表的过程中，根据所发现的问题，采取了相应的解决对策，才将合成样表的格式确定下来。利用现在的合成样本，读者可以通过"行政地名"、"历史地名"和"民俗志地名"的栏目和"内容摘要"栏，将三种地名和它们所出自的

纸介原文作总体观察，以免切割分类地名与整体人文内涵的固有联系；如此还可以通过"内容摘要"，对三种地名被原作使用的方法进行核查，以免以研究者的观点代替读者的观点，阻滞了数字成果在读者中间的传承。

4. 合成样本填写释例

填写合成样表，是将采集表的数据，对照"内容摘要"的完整意义信息，分别在一种地名、两种地名或三种地名的栏目中，据实填写。所有编制地名的数据研究成果，要与"原文出处"的纸介原文的意义相符合；在此基础上，对纸介原文中所潜藏的含义，经过数字化的过程，可以做到必要的补充，制成新的综合数据信息，在合成样本中予以传达。

制成后的合成样表与采集样表两者，在概念和逻辑上，要保持统一。同时，合成样表要将被采集表所分解的数据信息，完整地加以恢复再现。在表1.14中，括号中的文字是作者对纸介原文中的潜藏含义所作的必要补充。

表 1.14　钟敬文百年人生地名库合成样表

作　　者	顾颉刚
题　　目	《两广地方传说》"序"
发表时间	1928 年 8 月 31 日
关 键 词	钟敬文、地方志、民间传说、历史性、象征喻意
内容摘要	钟敬文把民间流传的地方古迹传说集中在一起，编成集子，这种资料可以与地方志中的古迹记载文献对看，从中能看出当地人对古迹的想象和境界，以及当地人解释古迹的方法；还能知道文人把民间地方传说给予雅化的结果。从这些传说的传播看，可能是从两广以外的地区流传过来的。着历史学者来说，最煞风景的工作，是用考证的方法，拆穿许多美丽的想像。民俗学者却很近人情，会把故事渲染得更美丽，又总有人喜欢到民间去搜集这些故事。
行政地名	广东、广西
历史地名	杭州
民俗志地名	湘妃竹林（同类传说的转移地点） 逃石、狮子山、难麓山、飞来峰（会自己走路的地点） 一夜修好的城（故事类型地点） 风水地点（指成功和不成功的环境、机会的巧与不巧的发生地点） 望夫冈（反映民众他界思想的地点，可以当作民众的思想史看）
原文出处	顾颉刚：《两广地方传说》"序"，原载《文学周报》，1928(33)，1928 年 9 月 30 日出版，收入杨哲编：《钟敬文生平、思想及著作》，754～755 页，石家庄，河北教育出版社，1991。

在上表中，仍以顾颉刚为钟敬文撰写的《两广地方传说》"序"为例，说明地名库合成样表的样式与内容。这份合成后的数据信息表，由"行政地名"、"历史地名"和"民俗志地名"栏填写的不同地名，分别进入三个专题库，再由专题库构成钟敬文百年人生主题地名库，共同展现顾颉刚和钟敬文早年在研究历史人物和历史事件传说上所达到的学术成就。在所提取的数字数据中，"两广"，这一屡见不鲜的地名数据，对两位学者研究书面文献和口头传说的成果，已保留了精华，并贮存在地名库中。同时，经过数字数据的重新采集，原有成果中被高度浓缩的潜在人文信息也被提取出来，通过此表得到再现。其中，在"行政地名"库中，提取和贮存了钟敬文选编传说的搜集地点和流传地点信息；在"历史地名"库中，提取和贮存了钟敬文在杭州执教的历史地点信息，保留了他与顾颉刚在中山大学分手的历史事件信息；在"民俗志地名库"中，提取和补充了更为繁复的象征地名信息，包括传说扩布地点信息(湘妃竹林)、会自己走路的自然物地点信息(飞来峰)、建筑故事地点信息(一夜修好的城)、他界地点信息(望夫冈)和风水地点信息(成功和不成功的自然环境)等。此表把这些数字数据信息条分缕析地展现出来，再通过后面要谈的名师概念网所和名师数字地图展陈出来。总之，经过一系列步骤的工作，前辈学者对祖国民俗民间文艺所作的精彩研究，可以更容易让现代人听懂，并乐于传承下去。

在实际应用上，读者可以通过查询地名库的"关键词"，了解名师人生成就的大要，再通过阅读"内容摘要"和查询三种专题地名库，认识其贡献的文化类目和人文内涵，最后通过查询"原文出处"，找到其成果的来源和细部。

第二节　钟敬文与三集成工程

在钟敬文工作站的基本选题中，钟敬文与中国民族民间文艺十大集成志书的关系，是一个重点讨论题目。该工程于1979年由文化部发动，持续至今，已陆续出版了一系列著作，为许多国际同行所深切瞩目。钟敬文主要参加了其中的中国民间文学三套集成的搜集编纂工作。

钟敬文自1949年7月回国参加全国第一届文代会起，就与新中国政府文化工作开始了合作的历程。他后来建设新中国的民间文艺学和民俗学，也坚持在这一主流文化方向上进行。他晚年参加中国民族民间文艺集成工程，再次体现了他将学术发展与国家社会重大文化发展目标联系起来的思考。

钟敬文参与中国民族民间文艺十大集成工程，重点参与主持中国民间文学三套集成的搜集和编纂工作，促进了钟敬文民俗学学说体系的完成，推动了国内高校民俗学教育事业的深入改革。他于晚年提出的中国民俗学派理论，也离不开三集成工程所提供的本土文化积累和国家社会在学术条件上的储备。他在这方面的工作，还以全面清理和研究中国传统民间文艺资源的成就，为我国政府后来开展的非物质文化遗产保护工作，在前期理论奠基和人才储备上，作了重要的基础工作。

一、研究集成的治学要点

钟敬文参与主持中国民间文学三套集成的搜集整理工作，是与他对该三集成的理论研究同步进行的。① 他对三集成的研究，又是纳入他的民俗学理论学说体系中开展的。他主持了中国民间故事集成的搜集整理原则的制定，完成了对他生前出版的各省中国故事集成著作的原稿审读工作，他还与各地基层三集成办公室、文化馆站和厂矿村社的搜集者建立广泛的社会联系，倾听他们来自基层的观点和建议。在此期间，他所作的研究生教学讲演和学术报告，很多时候都提到三集成。他撰写了多篇论文，讲辞和序、跋文，讨论三集成的价值、意义、功用和使用范围。20 世纪 80 年代以后，他陆续出版了大量著述，比较主要的有：《话说民间文化》、《我与中国二十世纪》、《民间文艺学及其历史》、《钟敬文学述》和《建立中国民俗学派》等，② 都使用了三集成资料。他讨论三集成，在不同的上下文中，从不同的角度，提出了三集成可以推进民俗学、民间文艺学、民俗文化学和民俗志学的拓展研究。他发现，仅从民间文艺学看，三集成资料就能充分说明，它与民俗学的其他学科分支具有不可分割的整体联系，它们可以阐释民族文化价值的整体性、文化记载传统的整体性和现代转型形态的整体性。以下主要使用他的上述著述，讨论他研究集成的治学要点。

(一)对民间文艺学和民俗学研究的价值

德裔学者艾伯华(Wolfram Eberhard)从文本分析上认为，中国民俗学者喜

---

① 中国民间文学集成总办公室编：《中国民间文学集成工作手册》，内部资料，1987。为叙述方便起见，以下在不影响原意的情况下，也使用国内民俗学界通用的"三集成"的简称。

② 钟敬文：《话说民间文化》，北京，人民日报出版社，1990。季羡林、钟敬文等：《我与中国二十世纪》，许明主编，郑州，河南人民出版社，1994。钟敬文：《民间文艺学及其历史》，董晓萍编，济南，山东教育出版社，1998。钟敬文：《钟敬文学述》，董晓萍编，杭州，浙江人民出版社，2000。钟敬文：《建立中国民俗学派》，董晓萍编，哈尔滨，黑龙江教育出版社，1999。

欢对民间文学进行历史的和社会学的研究，有两点原因：一是民间文学与古典文学、古代戏曲粘连，因而可以找到其历史的和社会背景的线索；二是中国民间文学被历代文人大量记录，但加上了个人观点、道德评价和社会上下文，这也使民间文学容易成为不同社会时期的研究对象。① 美籍华裔学者丁乃通(Nai-tung Ting)扩大了对中国书面文献的使用范围，但他排斥纯艺术故事，②没有进行民俗学意义上的民间文学研究。美国学者洪长泰(Chang-tai Hung)提出，中国知识分子历来有文化保管人的角色，正是这一阶层，造就了民间文学与古典文献的历史联系。③

钟敬文先生曾为以上三位学者的著作都写过中译本序言，跟他们开展过学术对话，但他更关注中国的实际情况，要求作出中国民俗学者自己的回答。20世纪50～80年代，他所发表的文章，反映了他在这方面的研究思想，其中的代表作是《晚清革命派著作家的民间文艺学》和《晚清民间文艺学史试探》。④ 他利用充分的资料，经过长期的研究，提出了民间文学与书面文献关系的三个观点：一是两者在中国文化史上有混合，到了五四时期才被论层划分，但这不能代替两者混合的历史；二是部分民间文学的传承有历史文献化的过程，其中有的成为地方史或国家史，但在这同时，也建立了中国民间文学被记录的历史形式；三是在民族情感和价值观上，上、下层文献是相连通的，共同构建了民族共同体的遗产文化，当然两者也有各自的特点。钟老围绕这些基本观点，还撰写了其他文章，如《口头文学：一宗重大的民族文化遗产》、《马王堆汉墓帛画的神话史意义》、《晚清革命派作家对民间文学的运用》、《中国民间文艺学的形成与发展》等，⑤这些论文都产生了相当的社

---

① ［德］艾伯华(Wolfram Eberhard)：*Folktales of China*, edited by Wolfram Eberhard, Chicago：The University of Chicago Press，1965. *In folktale of the world*, General editor：Richard M. Doson.

② ［美］丁乃通(Nai-tung Ting)：《中国民间故事类型索引》，郑建初等译，北京，中国民间文艺出版社，1986。

③ ［美］洪长泰：《到民间去——1918～1937年的中国知识分子与民间文学运动》，董晓萍译，上海，上海文艺出版社，1993。

④ 钟敬文：《歌谣中的醒觉意识》，北京师范大学出版部，1952；钟敬文：《晚清革命派著作家的民间文艺学》，载《北京师范大学学报》，1963(2)；钟敬文：《晚清民间文艺学史试探》，载《北京师范大学学报》，1980(2)。

⑤ 钟敬文：《口头文学：一宗重大的民族文化遗产》，《民间文艺集刊》创刊号，1950年；钟敬文：《马王堆汉墓帛画的神话史意义》，载《中华文史论丛》，1979(2)；钟敬文：《晚清革命派作家对民间文学的运用》，收入钟敬文主编：《民间文艺学文丛》，北京，北京师范大学出版社，1982；钟敬文：《中国民间文艺学的形成与发展》，载《文艺研究》，1984(6)。

会影响力，推进了中国民俗学和民间文艺学的理论建设。

(二)对民俗志学研究的价值

钟敬文通过三集成资料发现，民间文艺学与民俗志学具有文化本体上的共生性。他在开始讨论这个问题时，曾借用人类学和民俗学的通用术语"民族志"予以说明，但后来统一归类为"民俗志"研究。

前面提到，20世纪80年代以后，他发表了《论民族志在古典神话研究上的作用》等文章，[①] 采用民俗志地方文化空间中的地名定位方法，限定对民间故事类型的空泛研究。他还进一步从学术史上的基本问题出发，思考引入民俗志理论的作用。这以后，他还在《民间文学概论》"序言"、《民俗学与民间文学》、《民俗学与古典文学》、丁乃通《中国民间故事类型索引》"序言"和《民俗学概论》"序言"等其他文章中，[②] 补充和发展他的思想。在这些论文中，他主要解决三个问题。

第一，民间文学与民俗志。在本专业的基础理论上，他尝试解决两个问题。一是原型与异文的理论，他提出的观点有：多民族的民族志可以互补，但在原型和异文的区分上要慎重，避免一元化的原型论；[③] 在多元文化交流中，有时各民族的差异点得到保留，这是形成原型和异文的一个原因。[④] 二是否搜集即文本的问题，他认为，对民间文学作品进行民族分层、阶级分层或原型分类，都容易得到不确定的文本，采用原型和异文比较与文化分层的方法，可获

---

① 钟敬文：《论民族志在古典神话研究上的作用》，载《北京师范大学学报》，1981(2)。

② 钟敬文：《民间文学概论》"序言"，收入钟敬文主编：《民间文学概论》，上海，上海文艺出版社，1980；钟敬文：《民俗学与民间文学》，收入钟敬文主编：《民间文艺学论丛》，北京，中国民间文艺出版社，1981；《刘三姐传说试论》，《稻·舟·祭》，东京，六兴出版社，1982；此文同时收入钟敬文：《钟敬文民间文学论集》(上)，上海，上海文艺出版社，1982；钟敬文：《民俗学与古典文学》，载《文史知识》，1985(10)；钟敬文：《中国民间故事类型索引》"序言"，见[美]丁乃通(Nai-tung Ting)《中国民间故事类型索引》，郑建成等译，北京，中国民间文艺出版社，1986；钟敬文主编：《民俗学概论》"序言"，见钟敬文主编：《民间文学概论》，上海，上海文艺出版社，1998。

③ 钟敬文：《论民族志在古典神话研究上的作用——以女娲娘娘补天的新资料为例》，见钟敬文：《钟敬文民间文学论集》(上)，148~172页，上海，上海文艺出版社，1982。

④ 钟敬文：《中日民间故事比较泛说》，收入钟敬文：《民间文艺学及其历史》，176~208页，济南，山东教育出版社，1998。

得相对整合的文本，① 关键是要重视民族志材料。他提出这个问题的时间，与欧美学者首次提出这个问题的时间差不多。

第二，口头与表演。这方面的研究，决定着民间文学的性质和前景。近年来，日本和德国学者提出了对讲述人和原住地居民的研究，美国学者提出了口头表演程式的研究，法国学者提出了文本仪式的研究等。钟先生对这些同行的新说法，都很关注。他在自己主编的《民间文学概论》中也提出了这个问题，他认为，从表演学上看，民间叙事和民间韵文是交叉出现的，歌谣就经常进入史诗和戏曲，充作开头、结尾或中间情节的特定成分，这些成分能起到组织表演、传达信息和巩固氛围的作用，已很难把它与史诗、戏曲分开。从史诗和戏曲来说，歌谣在特定场合出现，便有特定的意义，将之拆开研究，就脱离了其原有文化的本意，所以民间韵文的形式里面就有意义，过去对形式的研究在中外学界都遇到了阻力，但这个问题应该解决。《民间文学概论》谨慎地提出以下三点：①思考口头表演的本质，对形式研究与内容研究应作统一处理；②思考口头表演的原有文化，对民间文学与民俗学、人类学的关系等，应作多学科思考；③思考口头表演的文化真实，需要搜集文本与田野两方面的资料，开展互补研究。他在《民间文学概论》和后来主编的《民俗学概论》中，也引入了讲述人理论和听众理论，用以解决口头性与集体性、个人与集体性的问题。

第三，内容与形式。在现代人看来，在民间文学作品中存在着内容与形式的巨大不平衡现象，他们在搜集整理上，有时否定内容，强调形式；有时又强调内容，忽略形式。苏联在20世纪50年代初开展过对民间文学内容与形式的大讨论，日韩和欧美学者后来也都在各自的社会历史传统和学术思潮背景下，使用了一些适合自己的平衡方法，钟先生对这些讨论都作了长期的思考。他提出了民俗文化视角的平衡说，他认为，一种民间文艺现象，从理性上分析，是不平衡的，但从民俗文化的逻辑上看，又是平衡的，所以不能把民间文学研究往理性科学的道路上引。他举例说，如果讲理性，梁祝化蝶的传说就没有了千古传唱的基础，李白的"白发三千丈"诗句也就没有了成为文学绝唱的理由。在他晚年的教学中，大都贯彻了这种反思精神。他从这个层面上，肯定民俗文化的价值，鼓励学生重视民族遗产，寻找适合民俗文化对象本身的学术真命题。

钟敬文在参与三集成工程中，提出"民俗文化学"的学说。② 不久又根据个

① 钟敬文：《刘三姐传说试论》，收入钟敬文：《钟敬文民间文学论集》（上），93～120页，上海，上海文艺出版社，1982。

② 钟敬文：《民俗文化学发凡》，载《北京师范大学学报》，1992(5)。

人长期思考和使用三集成，再次撰写了一批重头个案文章，主要以《中日民间故事比较泛说》和《洪水后兄妹再殖人类神话》为代表，形成了新的学科成果。从后来国内文化遗产保护进程看，这些文章都发挥了应有的社会效应。它们在"文革"之后，提升了国内重视民族文化的公众诉求和社会使命感。以钟敬文为代表的一批民俗学者，达成了政府文化部门与大学专业学者的合作，促进了保护和发展优秀民俗文化的社会公共政策的制定。他的工作，在接踵而来的现代化和全球化中，还对三集成的成果转化为特殊国情资源，起到了推动作用。近年，联合国教科文人类遗产理论和工作框架已被逐步引进我国，他的前期工作与中国以往的遗产理论相结合，也符合联合国文化遗产保护工作的一套框架。他的中青年后学也发表了各种保护民俗文化遗产的文章，① 这些都使民俗学的社会应用能力得到提升。

二、使用集成的区域表达

数字环境给了民俗学者一种可能性，即可以利用宏富的三集成资料，在反复核定符合纸介原文记录的搜集区域和流传地点之后，将这些原始地点加以采集，形成原始数据，呈现中国传统民间文学资源的历史分布状况和现代传承情况；再给原始数据赋予民俗学和民间文艺学的正确研究信息，使之转化为数字数据，然后放入地方文化空间的数字环境中，使之变成宏观鸟瞰与微观查询双向可控的数据；再辅助利用地理地图学、GIS 地图和遥感地图的学科知识，对这批数字数据作再观察和再解读，形成对集成资料的区域还原表达。这种工作，对我国在现代化到来后迅速消失的三集成背景环境和上下文社会结构，作了有益的补充。它主要解决两个问题：一是三集成纸介著述中的原始地点与"流传地"数字数据的关系，二是数字数据与恢复三集成区域空间的关系。这里面有民俗学和民间文艺学上的老问题，也有要借助数字化探索的新学术问题，我们通过尝试解决这些问题，加深了对三集成的研究，也拓宽了利用三集成的途径。

（一）"流传地"研究的问题、概念与特征

在国际民俗学界，对民间文学"流传地"的研究是一个百年课题，一向为各国民俗学者所重视。二战后，一些学者对德国格林兄弟搜集的家庭故事集进行

---

① 关于钟敬文后学从民俗学角度从事文化遗产保护工作的初期研究成果，参见《北京师范大学学报》，2005(5)，"民俗学专栏"。

了再研究，结果发现，他们的故事集，脱离了"流传地"，在研究方法和理论分析上都出现了失误。从此，对"流传地"的讨论十分热烈。20世纪60年代以后，欧洲年鉴学派问世，将地理学、历史学和马克思主义哲学相结合，研究下层历史文献，这对民间文学的"流传地"研究大有启发。① 但这些研究，无论是学术遗留问题，还是新学术批评，都在纸介资料中产生，这对属于口头传统的民间文学研究来说，仍有不少死角。

结合上述学术新成果思考，我们看到，民间故事"流传地"研究的性质，是对故事讲述人及其共享群体本身所认同的文化空间暨社会区域的研究。这种区域研究的要点，是恢复民间故事传承的民俗生态环境，体现民间故事在当地自然环境、社会环境和历史传统的共同结构中，创作、加工和流传的整体特征；与此同时，也体现天才民间讲述人擅长与当地社会文化环境互动的优秀素质和个人贡献。这种区域研究的开展，可以获得丰富多样的地方知识和故事表演内涵；对这种区域研究成果的正确描述和展示，还可以补充以往时间化的民间故事研究内容，将民间故事研究的导向，借助地理学和数字信息学，从时间化的研究向空间化的研究加以链接和延伸，这样有助于发展民间故事研究，可以把民间故事还原为民众参与保护的遗产，也能推动相关的政府评估和保护政策的制定。

在民间故事的区域研究上，要借鉴以往纸介化的成果，也要避免纸介化的弊病。我们做了以下三点。

第一，利用国际国内公认的一流学术成果，从已对民间故事文本与流传地关系所做的研究中，重点从口头传统的现代传承文本中，划定研究对象和范围；而不仅是重复民间故事历史文献研究的成果。三集成资料正是流传至今的口头历史文化传统。钟敬文高度关注三集成，使用三集成资料发表了20余篇文章，成为本次采集的样本。

1984年，他在《中国民间文艺学的形成与发展》一文中，从清理和讨论我国民间文学研究的学术史中，对现在已拥有两个世界文化遗产地的云南，指出前人曾在云南搜集研究民间文学资料的信息。

> 西南地区的学者们，……闻一多、芮逸夫、……都对神话、传说等作过有益的研究或调查，张光年也在云南收集出版了彝族支系阿细人的民间

---

① 关于欧美学界民间文学理论研究的新进展，参见董晓萍：《田野民俗志》，64~107页，北京，北京师范大学出版社，2003。

叙事诗《阿细的先鸡》。①

在这段论述中，他提到了云南彝族支系阿细人的民间叙事诗《阿细的先鸡》，这是阿细民族的代表作，在路南县一带流传。平时我们在地图上看见"路南"，只是一个地名，有地理常识的人，还会再想起路南的石林景观，但这个地名并没有人文信息的内核，人们只看这个地名，不知道去路南除了看石头还该看什么。把钟敬文先生的研究放到这个地名库中，再看"路南"的地名，人们就会知道，在它的土地上，还飘过美丽的民族诗篇，这个诗篇拴住了一个西南民族热爱这片土地的心。不仅如此，在它的地名上，还沉甸甸地积累了著名文人学者闻一多、芮逸夫、张光年等的调查研究成果，这就使路南的名石与名作、名人相映生辉。路南的地名知名度，也一跃而非同凡响。所以，对一个地名来说，有无人文信息，其影响程度是大不一样的。钟敬文在此文中，还对抗战期间西北地区的民间文学搜集研究作过概述，在文章中，涉及了陕北的一个地名"延安"。

> 西北地区，后来还有东北及其他地区，广大文艺工作者深入生活和工农群众相结合，……鲁艺音乐系还成立了"中国民间音乐研究会"，对西北民歌进行搜集和研究。②

对中国民俗学和民间文艺学者来说，"延安"的地名，不仅是抗战前后最重要的革命根据地名称，也是我党重视民间文艺并加以党建理论政策化的象征。钟敬文把这个地名纳入了现代民间文艺学史中讨论，促动读者了解延安革命文化新传统，认识搜集利用民间文艺在党的中心工作舞台上的作用。我们还能发现，这位留日回国不久即投身抗日战场的民俗学者，当他把民众的学问与民族独立解放运动联系在一起的时候，表现出对抗日战区地名和红色圣地地名的关注。事实上，在"延安"地名的知名度形成史上，也凝结了无数爱国名士向往祖国解放和民众幸福的心路历程。

有些地名与我国现代大学的思想运动有联系。钟敬文在文章的另一处，提

---

① 钟敬文：《中国民间文艺学的形成与发展》，收入钟敬文：《新的驿程》，12页，北京，中国民间文艺出版社，1987。

② 钟敬文：《中国民间文艺学的形成与发展》，收入钟敬文：《新的驿程》，12～13页，北京，中国民间文艺出版社，1987。

到了北京大学歌谣学运动的搜集地之———乐亭。

　　当时北京大学校刊在所登歌谣后面都附有简单的评论，如李大钊在他搜集的短谣"瘦马拉达脖，糠饭秕子活"后面评注说："直隶乐亭一带，地主多赴关外经商，农事则佣工为之"。①

"乐亭"的地名，频繁地被我国华北民间戏曲史和说唱史所记载，也荣耀地被北京大学五四新文化运动史所记录。钟敬文在该文中，提到了当时的北京大学教授、我国共产主义革命先驱李大钊也曾在故乡乐亭搜集歌谣。他还在其他文章中，提到了其他北京大学教授顾颉刚、吴晓铃等对乐亭皮影戏的研究。②与他在前面提到的西南和西北地区民间文艺学史比较，他在此提到的华北民间文艺学史，也让我们看到，阐述现代中国民间文艺学史，与讨论某些地名是分不开的。这时地名所承载的信息，有民俗学人文科学的内涵，也有它的科学性程度和方法论意义。

钟敬文在专门讨论三集成的文章《民间文学集成的科学性等问题》中，从民间文学作品的内部，指出在某些地点流传的作品含有多元文化信息。他说：

　　比如苗族的盘古歌，在研究人类原始文化、民族古史和原始心理学方面都很有价值。③

苗族盘古歌的主要流传地大体在贵州凯里地区，经钟敬文的讨论，我们知道，这个地名对"人类原始文化、民族古史和原始心理学"都有特殊意义。我们可以想像，无论学者，还是当地人，还是旅行者，当他们获得了这种人文信息之后，会对这个地名倍加关注。

第二，在自然环境、文化空间和地理区位的整体结构中，恢复民间文学发生和传承的民俗文化生态网络。钟敬文把民间文学与民俗志学相结合研究的个案论文，正是在这个网络中，对民间文学流传地的形貌、内涵和特征加以研

---

① 钟敬文：《中国民间文艺学的形成与发展》，收入钟敬文：《新的驿程》，11页，北京，中国民间文艺出版社，1987。

② 钟敬文：《看了乐亭皮影戏之后》，见《民间文艺谈薮》，257～265页，长沙，湖南人民出版社，1981。

③ 钟敬文：《民间文学集成的科学性等问题》，收入钟敬文：《新的驿程》，223页，北京，中国民间文艺出版社，1987。

究，展现民间文学的活态生命力，而不是在只盯着它们被学科分解后，放在书架上的一个个孤立标本。

钟敬文介入三集成搜集工作后，格外强调在民俗生态文化环境中研究民间文艺学。在《民俗学与古典文学——答〈文史知识〉编辑部同志访问的谈话记录》一文中，他列举了保存这种生态文化较好的云南一些民族和地名，如分布在云南丽江、迪庆、大理、保山、怒江县的傈僳族等，指出在当地兄弟民族的民间文学中，保存了自己的民间信仰。

> 例如云南的傈僳族，就相信虎、羊、蜂、鼠、猴、熊等为他们氏族的祖先。①

在后来发表的一篇重要文章《论民族志在古典神话研究上的作用》中，他还直接指出，这是一种"民族志"的研究方法。运用这种方法考察民间文学资料，不仅能在一个相对限定的范围内研究民间文学，而且能在更宏观的层面上，发现民间文学的类型关联，拓宽研究民间文学类型的学术视野：

> 如印度、越南、日本、朝鲜以及南洋群岛等地区的民族社会、文化的记录，对于我们的古典神话研究，都可能产生一定的有益作用。②

钟敬文在这篇文章中，使用了云南的"女娲补天"故事资料，从"民族社会、文化"整体性角度，建立了一个研究民间文艺作品的有名个案。他对女娲型故事的国内文献和民间口承资料有过丰厚的积累，他又在此文中提及了"印度、越南、日本、朝鲜、印尼、新加坡、马来西亚"等地名，反映了他在世界区域范围内对该故事圈的多年学术思考。

第三，根据民间文学的口头传统性质，把中国民间文学三集成记录的纸介文本，与相同区域内搜集录制的中国民族民间音乐集成、中国民族民间舞蹈集成和中国民族民间器乐集成等七集成相印证，主要按区域地点，根据原地人民的享用样式，给予原貌恢复，然后对三集成作整体研究。钟敬文曾在《中日民

---

① 钟敬文：《民俗学与古典文学——答〈文史知识〉编辑部同志访问的谈话记录》，收入钟敬文：《钟敬文学术论著自选集》，591 页，北京，首都师范大学出版社，1994。

② 钟敬文：《论民族志在古典神话研究上的作用》，收入钟敬文：《钟敬文民间文学论集》（上），152 页，上海，上海文艺出版社，1982。

间故事比较泛说》中，利用三集成的五百多个故事记录本作研究①，他谈到了这些资料对民间文艺学和民俗学研究的促进。

> 近年来，我国民间文艺学、民俗学走了从来没有的好运。民间文学三大集成（故事、歌谣、谚语）的搜集、编纂工作，大大推动了这方面的学术活动。各省、市、自治区都进行了普查、已印行了县、地资料本达数千册。各省、市刊行的省、市卷本（同时也是国家卷本）也在陆续定稿或编纂中。我因为职务上的关系，不断接触了故事记录资料和参加了这方面的工作讨论，这使我对中国现在民间口头之叙事文学（包括神话、传说和狭义民间故事），增进了知识的接触和产生了新的看法。②

他所查阅、使用故事的流传地的地名，涉及广东、广西、云南、贵州、湖南、湖北、河南、河北、山西、山东、浙江、江苏、四川、甘肃、黑龙江和内蒙古等多个地区，在这些流传地中，聚居了汉族、回族、蒙古族、藏族、维吾尔族、苗族、瑶族、壮族和土家族等多民族群众，当地同时是多民族民歌、舞蹈、戏曲和民族传统器乐的摇篮。这些传统民间文艺种类，虽然在现代社会多所变迁，但它们有综合表演和整体保存的特点，仍具备恢复数字环境的条件，这些地名也大都分别属于世界级、国家级、省级和县级文化遗产地范围内的地点，具有独特的意义。我们把它们所承载的故事文本与相关音、视频表演资料重新综合起来，建立多媒体实时传输系统，展示它们的生态原貌和地方文化内涵，就可以对以往纸介著作的内容加以扩充，同时增加对这些故事文本的文化空间框架描述，体现出民间文学传承的实地生活形态和现实社会传承模式。中国民族民间文艺十大集成共同搜集编纂的系列成果，正好提供了这种学术

---

① 我在担任钟敬文先生学术助手期间，在他撰写《中日民间故事比较泛说》时，曾协助搜集中国民间故事集成县卷本资料，并做故事提要卡片。所做成的卡片提要的故事实际达 600 个以上。先生撰写另一篇论文《洪水后兄妹再殖人类神话》，也坚持这种严谨态度，我们当时做成的县卷本故事提要卡片也超过 600 个，参见钟先生为《洪水后兄妹再殖人类神话》所撰"附记"。钟敬文：《洪水后兄妹再殖人类神话》，收入钟敬文：《民俗文化学：梗概与兴起》，243 页，北京，中华书局，1996。

② 钟敬文：《中日民间故事比较泛说》，收入钟敬文：《钟敬文学术论著自选集》，368～369 页，北京，首都师范大学出版社，1994。在此段引文中，原文"我国的民间文艺学、民俗学走了从来没有的好远"，其中的"好远"二字，排印有误，在本文引用时改为"好运"。

条件。

(二)区域化数据采集的理论要点、目标和标准

恢复数字环境,建立区域空间中的三集成传承模拟模型,在初始阶段的工作中,主要是从纸介研究成果中,提取原始文本数据,编制采集样本,它是进一步编制数字数据的基础。

民俗学者已可以从纸介著作中提取地名空间信息,现在还需要将民俗学、民间文艺学与数字信息学相结合,按照恢复民间文艺传承数字环境的理论研究构架,对从纸介著作中提取的原始数据做再研究。在遵从纸介成果原意和原文出处的前提下,对原始数据已含或潜在的人文信息作再提取。

在处理原始地点与"流传地"数字数据的关系上,我们有以下几点思考。

首先,由于纸介成果不是数字化成果,原来的一些空间信息是以其他格式在纸介原著中呈现的,例如,它们有的被放在引文中和注释中,或者隐含在上下文中和背景资料中,或者被中国民族民间文艺七集成著作所记述等;因此,民俗学者还需要关注其他格式的记述资料,扩大搜集相关的空间信息。找回那些被分离的空间信息,以扩充原始数据,将其制成数字数据。

其次,纸介成果因研究目标和表述规范所决定,已有信息所承载的地方知识,一般读者可能不熟悉,但业内学者都是熟悉的,而三集成或七集成流传地的民众对它们更是耳熟能详。这样,在提取原始数据之后,开展相应的学术研究和田野调查,补充新的分析性成果,也是十分必要的工作。至于数字数据,应该是原始数据的提升结果,而不是皮和影,彼此重复、造成浪费。

最后,纸介研究著述的学术含量越高,信息被浓缩的程度也就越高。在钟敬文涉及三集成的著述中,这种情况多处可见。因此,对纸介研究著述进行原始数据采集,不仅要把明显的信息提取出来,还要把被隐含、浓缩的相关信息提取出来。这种双重提取的结果,正是数字数据所要求的。它可以再现学者原著的深厚功力,也能把学者使用三集成资料后的思想发明呈现出来,全面地展示给外界,包括广大社会读者。

在处理数字数据与恢复三集成区域空间的关系上,数字数据的质量,决定了三集成区域空间关系的质量。三集成区域空间的恢复价值是用数字数据去描述和支撑的。这种数字数据的建立与提取,计算机专业人士是无从下手的,只有靠民俗学者自己来做。它是在钟敬文先生长期指导的北京师范大学民俗学专业中完成的。它要求参加项目的民俗学专业师生,在保证整合研究信息的准确性的基础上,打破传统文科繁复概念和论证逻辑的习惯定势,用高度概括的人

文遗产共享成果语言，用可容纳多专业和跨文化介入者的思维格式，去进行创新建设。这项工作的应用目标是社会传承，还要把已调查和可预测的社会用户的需求因素，纳入工作方案，按照现代人的认知习惯，设计能满足条件的数字数据采集格式。从研究与传承的共同标准上说，区域空间数字数据，在学术性质上，是基于高度专业化分析后形成的、表达人文信息准确的、区域文化空间要素含量饱满的成果；在应用传承上，是提供人类文明共享的、数字逻辑表达简明和可检测结果的，同时为研究者、社会用户和流传地的民众都能接受的综合价值产品。

（三）对钟敬文使用三集成研究著述的区域化数据提取样本

在钟敬文工作站中，对他使用三集成资料从事研究的纸介著述成果，进行原始数据的采集，所设计格式表如下所示。

表 1.15　钟敬文使用三集成著述文本数据采集格式表

论文题目	区域原文	引用集成	原著分类	流传范围	区域民族

在上表中，分六列，采集原始数据，它们都有各自的界定含义。

第一列，论文题目。钟敬文使用三集成资料撰写和出版的著述，分论文、专著和结集三种。在此次采集中，按照三者共有的论文形式，以论文为底层资料，设立后台书库的基本单元，用"论文题目"标识。在论文中采集原始数据，在区域化的范围内提取，可能会发生不同区域的信息在同篇论文中多次出现的现象。对此，在采集表中，对"论文题目"一列的填写，也要随之重复进行。在此采集表之外，还要另外填写论文的版权页信息，标明论文出处，设"附录"文件夹存用。

钟敬文使用三集成论文"附录"文件夹释例

1. 钟敬文：《论民族志在古典神话研究上的作用——以〈女娲娘娘补天〉新资料为例证》，原作于 1980 年 10 月 22 日，收入钟敬文：《钟敬文民间文学论集》（上），148～172 页，上海，上海文艺出版社，1982。

2. 钟敬文：《中国民间文艺学的形成与发展》，原作于 1984 年，收入钟敬文《新的驿程》，3～16 页，北京，中国民间文艺出版社，1987。

3. 钟敬文：《中国民间故事类型索引》"序"，原作于 1985 年 6 月 26 日，［美］丁乃通（Nai-tung Ting）：《中国民间故事类型索引》，郑建成、李琼、尚孟可、白丁译，（钟敬文）"序"，1～7页，北京，中国民间文艺出版社，1986。

4. 钟敬文：《民俗学与古典文学——答〈文史知识〉编辑部同志访问的谈话记录》，原载于《文史知识》，1985年10月，收入钟敬文：《钟敬文学术论著自选集》，582～595页，北京，首都师范大学出版社，1994。

5. 钟敬文：《民间文学集成的科学性等问题》，根据钟敬文在民间文学集成第二次工作会议上的讲话记录整理而成，原载于《民间文学论坛》，1986(3)，收入钟敬文：《中国民间文学讲演集》，278～284页，北京，北京师范大学出版社，1999，另见《钟敬文文集》（民间文艺学卷），149～155页，合肥，安徽教育出版社，2002。

6. 钟敬文：《大力保护民间文化——1986年5月26日在"保护民间文化座谈会"上的发言》，原载于《中国文化报》1986年7月9日，收入钟敬文：《话说民间文化》，9～18页，北京，人民日报出版社，1990。

7. 钟敬文：《谈谈民族的下层文化》，原作于1986年9月9日，收入钟敬文：《话说民间文化》，1～7页，北京：人民日报出版社，1990。

8. 钟敬文：《关于文化建设问题的一点意见》，根据1986年钟敬文在北京师范大学东西方文化研究中心所召开的关于文化问题座谈会发言记录改写而成，原载于《东西方文化研究》，1987(1)，收入钟敬文：《话说民间文化》，1～7、34～38页，北京，人民日报出版社，1990。

9. 钟敬文：《我们要建立怎样的社会主义新文化》，原作于1987年1月4日，原载于《东西方文化研究》，1987(2)，收入钟敬文：《话说民间文化》，23～33页，北京，人民日报出版社，1990。

10. 钟敬文：《关于输进西方文化问题》，原作于1987年2月6日，原载于《群言》，1987(4)，收入钟敬文：《话说民间文化》，39～46页，北京，人民日报出版社，1990。

11. 钟敬文：《民族民间文化的收集保存与新文化创造——在全国政协文化组召开的建立民族民间文化博物馆问题座谈会上的发言》，原载于《中国文化报》，1987年3月11日，收入钟敬文：《话说民间文化》，19～22页，北京，人民日报出版社，1990。

12. 钟敬文：《洪水后兄妹再殖人类神话——对这类神话中二三问题的考察，并以之就商于伊藤清司、大林太良两教授》，原作于1990年4月26日，收入钟敬文：《民俗文化学：梗概与兴起》，220～247页，北京，中华书局，1986。

13. 钟敬文：《中日民间故事比较泛说》，原作于 1991 年 2 月中旬，收入钟敬文：《钟敬文学术论著自选集》，北京，首都师范大学出版社，367～400 页，1994。另见季羡林主编：《民间文艺学及其历史——钟敬文自选集》，176～208 页，济南，山东教育出版社，1998。

14. 钟敬文：《民族民间文艺的巨大作用》，据 1991 年 8 月钟敬文在民族民间文艺十套集成志书工作会议上的讲话录音记录稿整理而成，原载文化部《全国艺术科学规划领导小组简报》，总 68 期，收入钟敬文：《民俗文化学：梗概与兴起》，61～67 页，北京，中华书局，1996。另见季羡林主编：《民间文艺学及其历史——钟敬文自选集》，110～115 页，济南，山东教育出版社，1998。

15. 钟敬文：《到民间去——1918～1937 年的中国知识分子与民间文学运动》"中译本序"，原作于 1992 年，[美]洪长泰（Chang-tai Hung）：《到民间去——1918～1937 年的中国知识分子与民间文学运动》，董晓萍译，"中译本序"，1～16 页，上海，上海文艺出版社，1993。

16. 钟敬文：《中国民众思想史研究的新收获》，原作于 1995 年 6 月 18 日，[美]欧达伟（K. David Arkush）：《中国民众思想史论——20 世纪初期～1949 年华北地区的民间文献及其思想观念研究》，董晓萍译，"中译本序"，1～8 页，北京，中央民族大学出版社，1995。收入钟敬文：《钟敬文全集》（民俗学卷），连树声编，386～393 页，合肥，安徽教育出版社，1999。

17. 钟敬文：《吾侪肩负千秋业——在中国民族民间文艺集成志书出版嘉奖会上的讲话》，原作于 1997 年 1 月 25 日，收入钟敬文：《中国民间文学讲演集》，302～305 页，北京，北京师范大学出版社，1999。

18. 钟敬文：《对中国当代民俗学一些问题的意见》，原载于《民俗》，1997 年 3 月，收入钟敬文主编：《民间文化讲演集》，1～39 页，南宁，广西民族出版社，1998。

19. 钟敬文：《我与中国民俗学》，原作于 1997 年 12 月 28 日，原载张世林编：《学林春秋——著名学者自序集》，北京，中华书局，1998。收入钟敬文：《建立中国学派》，102～144 页，哈尔滨，黑龙江教育出版社，1999。

20. 钟敬文：《中国民间故事类型》"中译本序"，原作于 1998 年 3 月，收入[德]艾伯华（Wolfram Eberhard）：《中国民间故事类型》，王燕生、周祖生译，"中译本序"，1～9 页，北京，商务印书馆，1999。

下一步，在"论文题目"、"区域原文"、"引用集成"、"原著分类"、"流传范围"和"区域民族"6 列中提取原始数据的信息后，将在"区域地名"的接口下，作再分类，然后被分别纳入不同的数字数据格式中，转成数字数据。"论文题目"的"附录"文件夹信息，在数字数据格式中，自动转成"版权信息"，不再在界面上出现，只提供研究者查询使用，也对三集成来源地民众文化权利的作保管工作。

第二列，区域原文。钟敬文在纸介著述中，涉及一些民间文艺流传地的地点或区域范围名称。在本文中，对这种上下文的完整信息，称"区域原文"。在采集这方面的原始数据时，我们需要处理不同的情况：有些原始数据提取了单一地名信息，有些原始数据提取了区域范围信息，也有的原始数据提取了多地名和多区域范围信息。同样是"区域原文"，正确地提取原始数据，既能体现民间文学资料的流传地的信息，也能体现学者高度综合不同地点或不同区域的资料，加以概括研究而产生的理论精华。例如，在制作多区域信息的原始数据采集表时，在"论文题目"和"区域原文"栏中，填写为如下格式。

表 1.16 钟敬文使用三集成著述"论文题目"和"区域原文"原始数据采集一览

论文题目	区　域　原　文
中国民间文艺学的形成与发展	西南地区的学者们，……闻一多、芮逸夫……都对神话、传说等作过有益的研究或调查，张光年也在云南收集出版了彝族支系阿细人的民间叙事诗《阿细的先鸡》。
中国民间文艺学的形成与发展	西北地区，后来还有东北及其他地区，广大文艺工作者深入生活和工农群众相结合，……鲁艺音乐系还成立了"中国民间音乐研究会"，对西北民歌进行搜集和研究。
中国民间文艺学的形成与发展	当时北京大学校刊在所登歌谣后面都附有简单的评论，如李大钊在他搜集的短谣"瘦马拉达脖，糠饭粃子活"后面评注说："直隶乐亭一带，地主多赴关外经商，农事则佣工为之……"。

在表 1.16 中，区域原文的地名信息对象，是民间文艺作品的流传区域，也是学者对民间文艺作品的搜集和研究地点，还是现代民间文艺运动的社会思潮发生地点。"区域原文"同时是"论文题目"的原文信息采集内容。这种地名数据的性质，便具有多种人文信息的复合特点。但这种复合性是不可忽视的，它涉及了西南（云南）、西北（陕西延安）和华北（河北乐亭）三个地区的区域地名，

阐述了我国现代民间文艺学史上三种不同类型的发展模式，失去了这些重要学术史信息，仅剩下三种地名，它的原始数据就成了轻飘飘的样子货，对民俗学来说就是失败的，对地理地名学来说也是赘余。

第三列，引用集成。钟敬文经大量阅读三集成资料，在个人著述中，举述了不少三集成中的民间故事代表作，对它们的篇名，大都在注释中予以特别注明。查找这类信息时，同时钟敬文引用的三集成纸介卷本，就可以找到原省域或县域的地名信息。在采集原始数据时，设"引用集成"一列，有两个用意：一是可以采集钟敬文使用集成纸介原著的书名，二是可以采集集成资料的出处区域或地点。对体现他的研究成果来说，这两种信息都是需要的。例如，在钟敬文《中日民间故事比较泛说》一文中，注出曾使用《邯郸地区故事卷》，① 采集信息表填写如下所示。

表 1.17　钟敬文使用三集成著述"引用集成"原始数据采集一览表

论文题目	引用集成
中日民间故事比较泛说	（河北）《邯郸地区故事卷》（中册）

在表 1.17 中，所填"（河北）《邯郸地区故事卷》（中册）"的内容，在集成纸介著作的区域标注上，原写为"邯郸地区"，现仍照填"邯郸地区"，同时增加"河北"省名，并填写在括号内，表示为补充省域信息。通过这种方式的填写，就在尊重原著的前提下，为下一步制作数字数据，提前预留了省域、地区域或县域级别的多层对应信息，以利建立多级用户查询接口。在填写集成书名时，原著出于侧重点的不同，在正文中，填写了"《邯郸地区故事卷》"，在注释中，填写了"《邯郸地区故事卷》（中册）"，稍有差别，这里有钟敬文在处理观点和资料上把握理论主旨的一贯高度；也有他恪守学术规范的严谨学风。我们在采集原始数据时，对此都要给予展现，而一个学术大师的个性行为也大量体现在这些细节之中。我们在采集"区域原文"时，做到忠实原文，录入为"《邯郸地区故事卷》"；在登录"引用集成"时，做到传达作者引用集成卷本信息的周详彻底，录入为"《邯郸地区故事卷》（中册）"。我们这样做的另一个目的是，为今后读者核查原文提供方便。

第四列，原著分类。该列指钟敬文在使用三集成资料的撰述中，明确指出

① 钟敬文：《中日民间故事比较泛说》，原文作于 1991 年，收入钟敬文：《钟敬文学术论著自选集》，392 页，北京，首都师范大学出版社，1994。

的所采用民间文学作品的体裁类别，如指出该作品是神话、传说、故事、歌谣或谚语等。采集"原著分类"信息时，要求照登照录，不作任何变动，体现作者对民间文艺作品进行学术分类的研究观点。这种原始数据还能给其他研究者提供参考，也能为申报文化项目提供分类术语，还可能为社会用户的地方文化遗产保护和开发提供目录指南。

第五列，流传范围。在民间文艺学上，"流传范围"和"流传地"是两个概念，彼此稍有区别。"流传地"，大多是指民间文艺作品的搜集地点和讲述地点，分成两条进行记录，旨在保存搜集者和讲述人双方的背景资料，但在三集成中，一般民间文艺作品都是由搜集者向讲述人直接搜集的，所以三集成中的搜集地点就是讲述地点，两条记录同为一个地名。在个别情况下，搜集者的作品，是讲述人回忆其他人在其他地点讲述的内容，这时搜集地点与讲述地点虽然合一，但在少数情况下，也还可能会出现另外一个不同的搜集地点，即讲述人所回忆的原作有另外一个或多个流传地点。搜集者在第一地点搜集后，又获知了第二地点，此为间接搜集。不管怎样，"流传地"是描述民间文艺作品自身传承和搜集行为的概念。"流传范围"，是表达学者对母题原型的各种异式作品的"流传地"加以比较后，所取得的某种分析结果的研究概念。在自然区域上，"流传范围"与"流传地"的地名，有时是叠合的，如上文提到的钟敬文论及彝族支系阿细人的叙事长诗《阿细的先鸡》的"流传范围"，经学者的调查研究，就是"流传地"，即云南路南县，它传之不广，属于阿细人自己宝爱的、凝聚民族思想情感的珍品。还有一些世界大扩布故事，如钟敬文在《中日民间故事比较泛说》中讨论的灰姑娘故事，它拥有跨民族、跨国界或跨洲际的传讲面，其"流传范围"之广袤，学者关注度之高，各种媒介利用率之普遍，都是惊人的，这种"流传范围"就大于"流传地"。流传范围中的地名数量，要依学者对民间文艺作品的资料积累程度和研究结果决定。在采集"流传范围"信息上，要求对学者所高度浓缩的民间文艺流传背景资料比较熟悉，同时要求熟悉学者的研究观点，这样所采集的数据，才能既体现学者的学术成就，也能使广大社会读者获得相应的区域民间文艺知识。

第六列，区域民族。在区域空间数据采集工作中，需要格外关注"民族"要素。在本项研究中，"民族"一词，有两个属性：一是民间文艺作品区域传承的多民族主体，二是民间文艺作品区域多样性的差异。"区域民族"，是对这两种数据属性的共同标识。

我们对钟敬文《论民族志在古典神话研究上的作用》的"原著分类"、"流传范围"和"区域民族"各栏目的原始数据采集，制表如下所示。

表 1.18　钟敬文使用三集成著述的"原著分类"、"流传范围"
和"区域民族"数据采集一览表

论文题目	原著分类	流 传 范 围	区域民族
论民族志在古典神话研究上的作用	神话	贵州的贵阳、毕节和安顺，云南的昆明、大理、思茅和保山，四川的凉山，黑龙江的同江、抚远、饶河和佳木斯	苗族、瑶族、彝族、鄂伦春族、鄂温克族

　　在此表中，我们采用钟敬文对三集成作品的体裁分类的原文阐述，在"原著分类"中，照章填写"神话"；在他的论文中，此指西南地区创世神话群和东北地区伊玛堪神话群。在"流传范围"一列，对钟敬文讨论的两个神话群的"流传区域"，我们按省、市、地、县四个层级的域名加以整理，补出隐藏的地名信息后，分级列出地名，对保存和传承这些神话的"苗、瑶、彝、鄂伦春、鄂温克"各民族，我们填写在"区域民族"内，对已被浓缩的民族背景具体资料，予以还原列出，以强调保留他的研究成果。如此提取的各列信息，能反映钟敬文对中国神话学理论的宏观思考，也发掘和展现了他研究我国南、北神话群资料所涉猎的大量区域地名信息。

　　在经过以上步骤的工作后，在制成各类钟敬文使用三集成资料著述原始数据表后，我们再制成合成样本。下面，再以"表 1.15　钟敬文使用三集成著述文本数据采集格式表"中的"附录"文件夹所存部分钟敬文论文为例，说明合成样本的内容，详见表 1.19。

表 1.19　钟敬文使用三集成著述采集数据合成样表①

论文题目	区域原文	引用集成	原著分类	流传范围	区域民族
论民族志在古典神话研究上的作用	五四新文化运动以后……对南方的苗、瑶、彝族，东北的赫哲族等，都进行了调查、探究活动，并取得了一定的科学成果。		神话	贵州贵阳、毕节和安顺；云南昆明、大理、思茅和保山，四川的凉山，黑龙江的同江、抚远、饶河和佳木斯	苗族、瑶族、彝族、赫哲族

　　① "表 1.19　钟敬文使用三集成著述采集数据合成样表"中的"论文题目"出处，参见本节"表 1.15　钟敬文使用三集成著述文本数据采集格式表"讨论文字中的"钟敬文使用三集成论文的'附录'文件夹释例"。

论文题目	区域原文	引用集成	原著分类	流传范围	区域民族
论民族志在古典神话研究上的作用	《台湾使槎录》……记述当地高山族的民俗和歌谣等。		神话	台湾中央山脉的两侧山地和东南沿海一带	高山族
论民族志在古典神话研究上的作用	如印度、越南、日本、朝鲜以及南洋群岛等地区的民族社会、文化的记录,对于我们的古典神话研究,都可能产生一定的有益作用。		神话	印度、越南、日本、朝鲜、印度尼西亚、新加坡、马来西亚等	汉族
论民族志在古典神话研究上的作用	《女娲娘娘补天》的采集地点是汤美村,记录者马祥龙。1962年3月到6月,云南大学中文系的师生到自治州的中甸、德钦两县进行采访、集录民族民间文学的工作。……作品经过整理后,跟其他藏族的民间文学资料同时刊载于《云南民族文学资料集》第十三集(钢板写印本)。	《云南民族文学资料集》	神话	云南迪庆自治州的中甸县、德钦县汤美村	藏族、纳西族
论民族志在古典神话研究上的作用	《蛮书》……所记为云南少数民族及周围民族的情况。			云贵川地区	白族、彝族、纳西族
论民族志在古典神话研究上的作用	近年,有人从纳西族现代保存的某种婚姻习俗("阿注"),联系到他们的宗教、神话等,……取得了有说服力的科学成果。		神话	云南永宁县	纳西族
中国民间文艺学的形成与发展	西南地区的学者们,……闻一多、芮逸夫……都对深化、传说等作过有益的研究或调查,张光年也在云南收集出版了彝族支系阿细人的民间叙事诗《阿细的先鸡》。		民间叙事诗	云南昆明、路南县	彝族支系阿细人

续表

论文题目	区域原文	引用集成	原著分类	流传范围	区域民族
中国民间文艺学的形成与发展	西北地区,后来还有东北及其他地区,广大文艺工作者深入生活和工农群众相结合,……鲁艺音乐系还成立了"中国民间音乐研究会",对西北民歌进行搜集和研究。		民歌	陕北延安	汉族
中国民间文艺学的形成与发展	当时北京大学校刊在所登歌谣后面都附有简单的评论,如李大钊在他搜集的短谣"瘦马拉达脖,糠饭秕子活"后面评注说:"直隶乐亭一带,地主多赴关外经商,农事则佣工为之。……"		民谣	河北乐亭县	汉族、满族
民俗学与古典文学	譬如刘禹锡的《竹枝词》,就是运用民歌的固有形式进行创作的。郭茂倩《乐府诗集·近代曲辞三》说:"《竹枝》本出巴蜀。唐贞观中,刘禹锡在沅湘,以俚歌鄙陋,乃依骚人《九歌》作《竹枝》新辞九章,教里中儿歌之。由是盛于贞、元和之间"。据研究,他所依据的实际上就是土家族民歌。			四川、湖南湘西地区	土家族
民俗学与古典文学	司马迁在写《史记》的时候,就进行过广泛的调查。			陕西韩城	汉族
民俗学与古典文学	例如云南的傈僳族,就相信虎、羊、蜂、鼠、猴、熊等为他们氏族的祖先。		神话传说故事	云南丽江、迪庆、大理、保山、怒江县	傈僳族
民间文学集成的科学性等问题	它(《大黑狼》的故事)真实记录了那些北方(河北)口语的故事。		故事	河北	汉族
民间文学集成的科学性等问题	比如苗族的盘古歌,在研究人类原始文化、民族古史和原始心理学方面都很有价值		古歌	贵州凯里	苗族

论文题目	区域原文	引用集成	原著分类	流传范围	区域民族
大力保护民间文化	还有那篇幅上堪称为世界第一的雄篇巨制，像藏族和蒙古族共有的《格萨尔王传》那样。			西藏、青海、内蒙古、新疆	藏族、蒙古族
洪水后兄妹再殖人类神话	在中国西南部和东南部许多少数民族的现代口头传承中，大量地存在着一种神话群……		神话	云南、贵州、浙江	汉族、苗族、瑶族、壮族
洪水后兄妹再殖人类神话	三套集成……就我个人所看到的，大陆上除甘肃、新疆、内蒙古等三个省区，还没见到有关的记录外，其他省、市、区都有记载，有的地区甚至十分丰富（如河南、浙江）。	山西晋南、辽宁、浙江永嘉、西藏、广西壮族地区、云南白族、贵州三都、内蒙古呼伦贝尔盟和黑龙江讷河市、广西环江县、云南丽江、浙江丽水、吉林桦甸县、台湾中央山脉和东南海滨地区、山东梁山县、广东韶关县、湖北省故事卷	神话	除甘肃、新疆、内蒙古外的所有省区，如河南和浙江	藏族、毛南族、壮族、白族、水族、鄂温克族、门巴族、珞巴族、汉族、高山族
洪水后兄妹再殖人类神话	过去讨论这种类型神话的文章，大都着眼于我国南方少数民族的资料。……本文却主要着重汉族现在民间传承的资料。		神话		汉族

续表

论文题目	区域原文	引用集成	原著分类	流传范围	区域民族
洪水后兄妹再殖人类神话	据距今五十年前后有些学者的搜集、统计，这一类型故事中的中外记录约近五十点。它的扩布地域和民族，也不限于中国境内，而是扩展到东南亚等地区。其实，就现在我们所知道的情况看，连东北亚也都有同类型（或基本同类型）的口头传承流布。		神话	马来西亚、印度尼西亚、越南、新加坡、蒙古	
中日民间故事比较泛说	近年来，我国民间文艺学、民俗学走了从来没有的好运。民间文学三大集成（故事、歌谣、谚语）的搜集、编纂工作，大大推动了这方面的学术活动。各省、市、自治区都进行了普查，已印行了县、地资料本达数千册。各省、市刊行的省、市卷本（同时也是国家卷本）也在陆续定稿或编纂中。	抚宁民间故事卷，秦皇岛市抚宁县三套集成办公室；四川遂宁市卷，文化艺术出版社，1990；《邯郸地区故事卷》（中册），中国民间文艺出版社，1989。	故事卷	河北抚宁县和涉县，山西 越南、印度、朝鲜、斯里兰卡、日本	苗族、藏族、壮族
中日民间故事比较泛说	就汉族聚居地区（包括当地少数民族同化程度较深的地区，如广西）的情况看，该故事的主要传播地是中国南部（广东与广西，特别是后者）。		故事	中国南部、特别是广东、广西	汉族
中日民间故事比较泛说	中部地区（如浙江）及北部地区（如河北），也有跟这类故事基本形态相同的说法流传。		故事	华中地区、浙江、华北地区、河北	汉族
中日民间故事比较泛说	让我们看看四川遂宁市地方所流传的这个故事。		故事	四川遂宁市	汉族

论文题目	区域原文	引用集成	原著分类	流传范围	区域民族
《洪长泰》《到民间去》"中译本序"	例如,他论述了定县和邹平两个当时政治实验区的民间文学工作及其意义。		民间戏曲、歌谣、谚语	河北定县、山东邹平县	汉族
中国民众思想史研究的新收获——欧达伟教授《中国民众思想史论》"中译本序"	欧达伟教授的著作主要采用了定县的秧歌戏和华北各省的农谚作为资料,这是完全正确的。		民间戏曲、农谚	河北定县和保定、山东省、黄河流域、陕西的陕南地区、山西、青海和兰州的交界地带、山东邹平县、江苏盐城	汉族、土族、裕固族

上述 6 列信息,在制成原始数据后,已同时制作了几个预留接口。根据钟敬文工作站的总方案,在这些原始数据的合成过程中,已为最后建立"著作查询"、"集成查询"、"分类查询"、"流传地查询"、"区域资源分布查询"和"民族查询"等下拉菜单,提前备料。下一步,在对它们再作民俗学分析后,将按照区域化的空间范围,与七集成的音视频数据合成,形成数字数据,在数字环境运行中,展陈民间文学作品在地方传统和现实日常生活中传承的整体形貌。民俗学者有了学术研究的新方向,也不会在原始数据的面前止步,以避免把纸介成果的复杂系统变成简要数据条目所可能带来的枯燥和浮浅。我们始终边工作、边继续研究。

(四)多种地图表达

在纸介数据与数字数据之间,我们还要考虑两者的优势结合点。在人类文明史上,纸介成果是在时间序列中码放的书库,按纵向积累;数字成果是在空间序列中建造的迷宫,按横向积累。现在学校教育注重训练人类的读书习惯,而在现代学校教育之外,苍茫自然、浩淼历史和人生社会还有另一种教育,它们以非书面文字所能包罗的巨大文化信息含量,教给人类适应天地古今变迁的民俗之道。150 年来,民俗学者添加了书库,也把学术兴趣和资料对象留在迷宫中,为非书面化的空间考量而低首思索。

中国民俗学是从书库起步的,钟敬文为此创立了"历史民俗学"。但他也注意到，民俗对象有空间性，并最早开始了对"地方"空间的传说研究。① 他还在晚年的不少文章中谈到，中国人多地区、多民族的民俗文化有悠久历史，创造了极其丰富的空间生活模式。建立钟敬文工作站，采集他的纸介研究成果，将之向数字成果转化时，同时要考虑到他在纸介著述中已有的这种亦"纸"亦"数"的思想原点，即民俗学研究的时空观。

数字成果对民俗时空内涵的研究和演绎，可以达到直观生动的效果。钟敬文工作站是要创造这种效果的。但这一目标的达成，必须在消化钟敬文纸介成果的基础上，对纸介著述和数字成果两种优势给予吸收和融汇，产生新的成果样式。在新成果中，前期的纸介研究可以提供学术积累的深广度，后期的数字成果则能从时空结合的角度，对纸介研究的时间化部分进行阐释和展现，也对其空间信息含量部分予以挖潜和充实。通过这些努力，还可以展示现代民俗学的开拓前景。

创造数字化成果，形成有形遗产，其中有效的方式，是创建数字名师研究的概念网所和研制数字名师地图产品。在钟敬文工作站中，我们进行了两方面的尝试，对此，将在以下第二章和第三章中陆续讨论。②

三、涉及集成的遗产目录

在将纸介成果数字化中，还需要考虑的一个关键问题是，如何避免制造海量信息。一般看来，产生海量信息有两种可能性：一是把数字化技术当作复印技术，对纸介著作进行重复的复制；一是把数字化当一个筐，把民俗资料塞入盛放，却没有去画龙点睛地体现和提升纸介著作的精华。解决这类问题的要点，在于民俗学者把住数字化的理念和目标。在钟敬文工作站的建设中，我们与政府文化职能部门合作，在已获得国家政府评估和地方认可的集成精品中，使用被钟敬文研究、又被确定为遗产系列的集成资料，建成集成遗产目录，然后据此确定制作数字数据的范围。通过这种方式，我们排除了产生信息垃圾的可能性，有条件构建起点高且界面友好的数字环境。

(一)建立遗产目录的原则

在钟敬文工作站中，以绘制钟敬文使用三集成资料的数字地图为例，在选

---

① 钟敬文：《中国的地方传说》，原文撰于1931年，收入钟敬文：《钟敬文民间文学论集》(下)，74～100页，上海，上海文艺出版社，1985。

② 有关数字网所的讨论，参见本书"第二章 数字图像网所"；关于数字地图的讨论，参见本书"第三章 数字名师地图"。

择集成的遗产化作品、制作和补入区域时空数据方面，我们按照以下三个原则进行工作，防止了海量信息的出现。

第一，学术精华原则。在三集成资料出现之前，钟敬文治民俗学和民间文艺学，与从事专业教育的经历相关。在长达半个多世纪的时间里，他治学执教的中心，曾移徙三处，即中山大学、浙江大学和北京高校等，他的著述成就，也与三地所在的区域有关，包括广州和中南地区、浙江和华东地区、北京和京津地区等。在三集成搜集运动在全国范围内开展后，他参与主持搜集编纂工作，参加了大量的审稿工作，可以从更宏观的角度上思考问题，所使用资料的范围也扩大了，但他仍有重点，主要是在国际国内学者所讨论的中国民俗学史的问题中，在这些重要问题所涉及的区域内，包括新疆、西藏、云贵川、黑龙江省和内蒙古自治区等多民族聚居区，阅读集成资料，发展他的一国多民族民俗学思想。① 他的学术精华和思想脉络，与他这种研究对象的关联线索是十分清晰的。我们在将他的纸介成果转化为数字数据，补充区域时空信息资料时，充分考虑了他的研究成果特点，主要选择他讨论过的广州、浙江、云南、西藏、新疆、黑龙江、内蒙古等地的集成代表作作补充，体现他学术文化成就的突破点。

第二，政府评估原则。钟敬文在参与三集成工程中，为政府文化部门的新时期社会主义公共文化政策建设提供了很多咨询建议，体现了他以学术服务于国家主流文化建设的一贯精神。近年来，在现代化和全球化背景下，我国政府已开展了对中国民族民间文艺集成资源的分布和保护的评估，这使我们能从另一侧面认识钟敬文的社会贡献。我们在本次工作中，借鉴政府评估的原则，主要是与文化部民族民间文艺发展中心合作，阐释和展现钟先生的这部分学术成果，使钟先生等前辈优秀学者的爱国情操、社会责任感和学术成就能得到共同传承。另外，通过这次工作，也把政府评估原则纳入民俗学学科的建设框架中，发展高校与政府合作互补的文化项目，让民俗学在社会应用中得到检验和充实。

第三，遗产保护原则。对钟敬文纸介成果数字化，是坚持未来意识的结果。三集成是我国全面现代化之前清仓抢收的最后一批传统民间文艺财富。在接踵而来的全球化、城市化、旅游化和网络化等潮流的冲击后，民俗学的业内

---

① 关于钟敬文的一国多民族民俗学思想，参见拙文《将中立变量观点纳入民俗学研究——论钟敬文"一国民俗学"学说的形成》中的讨论，见《民俗典籍文字研究》（第1辑），158～191页，商务印书馆，2003。

圈外都已转向新的工作重点，即从规模巨大、卷帙浩繁的中国民族民间文艺十大集成志书中，选择国家级和地方级的文化遗产代表作，加以重点保护，提倡符合传统生态原貌和适合现代社会条件的合理开发，为未来人类优秀文明宝库输送中国杰作。我们制作钟敬文工作站的数字数据时，同样从未来社会传承思考，遴选国家和地方遗产作品。而从钟敬文的学术文化成果说，两者也是精华相照、品级相配的。

（二）遗产目录作品

根据以上原则，在编制钟敬文使用三集成资料的数字地图中，经政府文化职能部门提供，对钟敬文纸介原著中的三集成研究原始数据，补充相应区域范围内的七集成数据。主要使用文化部民族民间文艺发展中心的中国民族民间文艺基础资源数据库中的音视频数据，选取其中已被评定的各层级遗产代表作，进行区域时空数字数据的制作与合成，形成名师地图的数字数据和主题数据库，然后使用主题数据库的数据、创制多媒体实时传输系统、编制数字名师地图进行集成。

1. 音视频数据的编制原则

中国民族民间文艺十大集成志书的编辑体例，分省卷本和县卷本两种。省卷本，即国家级卷本；县卷本，即地方级卷本。在钟敬文工作站中，使用集成遗产作品编制数字地图，在制图单元上，相应地确定了省域和县域的不同层级，同时使用国家级和地方级的多层级遗产作品资料。另外，以钟敬文研究三集成的区域地点为范围，对照三集成的原始数据，补充七集成的音视频数据，在使用集成遗产作品资料上，采取相同的原则，以保持编辑体例、数据内涵的一致。它们分别采自"中国民间歌曲集成"、"中国民族民间舞蹈集成"、"中国戏曲音乐集成"和"中国民族民间器乐曲集成"等的省卷本，并附有县域田野调查数据，基本可以体现七集成的精华。被补入的七集成数据资源，在数据链接上，采用了多种建模模型，以体现我国多地区、多民族民间文艺的文化多样性，概括地说，主要模型有三种：世界级中国自然遗产和文化遗产地的七集成代表作，如新疆维吾尔族的《喀什赛乃姆》和贵州苗族的《苗族古歌》；世界级和国家级中国非物质文化遗产目录中的七集成代表作，如内蒙古的蒙古族《长调·云青马》；国家级和地方级非物质文化遗产品种的七集成代表作，如青海、甘肃的花儿、江南民歌《茉莉花》、黑龙江鄂伦春族民歌和河南豫剧戏曲音乐代表作等。

2. 音视频数据的举例与提要

(1)新疆维吾尔族《喀什赛乃姆》

在我国新疆维吾尔族自治区，拥有世界级的非物质文化遗产木卡姆。木卡姆是在维吾尔族民间长期流传的传统大型民间叙事舞蹈套曲，赛乃姆是其相近的表演种类，主要在喀什地区流传。它集诗、歌、舞、乐为一体，结构严谨、规模宏大，由集体演唱和集体表演。表演时载歌载舞，气氛热烈，具有即兴特点。其器乐曲表现了新疆维吾尔族传统民间音乐的特点，又融汇了中国、印度、希腊和伊斯兰古典音乐的元素，表演时场面宏大、欢快热烈①。

本次选用喀什地区搜集的《喀什赛乃姆》，歌词大意如下。

要结伴侣就结好人(耶)，有谁愿意结坏人？(啊呀唻，啊呀唻。)
和那好伴在一起，有谁还想理坏人(耶)。(啊呀唻，呀唻啊呀唻。)

红皮子的洋葱，一层一层皮子多，皮子多啊(亚里亚)。
年轻小伙子朋友多，年轻的小伙子朋友多。

柳树梢怎能挨近树干？树梢离树干还很远啊。
虽然你家住得远，我和你的心相连。

我和我的心上人(亚里亚啊衣里尼曼)，
从小到大在一起(亚里亚啊衣里尼曼)。
花园里的花儿，开得多鲜艳。
喀什噶尔的小伙子，要去游玩。

远远望见心上人(耶)，她可曾把我看到？(啊呀唻，啊呀唻。)
爱情的火在燃烧，不知她知道不知道(耶)。(啊呀唻，呀唻啊呀唻。)

快快提交大公鸡，快把我的情人唤醒来，唤醒来啊(亚里亚)。

---

① 周吉：《新疆木卡姆音乐概说》，见李凌主编、《中国民族民间器乐曲集成》(新疆卷)编辑委员会：《中国民族民间器乐曲集成》(新疆卷)，1851、1859 页，北京，中国 IS-BN 中心，1996。王秉琏：《新疆民歌概述》，见吕骥主编、《中国民间歌曲集成》(新疆卷)编辑委员会编：《中国民间歌曲集成》(新疆卷)，1～9 页，北京，中国 ISBN 中心，1999。

唱起木卡姆弹起琴，我用歌声把她唤醒来。（啊呀咪，咻咻赛乃姆）。

你家住得远就远吧，我们的心儿不要离散。
但愿我们永远相好，海誓山盟记心间。

早就发誓不变心（亚里亚啊衣里尼曼），
永远相爱不分离（亚里亚啊衣里尼曼）。

心中有了目标，一路唱又笑。
唱起歌儿弹起琴，喜上眉梢。

《喀什赛乃姆》的资料已被《中国民间歌曲集成》收入。① 近年文化部在原搜集地点开展田野调查，记录了它的保存和传承现状，补充拍摄了视频录像资料，并制成数字数据。② 在钟敬文工作站中，我们使用了这段视频数据。

（2）新疆柯尔克孜族英雄史诗《玛纳斯》

柯尔克孜族英雄史诗《玛纳斯》是我国著名的三大英雄史诗之一，主要讲述了英雄玛纳斯及其七代子孙为捍卫民族独立、生存而英勇奋斗的事迹，有八部，23 万余行，是柯尔克孜民族文化的精髓。在新疆西南部的阿合奇县，史诗演唱人居素甫·玛玛依，是可以完整演唱全部史诗的民间传人，③ 他的作品被七集成所搜集和保存④。本次使用了居素甫·玛玛依本人演唱的选段，史诗原文大意如下。

---

① 吕骥主编、《中国民间歌曲集成》（新疆卷）编辑委员会编：《中国民间歌曲集成》（新疆卷），399～401 页，北京，中国 ISBN 中心，1999。

② 近年来，文化部民族民间文艺发展中心两次到新疆喀什地区调查木卡姆和赛乃姆的保护传承现状，并拍摄现场录像资料。项目主持人：李松，实地拍摄与视频数据的编辑与提供：杨晓南、李明。本节以下所提到的在七集成搜集地点重新开展田野作业和搜集音视频数据，一律由文化部民族民间文艺发展中心承担，并向钟敬文工作站提供了数字名师地图所需要的数字数据，谨此一并说明并致谢。限于篇幅，在本节中，不再另行注出。

③ 郎樱：《玛纳斯论》，1～2 页，呼和浩特，内蒙古大学出版社，1999。

④ 居素甫·玛玛依演唱：《玛纳斯（选段——阿勒马别提）》（阿合奇县），见吕骥主编：《中国民间歌曲集成》（新疆卷）编辑委员会编：《中国民间歌曲集成》（新疆卷），1297 页，北京，中国 ISBN 中心，1999。另见王秉琏：《新疆民歌概述》，见吕骥主编：《中国民间歌曲集成》（新疆卷）编辑委员会编《中国民间歌曲集成》（新疆卷），1～9 页，北京，中国 ISBN 中心，1999。

　　　　　我请嫂夫人等一等看，
　　　　　我魂灵也要和契丹开战。
　　　　　莫要说敌人都太平凡，
　　　　　莫让旧观念把你浸染。
　　　　　眼泪洒落在他的前胸，
　　　　　汗水湿透了他的全身。
　　　　　你可能认为他孤身一人，
　　　　　你讲勇士只他一人。
　　　　　你不见阿拉西多少人，
　　　　　你到底知他是何许人。①

　　在钟敬文工作站中，我们所收录的《玛纳斯》音视频数据，是在原作品的基础上，重新到搜集地点做田野调查，拍摄了纪录片，记录了《玛纳斯》史诗的现实传承情况，纪录片题目为《新疆·玛纳斯，潮尔演奏的最后一位老艺人》。

　　(3)内蒙古长调

　　长调，蒙古族独特的声乐艺术，近年成为世界级非物质文化遗产。长调大都咏唱草原、骏马、骆驼、牛羊、蓝天、白云、江河、湖泊和草原人民的生活，在放牧时演唱，有时也在宴席、婚礼和那达慕大会演唱。其曲调悠长舒缓，气势连贯，具有辽阔奔放的草原气息。它在蒙古族民歌中居于中心地位，对蒙古族民族音乐的各个领域，包括赞歌、宴歌、思乡曲、婚礼歌、情歌乃至器乐曲等，都产生了很大影响。

　　本站使用了长调《云青马》的视频数据，歌词大意如下。

　　　　　我那云青马，
　　　　　颠走比流云快；
　　　　　四十九旗里，
　　　　　美名早传开。

---

　　①　原文注释：阿勒马别提，《玛纳斯》中的英雄人物，是玛纳斯的契丹朋友，随玛纳斯征战沙场。此唱段是在玛纳斯阵亡后，他向玛纳斯妻子所作的表白；阿拉西，传说中古部族的名称。

> 骏马额头上，
> 把玛尼经文盖；
> 四蹄要腾起，
> 如同云雾卷来。
>
> 骏马鼻梁上，
> 有那月牙的印迹；
> 四蹄要跑开，
> 如同急风卷来。
>
> 早知这样好，
> 怎能往义州出卖？
> 快快返回我身边，
> 呼来！呼来！呼来！①

《云青马》的同名原作已列入《中国民间歌曲集成》，② 在钟敬文工作站中收存了它的视频资料，由内蒙古歌手演唱，此曲至今在内蒙古阿鲁科尔沁旗广为流传。

(4)贵州的《苗族古歌》

我国西南地区拥有很多雄奇美丽的创世史诗，云南和贵州是它们的传统传承地，两省还都有闻名遐迩的自然文化遗产和非物质文化遗产，已被联合国教科文组织列入世界名录，如贵州的侗族大歌。贵州苗族古老的创世史诗《苗族古歌》，就是当地多民族文化遗产的底蕴层藏品，至今还在传唱。

《苗族古歌》以枫树为创世的元初物质，解释天地万物的起源、人类的由来、民族的迁徙和祖先的劳动生活，在当地的牯脏节中庄严唱诵，被苗族人民称为本民族的"古史歌"。古歌共分四组：《开天辟地歌》、《枫木歌》、《洪水滔天歌》和《跋山涉水歌》。在《开天辟地歌》中，有《铸日造月》歌，是脍炙人口的杰作。诗篇长达770行，叙述苗族祖先翻山越岭，运来金银，历尽千辛万苦造

---

① 原文注释：四十九旗，指清朝时期内蒙古的四十九个旗。呼来：蒙古语音译，意为呼唤回来的意思，旧时招魂、招福用语。

② 吕骥主编、《中国民间歌曲集成》(内蒙古卷)编辑委员会编：《中国民间歌曲集成》(内蒙古卷)，329~330页，北京，人民音乐出版社，1992。

就日月，又选人把日月送到蓝天上。开头的两次都失败了，第三次派冷王去送，他"头上顶太阳，肩上扛月亮，腰干拴银河，星星袖里装，嗨嗨喊一声，像箭飞天上"，① 终于扫荡了乌云，劈开了天门，说服了雷公，放好了日月，为人类创世立业。此歌由我国老一代民间文艺家田兵组织编选，由黔东南台江县、施秉县和剑河县的宝久老等 12 位歌手演唱，是苗族的历史文化巨制，在侗、瑶等民族中也有深远影响，当地有"前人不摆古，后人忘了谱"之说。② 在钟敬文工作站中，收入了田兵版《铸日造月》之后 30 年的流传民歌片段《造月亮》片段，歌词大意如下。

>（哩—呃—吆—嘿—哎—呃—哎也）
>
>古人（吆—呃—呃）造月亮（哦）
>
>（哈—呃—哦—哎）古人（呃—来）造月亮，
>
>（来）月亮挂天上。
>
>（哎）天上亮堂堂（纠），
>
>地下亮堂堂，
>
>人人齐呼喊（纠），
>
>干活路去哟！
>
>干活来养老（纠），
>
>干活来养少，
>
>干活生活好。（好—呃—呃—哎）！③

　　在《中国民间歌曲集成》中附《贵州各民族民歌歌种分布表》，在此表中，将《苗族古歌》列为苗族礼俗歌，这是与这首创世史诗一直在牯脏节重大仪式中演唱的民俗相符合的。从编者的介绍中还能看出，在田兵收集的版本之后，该史

---

　　① 田兵编选：《苗族古歌》，台江县宝久老、施秉县岩公、剑河县嘎里交等 12 个歌手演唱，桂舟人、唐春芳等搜集，唐春芳整理，100 页，贵阳，贵州人民出版社，1979。参见马学良、今旦译注：《苗族史诗》，90～91 页，北京，中国民间文艺出版社，1983。但在这个版本中，把日月送上天的人叫"妞香"，妞香与雷公合作，取得成功。另见钟敬文主编：《民间文学概论》，288 页，上海，上海文艺出版社，1980。

　　② 王承祖：《苗族民歌述略》，吕骥主编、《中国民间歌曲集成》（贵州卷）编辑委员会编：《中国民间歌曲集成》（贵州卷），208 页，北京，中国 ISBN 中心，1995。

　　③ 吕骥主编、《中国民间歌曲集成》（贵州卷）编辑委员会编：《中国民间歌曲集成》（贵州卷），207 页，北京，中国 ISBN 中心，1995。

诗仍在贵阳市的花溪区、乌当区，安顺地区的紫云县，黔东南苗族侗族自治州的麻江县、台江县、施秉县、黄平县，毕节地区的大方县、金沙县、赫章县、威宁县，黔西南布依族苗族自治州望谟县等苗、侗、布依族自治州流传，① 而且比田兵版的搜集地点多出 9 个县，这个消息也令人欣慰。我们看到，苗族、侗族、瑶族和布依族人民都为保存和传承苗族史诗作出了贡献。贵州大型史诗的多民族集体传承，与各民族本身的创世史诗的传承，彼此并不矛盾，同时期流传的瑶族创世史诗《密洛陀》等，也都有自己的生命力。② 在多民族史诗群中保存各民族单一史诗，比单一民族史诗的孤立保存，有更适宜的生态气候和人气环境；单一史诗也在多民族史诗互相影响的过程中得到滋养和发展，侗族大歌也是这样。后世还从大型史诗中分离出大量日常表演的短歌片段，我们这次使用的《造月亮》音频资料就是这种变体，它是从田兵版的原搜集地之一——黔东南的台江县搜集到的，③ 比起庄严史诗体的《铸日造月》，它更活泼高昂，呼吁众人帮腔，调动在场听众参与，还能将古老的文化转入现实社会的共享感受，这正是它的现代气息。但它仍保留了古老史诗的基因，并且只用了两句话："古人造月亮，月亮挂天上"，这也是它的历史智慧。

（5）青海花儿

我国多民族聚居区是民歌的海洋，那里的人们保存了丰富的传统民歌种类。我国很多省区还都有传统的歌节，当地人在节日里唱歌交往，传承文化，活跃社会生活，青海的花儿正是当地歌节的珍宝。

花儿，由青海省内的汉、回、土、藏、撒拉等多民族共同创造，用汉语演唱。当地人也把唱花儿叫"漫花儿"，在劳作、出行、山间放牧，或者在田野上自由地演唱。每年的花儿会到来时，歌手常以同性别的双人唱或一领众合的方式，"打擂台"赛歌，把花儿会推向高潮。花儿的韵味、掌握曲令的多少、即兴应答的能力等，都是打擂胜负的条件。④ 唱花儿渗透在当地人的生产、生活和

---

① 吕骥主编、《中国民间歌曲集成》(贵州卷)编辑委员会编：《中国民间歌曲集成》(贵州卷)，536 页，北京，中国 ISBN 中心，1995。

② 蓝鸿恩：《密洛陀》"序言"，蓝怀昌等搜集整理翻译：(布努瑶创世史诗)《密洛陀》，1～25 页，北京，中国民间文艺出版社，1988。

③ 自 2004 年以来，文化部民族民间文艺发展中心已连续 3 年，在贵州黔东南台江县开展田野作业，调查苗族古歌和相关苗族"姊妹节"、"牯脏节"仪式的传承情况。北京师范大学民俗学专业博士生徐赣丽、刘汉杰和硕士生张恒艳等，参加了 2005 年的调查活动。

④ 黄荣恩：《青海省民歌概述》，见吕骥主编、《中国民间歌曲集成》(青海卷)编辑委员会编：《中国民间歌曲集成》(青海卷)，1～19 页，北京，中国 ISBN 中心，2000。

社会文化各方面。本次使用的"花儿"《尕妹绣给个满腰转》，原作为《中国民间歌曲集成》所收入①，歌词大意如下。

> （哎嗨哟）大河（呀）沿上的（哎）（哎）麻石（了）头（呀），
> （哎哟）一头儿扁扁，一头儿圆圆，
> 尕磨上能锻个底扇（呀），我就背上了走（啥），
> 手拿的（耶耶耶哟耶哟哟）皮绳儿太短（耶）；
>
> （哎嗨哟）尕妹（哈）绣给个（哎）（哎）满腰（了）转（呀），
> （哎哟）褐子的边边，里子是毡毡，
> 牛毛（啦）扎上个牡丹（呀），我就勒上了走（啥），
> 人前头（耶耶耶哟耶哟哟）显你的手段（耶）。②

　　在钟敬文工作站中，收入了这段演唱的视频片段，为近年青海省回族歌手所演唱。现在当地各族群众已在自觉地保护花儿民族文化遗产。

　　（6）甘肃花儿《千里的大路上咋来了》

　　与青海毗邻的甘肃省，拥有世界级的文化遗产敦煌石窟，也有出名的河州花儿和洮岷花儿。它们既与青海花儿互有影响，也有只有本省境内流传的花儿，具有甘肃花儿自己的特点。甘肃莲花山的花儿会，历时数百年，是甘肃花儿的摇篮，比青海的花儿会更古老。莲花山位于甘肃康乐县南部的莲麓乡，每年农历六月初一，周围的临洮、临潭、卓尼、渭源等数县歌手和农牧民们都前来赶会。当歌手们路经莲花山附近县区时，沿路各村庄的村民们会按照传统习俗，男女老少一齐出动，用本地马莲草拧成长绳，两人各牵一头，挡住远道而来的客人，请他们留下美好的歌声。歌手要唱歌过关，才能继续前行。甘肃花儿会分四个程序，拦路听歌是其中的第一个，以下还有朝山献歌、联欢夜歌和唱紫松山祝酒歌三个程序。歌会期间，高潮迭起，热闹非凡，附近的商贸、饮食、手工艺和民间信仰活动一起举行，把当地一年的社会生活和历史文化传承

---

　　①　吕骥主编、《中国民间歌曲集成》（青海卷）编辑委员会编：《中国民间歌曲集成》（青海卷），24～25页，北京，中国ISBN中心，2000。
　　②　原文注释：满腰转，方言，指勒在腰部的围兜式的腰带。

带入高峰。①

本次使用了甘肃省和政县的花儿选段《千里的大路上咋来了》，歌词如下。

（哎哎）石山的垭豁里过来（的）了（么），

（哎哟）过来（呀）了（哈），

（啊）半山里（呀就）着了些雨了（呀）；

（哎哎）千里的大路上咋来（的）了（嗨），

（哎哟）咋来（哎）了（哈），

（啊）我来了是（就）只为了你了（呀）。

（哎哟就这个话么就）我来是（就）只为了（个）你（呀）了呀。

《中国民间歌曲集成》曾收录同名花儿作品，标注为"河州三令之一"，② 这种花儿也在青海境内多民族中流传。但《中国民间歌曲集成》限于搜集时的历史条件，无法配备音频资料，本站予以补充，以解决这个遗憾。

（7）江南民歌《茉莉花》

江南民歌历来有名，当地称"小调"。近代江南小调的流传，同一批专业或半专业人士参与演唱是分不开的。当地从前有唱春先生、唱时调的和唱道情的，都会演唱小调。他们在农闲时或节日期间，走街串巷，或于茶楼酒肆、码头舟船、旅店广场等地，演唱小调谋生。瞎子阿炳（华彦钧）也曾在无锡街头演唱过俗曲小调。③ 小调旋律流畅，结构简单，易学易记，便于流行，其中的优秀作品还流传全国，影响甚大，如《茉莉花》。本次选用了江苏歌手邵长荣演唱的《茉莉花·鲜花调》，歌词如下。

好一朵茉莉花，

---

① 柯扬：《诗与歌的狂欢节——"花儿"与"花儿会"之民俗学研究》，1～3页，兰州，甘肃人民出版社，2002。参见庄壮：《甘肃民歌概述》，见《中国民间歌曲集成》（甘肃卷），1～22页。

② 吕骥主编、《中国民间歌曲集成》（甘肃卷）编辑委员会编：《中国民间歌曲集成》（甘肃卷），454页，北京，人民音乐出版社，1994。

③ 武俊达：《江苏民歌概述》，吕骥主编、《中国民间歌曲集成》（江苏卷）编辑委员会编：《中国民间歌曲集成》（江苏卷），1～44页，北京，中国 ISBN 中心，1998。

　　好一朵茉莉花，
　　满园花草香也香不过它。
　　奴有心采一朵戴，
　　又怕来年不发芽。

　　好一朵金银花，
　　好一朵金银花，
　　金银花开好比勾儿牙。
　　奴有心采一朵戴，
　　看花的人儿将奴骂。

　　好一朵玫瑰花，
　　好一朵玫瑰花，
　　玫瑰花开碗呀碗口大。
　　奴有心采一朵戴，
　　又怕刺儿把手扎。

　　1942年，何仿在江苏省六合县金牛山下采录到《茉莉花》。1957年，他将这首民歌整理改词，编成女声小合唱，到北京演出。1959年，他再次改编歌词，赴奥地利维也纳参加了第七届世界青年与学生和平友谊联欢节演出，获得成功。此后，这个版本的《茉莉花》名气增加。①

　　(8)川江号子《三转湾》

　　在我国的四川省境内，奔腾着我国第一大河——长江，也耸立着远古时期喜马拉雅山造山运动形成的崇山峻岭。当地神奇的名山大川和巴蜀文化历史悠远，养育了都江堰、青城山、九寨沟、黄龙、乐山大佛等一批世界自然文化遗产，也养育了特色鲜明的川江号子。川江号子广泛吸收了四川其他民间戏曲音乐的因素，在号工领唱的慢板中，含有川剧高腔音乐的元素，曲调悠扬、抒情、川味十足；也有高腔山歌的元素，音调高亢而挺拔。号工的领唱与船工的合唱，构成二声部，曲调和谐动听。在战激流、过险滩的紧张拼搏中，船工的歌唱又转慢为快，形成三声部以上的合唱，风格激烈而粗犷有力。船在复杂的

---

　　① 吕骥主编、《中国民间歌曲集成》（江苏卷）编辑委员会编：《中国民间歌曲集成》（江苏卷），727～728页，北京，中国ISBN中心，1998。

水路中航行，号子的音乐随水势而变化，时而悠扬、时而激越，在群山激流中回荡。有时若干首号子连缀成庞大的套曲，可以传达丰富的历史文化内容。①川江号子是我国民歌中的瑰宝。

本次使用了四川省遂宁流传的号子《三转湾》选段，歌词如下。

（领）呃呀、

（合）哦哦、

（领）哦嗬哦吆喂哦吆哦，

（合）哦哦、

（领）吆吆呃吆喂哦 哟哟吆喂呃，

（合）哦哦哦、

（领）吆喂吆呃吆喂哦吆喂哦呃呀，

（合）哦哦哦、

（领）啊榨榨榨哟、

（合）哦哦。

在《中国民间歌曲集成》中，已收入同名作品《三转湾》。② 编者特别说明，在船夫号子的演唱中，号工是关键，他不但要嗓子好、记性好，还要能将若干戏文成套地编入号子中唱，激发起船工的劳动兴趣和干劲；他还要识水性、懂航运，能在遇到不同的水流时，喊出不同的号子，通过即兴编唱，以鼓舞船工的斗志，组织众人协调动作，战胜风浪和险滩，这些信息对我们了解号子传承人的背景是有益的知识，但《中国民间歌曲集成》缺乏音视频配用资料，本站作了补充。

（9）河北民歌《孟姜女哭长城》

河北省是我国的历史文化大省，在省境之内，以北京为核心，形成了一系列著名的世界文化遗产，包括故宫、天坛、颐和园、长城、承德避暑山庄和周口店北京人遗址等。河北也是华北地区的戏曲、说唱、民歌和故事流传的高密

---

① 萧常纬执笔：《四川民间歌曲概述》，吕骥主编、《中国民间歌曲集成》（四川卷）编辑委员会：《中国民间歌曲集成》（四川卷），16 页，北京，中国 ISBN 中心，1997。匡天齐：《四川汉族民间歌曲述略》，吕骥主编、《中国民间歌曲集成》（四川卷）编辑委员会编：《中国民间歌曲集成》（四川卷），28 页，北京，中国 ISBN 中心，1997。

② 吕骥主编、《中国民间歌曲集成》（四川卷）编辑委员会编：《中国民间歌曲集成》（四川卷），422～423 页，北京，中国 ISBN 中心，1997。

度区，我国四大传说之一的孟姜女小调，正是其中的一种传统作品。早在 20
世纪初叶，顾颉刚就搜集了孟姜女民歌，后来还将民歌资料与孟姜女戏曲和口
头资料等相结合，开展综合研究，建立了有名的历史地理研究法。钟敬文在北
京大学歌谣学运动中，从孟姜女传说的研究开始，与顾颉刚的研究对话，两人
共同创造了中国现代民间文艺学史和民俗学史上的这段合作篇章。钟敬文晚年
提出建立中国民俗学派的学说，还引用了这个学术史的例子。①

　　本次选用的河北民歌《孟姜女哭长城》，歌词如下。

> 正月里（这）梅花正（哎）月正，
> 家家（也）户户（这）点红灯，
> 人家的丈夫（这）都有（得）团圆，
> 孟姜女的丈夫（哎）去修长城。
>
> 二月里兰草暖洋洋，
> 燕子飞过到南墙，
> 燕窝修得端端正，
> 对对双双过房梁。
>
> 三月里桃花是清明，
> 家家户户上坟茔，
> 人家的坟上挑白纸，
> 万喜良家的坟上冷冷又清清。
>
> 四月里芍药养蚕忙，
> 孟姜女挎篮儿去采桑，

---

① 关于顾颉刚搜集的孟姜女歌词，原载北京大学歌谣征集处《歌谣》周刊，第 73 期，
1924 年 12 月 21 日。关于钟敬文与顾颉刚就孟姜女的通信，参见钟敬文：《关于孟姜女故
事研究的通信》，原信写于 1924 年 12 月 15 日至 1925 年 10 月 22 日，共 5 封，收入钟敬文：
《钟敬文民间文学论集》（下），472～483 页，上海，上海文艺出版社，1985。钟敬文于 1978
年再次撰写关于孟姜女研究的论文，肯定顾颉刚研究的历史成就，参见钟敬文：《为孟姜女
冤案平反》，收入钟敬文：《钟敬文民间文学论集》（上），74～92 页，上海，上海文艺出版
社，1982。钟敬文晚年在建立中国民俗学派学说中再次提到顾颉刚的贡献，参见钟敬文：
《建立中国民俗学派》，18 页，哈尔滨，黑龙江教育出版社，1999。

桑篮挂在这桑枝上，
捋一把泪来捋一把桑。

五月里石榴似红梅，
孟姜女想夫泪双悲，
人家的田中黄芽在，
孟姜女的田中杂草成了堆。

六月里荷花热难当，
蚊虫飞过咬孟姜，
用口咬奴这千口血，
别咬奴家丈夫名叫万喜良。

七月里凤仙秋风凉，
家家户户缀衣裳，
人家的丈夫都把夹衣换，
孟姜女的丈夫还没有夹衣裳。

八月里来雁门开，
孤雁飞过捎书来，
闲人倒说闲人的话，
孟姜女的丈夫多咱才回来？

九月里菊花是重阳，
重阳焖酒菊花香，
满满地斟酒奴家我不用，
孟姜女饮酒守着空房。

十月里芙蓉十月一，
孟姜女在家中好惨凄，
人家的丈夫都把棉衣换，
孟姜女的丈夫还没有棉衣。

十一月里雪花落了地，

孟姜女前去送棉衣，
乌鸦头前领着路，
哭倒了长城自认夫妻。

十二月里水仙闹嚷嚷，
文武百官传给昏王，
秦始皇他爱孟姜容颜长得好，
祭起坟头拜拜灵堂。

十三月里来闰月年，
孟姜女假从下万岁爷的姻缘，
拜罢灵堂桥头路过，
夜观水景死在了江里边。

本歌收入《中国民间歌曲集成》，[①] 编者指出，在七集成搜集运动中发现，孟姜女等小调作品，在河北省流行很广、蕴藏量很大，还有相当部分的小调演唱是当地民俗活动的内容。[②]据调查，在我国南方的一些省份，如安徽贵池和江西吉安等地，[③] 也有孟姜女民歌和祭祀孟姜女民俗仪式在长期流传。本次在原有《中国民间歌曲集成》纸介著作的基础上，补充了河北晋县一带流传的《孟姜女哭长城》音频数据。

（10）黑龙江鄂伦春民歌《出色的歌手》

鄂伦春族是我国东北边疆的兄弟民族，富有渔猎民俗和萨满信仰故事。在民间故事中，有《莫日根》系列、《白那恰》系列和《尼顺萨满》系列等叙事名篇。[④] 与此同时，鄂伦春人也创造了"柬达仁"系列的民歌，成为本民族的文化遗产。鄂伦春人在婚礼等仪式上演唱柬达仁，歌手们在双方互邀中表演，各显

---

① 吕骥主编、《中国民间歌曲集成》(河北卷)编辑委员会编：《中国民间歌曲集成》(河北卷)，405～406 页，北京，中国 ISBN 中心，1995。

② 李江执笔：《河北民歌概述》，吕骥主编、《中国民间歌曲集成》(河北卷)编辑委员会编：《中国民间歌曲集成》(河北卷)，1～22 页，北京，中国 ISBN 中心，1995。

③ 中国艺术研究院音乐研究所薛艺兵研究员近年指导博士研究生对安徽贵池姚里荡的傩戏音乐进行了深入的田野研究，其中包括对孟姜女民歌和仪式的搜集与分析。

④ 《中华民族故事大戏》编委会：《中华民族故事大戏》，697～1000 页，上海，上海文艺出版社，1995。

自己的最高本领，彼此以在精彩巧妙的对歌中压倒对方为胜。本次选用了在迅克县流传的一首崃达仁《出色的歌手》，歌词大意如下。

> 聪明美丽的乌娜吉（哪咿斯哪耶），
> 真是一名出色的歌手（哪耶）。
> 当她站在高山顶唱起崃达仁，
> 白云不再游动，
> 百鸟都停下听她的歌喉（哪咿斯哪耶西哪耶）。①

此首民歌由《中国民间歌曲集成》收入，② 本次补充了它的音频数据。

(11)山西道情《驾祥云下山来》

山西省拥有云岗石窟和平遥古城等世界文化遗产，同时以民歌和戏曲闻名，钟敬文曾撰写《致山西国际会议——写给"中国的祭仪、音乐与戏曲及其社会环境学术研讨会"的贺信》，提倡研究我国这类人类文化史和文化现状上的重要现象。③ 山西道情，是在当地民间佛教和道教文化土壤上滋养和发展的艺术种类。在民族戏曲学上，它是地方戏曲的变体，曾吸收山西秧歌戏、梆子戏和其他剧种的戏曲音乐，形成了自己的音乐风格。唱道情有两种形式，一种是季节性的业余班社演出，当地称"子弟班道情"；另一种是职业班社演出，由各地艺人组成的唱社表演，当地称"攒班道情"。本次使用了晋北地区流传的子弟班道情曲目《驾祥云下山来》，唱词如下。

> [反耍孩儿]何仙（哎咳）姑（哎咳哈）女裙（哎咳哎咳）祧（呀哎呀咳哈），
> 驾（呀）祥（哎咳）云（啊咳哈）下山（号哎咳）来（呀号哎咳哎咳哈），
> 步红尘（咳哈）喜笑（哎咳）颜（号哎咳啊号哎咳啊哈咳）开（衣呀号哎咳啊咳哈）。
> 山前（哎咳哈）景致（哎咳）惹人爱（衣呀哈哎咳哈哎咳号哎咳哈），

---

① 原文注释：乌娜吉，鄂伦春语，即姑娘。
② 王力坤执笔：《鄂伦春族民歌述略》，吕骥主编、《中国民间歌曲集成》（黑龙江卷）编辑委员会编：《中国民间歌曲集成》（黑龙江卷），871、873、903 页，北京，中国 ISBN 中心，1997。
③ 钟敬文：《致山西国际会议——写给"中国的祭仪、音乐与戏曲及其社会环境学术研讨会"的贺信》，原作写于 1997 年 6 月，原载《随笔》，1998(1)，收入钟敬文：《建立中国民俗学派》，97～98 页，哈尔滨，黑龙江教育出版社，1999。

摘一朵红花（哎咳哎咳哎咳哈）头上戴（号哎咳啊号），

更把那（咳哈）风流（哎咳）衬（哎咳哎咳哎咳哎咳哈）衬出（哎）来（咳哈）。

眼前（哎咳哈）没有那菱花镜（咳哎咳哎咳哎咳哈），

小水池边（咳哈哎咳哎咳哈哎咳哎咳哎咳呀号哎咳啊号哈哎号哎哈哎咳哈）照容（哎咳）腮（衣呀哈哎咳哈哎呀号哎咳哈），

照容（哎）腮（衣呀哈哎咳哈哎呀号哎咳哈哎咳哎咳哈）。

晋北道情，多于农闲、节日、庙会期间和民俗仪式中演唱。因歌词中的衬字"咳"字多，俗称"咳咳腔"。一字三"咳"，是其独特风格。[1] 此曲原为《中国戏曲音乐集成》所收入。[2] 在钟敬文工作站中，收入了同名道情的音视频资料。

(12)河南豫剧《在绣楼我奉了小姐言命》

在中国民族民间文艺集成志书中，搜集和编纂传统戏曲音乐资料是一项重要的成绩。除了山西，位于中原大地的河南省也是我国著名的戏曲艺术之乡。河南洛阳的世界文化遗产龙门石窟，作为一个缩影，烘托了当地深厚的中原文明史积淀。河南豫剧是河南戏曲的代表种类，又名"河南讴"、"靠山吼"、"土梆戏"、"高调"和"河南梆子"，属梆子声腔剧种。豫剧剧目《西厢记》，经豫剧艺术家常香玉的创造性表演，成为豫剧的经典剧目。民国二十六年（1937）春，中州戏曲研究社在开封醒豫舞台首演《西厢记》，由王镇南导演，常香玉主演，获得了巨大的成功，该剧后来成为常香玉本人的保留剧目。[3] 本次收入了常香玉演唱的《拷红》片段《在绣楼我奉了小姐言命》，唱词如下。

在绣楼我奉了（哪哈呀哈嗯啊嗨）我那小姐言命（哪嗨呀），

到书院去探那先生的病情。

上绣楼我要把小姐吓哄（嗯），

（白）我就说呀，

---

① 佚名：《晋北道情概述》，张庚主编、《中国戏曲音乐集成》（山西卷）编辑委员会编：《中国戏曲音乐集成》（山西卷），1289～1293 页，北京，中国 ISBN 中心，1997。

② 张庚主编、《中国戏曲音乐集成》（山西卷）编辑委员会编：《中国戏曲音乐集成》（山西卷），1299～1301 页，北京，中国 ISBN 中心，1997。

③ 张庚主编、《中国戏曲音乐集成》（河南卷）编辑委员会编：《中国戏曲音乐集成》（河南卷），73～76、124～125 页，北京，文化艺术出版社，1992。

张庚主编、《中国戏曲志》编辑委员会编，李国经卷主编、《中国戏曲志》（河南卷）编辑委员会编：《中国戏曲志》（河南卷），北京，文化艺术出版社，1992。

（唱）张先生的病疾不轻（啊）。

你若是救迟慢哪，

嗨！可就要丧命（啊啊啊），

看一看我小姐怎把事行。

一路上把心事盘算已定，

急忙忙款莲步去上楼棚（啊）。

此唱段已成为河南豫剧的精华曲目，为《中国戏曲音乐集成》所收录①；在钟敬文工作站中，补充了它的音频数据资料。

3. 音视频数据的采集格式表与七集成资源分布

表 1.20　西北地区民歌代表作《喀什赛乃姆》数据采集格式样表

遗产分类	非物质文化遗产
联合国教科文非遗目录的相关代表作	木卡姆
遗产作品类别	民间叙事诗
作品名称	喀什赛乃姆
搜集地点	新疆喀什地区
演唱人	集体演唱
词谱记录	邵光琛、艾克木记谱，刘远译词与配歌
近期田野作业数据	文化部民族民间文艺研究中心
使用授权	文化部民族民间文艺研究中心
链接数据库	中国民族民间基础资源数据库
复制介质	DVD 视频
转存目标	钟敬文使用三集成资料数字分布地图
主题数据库	数字名师地图音视频数据库
版权页信息	吕骥主编、《中国民间歌曲集成》（新疆卷）编辑委员会编：《中国民间歌曲集成》（新疆卷），399～401 页，北京，中国 ISBN 中心，1999。李凌主编、《中国民族民间器乐曲集成》（新疆卷）编辑委员会编：《中国民族民间器乐曲集成》（新疆卷），1851、1859 页，北京，中国 ISBN 中心，1996。

---

① 张庚主编、《中国戏曲音乐集成》（河南卷）编辑委员会编：《中国戏曲音乐集成》（河南卷），179～182 页，北京，文化艺术出版社，1992。

编辑录入	北京师范大学数字民俗学实验室蔡锦碧
歌词大意	要结伴侣就结好人（耶），有谁愿意结坏人？（啊呀咪，啊呀咪）（略）①。

新疆维吾尔族《喀什赛乃姆》的七集成资源分布：《中国民间歌曲集成》、《中国民族民间器乐曲集成》。

表 1.21　西南地区英雄史诗代表作《玛纳斯》数据采集格式样表

遗产分类	非物质文化遗产
联合国教科文非遗目录的相关代表作	木卡姆
遗产类别	英雄史诗
作品名称	玛纳斯·阿勒马别提
搜集地点	新疆维吾尔自治区乌恰县
原演唱人	居素甫·玛玛依
词谱记录	乃曼记词，段蔷记谱、译词、配歌
近期田野调查数据	文化部民族民间文艺研究中心
使用授权	文化部民族民间文艺研究中心
链接数据库	中国民族民间基础资源数据库
复制介质	DVD 视频
转存目标	钟敬文使用三集成资料数字分布地图
主题数据库	数字名师地图音视频数据库

① 在钟敬文工作站中，对所选用集成的遗产代表作品，在实际采集格式样表中，都填写了"歌词大意"，对兄弟民族作品还填写了"原文注释"。在本节中，因在前面的"2.音视频数据的举例与提要"，根据叙述的需要，已经列举了歌词，兹为节省篇幅起见，不再全部抄录，只列举每首作品的第一句歌词，以方便查询和核对；同时缀以"略"字，表示后面的歌词已省略。本节以下各表皆然。

版权页信息	李凌主编、《中国民族民间器乐曲集成》(新疆卷)编辑委员会编:《中国民族民间器乐曲集成》(新疆卷),1456~1457页,北京,中国 ISBN 中心,1996。吕骥主编、《中国民间歌曲集成》(新疆卷)编辑委员会编:《中国民间歌曲集成》(新疆卷),《玛纳斯(选段——阿勒马别提)》(阿合奇县),1297页,北京,中国 ISBN 中心,1999。
编辑录	北京师范大学数字民俗学实验室蔡锦碧
歌词大意	我请嫂夫人等一等看,我魂灵也要和契丹开战。(略)
原文注释	略

　　新疆柯尔克孜族英雄史诗《玛纳斯》的数据资源分布:《中国民族民间器乐曲集成》、《中国民间歌曲集成》。

表 1.22　内蒙古自治区民歌代表作《长调》数据采集格式样表

遗产分类	非物质文化遗产
联合国教科文非遗目录代表作	蒙古族长调
遗产作品类别	民歌
作品名称	长调·云青马
搜集地点	内蒙古自治区昭吾达盟
原演唱人	娜仁
词谱记录	宫日格玛记词、记谱,魏·巴特尔译词,达·布和朝鲁配歌
近期田野调查数据	文化部民族民间文艺研究中心
使用授权	文化部民族民间文艺研究中心
链接数据库	中国民族民间基础资源数据库
复制介质	DVD 视频
转存目标	钟敬文使用三集成资料数字分布地图
主题数据库	数字名师地图音视频数据库
版权页信息	吕骥主编、《中国民间歌曲集成》(内蒙古卷)编辑委员会编:《中国民间歌曲集成》(内蒙古卷),329~330页,北京,人民音乐出版社,1992。

编辑录入	北京师范大学数字民俗学实验室蔡锦碧
歌词大意	我那云青马,颠走比流云快;(略)
原文注释	略

内蒙古自治区《长调》的七集成资源分布:《中国民间歌曲集成》。

表 1.23　西南地区创世史诗代表作《苗族古歌》数据采集格式样表

遗产分类	非物质文化遗产
联合国教科文非遗目录的相关代表作	侗族大歌
遗产作品类别	创世史诗
作品名称	苗族古歌·造月亮
搜集地点	贵州省黄平县
原演唱人	潘启华
词谱记录	谭孝严、吴建伟、涂开明
近期田野调查数据	文化部民族民间文艺研究中心
使用授权	文化部民族民间文艺研究中心
链接数据库	中国民族民间基础资源数据库
复制介质	DVD 视频
转存目标	钟敬文使用三集成资料数字分布地图
主题数据库	数字名师地图音视频数据库
编辑录入	北京师范大学数字民俗学实验室蔡锦碧
版权页信息	吕骥主编、《中国民间歌曲集成》(贵州卷)编辑委员会编:《中国民间歌曲集成》(贵州卷),207~216 页,北京,中国 ISBN 中心,1995。
歌词大意	(哩—呢—吆—嘿—哎—呃—哎也),古人(吆—呃—呃)造月亮(哦)。(略)

贵州《苗族古歌》的七集成资源分布:《中国民间歌曲集成》。

表 1.24　西北地区青海民歌代表作《花儿》数据采集格式样表

遗产分类	非物质文化遗产
联合国教科文文化遗产的相关代表作	莫高窟
遗产作品类别	民歌
作品名称	花儿，(直令)〈三〉，尕妹绣给个满腰转
搜集地点	青海省西宁市
原演唱人	马俊
词谱记录	黄荣恩
近期田野调查数据	文化部民族民间文艺研究中心 北京师范大学数字民俗学实验室
使用授权	文化部民族民间文艺研究中心
链接数据库	中国民族民间基础资源数据库
复制介质	MP3 音频
转存目标	钟敬文使用三集成资料数字分布地图
主题数据库	数字名师地图音视频数据库
版权页信息	吕骥主编、《中国民间歌曲集成》(青海卷)编辑委员会编：《中国民间歌曲集成》(青海卷)，24～25 页，北京，中国 ISBN 中心，2000。
编辑录入	北京师范大学数字民俗学实验室蔡锦碧
歌词大意	(哎嗨哟)大河(呀)沿上的(哎)(哎)麻石(了)头(呀)，(哎哟)一头儿扁扁，一头儿圆圆。(略)
原文注释	略

青海省《花儿》的七集成资源分布：《中国民间歌曲集成》。

表 1.25　西北地区甘肃民歌代表作《花儿》数据采集格式样表

遗产分类	非物质文化遗产
联合国教科文文化遗产的相关代表作	莫高窟

遗产作品类别	民歌
作品名称	花儿，（河州三令）〈一〉，千里的大路上咋来了
搜集地点	甘肃省和政县
原演唱人	杨子荣
词谱记录	王沛
近期田野调查数据	文化部民族民间文艺研究中心
使用授权	文化部民族民间文艺研究中心
链接数据库	中国民族民间基础资源数据库
复制介质	MP3 音频
转存目标	钟敬文使用三集成资料数字分布地图
主题数据库	数字名师地图音视频数据库
版权页信息	吕骥主编、《中国民间歌曲集成》(甘肃卷)编辑委员会编：《中国民间歌曲集成》(甘肃卷)，454 页，北京，人民音乐出版社，1994。
编辑录入	北京师范大学数字民俗学实验室蔡锦碧
歌词大意	（哎哎）石山的垭豁里过来（的）了（么）。（略）

甘肃省《花儿》的七集成资源分布：《中国民间歌曲集成》。

表 1.26　东南地区民歌代表作《茉莉花》数据采集格式样表

遗产分类	非物质文化遗产
联合国教科文化遗产目录相关代表作	苏州古典园林
遗产作品类别	民歌
作品名称	茉莉花
搜集地点	江苏省六合县
原演唱人	邵长荣
词谱记录	何仿
近期田野调查数据	文化部民族民间文艺研究中心

使用授权	文化部民族民间文艺研究中心
链接数据库	中国民族民间基础资源数据库
复制介质	MP3 音频
转存目标	钟敬文使用三集成资料数字分布地图
主题数据库	数字名师地图音视频数据库
版权页信息	吕骥主编、《中国民间歌曲集成》(江苏卷)编辑委员会编:《中国民间歌曲集成》(江苏卷),726～727 页,北京,中国 ISBN 中心,1998。
编辑录入	北京师范大学数字民俗学实验室蔡锦碧
歌词大意	好一朵茉莉花,好一朵茉莉花,满园花草香也香不过它。(略)

江南民歌《茉莉花》的七集成资源分布:《中国民间歌曲集成》。

表 1.27　西南地区船夫号子代表作《三转湾》数据采集格式样表

遗产分类	非物质文化遗产
联合国教科文文化遗产、自然遗产和文化与自然双遗产的代表作	大足石刻、青城山与都江堰、九寨沟、黄龙、峨眉山和乐山大佛
遗产作品类别	川江行船号子
作品名称	三转湾
搜集地点	四川省遂宁市
原演唱人	米西红、杨隆海、姜大才、曾质斌
词谱记录	郑晓鹏、梁文斌采录,郑晓鹏、焦峨记
近期田野调查数据	文化部民族民间文艺研究中心
使用授权	文化部民族民间文艺研究中心
链接数据库	中国民族民间基础资源数据库
复制介质	MP3 音频
转存目标	钟敬文使用三集成资料数字分布地图
主题数据库	数字名师地图音视频数据库

版权页信息	吕骥主编、《中国民间歌曲集成》(四川卷)编辑委员会编:《中国民间歌曲集成》(四川卷),399~401页,北京,中国 ISBN 中心,1997。
编辑录入	北京师范大学数字民俗学实验室蔡锦碧
歌词大意	(领)呃呀,(合)哦哦。(略)

四川民歌《三转湾》的七集成资源分布:《中国民间歌曲集成》。

表 1.28　华北地区民歌代表作《孟姜女哭长城》数据采集格式样表

遗产分类	非物质文化遗产
联合国教科文文化遗产的相关代表作	长城、故宫、周口店北京猿人遗址、承德避暑山庄和周围寺庙、颐和园、天坛、明清皇陵
遗产作品类别	民歌
作品名称	孟姜女哭长城
搜集地点	河北省晋县
原演唱人	蒋秀春
词谱记录	王杰、田耳
近期田野调查数据	文化部民族民间文艺研究中心
使用授权	文化部民族民间文艺研究中心
链接数据库	中国民族民间基础资源数据库
复制介质	MP3 音频
转存目标	钟敬文使用三集成资料数字分布地图
主题数据库	数字名师地图音视频数据库
版权页信息	吕骥主编、《中国民间歌曲集成》(河北卷)编辑委员会编:《中国民间歌曲集成》(河北卷),405~406页,北京,中国 ISBN 中心,1995。
编辑录入	北京师范大学数字民俗学实验室蔡锦碧
歌词大意	正月里(这)梅花正(哎)月正,家家(也)户户(这)点红灯。(略)

河北民歌《孟姜女哭长城》的七集成资源分布:《中国民间歌曲集成》。

表 1.29　东北地区鄂伦春民歌代表作《出色的歌手》数据采集格式样表

遗产分类	非物质文化遗产
联合国教科文非遗目录的相关代表作	无
遗产作品类别	鄂伦春民歌
作品名称	出色的歌手
搜集地点	黑龙江省逊克县
原演唱人	孟淑珍
翻译与词谱记录	莫桂茹译、王克斋记、孟宪钧配、张雅芬标音
近期田野调查数据	文化部民族民间文艺研究中心
使用授权	文化部民族民间文艺研究中心
链接数据库	中国民族民间基础资源数据库
复制介质	MP3 音频
转存目标	钟敬文使用三集成资料数字分布地图
主题数据库	数字名师地图音视频数据库
版权页信息	吕骥主编、《中国民间歌曲集成》(黑龙江卷)编辑委员会编:《中国民间歌曲集成》(黑龙江卷)，903 页，北京，中国 ISBN 中心，1997。
编辑录入	北京师范大学数字民俗学实验室蔡锦碧
歌词大意	聪明美丽的乌娜吉(哪咿斯哪耶)，真是一名出色的歌手(哪耶)。(略)
原文注释	略

黑龙江鄂伦春族《出色的歌手》的七集成资源分布:《中国民间歌曲集成》。

表 1.30　华北地区戏曲音乐代表作《山西道情》数据采集格式样表

遗产分类	非物质文化遗产
联合国教科文文化遗产的相关代表作	平遥古城、云岗石窟
遗产作品类别	戏曲音乐

作品名称	《高楼庄》何仙姑[旦]唱，驾祥云下山来
搜集地点	黑龙江省逊克县
原演唱人	邵淑芳
翻译与词谱记录	薛淑珍记谱
近期田野调查数据	文化部民族民间文艺研究中心
使用授权	文化部民族民间文艺研究中心
链接数据库	中国民族民间基础资源数据库
复制介质	MP3 音频
转存目标	钟敬文使用三集成资料数字分布地图
主题数据库	数字名师地图音视频数据库
版权页信息	张庚主编、《中国戏曲音乐集成》(山西卷)编辑委员会编:《中国戏曲音乐集成》(山西卷)，1299～1301 页，北京，中国 ISBN 中心，1997。
编辑录入	北京师范大学数字民俗学实验室蔡锦碧
歌词大意	[反耍孩儿]何仙(哎咳)姑(哎咳哈)女裙(哎咳哎咳)衩(呀哎呀咳哈)。(略)

山西戏曲片段《山西道情》的七集成资源分布:《中国戏曲音乐集成》。

表 1.31　中原地区戏曲音乐代表作《拷红》数据采集格式样表

遗产分类	非物质文化遗产
联合国教科文文化遗产的相关代表作	龙门石窟
遗产作品类别	豫剧
作品名称	《西厢记·拷红》红娘[旦]唱，在绣楼我奉了小姐言命
搜集地点	河南省郑州市
原演唱人	常香玉
词谱记录	赵再生、张北方
近期田野调查数据	文化部民族民间文艺研究中心
使用授权	文化部民族民间文艺研究中心
链接数据库	中国民族民间基础资源数据库

复制介质	MP3 音频
转存目标	钟敬文使用三集成资料数字分布地图
主题数据库	数字名师地图音视频数据库
版权页信息	张庚主编、《中国戏曲音乐集成》(河南卷)编辑委员会编：《中国戏曲音乐集成》(河南卷)，179～182 页，北京，文化艺术出版社，1992。
编辑录入	北京师范大学数字民俗学实验室蔡锦碧
歌词大意	在绣楼我奉了(哪哈呀哈嗯啊嗨)我那小姐言命(哪嗨呀)，到书院去探那先生的病情。(略)

河南戏曲片段《拷红》的七集成资源分布：《中国戏曲音乐集成》。

第三节　钟敬文与民俗学教育

在我国现代大学教育发展的社会历史条件下，钟敬文的民俗学教育思想是独创的。他把由西方传入的民俗学加以改造，根据中国国学传统和社会教育对象的实际，从民间文学搜集和研究做起，开辟学科领域，建成民间文艺学；在条件成熟的时候，再建设民俗学；最后成了民间文艺学和民俗学两门学问的奠基人，建成适合中国社会文化基础和民俗学高等教育的学科门类。他的民俗学教育思想和创新实践是在坚韧不拔的探索中推进和发展的，主要分四个时期：五四与 20 世纪 20 年代、抗战前后时期、新中国成立初十年、晚年时期。他在不同时期有不同的教育工作侧重点，也有在民间文艺学和民俗学两门学问之间的迂回发展或结合教育的成果。他始终坚持为国家民族兴旺和为民众学问代言的总体奋斗方向，为中国普通人的日常生活传统和知识传承模式，开辟了现代教育领域，培养了专业教育研究人才，他在这方面的重大成就已成为民俗学现代大学的教育遗产。

一、民俗学高等教育战略

(一)民俗学师范教育思想的形成与发展

钟敬文是我国 20 世纪高等师范教育史上从教最长的学者，共治学从教 80

年，开辟了我国民间文艺学和民俗学的教育体制，进行了这方面教学系统的创建和专业课程的设置，并主持了相关基础教材的编写和出版工作，培养了一大批高级专业人才。他在这一过程中所形成的系统教育思想，所开辟的教学创新实践和培养的中青年后学，已成为我国民俗学高等教育事业的宝贵财富。

1. 五四时期与 20 世纪 20 年代

钟敬文从事教育工作有一个始终不渝的目标：用国粹国学，也用国风学问，开创广大中国国民的教育事业领域，为国家社会在世界环境中的自强发展而奋斗。这一目标的最初确立，是在五四时期。那时他在广东海丰县陆安师范学校读书，已受到五四新文化思潮的冲击，转变了看待传统文化和外来先进思潮的眼光。他在陆安师范读书的收获有两点：一是和其他进步师生一样，萌发了强烈的民族意识和由此产生的对平民文学（即白话文学）的兴趣；二是获得了对师范教育的早期认识，并得到了教师职业的训练。这两者的结合，为他把民俗学教育作为终生事业奠定了基础。数十年后，他成为北京师范大学的著名教授，仍进一步肯定师范教育的意义和价值，他说："师范教育在中国教育事业中所占的位置，如同工业中的重工业一样。……教师的工作对象是人，是富有活力和希望的青年一代。他们是祖国的未来和人类的青春。培养他们的工作，不但具有高贵的意义，同时也富于内容和兴味"。①

从陆安师范学校毕业后，他在海丰的故乡小学教书，差不多就在同时，他受到北京大学歌谣学运动的影响，成为民间文学搜集者。四五年间，他搜集了民间文学作品七八十篇，在北京大学《歌谣》周刊和国内其他刊物登载。他还运用国学理论，吸收当时西方的民间文学理论，撰写了十数篇论文，也相继在北京大学的《国学门月刊》和《歌谣》周刊上发表。当时钟敬文年仅 23 岁，已在收集整理民间文学和理论探索两方面成为新秀，产生了社会影响。

1926 年秋，他进入岭南大学，后到中山大学，给傅斯年教授做助教。傅斯年是五四新文化运动的前驱、北大歌谣学运动的支持者，时任文学院院长兼中文系主任。他的新思想和精干的教学作风，让钟敬文深为敬佩，也对钟敬文向学术方面发展产生了直接影响。1927 年春，顾颉刚到广州中山大学任教，把北大的歌谣学运动精神也带到了中山大学。顾颉刚当时已是国内知名的历史学者，他满怀忧患意识，力图从下层文化史料中找到变革现实社会的出路。孤军奋战中的钟敬文，在结识顾颉刚后，便下定决心，终生以民间文学和民俗学

---

① 钟敬文：《谈升学问题》，刊载于《光明日报》，原载 1956 年 6 月 27 日。收入钟敬文：《钟敬文教育与文化文存》，124 页，海口，南海出版公司，1991。

为业。他们与同仁一道，创立了中国民俗学会，把北大发起的民间文艺学运动向民俗学方向推进，同时开始了把大学教育与民俗学理论培训相结合的最早实践。

20世纪20年代末，钟敬文接触到俄国早期马克思主义者普列汉诺夫的著作，初步了解了辩证唯物主义的原理，对民间文学与民俗学的社会功能也增进了认识。他看到，发掘民间文学资料，与提高被压迫人民的地位，与反映民族历史智慧，以及与激发民族文化自信心，都存在着密切联系。他对当时西方人嘲笑中国人缺少创造力，嘲讽中国神话不发达的做法很愤慨，认为中国创造了与希腊、罗马一样丰富的文化，只是没有整理出来，没有给予研究。他通过重视民间文学和民俗学的社会功能，增强了治学从教的社会责任感。

2. 抗战前后时期

20世纪30年代前后，钟敬文转到杭州教书。直到1949年，他经历了中国社会从战争到和平的巨大变迁，也在国家社会的磨难中，完成了民间文艺学和民俗学教育的基础部分。这期间，钟敬文所从事的重大学术教育活动，是创建了杭州中国民俗学会，开始独立领导中国现代民俗学运动。他同时展开正规的民间文学学校教育的独立探索。他在这一阶段主要做了三方面的工作。

第一，认真思考发生民间文学功能的内涵，研究民间文学的对象、范畴、类型特点和表现手法等。他撰写了一批有较高学术价值的论文，如前面提到的《中国的天鹅处女型故事》、《中国民谭型式》等，① 引起了国内外学界的重视。

第二，首创《民间文学》课程的讲义，撰写了我国第一本这方面的专业基础理论教材《民间文学纲要》（铅印本）。

第三，兼事国文教学。反对以宣传下层文化而全盘否定上层文化，主张在彼此借鉴中创建下层文化研究理论。

1933年，钟敬文关于《民间文学和民众教育》的论文发表，提出了他的民间文学教育思想。他认为，民众口头创作与民众教育存在着天然的内在联系。从学者的角度看，民间文学是镜子，从中可观察到民众的情感、生活和环境；从民众的角度看，民间文学的创作和传播则是民间固有的传统教育方式。采用

---

① 钟敬文：《中国民谭型式》，即《中国民间故事型式》，原文作于1929～1931年间，1933年译成日文在日本《民族学研究》上发表，在国内原载《民俗学集镌》，1931（第1辑），收入钟敬文：《钟敬文民间文学论集》（下），342～356页，上海，上海文艺出版社，1985。

了民间文学，是使用了合适民众教育的工具。①

1934年，他发表了《前奏曲》，进一步论述了他要从民间文学方面打开局面的理由。他指出，正如任何一种动物或植物的器官都不可能没有效用一样，任何一门学问的存在也不可能没有用处。民俗学（包括民间文学）等科学，适应特定时代的大部分或一部分人们的需要而产生，因此它一经产生便具有功能。中国民俗学在"民族束缚的解放、民众教育的提高等迫切问题"中产生和发展，所以它特别有益于农村民众教育。现实也"需要这一学问研究的结果，以为实际解决的资助"。② 在钟敬文当时的民俗学教育策略中，民间文学占主要地位。但他又要求通过加强理论研究来增进教育效果，这反映出他对当时只凭有限的民间文学知识，尚不能给中国民众教育以充分学术支撑的警觉。他看出要从民俗学方面提高理论修养，提升民间文学研究和教育的水平。

1934～1936年，他赴日本早稻田大学留学，师从日本神话学家和民俗文化学家西村真次与松村武雄博士。这次回国后，他已摆脱了20世纪20年代所受的北大教授们的文艺学观点和英国文化人类学派的影响，抛弃了芬兰学者注重形式的研究法，转向社会人类学的实证研究。

在这一时期，钟敬文发表了《民间文艺学的建设》、《民众文艺之教育的意义》、《民众生活模式和民众教育》等论文，阐述了他的教育新观点。

第一，民间文艺学可以独立建成一门学问。他的《民间文艺学的建设》一文的撰就和发表，已提出了他对民俗学教育体系总规划的构想，标志着他以民间文艺学为龙头，构建民俗学学科的设想基本形成。

第二，民间文艺学和民俗学在教育平台上互有侧重地发展。民俗学教育和学校教育共同执行着国家民族的现代教育任务，而民俗学有更广大、更实际的教育职能。在对民众进行教育上，民间文艺学教育是重要的，但也不止于民间文艺学，还应扩大到民间社会各种制度、民间科学、民间艺术、民俗语言等方面，即包括精神习俗、物质习俗和社会组织三方面，开展整体探索，然后有针对性地开辟教育课程。

第三，不对民众教育做浪漫热情的运动式估计，而是根据中国民众生活模式的实际做冷静评估，他指出，需要对西方引进的民俗学教育模式进行改造，

---

① 钟敬文：《民间文学与民众教育》，原载《民众教育》季刊1933年2卷1号，收入钟敬文：《钟敬文教育与文化文存》，3～7页，海口，南海出版公司，1991。

② 钟敬文：《前奏曲》，原载《艺风》，1934，2(12)，收入钟敬文：《钟敬文民间文学论集》(下)，13～20页，上海，上海文艺出版社，1985。

加以合理利用，要在研究的基础上进行教育，钟敬文对此概括说，"第一是关于学术的，第二是关于教育的"。① 他认为，首先要进行基础研究，才能把握国情特点，获得对民众教育的效果。通过符合国情的工作，中国民俗学者才有为社会进步服务的牢固根基和发展学问的现实土壤。

前面提到，钟敬文曾在抗战期间奔赴战区前线，后应聘到粤北中山大学执教，继续讲授民间文学。尽管当时国统区的环境不容许他作深入的学理探究，但整个时代动员和教育民众的普通要求，以及民间文艺在抗日宣传教育中所直接发挥的巨大作用，震动了在书斋教育中摸索的钟敬文。他的社会实践观念在抗战中大大增强了。这种新思想因素发展的结果，又使他跳出了社会学派的窠臼，转向马克思主义的社会观。20 世纪 40 年代中期，他有机会看到了毛泽东《在延安文艺座谈会上的讲话》，其中有关文艺的社会主义民族形式的论述，使他如坐春风。稍后，他参与发起了华南方言文学运动，针对民众思想、文化素质与方言表达之间的关联特点，通过民间文学教育的实践，把文艺大众化与民众民主文化建设相融合。这一时期，他撰写了《民间讽刺诗》、《读〈王贵与李香香〉》和《关于方言文学运动理论断片》等论文，反映了他的民俗学教育思想的变化。他认识到，民间文艺具有教育工具的功能，但它不仅是教育民众的工具，也是学者自身教育的工具。学者只有认识到民众智慧所在，才能找到民众所乐于接受、且效果显著的民俗学教育手段。钟敬文这种民众教育与民俗学者教育的辩证观点，在此后他的专业教育思想中，成为不可缺少的部分。

3. 新中国成立初十年

新中国建立后，党和政府大力扶持人民文化教育事业，在新的历史条件下，钟敬文的整体民俗学教育规划获得了新的发展时机。他的民间文艺学教育思想，顺利地过渡成为高等师范教育思想，在北京师范大学建成民间文艺学学科点，并推向全国高校。但由于客观原因，这一时期的民俗学专业教育没有展开。

1952 年，他创建了北京师范大学的全国第一个民间文学教研室，不久，各地大多院校这方面的工作都有了起色。至 50 年代中期，他还担任北京师范大学科学研究部主任和副教务长等职，挑起一系列重担。这一时期，为抓好全校师范教育而统筹教学、规模建制，丰富了他在高等师范教育整体布局方面的经验，也深化了他的民间文艺学教育思想。他不再满足于过去对教育性质的一

---

① 钟敬文：《民间艺术专号》"序言"，原载《民众教育》月刊，1937，5（4～5），收入钟敬文：《钟敬文教育与文化文存》，14 页，海口，南海出版公司，1991。

般论断，而是进一步提出，高等师范教育是全面提高人的素质、文化修养和思想情趣的神圣工作。他在一篇文章中指出，高等师范教育，又应该分为科学文化知识教育与政治教育两类。科学文化知识教育与政治教育的关系，好比农夫手中的种子和工具的关系。种子和工具，决定了农民的收获。科学文化知识教育与政治教育两者之间又是相互联系的，一个政治工作者只有具备了高度的科学文化修养，才可能增进领导艺术和工作效果。因此，高等师范教育对于这两者皆不可偏废。

钟敬文还指出，民间文艺学教育的意义和效果，应该从三方面来把握，即它对于认识社会历史的作用，对于培养社会主义道德品质的作用，以及对于艺术教养的作用。民间文艺学也有区别于一般文艺学的地方，就是它的对象有直接作用于民众生活的功能，如一些伴随劳动产生的口头创作，往往是生产民俗的组成部分；某些民间文学作品是节日民俗或人生礼仪的相关内容等；或者它们还是民俗文化知识、经验、法律的继承教材等，[1] 他强调这些学理价值，等于同时把民俗学的一些理论纳入了民间文艺学的学说建设，只不过没有明确指出民俗学而已。

20 世纪 50 年代后期至 70 年代末，钟敬文因被错划为右派，几度离开讲坛。但他始终执著于民间文艺学教育事业，在逆境中也未曾放弃工作。他在极端困难的条件下，写出了《晚清时期民间文艺学史试探》等系列论文，[2] 填补了我国这方面教学研究的空白。这 20 年的冷峻思索和笔耕不辍，也为他后来重返讲堂，总结了难得的学术经验，积累了更成熟的学科构建思路方案。

4. 晚年时期

20 世纪 70 年代后期，钟敬文恢复工作，重新开始领导北京师范大学民间

---

① 钟敬文：《略谈民间故事》，原载《民间文学》，1955 年 10 月，见《民间文艺谈薮》，176～185 页，长沙，湖南文艺出版社，1981。钟敬文：《人民口头创作在民众生活中的位置和作用》，原文撰于 1958 年，收入钟敬文：《民间文艺读薮》，30～35 页，长沙，湖南文艺出版社，1981。

② 钟敬文：《晚清时期民间文艺学史试探》，收入钟敬文：《钟敬文民间文学论集》（上），195～211 页，上海，上海文艺出版社，1982。钟敬文：《晚清革命派著作家的民间文艺学》，收入钟敬文：《钟敬文民间文学论集》（上），212～261 页，上海，上海文艺出版社，1982。钟敬文：《晚清革命派作家对民间文学的运用》，收入钟敬文：《钟敬文民间文学论集》（上），262～289 页，上海，上海文艺出版社，1982。钟敬文：《晚清改良派学者的民间文学见解》，收入钟敬文：《钟敬文民间文学论集》（上），290～353 页，上海，上海文艺出版社，1982。

文艺学学科点的恢复建设。在这期间，他以八旬届百的高龄，乘思想解放和改革开放的东风，在稳固和提升民间文艺学的同时，全面建设民俗学的学科体系。他在这一阶段的教育成绩综合起来，特色有三：一是在总体框架上，强调建立以马克思主义为指导的、从实际出发的、具有中国特色的、系统的民俗学和民间文艺学体系；① 二是继续进行理论开拓，提出民俗文化学说，强调从中国整体文化研究视角研究民众文化科学领域的科学设想；② 三是提出建立中国民俗学派的集大成学说。

(二)民俗学教育内容与特征

在民俗学教育上,钟敬文通盘思考和规划建设四点:教材建设、教学法研究、师资培养与专题科研。他的民俗学教育内容与特征在这些方面得到具体体现。

1. 教材建设

钟敬文认为，民俗学教育的重要环节是进行教材建设。钟敬文在几十年的教学工作中总结出一条经验，即编写教材的过程是锻炼人才的过程。20 世纪 50 年代初，国内大学能开设民间文艺学课的很少，钟敬文在北京大学、辅仁大学和北京师范大学讲课，并没有可资借鉴的现成教学计划和大纲。他在 20 世纪 30 年代自编讲义的基础上，结合后来多年的教学摸索，在对民间文艺学和民俗学总体规划和首先发展民间文艺学教育的思考框架内，确定了民间文艺学课程的内容结构，它包括：民间文学研究基础理论，各类体裁的民间文学作品分论，民间文学搜集整理理论与方法等。1979 年春，他受教育部委托，主持高校民间文学教师进修班，为期一年。他抓住这个教师集中、需要专业讲学的好机会，征得教育部同意，把自己多年积累的讲稿无私奉献出来，作为底本，请学员们边学习、边提高。他又带领学员集思广益，奋战一年，编成了全国文科高校统一教材《民间文学概论》和《民间文学作品选》的配套教材。参加这次编纂的各地中、青年教师，成为恢复民间文艺学后我国各地各校的第一批专业教学骨干。1979 年秋，钟敬文招收了 6 名硕士研究生，这次教材编写的成果，也奠定了研究生的专业课教材基础。

---

① 钟敬文：《加强民间文艺学的研究工作》，收入钟敬文：《民间文艺学文丛》，1～12 页，北京，北京师范大学出版社，1982。钟敬文：《把我国民间文艺学提高到新的水平》，原文撰于 1979 年，初刊于《民间文学》，1980(2)，收入钟敬文：《新的驿程》，131～148 页，北京，中国民间文艺出版社，1987。
② 钟敬文：《谈谈民族的下层文化》，收入钟敬文：《话说民间文化》，1～8 页，北京，人民日报出版社，1990。

1990 年，在条件成熟的前提下，钟敬文主编了我国高校教育史上第一部民俗学专业教材《民俗学概论》，历时 8 年，于 1998 年出版。在这部教材的编纂中，他培养了我国高校第二批专业教学人才。这批编纂者老、中、青学者结合，其中有些是从民俗学专业毕业的年轻博士和硕士，他们在改革开放后成长起来，反映了我国民间文艺学和民俗学人才结构的变化。① 至 1999 年，他提出中国民俗学派的学说，仍然是通过先写讲义、给自己指导的博士研究生讲课，再出版著作的方式完成的。②

钟敬文通过编写教材，解决三个问题：一是培养师资队伍，二是推广专业教育，三是把民俗学教育中国化。

2. 教学法研究

钟敬文注重教学法，他在长期的教学实践中，形成了一整套的专业教学方法。他用它来规范教学，并严格要求中青年后学重视教学，改进教学内容，提高教学效果。

备课务求认真。钟敬文是学者型教师，研究与教学并进，对所从事的民间文艺学和民俗学的研究对象都相当熟悉，教学时侃侃而谈，理论深刻而举例丰富。但他每次讲课前，仍要重新构思提纲，翻检重要作品，然后一丝不苟地写在教案上。有的还要把讲授要点打印出来，事先发给同学。凡遇到一时搞不清的学术问题或文章出处，他都要停下来翻书，或去图书馆查找，绝不放过一个模糊的问题。他晚年继续率领弟子实行教学理论与实践改革，平均每两三年上一个台阶，教研室几乎拿了校、市、省部和国家级的各种奖励，得了"大满贯"，我们能从中感受到他巨大的思想劳动。

讲课要有要点和投入感情。钟敬文把讲课比作大写的毛笔字，要让学生入耳入心，脉络清楚，而不能像写蝇头文章那样密密麻麻，让学生茫然一片，不得要领。他要求为人师者、不可好为人师，要从对象出发，替学生着想。当年香港达德学院的学生杨济安回忆说，钟先生讲课极富情感，内容吸引人，"他把南北各地的民间文学，讲给我们听，例如说到抗战时期不少城市流传着讽刺

---

① 钟敬文主编：《民间文学概论》，上海，上海文艺出版社，1980。钟敬文主编：《民俗学概论》，上海，上海文艺出版社，1998。关于我国民俗学专业教育的两部教材《民间文学概论》和《民俗学概论》的历史地位和教育地位的讨论，参见董晓萍：《现代民俗学讲演录》，14～74 页，桂林，广西师范大学出版社，2007。另见董晓萍：《现代民间文艺学讲演录》，129～208 页，桂林，广西师范大学出版社，2008。

② 钟敬文：《建立中国民俗学派》，哈尔滨，黑龙江教育出版社，1999。钟先生此著在讲义基础上完成。

国民党的歌谣：'前方吃紧，后方紧吃，生下娃（男孩）是老蒋的（指抓壮丁），织下布是保长的'，……同学们都极受感动。加上他语言生动，旁听的人很多，教室门口坐满了人。校医韩劲风（解放后改名韩雪谷）逢先生讲课，每课必到，自带椅子坐在门口，并且很用心地做笔记"。① 他的记叙反映了钟先生讲课的风格。他的时间观念很强，从不误时缺堂，只要上课铃声一响，他总是激情饱满地开讲，和蔼可亲又挥洒自如，学生听得心悦诚服。1983 年，钟老已经 80 高龄，在北京举办全国民俗学讲习班，仍亲自到场讲演。参加学习的除高校教师外，还有文科研究所、地方出版社的有关人员。教研室的中青年教师考虑到盛夏酷暑，怕先生身体吃不消，劝他不讲课或少讲课，他却从不以此为由推托教学，而是尽量满足学员们的要求。有时在限定的时间内讲不完，他就要求另外安排时间讲解。他对讲课极为认真，形成职业习惯。

教学相长。钟老教学有一个习惯，就是召开师生读书报告会。他一方面藉此检查教学计划的落实情况，一方面督促师生扩大知识领域，增进学术交流。对于由他主编的书籍，他更要亲自规划，定期组织讨论，认真看稿，动手写作序、跋文，与参加工作的中青年教师共同审定。由于他的率先垂范，本专业的各项教学工作形成了讨论的风气。他与中青年教师平等互动，还养成了民俗学专业集体参与、彼此合作的优良传统，把民俗学专业建成了整体团队。

3. 师资培养

钟敬文重视提高专业师资队伍的质量，他在几十年的教学领导工作中，始终积极制订师资培养计划和具体措施，抓紧新老教学骨干的梯队建设。改革开放后，北京师范大学民俗学专业教师一度青黄不接，他强调以老带新。他要求教师面对本科教学，抓好讲师这个基础层次。他经常过问讲师们的理论学习和工作进展，随时解答他们提出的疑难问题，有针对性地进行具体教学法和专业知识的传授，使身边的年轻教师成长为学风扎实、专业过硬的教学后备力量。

20 世纪 90 年代后期，面对日益发展的博、硕研究生教学工作，钟老则强调抓好研究生导师这个关键环节。他告诫中青年研究生导师，祖国对外开放后，学术在发展，科学技术日新月异。过去所熟识的东西，有的现在已经不熟识了，有的知识已经很老了，退到时代后面去。研究生指导教师要不断地学习新的东西，不断更新知识，充实知识，才能担负起培养新时代人才的严肃任务。"作为导师，应当对所指导的学科具有较高的学术水平，应当有为社会主

---

① 杨济安：《香港达德学院时期的钟敬文教授》，见《达德学院建校四十周年纪念专刊》，胶印本，1980。

义文教事业献身的精神，对学生的思想、品德、学业，进行认真的指导。""学业包括传授知识和培养研究能力，这个担子是不轻的。""培养研究能力，是学业指导的一个重要方面。……这就要求导师自己必须具有较强的科学研究能力，并对这种工作有较高的认识和教学责任心。"①他为研究生导师制定了一个标准：掌握现代科学方法和具有较高的科研学术水平。他要求他们认识到自己的举足轻重位置，绝不可滥竽充数。在他的指导下，中青年导师按照这个标准，为培养高质量的专业人才而努力工作。

钟老注意在教学与科研的结合中培养后学师资，强调用科研带教学，用教学促科研。近20年来，他就带领中青年教师承担了"中国现代民间文艺学史"、"中国古代民间文艺学史"和"中国民俗史"的国家重点科研攻关项目。他自己还在教学之余，撰写了《新的驿程》、《话说民间文化》等专著，以及《"五四"时期民俗文化学的兴起》、《洪水后兄妹再殖人类神话》和《中日民间故事比较泛说》等论文。这些撰述，立足国内外学科发展的理论前沿，对建设有中国特色的民间文学和民俗学学科体系，起到了重要的指导作用，也成为研究生教学的必读指导书目。

(三)研究生教育

钟敬文一生为祖国培养了大批高级专业人才，这一工作主要是在研究生层面上完成的。他自20世纪40年代起，主要的教学对象就是研究生，经过后来半个多世纪的教学，他亲手带出的研究生已为数可观。他因此对培养研究生有着特殊的感情，他经常说，研究生是高校教育中的高层次人才。研究生的培养，是我国文化教育事业中的重要一环。就某一学科专业来讲，它有益于提高学科的地位，扩大文科的影响；就整体情况来讲，它关系到全民族科学文化事业的长远发展。他非常重视这项工作，对自己的研究生是"严"得出了名的。不论在什么情况下，他都坚持把德育培养与专业教育相结合，让研究生们一丝不苟地接受正规训练。

读书训练。他首先要求研究生系统读书，掌握学科体系。传统治学，讲究全读书目为第一门径，钟先生认为这是对的。入学伊始，为研究生开列书目和指定参考资料，是他事必躬亲的事。与传统方法不同的是，他要求学生明确读书的目的与方法，从掌握学科体系出发，按照学科的系统，通过选书、读书和用书三个步骤，完成这项基本科学训练。钟老也要求研究生树立方法论的意

---

① 钟敬文：《一项具有战略意义的工作》，载《群言》，1987(8)。

识。他经常引用苏东坡的比喻，指出，方法好比绳，铜钱好比资料。古人用绳穿铜钱，铜钱就能被成串地拎起来；没有绳，铜钱就散成一片。看书写文章也如此，没有理论方法的统领，就只能是堆材料而作没有逻辑的归纳。

在钟敬文的研究生教育中，方法论有三个层次，即马克思主义的总体指导方法，一般文艺学的方法和适用于民间文学、民俗学的特殊方法。他告诉学生，只有在脑子里刻上了方法论的意识，读书治学才有出息。他同时提醒大家留神那盯着一本书的人，指出对重要的理论著作和典范作品，就是读上二三十遍也不为过。读过书还要会讲书。他是要定期组织研究生汇报读书心得的，启发他们消化书籍内容，提出个人独立思解，学会六经论我，提炼思想，增强概括能力，将读书意识转化为研究意识。

科研训练。钟敬文把培养研究生的重点放在训练科研能力上。首先，他要求研究生们树立为人类而工作的高远理想和科学工作精神。其次，指导研究生学会在学科的科学史中选题，即通过了解对象的历史形态，总结以往的理论遗产得失之后，确定个人研究的选题，以保证研究结果具有一定的科学体系价值或具有推进学术发展的现实作用。选题还要视所掌握材料的数量、质量及个人能力结构而定，宜小不宜大，宜精不宜泛。再次，对研究生进行使用材料的训练，告诉学生，研究的过程与表述的过程不完全是一回事。一篇论文没有必要把研究阶段看过的所有资料和思考过的全部问题都写出来。它只能按照研究对象的内在逻辑顺序，运用典型材料，将自己的结论深入浅出地表达出来，最后升华提炼，形成个人独立的科研成果。

社会调查训练。社会调查能力，是民间文艺学和民俗学者必备的专业素质。钟敬文一向不赞成研究生读死书，要求他们深入社会实际，开展社会调查，通过实证观察、采风，来认识学科的性质、范畴以及自身的使命，获得第一手资料。1982年春节，他以79岁高龄，带领研究生和专业教师到北京郊区延庆县，参加民间花会调查。在当时尚未大规模开展中国民间文学三集成普查搜集运动的情况下，这次远行，成了北京师范大学民俗学专业师生配套普查和搜集训练的生动一课。平时，他年事已高，远足不多，也带着研究生到学校附近的集贸市场去转转，让他们观察周围的商幌市声，体验都市里的风土人情。逢年过节，他也提醒学生适当安排时间出去走走，放风筝、赶庙会，下乡调查。师生们都知道，民俗学专业没有寒暑假和节假日，越是放假、过节越忙。钟敬文先生本人为了建设民俗学，已呕心沥血，后学不能不苦练内功，效仿努力。

20世纪50年代的研究生回忆说，当时钟先生教学、校务两头忙，常常要熬到深夜两三点才睡觉。可他仍然抽出星期天，带着同学们去逛书店、爬香山，心贴心地与他们建立起深厚的专业情感。遇到研究生同学在家庭经济上有困难，或者生病，他与夫人陈秋帆先生竭尽所能地给予帮助。在 1957 年以后的极"左"岁月里，他遇到了不公正冷遇。1976 年拨乱反正后，他从长期被压抑中解放出来，心中的许多研究计划渴望完成。但他考虑到亟待恢复的民俗学高校学科建设，也考虑到个人所余无多的时光，依然做出放弃个人的部分研究而以培养后学梯队为主的选择。有人得知他酝酿已久的著作《女娲考》就差动笔了，劝他还是去写书，他回答："我愿做培花的泥土"。也有人劝他抓紧写传记或者出国讲学，他奋笔写下"要将秋华饰暮春"、"掂斤论两是庸儿"的言志诗句。他晚年倾尽心血，甘为人梯，在培养博士研究生上花费了最多的精力。他说："子女是我们肉体的继承人，学生是精神的继承人。我觉得精神的继承人甚至比肉体的继承更加重要。为着培养精神的继承人直至生命的最后一息，这是完全值得的"。① 作家秦牧感叹说："一个人参加某一学术领域的研究活动，从青春时代到 80 高龄，60 年如一日，孜孜矻矻，锲而不舍，在风和日丽的时候这样做，在艰难竭蹶的日子里奋发如常，那是很不简单的。能够这样做的人……他在某一学艺领域，终然会卓然有所建树，这是不言而喻的。钟敬文教授，就是在我们的时代里，具有这种卓越精神的学人中的一位"。② 友人启功教授也曾不无爱惜地送给钟先生一个雅号："伟大的书呆子"。

钟敬文晚年的高等教育活动有两个创新点：一是把中国民间文学三集成搜集整理成果与研究生教育相结合，开辟了以国家政府急需文化项目培养定向人才的新方向；二是把建设多民族一国民俗学学说与培养多民族生源相结合，开辟了民俗学文化权利教育与民族文化遗产自身保护教育的新方向。

钟先生晚年介入文化部发动的中国民族民间文艺集成重大文化项目，他同时借助这个机会，实施用文化项目促进高校教育。在这一时期内，他也主持了教育系统的国家项目，其中的重要成果，就是刚才提到的，主编并出版了《民间文学概论》和《民俗学概论》。③ 这两部教科书，促进了对集成工程的理论指导和专业研究。特别是《民俗学概论》，直接吸取了中国民间文学三套集成的成

---

① 钟敬文：《一项具有战略意义的工作》，载《群言》，1987(8)。

② 杨哲编：《钟敬文生平、思想及著作》，(秦牧)"序"，1 页，石家庄，河北教育出版社，1991。

③ 钟敬文主编：《民间文学概论》，上海，上海文艺出版社，1980。钟敬文主编：《民俗学概论》，上海，上海文艺出版社，1998。

果，使集成工程迅速转化为民俗学的教学成果。这也为后来这方面积累转为公共教育成果打下了基础。

钟先生晚年用三集成文化项目教育研究生，主要按照学科改革的方向，使用这批资料，指导后学撰写了一批博、硕研究生论文，使集成工程迅速转化为民俗学教学成果，这些论文的选题分布有：民间文艺学史论、民间文学与古典文献研究、民间文学与民族志研究、口头与表演研究、内容与形式研究（包括母题与主题、语言载体研究）等。这些都是他多年关注的问题，研究生论文则成为他学术思想的延续。在有条件的情况下，他也带领研究生参加校外学术会议，回来再撰写文章，讨论国家社会关注的文化问题。1987 年，我还在读博士生，钟老带我飞抵杭州，参加了全国艺术科学规划领导小组召开的三集成工作会议。会议休息时，他还带我到浙江省文联作学术报告，回京后嘱我整理成《我与浙江民间文化》一文发表。① 以后，我的师弟师妹也大都参加过这类活动，我们认识了利用集成资料的重要性，了解了学术创新的路数。

钟敬文在参与主持中国民间文学三集成的过程中，也在北京师范大学进行专业教学改革，调整了专业方向。原来北京师范大学民俗学专业的研究生教学分为民间文艺学和民俗学两个方向。改革后，他将两个专业方向打通，转为在民俗学的学科内包括民间文艺学，改变了多年来侧重民间文艺学的做法。

增加田野作业工作量。经过多年努力，钟老高兴地说："过去同学们在学习上大都只注重阅读那些理论书（而且往往偏重外国人的著作），现在学生的田野作业意识增加了，专业思想也比较巩固"。②

二、多民族生源培养计划

钟敬文晚年强调把建设多民族—国民俗学学说与培养多民族生源相结合，实施多民族生源培养战略，招收了西南、西北和东北地区的少数民族研究生，并亲自指导，对少数民族青年学者直接进行民俗学的文化权利教育，也进行各民族文化遗产自身保护和传承的教育。

截至 2002 年，北京师范大学民俗学专业共培养研究生 241 人，钟敬文教授本人培养研究生 57 人。在他辞世前的 10 年中，他培养博、硕研究生和博士后 36 人，其中少数民族研究生 11 人，含蒙古族 2 人、朝鲜族 4 人、维吾尔族

---

① 钟敬文：《我与浙江民间文化》，董晓萍整理，载《北京师范大学学报》，1998(2)。
② 钟敬文：《在 2001 年国家级教学成果奖评审会上的报告》手稿，2～3 页，2001-01-10。

1人、彝族1人、壮族1人、满族1人、纳西族1人、白族1人，这是他在"文革"前培养少数民族研究生的11倍。按照他的学术部署，在此期间，北京师范大学民俗学学科点从整体上加强了对少数民族研究生的培养工作，共招收少数民族研究生22人，是"文革"前招生少数民族生源的二十余倍。现在这支多民族研究生团队成为我国民俗学研究在多民族地区全面开花的种子，也为民俗学公共教育事业的发展奠定了基础。

钟老以极大的精力投入教学改革工作，民俗学学科点在这方面所产生的成果，也成为他晚年指导学科建设的重要业绩。2001年，在北京师范大学国家级教学成果评审会上，他说，"我国民俗学的发展，必须在高校及国家级、省市级的教学、研究机构中占有阵地"，他还特别提到，中国民俗学学科的创建与实践，"不可缺少这方面的社会人文基础，它也能对群体新文明的创造发生积极作用"①。

三、国际化学术推广网络

钟敬文一向主张民俗学学科建设的国际化交流互补战略，并亲自致力于专业国际学术交流。他认为，每个民族都创造了自己的文化，但是，人类文化的进步，又有赖于不同民族间的文化交流。中国是世界上开化较早的民族之一。从文献上看，在殷、周时代，就已经与境内和周边的民族（部族或氏族）有过接触和交往，因而在文化上，也就有交流。后来中国也受到印度、阿拉伯等文化的影响，自己也影响了东亚的日、韩、越（南）等民族。到了近、现代，这种文化的交流和影响就更加广泛了。钟敬文认为，民俗是民族的中下层文化，它的交流往往要比民族的上层文化的交流更为充分和深入。要发展和提升民俗学的学术研究，在对待研究对象的理论和方法上，就要开阔视野，与国际同行的同类研究和相关研究切磋互补。

钟敬文在20世纪30年代已开始民俗学的国际学术交流活动。他当时在杭州，参与编撰和发行了一些杂志和丛书，颇引起国际同行的注意。德国人类学者艾伯华（Wolfram Eberhard）博士就是因为看到这些出版物而自动来信，并寄赠刊物，跟钟敬文等建立了学术联系。当时日本民俗学会的月刊《民俗学》的编辑，也因此与钟敬文等互赠书刊，钟敬文和娄子匡都曾在对方的该刊上发表过文章。

---

① 钟敬文：《在2001年国家级教学成果奖评审会上的报告》，手稿，1页，2001年1月10日。

1934 至 1936 年，钟敬文在东京时，参加了日本学者创办中国文学研究会的恳谈会，做了题为《中国现代的民间文学运动》的讲演。该会的成员、实藤惠秀教授，此后长期与钟敬文书函来往和互赠书刊。其他如增田涉、竹内好等诸教授直至 20 世纪 70 年代还与钟敬文有书信流通。1976 年以后，中国的闭关政策结束，日本民俗学者臼田甚五郎、直江广治、伊藤清司、大林太良和野村纯一教授等，于 1980 年，以中国民话之会访华团的名义来中国访问，钟敬文等曾代表中国民间文艺研究会负责接待，并举行了中日民间文学讲座，由两国学者相互介绍了本国的学术现状。这是两国民俗文化交流的新开始。此后，两国民俗学家的互访频繁。1991 年春，在北京大学召开了中日民俗比较研讨会，钟敬文前往参加并发表了《中日民间故事比较泛说》的长篇论文。此后，日本民俗学者和中国民俗学者的交往日益增加，前来中国搞田野调查或学习民间文化的日本中青年学者也络绎不绝。这种盛况是过去所没有的。造成它的原因当然有多种，但钟敬文在这方面付出的努力是主要因素之一。

钟敬文晚年增加了与欧美学者的交流。根据中国民俗学界与西方同行的交流隔绝已久的状况，针对对方不了解中国民俗学在社会主义体制下发展所提出的一些问题，他在与西方学者的交流中，推荐中国民间文学三集成的卷本，使三集成产生了应有的国际影响，西方学者开始重新重视中国学者搜集的民间文学和民俗资料，钟敬文与对方的学术对话也在增加。1989 年，他为定居美国的艾伯华教授带去三集成县卷本和自己的研究论文。① 1992 年，他为重视使用民间文学资料的美国学者洪长泰（Chang-tai Hung）撰写其著作《到民间去》的中译本序言，就双方相同的民间文学资料对象和不同的研究观点进行讨论。② 1995 年，他为美国学者欧达伟（R. Darid Arkush）的著作《中国民众思想史论》的中译本写序，就对方使用中国民间戏曲资料和农谚资料，研究中国农民社会思想的视角和方法，撰写书评和提出讨论。③ 通过他的工作，中西民俗学交流

---

① 1989 年，钟先生通过来访的美国学者向艾伯华赠送三集成等书刊。关于此事，他曾在给艾伯华译著的序文中大略提到。[德]艾伯华（Wolfram Eberhard）：《中国民间故事类型》，王燕生、周祖生译，（钟敬文）"中译本序"，7 页，北京，商务印书馆，1999。

② [美]洪长泰（Chang-tai Hung）：《到民间去——1918~1937 年的中国知识分子与民间文学运动》，董晓萍译，（钟敬文）"中译本序"，1~6 页，上海，上海文艺出版社，1993。

③ 钟敬文：《中国民众思想史研究的新收获》，见[美]欧达伟（R. David Arkush）：《中国民众思想史论——20 世纪初~1949 年华北地区的民间文献及其思想观念研究》，董晓萍译，（钟敬文）"中译本序"，1~8 页，北京，中央民族大学出版社，1995。收入钟敬文：《钟敬文文集》（民俗学卷），连树声编，386~393 页，合肥，安徽教育出版社，1999。

的局面迅速改观。

　　近年来，日本学者伊藤清司等，使用中国文献和三集成资料作对照研究，取得了一批成果。钟敬文在与日本民俗学界保持长期联系的基础上，在改革开放的新时期，开始了新的学术对话。①

　　钟敬文通过国际交流，提升民俗学高等教育。他强调以高校专业师资为核心、以社会各级民协和民俗学会组织为骨干的两条腿教育方针，以利推动我国民俗学高等教育事业快速发展，赶上国际学界的先进水平。1996年，他举办并主持中国民俗学高级研讨班和中外学术讲座。特邀季羡林和日、韩、欧美等研究中国民间文化的著名学者到校讲学，主要讲演题目有：季羡林《中印民间文学的关系》、伊藤清司《民间故事的传播与变异》和《巫术与习惯法》、崔仁鹤：《民俗学与比较民俗学》、欧达伟《西方史学界的下层文化研究》和洪长泰《通俗文化与抗战——从漫画看历史》。② 钟敬文通过高层国际学术交流，培养全国高校和科研单位的学术带头人，推动我国高校民俗学教育水平的提高。

　　钟敬文认为："对民俗学专业教学方式和教学内容的改革、提高，既要强调民族的主体性，又要有批判地吸收外来理论、方法的有益因素"。③ 他指出，中国民俗学的中国化，不等于拒绝吸收国外同行的先进学说和前沿成果，正常的学术发展不是彼此排斥，而是在增加交流和学习中，在多元文化背景和条件下，更好地发展自我，增强本国民俗学的解释力，同时提高祖国优秀民俗代表作的跨文化交流功能，使之成为人类共享的文明成果。

---

　　① 钟敬文：《中国民间文化研究的珍贵成果》，见[日]伊藤清司：《中国古代文化与日本——伊藤清司学术论文自选集》，张正军译，（钟敬文）"序"，1～11页，昆明，云南大学出版社，1997。收入钟敬文：《钟敬文文集》（民俗学卷），394～404页，合肥，安徽教育出版社，1999。

　　② 季羡林：《中印民间文学的关系》，收入钟敬文主编：《民间文化讲演集》，40～52页，南宁，广西民族出版社，1998。[日]伊藤清司《民间故事的传播与变异》和《巫术与习惯法》，白庚胜、高木立子译，收入钟敬文主编：《民间文化讲演集》，165～181、234～247页，南宁，广西民族出版社，1998。[韩]崔仁鹤：《民俗学与比较民俗学》，宋珉应、郑然鹤译，收入钟敬文主编：《民间文化讲演集》，53～61页，南宁，广西民族出版社，1998。[美]欧达伟（R. David Arkush）：《西方史学界的下层文化研究》，董晓萍译，收入钟敬文主编：《民间文化讲演集》，62～73页，南宁，广西民族出版社，1998。[美]洪长泰（Chang-tai Hung）：《通俗文化与抗战——从漫画看历史》，收入钟敬文主编：《民间文化讲演集》，89～111页，南宁，广西民族出版社，1998。

　　③ 钟敬文：《在2001年国家级教学成果奖评审会上的报告》手稿，2页，2001年1月10日。

第二章 数字图像网所

在钟敬文工作站中，把钟敬文的纸介著述成果数字化，是下一步的工作方向，但数字化不等于数据本身，而是要形成系列数字产品。这是前人所没有遇到的问题，但我们愿意继续探索。前辈学者弘扬中华文明的自信心和科学创造精神，始终在鼓舞着我们。现代高科技向人文领域发展的趋势，也给我们提供了新的客观条件。我们在获得原始数据和数字数据之后，设计了制作数字化产品的总体方案，解决了新的理论问题，完成了数字图像的转存工作，建立了民俗学概念产品和数字地图应用产品，初步达到了预期目标。

第一节 钟敬文工作站方案

钟敬文工作站的总体方案，梳理、构架、阐述和展陈钟敬文纸介著述成就的数字化成果，是建设钟敬文网上研究所的总纲。它的目标，是要构建钟敬文工作站的整体结构框架，并针对不同时期、不同介质的数据对象，建立统一适度的评价标准，以免因数据节点的不对称造成死循环。在总体方案之下，设计符合民俗学名师研究成果和民俗学人文学科性质的技术路线方案，以保证检测成功、结果清楚。最后，还配有一定数量的可视化图像文件，制成数字名师地图，说明民俗学名师传承的要义。上述各方案，按照工作站的逻辑框架和工作步骤，协作工作，互相推进，最后完成数字图像转存和展陈的整套计划。

一、总体框架方案

钟敬文工作站的方案，分三部分：总体框架方案、技术路线方案和数字名师地图编制方案。其中，总体框架方案的设计，带动全局，要在讨论和扫清一个个基本理论难点中进行。另两个方案的设计和实施，是总体框架方案的技术实现和产品展现。

(一)问题与对策

总体框架方案要解决两个基本理论问题：一是钟敬文工作站的框架结构，二是对已获取的不同时期、不同地点、不同介质数据的评价标准。对此，在设计总方案中，我们建立了以钟敬文学术文化思想要点为依据，结合后续成果，建立适合数字化、并符合社会公共应用需求的评价标准，然后将之贯穿于方案各部分中，采用人文属性分库编制和数字逻辑大方案的基本设计，研制出可装可拆的数字拉链产品，这样就能保持展现民俗人文属性在特定时间、特定地域和特定民族中的独立文化意义，也能保证整体数字图像的动态运行。我们在建立评价标准时，预留了有理论解释性和实践可行性的各种数据之间的接口，找到了应对数字数据对纸介数据信息点扩张后的控制对策，让各专题数据集按照民俗文化多元意义与多可能性的功能属性，给予有序存放；同时，也建立核心节点，在核心节点上设计对应通道，保证数据图像的多渠道畅行和使用，提供对多元文化背景和多可能性用户的查询使用。

（二）总体框架方案的文本撰写

1. 钟敬文工作站的目标、特点、原则与范围

钟敬文工作站的目标，是展现钟敬文教授的学术文化成就，对中国民俗学学科和社会事业的重要建设成就，以及在开创民俗学高等教育中取得的重大成果。

本站的主要特点：一是从北京师范大学民俗学国家重点学科建设的角度，阐释钟敬文教授的人生、思想和学说；二是进行民俗学与现代数字信息学的交叉研究，展示钟敬文教授的生平事业、学术成就和社会影响；三是面向现代青年一代和未来社会，传承钟敬文学术文化遗产；从这个个案出发，促进中国相关人文科学研究成果成为全社会的公共精神财富，并尝试提供人类优秀文明共享。

本站的原则，是以发展现代民俗学发展为理念，建设精品网所和数字产品。在选择和使用钟敬文研究资料上，强调第一手性、一流质量和原创性，不搞海量信息堆积，推出精品产出，辅助民俗学和相关学科的学术研究。坚持民俗学高端教育，提供民俗学国家重点学科博、硕研究生人才培养使用，开展民俗学的学科史教育、高水平的学者素质教育和研究生过程培养。提供国家社会急需重大文化项目的专业术语查询、课题库查询和基础研究成果查询；提供国际学术交流中的理论成果查询和研究项目交流。建设向社会公众开放平台，服务于专业学者和相关社会人士查询与共享。

本站的展陈资料来源，以钟敬文教授本人在北京师范大学长期工作积累的资料为主，结合北京师范大学民俗学国家重点学科师生跟随钟敬文教授工作积累的资料，补充钟敬文教授学说体系中取得的后续中青年弟子成果数据，综合建设而成。

2. 钟敬文工作站的数字逻辑结构框图

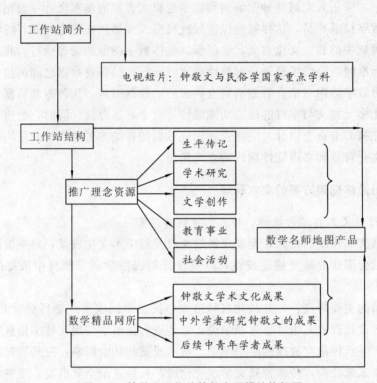

图 2.1 钟敬文工作站的数字逻辑结构框图

3. 钟敬文工作站的理念资源、产品分类和逻辑框图

(1)理念资源

　　①生平传记资料
　　②学术研究资料
　　③文学创作资料
　　④教育事业资料
　　⑤学科建设资料
　　⑥社会活动资料

(2)产品分类

　　①数字民俗概念精品网所
　　②数字民俗学名师地图集

(3)逻辑框图

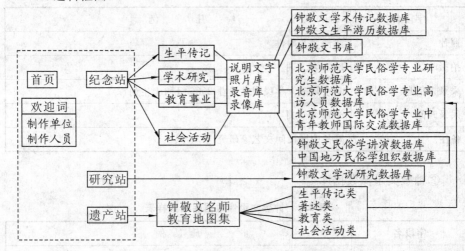

图 2.2 钟敬文工作站的逻辑框图

4.钟敬文工作站数字音视频地图数据库与地图

本站的数据合成和发布，为两类，即钟敬文音视频数据库和钟敬文数字名师地图。在制作阶段，两类工作有分有合：先将纸介成果的原始数据与音视频数据合成，建数据库；然后，根据不同分组的数字地图的不同内容，分阶段绘制地图。在成果阶段，两类成果合成，并分层展示，分层主题依次为：纪念、研究和展播。

各库按钟敬文工作站的理念资源平台分类，分类采集，样表格式如下。

(1)钟敬文音视频数据库

钟敬文音视频数据库，通过链接"钟敬文著述数据库"等，获取纸介著作原始数据，然后，通过链接"后台资源数据库"，获得声音、图像的音视频数据和相关七集成背景数据。该库包括以下7个专题数据库。

①钟敬文照片数据库

表 2.1 钟敬文照片数据库采集样表

字段名	凡 例
照片分类	社会活动
照片标题	1949 年 7 月钟老与周扬、郭沫若在全国第一次文代会上
照片内容简介	左二为钟敬文、左一为周扬、右二为郭沫若
照片来源/提供者	扫描出版物照片

字段名	凡　　例
照片	文件名及附件
拍摄时间	1949 年 7 月
采录人信息	北京师范大学民俗学专业 2006 级硕士生何深
采录时间	2006 年 9 月
备注	筹备中国民间文艺家研究会

②钟敬文录像数据库

表 2.2　钟敬文录像数据库采集样表

字段名	凡　　例
录像分类	学术研究
录像标题	2001 年中国传统文化研讨会
录像内容简介	钟敬文教授等在 2001 年中国传统文化研讨会上发言
录像来源/提供者	北京师范大学数字民俗学实验室提供
录像	数字格式录像的文件名及附件
拍摄时间	2001 年 3 月
采录人信息	北京师范大学民俗学专业 2006 级硕士生何深
采录时间	2006 年 9 月
备注	录像带中其他主要学者：季羡林、张岱年、陈原、启功、王宁 会议地点：北京师范大学外事处会议室

③钟敬文录音数据库

表 2.3　钟敬文录音数据库采集样表

字段名	凡　　例
录音分类	民俗学高等教育
录音标题	2000 年钟敬文教授给他指导的博士生讲授《中国民俗学与中国民俗学史》课程
录音内容简介	钟敬文给博士生讲课现场

字段名	凡　　例
录音来源/提供者	北京师范大学数字民俗学实验室提供
录音	数字格式录音的文件名及附件
录音整理	录音整理原文的文件名及附件
录音时间	2000 年 4 月
采录人信息	北京师范大学民俗学专业 2006 级硕士生何深
采录时间	2006 年 9 月
备注	录音内容见钟敬文讲述：《中国民俗史与民俗学史》，董晓萍整理，《民俗典籍文字研究》，2003（第 1 辑），1～17 页，北京，商务印书馆，2003 年 10 月出版。

④钟敬文著述数据库

钟敬文著述数据库，由各子库组成，它们是：

a. 钟敬文民间文艺学著述数据库。

b. 钟敬文民俗学著述数据库。

c. 钟敬文民间文艺学史著述数据库。

d. 钟敬文民俗文化学著述数据库。

e. 钟敬文民俗学教育著述数据库。

f. 钟敬文国际学术交流著述数据库。

各子库相对独立采集数据，然后合成钟敬文著述数据的专题库。兹以钟敬文民间文艺学著述数据库为例说明。

表 2.4　钟敬文著述数据库采集样表

字段名	凡　　例
著述分类	民间文艺学史
著述题目	晚清改良派的民间文学见解
原作时间	1964 年
原作发表时间	1982 年
原作刊物	北京师范大学学报
原文关键词	晚清、民间文艺学史、改良派思潮、民间文学见解

续表

字段名	凡　　例
引用信息	版权页信息
采录人信息	北京师范大学民俗学专业 2005 级硕士生蔡锦碧
采录时间	2006 年 9 月
备注	钟敬文晚清民间文艺学史系列文章之一

⑤钟敬文学说研究数据库

表 2.5　钟敬文学说研究数据库采集样表

字段名	凡　　例
著作分类	文学创作
作者	姜德明
题目	钟敬文的散文
关键词	钟敬文、五四散文、日本文学影响、厨川白村
发表时间	1982 年 1 月
版权页信息	姜德明:《书梦录》,合肥,安徽人民出版社,1983,收入杨哲编:《钟敬文生平、思想及著作》,629～631 页,石家庄,河北教育出版社,1991。
采录人信息	北京师范大学民俗学专业 2003 级博士生马磊
采录时间	2006 年 10 月
备注	1990 年,钟敬文受姜德明之邀,在人民日报出版社出版专著《话说民间文化》

⑥北京师范大学民俗学专业研究生论文数据库

表 2.6　北京师范大学民俗学专业研究生论文数据库采集样表

字段名	凡　　例
著作分类	民俗学高等教育/研究生教育
研究生姓名	郭必恒
研究生类别	博士研究生
研究生届别	1998 级

字段名	凡　　例
研究生导师	钟敬文教授
研究方向	民俗学
博士学位论文题目	司马迁《史记》的民俗学研究
中文摘要	略
英文摘要	略
关键词	司马迁、《史记》与民俗文献史、汉代民俗学史
个案地点	陕西韩城
论文附件	调查报告2篇、数码照片5张
引用地方志	清代至当代省志和地方志14种
引用三集成资料	陕西、山东、河南民间故事集成省卷本3种
答辩时间	2002年5月30日
采录人信息	北京师范大学民俗学专业2006级硕士生连莉
采录时间	2006年11月
备　　注	该博士学位论文经补充修改,已于2008年由人民出版社出版。

表2.7　北京师范大学民俗学专业研究生生源(地区/民族)数据库采集样表

字段名	凡　　例
著作分类	民俗学高等教育/研究生教育
研究生姓名	热依拉
研究生类别	博士研究生
研究生届别	1996级
研究生导师	钟敬文教授
研究方向	民俗学
地区来源	新疆乌鲁木齐
民族来源	维吾尔族
博士学位论文题目	新疆麻扎信仰研究
关键词	新疆、维吾尔族、麻扎祭祀、民间信仰

字段名	凡　　例
论文附件	调查报告 3 篇、数码照片 10 张
答辩时间	1999 年 5 月 23 日
采录人信息	北京师范大学民俗学专业 2006 级硕士生连莉
采录时间	2006 年 11 月
备　注	该生现为新疆大学人文学院教授

表 2.8　北京师范大学民俗学专业研究生田野报告数据库采集样表

字段名	凡　　例
著作分类	民俗学高等教育/研究生教育
研究生姓名	徐赣丽
研究生类别	博士研究生
研究生届别	2002 级
研究生导师	董晓萍教授
研究方向	民俗学
田野报告题目	广西桂林龙脊地区平安寨三村民俗旅游发展与农村城市化现状调查(该调查报告修改后，在该生博士学位论文中使用，为"附录")
关键词	广西龙脊地区、壮族、瑶族、苗族、民俗旅游、城市化
田野调查地点	1960 年代中国社会科学院民族研究所考察过的广西龙脊村寨
田野报告附件	寨首手稿 1 份、碑刻录入 4 种、数码照片 125 张
发表刊物/采用单位	文化部民族民间文艺发展中心采用
引用地方志	清代至当代《广西通志》等省志和桂林地方志 14 种
引用三集成资料	龙脊地区民间故事集成 3 种
采录人信息	北京师范大学民俗学专业 2006 级硕士生连莉
采录时间	2006 年 11 月
备注	该生现为广西师范大学文学院副教授

⑦钟敬文国际交流数据库

表 2.9　钟敬文国际交流数据库采集样表

字段名	凡　　例
著作分类	学术研究/钟敬文中外学者研究/国际交流
交流学者姓名	艾伯华(Wolfram Eberhard)
交流学者国籍	德国/美国
合作/交流项目	美国爱荷华大学(The University of Iowa)亚太研究中心资助项目/北京师范大学中国民间文化研究所探索项目
交流文章题目	(钟敬文)《中国民间故事类型》"中译本序"
引用信息	［德］艾伯华(Wolfram Eberhard)：《中国民间故事类型》，王燕生、周祖生译，北京，商务印书馆，1999。
交流时间/写作时间	20 世纪 30 年代，钟敬文与艾伯华书信交流民俗学刊物/1999 年作序
国际影响	原著有德文、英文、中文等多国家语言的译本
原文关键词	艾伯华、中国民间故事类型、钟敬文民俗志类型、AT 类型
采录人信息	北京师范大学民俗学专业 2005 级硕士生韩冰
采录时间	2006 年 9 月
备　注	钟敬文回忆与艾伯华交往的经历，评价 20 世纪 30 年代中国新民俗学运动与艾伯华制作中国故事类型的关系。

(2)钟敬文数字名师地图

经过对钟敬文音视频数据库的分析研究，根据数字名师地图的特点进行数字数据转存，按照展陈民俗学名师个人化信息和影响型信息的原则，编制钟敬文民俗学数字名师地图，初拟内容范围为：钟敬文学术传记、钟敬文生平游历、钟敬文使用民俗学资料的其区域分布状况、钟敬文使用中国民间文学三集成资料的区域分布范围、钟敬文民俗学高校教育、钟敬文培养研究生地区和民族来源、钟敬文指导外国留学生与国际高级访问学者的国家城市来源、民俗学专业研究生论文的研究对象区域分布、民俗学专业培养人才在国内外的分布现状、民俗学专业中青年教师国际交流状况、钟敬文文化考察与中国现代文学创作素材分布，及钟敬文民俗学讲演与中国民俗学地方组织分布等。

5. 后台资源库

后台资源库，是钟敬文工作站的底层资源数据库，采用数字拉链产品的概念，分别建立总库和子库。在各库之间，通过核心节点链接。核心节点的建立，按民俗学数据的人文属性的意义单元制作，再按数字逻辑的大框架检测使用。

后台资源库的功能有三：一是查询数字名师地图查询数据的研究成果原始数据、社会文化背景数据和不分类数据；二是提供数字名师地图使用释例所需求的个案项目内容、图像缩放样本和扩展研究课题；三是承担整个钟敬文工作站的基础数据存藏和输出。

在后台资源库的支撑下，钟敬文工作站的使用，可成为学者和社会用户对民俗学名师成就领悟的精神纪念碑、教学科研课题的互动研究站、中国民族民间文艺集成作品查询库，及利用钟敬文数字名师地图的远程教育学校和网上博物馆。

此外，另建立软件库和工作台，实现技术支撑。

二、技术路线方案

钟敬文工作站的技术路线方案，实现钟敬文工作站总体设计思想，体现民俗学与数字信息学的交叉内容与技术描述。重点围绕核心节点，设计人文属性单元与数字逻辑框架运行的整体框架。具体承担三个任务：一是根据核心节点，提出符合民俗学名师研究成果和民俗学学科性质的关键技术和应用软件；二是对三集成原始数据和七集成数字数据提出技术合成思路；三是为各数据库的链接预留数字接口和意义字段。

技术路线方案的功能，是协助总体框架方案，解决一个基本理论问题，即正确处理数字数据与纸介数据之间的信息点扩大或缩小问题，通过适当的技术方法，使两者做到可以链接对称，而又能在概念上保留民俗学数据的人文属性内涵，在操作上也能展现多元民俗文化生态结构、多民族文化价值观和地方社会运行功能。它的重点工作，不是将数字数据与纸介数据调整为一对一的对称格式，而是在理解民俗学研究数据的基础上，借助理工科常用的 WebGIS 软件，做新的二度开发，使所产出的钟敬文工作站概念产品和应用产品，可以获得数据检测，证明结果清晰，又能与民俗学者的专业设计目标殊途同归。

（一）设计概念与原则

技术路线方案的概念，是对钟敬文工作站的总体框架方案的数字概念产品与应用产品的技术实现。本部分的建设、维护、管理与发布系统，体现了民俗学与数字信息学交叉研究的特点，以精品研究、高端教育和社会开放平台的目标，建成具有数字技术含量的民俗学名师遗产产品。

本部分的设计原则，按总站和子站的结构，在物理上分散，在逻辑上集中，制成开放的数字拉链系统，具有更新和补充功能。

(二)核心节点与逻辑结构

本部分的核心节点标识，在民俗学者基础研究的基础上，在通过对本站的原始数据和数字数据的综合分析之后，由所确定的分类字段表示。逻辑结构拓扑图如下。

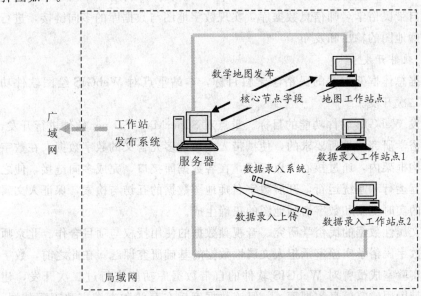

图 2.3　钟敬文工作站逻辑结构拓扑图

在数字逻辑结构框架中，以核心节点为标识，实施后台资源库的录入，由前台工作站发布。服务器和工作站点，设在北京师范大学数字民俗学校级重点实验室局域网内。[①]

(三)关键技术与软件开发

1. 关键技术

本站使用网络技术、数据库技术、数字地图技术和 GIS 系统，作为关键

------

① 本部分的讨论，吸收了法国巴黎索邦大学计算所人文科学与计算机语言国家实验室人员 Charnay Christophe and Mimi Zhang 的意见，特此说明。

技术支撑。

网络技术。主要使用 Dreamweaver 静态网页制作软件和 asp 动态网页制作语言，用于数据录入系统的搭建和共享平台的发布与更新。

数据库技术。主要使用 Microsoft Access 和 SQL Server 软件，用于基础数据的采集、录入与管理。

数字地图技术。开发使用 WebGIS 绘图软件，绘制钟敬文生平、学术、教育和社会活动数字地图。

GIS 技术。主要使用 MapInfo 和 SuperMap 软件，利用 GIS 技术，建设数字地图自带民俗学名师信息数据库，实现数字地图与数据库的多向链接，进行数字名师地图的输出和发布。

2. 软件开发

根据总体框架方案的民俗学学科目标，本站重点对 WebGIS 绘图软件功能进行二次开发。

开发 WebGIS 软件功能的目标。重点对 SuperMap IS. net 软件进行开发，实现民俗学研究成果所要求的，使携带人文属性多元含义的数字数据，在数字逻辑结构框架内，通过核心节点标识，在各数据库接口，完成多向链接，使之做到交互运行和系统运行，开展数字名师地图数据的互访与检索，保证人文属性数据的实时更新和数字名师地图的正确生成。

人文属性数据的民俗学研究、音视频数据的使用授权与项目合作。北京师范大学数字民俗学实验室承担人文属性数据的基础研究课题。在此之前，数字民俗学实验室成员曾对 WebGIS 软件的自带数据库功能进行过二次开发，建成了自带民用建筑信息数据库。[①] 但该数据库旨在存储和查询市政工程数据，并不具备储存和查询民俗学人文属性数据库的功能。该数据库的使用，还要直接访问原软件的工程专业后台资源数据库，才能上传数据，而这方面数据即便大量获取也不符合民俗学研究的目标。在这次钟敬文工作站的建设中，直接沿用这种软件是不合适的，还徒增海量信息，造成资源浪费。本次是按照民俗学数字化的目标要求，重新开发 WebGIS 软件的功能，建设带有民俗学人文属性多元含义的自带数据库。

本站所需要扩容纳入的数据库，是与钟敬文三集成研究有关的七集成数据库，特别是其中的中国民间歌曲集成、中国戏曲音乐集成和中国民族民间器乐

---

① 北京师范大学民俗学专业 2003 级在职博士研究生陈硕曾承担了这项研究，并通过检测投入使用。

曲集成的音视频数据，它们是由文化部民族民间文艺发展中心提供和授权使用的。

　　将七集成数据库与三集成数据库合成，叠加到本站的 WebGIS 新开发数据库中，需要北京师范大学数字民俗学实验室与文化部民族民间文艺发展中心再次合作，对其开发和管理的中国民族民间文艺基础资源数据库作三度开发，① 实现双方数据库的接口对接。在北京师范大学数字民俗学实验室建设数字钟敬文工作站中，在开发 WebGIS 软件功能的民俗学自带数据库时，要考虑读取文化部民族民间文艺发展中心的中国民族民间文艺基础资源数据库（SQL Server）的几率，并预留出相应的空间信息字段。在初期项目阶段，主要是根据对方数据库的空间单元属性信息，确定钟敬文工作站 WebGIS 人文属性数据库空间信息的基本单元，例如，对方数据库的空间信息属性定级到县域单元，钟敬文工作站的空间信息属性也要相应定位到县级；如果对方数据库的空间信息定位到省域单元，钟敬文工作站的这部分空间信息也要暂时定到省级，同时留出县域单元的空间信息字段。在项目进行到第二阶段时，待对方数据库的空间信息补充到县域单元后，数字钟敬文工作站的空间信息数据便自然下调到县级。在开发各层级的空间属性数据时，都要根据数据库的逻辑结构拓扑图和意义字段名（包括T_Class表和T_Item表中所建数据库的所有字段），及其人文数据含义，作研究分析，以利于这种多学科合作获得双赢效果，并能顺利推进民俗学基础研究成果向社会应用的方向转化，同时为政府民俗文化资源管理提供研究个案。

（四）数据库的意义字段和数字接口

　　在技术路线的设计中，为相关各数据库设计意义字段和数字接口，如同架设整体结构中的钢筋铁骨，是关系到全部工作站的质量和生命的环节，主要有两点：一是确定核心节点的字段意义群，二是预留多元人文含义的数据库接口。它们的每个细节，都是数字钟敬文工作站庞杂网络的具体起点，对它们的性质和样式，从讨论到设置，无论怎样讲究和怎样结实都不过分。

　　以下，以总体框架方案中的"后台资源库"为例，设计意义字段和数据接口，并举述相关的数据结构样表和数据库界面。

---

　　① 中国民族民间文艺基础资源数据库，由文化部民族民间文艺发展中心与清华同方公司于 2003 年合作开发研制。

1. 钟敬文照片数据库的意义字段和数字接口

钟敬文教授照片数据库，数据储存格式为 jpg 格式，数据结构样表及界面如下。

表 2.10　钟敬文照片数据库数据结构样表

字段名	字段 XML 标识	字段类型	字段长度	凡　例	检索/排序字段
PhotoID	照片编码	自动编码	4	计算机唯一识别	否
Photo_type	照片分类	文本型	50	社会活动	排序
Photo_title	照片标题	文本型	50	钟敬文教授在全国第一次文代会上	检索
Photo_info	照片内容	备注型	16	钟敬文（左二）与郭沫若（右二）、周扬（左一）在全国第一次文代会上	检索
Photo_source	照片来源	备注型	16	扫描出版物	否
Photo	照片	文本型	50	文件上传	否
Photo_time	照片时间	文本型	50	1949 年 7 月	排序

图 2.4　钟敬文照片数据库界面

2．钟敬文录像数据库的意义字段和数字接口

钟敬文教授录像数据库，将北京师范大学数字民俗学实验室保存和北京师范大学电子中心提供的 1/2 录像带，转为数字格式。数据采集格式为 mpeg 或 avi 格式，数据结构样表及界面如下。

表 2.11　钟敬文录像数据库数据结构样表

字段名	字段 XML 标识	字段类型	字段长度	凡　　例	检索/排序字段
VideoID	录像编码	自动编码	4	计算机唯一识别	否
Video_type	录像分类	文本型	50	生平传记、教育事业	排序
Video_title	录像标题	文本型	50	钟敬文教授与中国民俗学国家重点学科	检索
Video_info	录像内容	备注型	16	北京师范大学民俗学专业传统教育电视短片	检索
Video_source	录像来源	备注型	16	董晓萍撰文，郝瑛制作，北京师范大学数字民俗学实验室提供数据。	否
Video	录像	文本型	50	文件上传	否
Video_year	录像时间	文本型	50	2006 年 9 月	排序

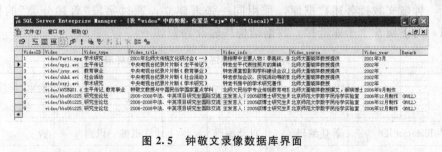

图 2.5　钟敬文录像数据库界面

3．钟敬文录音数据库的意义字段和数字接口

钟敬文教授录音数据库的资料采集范围，主要由北京师范大学民俗学专业教师提供的其保存的音频资料和北京师范大学其他部门提供的录音带，转录为数字格式。数据采集格式为 mp3 或 wma 格式，数据结构样表及界面如下。

127

表 2.12 钟敬文录音数据库数据结构样表

字段名	字段 XML 标识	字段类型	字段长度	凡　例	检索/排序 字段
VoiceID	录音编码	自动编码	4	计算机唯一识别	否
Voice_type	录音分类	文本型	50	教育事业	排序
Voice_title	录音标题	文本型	50	钟敬文给博士生教授《中国民俗与民俗学史》课	检索
Voice_info	录音内容	备注型	16	录音整理	检索
Voice	录音音频	文本型	50	文件上传	否
Voice_source	录音来源	备注型	16	董晓萍教授整理录音并提供使用	否
Voice_text	录音整理	文本型	50	文件上传	否
Voice_time	录音时间	文本型	50	1999 年 4 月 10 日	排序

图 2.6　钟敬文录音数据库界面

4. 钟敬文著述数据库的意义字段和数字接口

钟敬文教授著述数据库，采用同一张表建立，通过字段"著述分类"的标识，与下属 6 个子库链接，数据结构样表及界面如下。

表 2.13　钟敬文教授著述数据库数据结构样表

字段名	字段 XML 标识	字段类型	字段长度	凡　例	检索/排序 字段
PublicationID	著述编码	自动编码	4	计算机唯一识别	否
Publication_type	著述分类	文本型	50	民间文艺学	排序
Publication_title	著述题目	备注型	16	民间文学述要	检索
Publication_time	原作时间	文本型	50	1984 年	排序
Publication_time	原作发表时间	文本型	50	1984 年	排序

字段名	字段 XML 标识	字段类型	字段长度	凡　例	检索/排序 字段
Publication_placel	原作发表刊物或出版社	备注型	16	《北京师范大学学报》，1984 年第 5 期。	否
Publication_key-words	原作关键词	文本型	50	文件上传	否
Publication_refe-rence	引用文献	备注型	16	《世说新语》、《格萨尔王传》	检索
Case_place	研究个案地点	备注型	16	西藏等	检索
Collection_places	使用民俗学资料地点	备注型	16	甘肃、青海、宁夏、新疆	检索
Three_Collections_places	使用三套集成资料地点	备注型	16	甘肃、青海的花儿会	检索

图 2.7　钟敬文著述数据库界面

5. 钟敬文研究数据库的意义字段和数字接口

钟敬文研究数据库，包括钟敬文自述、中外学者研究钟敬文的著述，以及北京师范大学民俗学国家重点学科后续中青年学者研究钟敬文著述的采集数据,属开放型数据库。设"添加信息"留言板,提供后补空间。数据结构样表及界面如下。

表 2.14　钟敬文学说研究数据库数据结构样表

字段名	字段 XML 标识	字段类型	字段长度	凡　例	检索/排序字段
ArticleID	著述编码	自动编码	4	计算机唯一识别	否
Author	作者	文本型	50	许钰	检索
Title	题目	文本型	200	北京师范大学民间文学教研室的昨天与今天	检索
Keywords_Ch	中文关键词	备注型	16	略	检索
Keywords_En	英文关键词	备注型	16	略	检索
Abstract_Ch	中文摘要	备注型	16	略	检索
Abstract_En	英文摘要	备注型	16	略	检索
Publication_time	发表时间	文本型	50	2003 年	排序
Publication_place	发表书刊	文本型	200	《民间文艺学文丛》,336～348 页,北京,北京师范大学出版社,1982。	检索
Text	原文	文本型	50	文件上传	检索

图 2.8　钟敬文学说研究数据库界面

表 2.15　北京师范大学民俗学专业研究生论文数据结构样表

字段名	字段 XML 标识	字段类型	字段长度	凡　　例	检索/排序字段
ID	自动编号	长整型	4	1	否
DissertationID	论文编码	文本型	8	D2003004	检索
Title	主标题	文本型	100	口传史诗史学	检索
Subheading	副标题	文本型	100	冉皮勒《江格尔》程式句法研究	检索
Dissertation_type	论文类型/学位级别	文本型	50	博士学位论文	检索
Author	研究生姓名	文本型	50	朝戈金	检索
Supervisor	研究生导师	文本型	100	钟敬文教授、董晓萍教授	检索
Grade	研究生届别	文本型	50	1997 级	排序
Major	研究方向	文本型	50	民俗学	检索
Finish_date	完成日期	文本型	50	2000 年 5 月	检索
Defence_date	答辩时间	日期型	8	2000 年 6 月 14 日	检索
Abstract_Ch	中文摘要	备注型	16	略	检索
Keywords_Ch	中文关键词	备注型	16	略	检索
Abstract_En	英文摘要	备注型	16	略	检索
Keywords_En	英文关键词	备注型	16	略	检索
Case_place	个案地点	文本型	100	新疆博尔塔拉蒙古自治州和巴音郭楞蒙古自治州	排序
Maps	附件地图	备注型	16	1. 田野调查点示意图；2.《江格尔》史诗分布现状示意图	检索
Field_report	调查报告	备注型	16	新疆《江格尔》田野调查报告	检索
Project_info	项目类别	备注型	16	无	检索
Editor	录入人	备注型	16	民俗学专业 2006 级硕士生连莉	检索
Editing_date	录入时间	日期型	8	2006 年 6 月 5 日	检索

续表

字段名	字段 XML 标识	字段类型	字段长度	凡　　例	检索/排序字段
Remark	备注	备注型	16	该生现为中国社会科学院少数民族文学研究所研究员	检索

图 2.9　北京师范大学民俗学专业研究生论文数据库界面

6. 钟敬文国际交流数据库的意义字段和数字接口

钟敬文教授国际交流数据库的数据类型，包括钟敬文为国际学者译著撰写的序言、钟敬文论文副标题写明与国际学者商榷、对话的论文数据，以及钟敬文接待国际高级访问学者和培养留学生的对方学术背景数据，数据结构样表及界面如下。

表 2.16　钟敬文国际交流数据库数据结构样表

字段名	字段 XML 标识	字段类型	字段长度	凡　　例	检索/排序字段
ScholarID	交流学者编码	自动编码	4	计算机	否
Scholar_name	交流学者姓名	文本型	50	Arkush, David	检索
Scholar_nationality	交流学者国籍	文本型	50	美国	检索

续表

字段名	字段 XML 标识	字段类型	字段 长度	凡　例	检索/排序 字段
Program_info	合作/交流项目	备注型	16	美国爱荷华大学亚太中心与北京师范大学中国民间文化研究所国际合作项目	检索
Program_title	项目名称	备注型	16	［德］艾伯华（Wolfram Ebtrhard）《中国民间故事类型》中译本翻译与出版	检索
Program_publication	项目成果	备注型	16	［德］艾伯华（Wolfram Eberhard）:《中国民间故事类型》，王燕生、周祖生译，北京，商务印书馆，1999。	否
Program_period	交流时间/写作时间	文本型	50	1996～1997 年	排序
International_influence	国际影响	备注型	16	美国、德国、芬兰图书馆存藏	否
Text	原文	文本型	50	文件上传	否

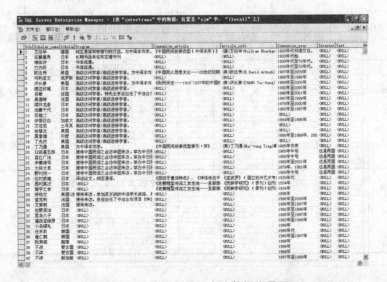

图 2.10　钟敬文国际交流数据库界面

7. 钟敬文名师地图数据库的意义字段和数字接口

　　根据总体框架方案设计的数字名师地图组图，在以上各人文属性数据库中，提取时空数据集数据，并为人文属性与空间属性信息的链接，留出意义字段和数字接口。对不同介质和不同类型的数据之间的信息不对称问题，采用"搭桥"的方法，搭建中间过渡数据库，实现一对多的对应。如在"钟敬文学术传记数字地图"中，由纸介著述中提取的一条"杭州"地名的人文属性数据，可与多条数字数据的时空单元信息对应，如时间地名信息、地名中的时间点信息、地名社会关系信息、地名学术内容信息、地名历史人物信息、地名代表作信息、地名社会活动信息、地名学术思想要点信息等，在钟敬文工作站的WebGIS自带数据库中，它们彼此是构成一对多的人文内涵关系的。在技术路线方案中，要确保纸介成果的地名数据与数字数据各连接人文属性信息之间的一一对应关系。然后，按照核心节点标识，如学术文化圈地名的核心节点，编制专题数字名师地图，再通过核心节点，与各属性数据库实行开放链接，产生数字拉链效应。数据结构样表如下。

表 2.17　钟敬文名师地图数据库数据结构样表

字段名	字段 XML 标识	字段类型	字段长度	凡　　例	检索/排序 字段
Place_ID	地名 ID	文本型	6	与数字名师地图的底图相链接，如：522601 贵州凯里。	数字接口
Place_adminis-tration	地名	文本型	50	与底图相同的行政地名属性，如贵州凯里。	检索
Place_meaning	分类属性	文本型	100	地名承载的民俗学人文属性分类含义，如历史地名和民俗志地名。	检索
Place_time	时间	文本型	50	地名承载的民俗学人文属性分类地名的时间。	检索排序
DatabaseID	属性 ID	文本型	50	与钟敬文百年人生地名数据库和其他数据子库相链接，如 244，指钟敬文著述数据库 ID。	数字接口

　　数字名师地图有不同的主题，它们所对应的钟敬文百年人生地名数据库，在分类属性上，时空数据属性的 ID 字段也是多元含义的。例如，在"钟敬文使用民间文学三集成资料分布地图"中，与纸介著述所引用的"三集成资料"的时间相对应，ID 意义字段就有 5 个，分别是：①三集成 ID，②钟敬文研究三集成著述名称（ZJW_Work_title），③三集成资料书名（Collection_title），④三集成资料搜集时间（Collecting_time），⑤三集成资料出版时间（Collection_publishing_time）。其中，需要说明的是，"三集成资料搜集时间"的字段含义，不仅包括搜集时间，实际上也包括被访谈讲述人的现场讲述时间，但因为这两个时间是相同的，故在此仅以"搜集时间"表示。另外，"三集成资料出版时间"，包括三集成的省卷本出版时间和县卷本的印行时间，在数据结构表中，以"版权页信息"的形式采集和贮存，它们共同展现时空数据集中的时间数据内涵。与纸介著述所引用的"三集成资料"的地点相对应，ID 的字段也有 3 个，包括：①搜集地点（Collecting_place），②地名类型（Place_info），③地点民族（Place_ethnic_groups）。在地点 ID 的设置上，主要解决两个问题：一是对纸介著述中含有多元属性和多元功能的原始数据含义的表达方式。在本站中，采用了经过民俗学分析后，扩大产生的一批"地名类型"数字数据，包括行政地名、历史地名和民俗志地名的数据等。对它们的使用，可以使不同类型地名所承载的不同属性含义自动生成，这为传承名师丰厚的思想遗产和后人的接续研究，都提供了完整信息；二是对次生地点的表达方式，如地点社会文化圈关系、地点民俗环境等，本站对此

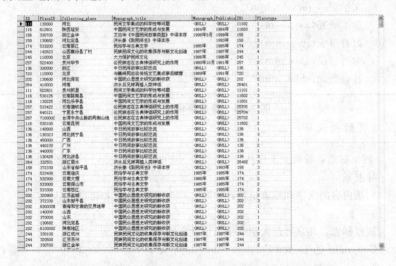

图 2.11　钟敬文使用民间文学三集成地图数据库界面

作了搭桥，如建立"钟敬文著述数据库"等，通过链接这类数据库，可以找到相关原作的数据接口，还可以对所需要的地名空间信息作二次查找。

在钟敬文工作站中，考虑到时空数据划分的相对性和民俗文化人文属性本身的整合性，在给"三集成资料"的时间和地点设计相对应的 ID 字段时，都采取了"宽打窄用"的办法。在实际填写两种数据结构表时，也可以看到较宽的"接缝"，这样符合民俗学的研究和应用目标，也方便数据库和数字地图的运行操作。在空间信息属性单元上，设立省级、地市级和县级的多层单元，它们在数据库中，分别以代码 1，2，3 表示；在数字名师地图中，分别以面状底色、面状网格和点状符号表示，也为本站的增设扩容和开放共享打下了基础。

(五)技术合成

钟敬文工作站的技术合成，包含六项内容，即生平年谱、文学创作、学术研究、教育事业、学科建设和社会活动。技术合成结构，包括三部分，即导航条、首页结构和专项内容页结构。

1. 导航条设计

> 首页(index. htm)
> 钟敬文学术文化遗产概述
> 生平年谱(spnp. htm)
> 文学创作（wxchz. htm)
> 学术研究(xsyj. htm)
> 教育事业(jysy. htm)
> 学科建设(xkjs. htm)
> 社会活动(shhd. htm)

图 2.12　导航条设计示意图

2. 首页结构设计

> 网站标志：钟敬文工作站
> 导航条
> 六项内容的文字和标志链接：钟敬文片头照片(羽化处理)
>
> 版权标志：北京师范大学数字民俗学实验室 制作
> Copyright @ Digital Folklore Study Lab. of BNU, 2005～2010

图 2.13　首页结构设计示意图

3. 专项内容页结构设计

```
网站标志
导航条
专项内容的文字简介和分类内容　钟敬文音视频


与专项内容相关的钟敬文照片(Flash 图片滚动)


版权标志：北京师范大学数字民俗学实验室　　制作
Copyright @ Digital Folklore Study Lab. of BNU，2005~2010
```

图 2.14　专项内容页结构设计示意图

钟敬文工作站的共享系统的建设步骤，分三级：民俗学专业级、高校共享级、社会推广级。在步骤上，按这三个级别的排列顺序，分步建设。

在发布阶段，首先，在北京师范大学数字民俗学实验室局域网内测试；其次，在北京师范大学民俗学国家重点学科和文化部民族民间文艺发展中心相关数据库中共同测试；最后，在广域网内发布试行。

三、地图编制方案

在钟敬文工作站中，总体框架方案的另一部分，是数字名师地图的编制方案。

钟敬文工作站，配有一定数量的地图、音视频数据和解说文字，以利发挥数字化的优势，揭示民俗学名师学术文化遗产传承的基本内涵，并丰富展陈和传承的手段。它改变了以往民俗学者所惯用的时间研究思路，采用了时间与空间研究相结合的思路框架，以钟敬文百年人生时空数据集与数字地图相链接的方式进行编制和运行，制成应用型的数字化产品。它与概念网所相配套，把钟敬文工作站的传承目标变为现实。

钟敬文工作站是一种个性化的信息集成品。钟敬文是我国现代学术文化史上的个体，但他又不是普通的个体，而是名师。名师是携带强大时空社会信息的特殊个体，名师的事业成就、社会活动和历史建树，对他所关联的时空数据群内涵的构成，对他建立的人生事业覆盖范围的基本数据单元的关系生成，乃至对他创建的整体学科的叙述方式，都产生了重大的社会历史影响。通过编制数字名师地图的方法，可以体现名人信息的整体特点和强大辐射力。

编制民俗学名师地图，是民俗学、数字信息学与地理学交叉研究的成果，由民俗学教师指导来自地理学专业的民俗学博、硕研究生承担。对从理科转行过来的研究生来说，这是一种节约型的文理科思想碰撞和交叉研究的科研实践，也是利用民俗信息资源和地理信息资源进行综合实战训练的"低风险飞行"。它在研制数字化产品和培养人才上有双重作用。

(一)概念与目标

1. 方案概念

钟敬文工作站名师数字地图编制方案，为本站总体框架方案中的数字产品研制设计的前期工作。它从民俗学研究视角出发，以地理地图为底图，使用技术路线方案所提出的 GIS 技术、数据库技术和网络技术等，在数字时空环境中，对纸介著述的原始数据和音视频数据做民俗志生态还原组合，建成名师遗产的多媒体实时传输系统。它以组图、套图和单图的配套结构形式，展现钟敬文的生平经历、民俗学学说、民俗学高等教育成就、文学诗歌创作和社会文化活动的业绩，并更为明确地凸现钟敬文整体历史成就的要点。它同时介绍钟敬文创建的北京师范大学民俗学国家重点学科的最具特色的部分，展示钟敬文与民俗学科被大学遗产化的过程，阐释名师遗产在现代社会公共教育中的价值和地位等。

2. 方案目标

通过编制名师数字地图集，探索民俗学创新文化产品。通过这些产品，推行民俗学数字化工程的传承理念，将民俗学大师及其现代大学遗产加以科学保护和正确开发，使名师学术文化精神财富的精华成分，能够被现代社会和未来社会吸收和利用，可以为人类文明所共享。

(二)方案内容与突破点

1. 方案内容

通过钟敬文数字地图集，建立了名师思想文化遗产保存、多媒体实时传输运行与数字地图展陈的整体系统。钟敬文的信息时段为 1903～2002 年，在他身后，个人信息类型为封闭型；但本站已补入国际国内研究名师信息、中青年后续工程信息、民俗学研究学术史信息和文化项目信息等，面向现代大学遗产传承、名师影响教育和其社会公共财富的应用，已扩充为开放型。

编制名师数字地图，在初期工程中，以钟敬文在北京师范大学的工作时段为主，兼及他在北京大学和辅仁大学执教的时间，为 1949～2002 年；以他于

20世纪前半期在南方多所高校执教的时段为辅，包括岭南大学、中山大学、浙江大学和香港达德学院等，为1923～1949年。在二期工程中，补充搜集和使用他在南方高校工作的数据。现本站将两个阶段的工作初步合龙。

建立名师地图数据多媒体实时传输与数字产品整体系统。名师数字地图的底图要素数据，为地理学的现代地图要素数据。但要根据民俗学人文学科的需求原则和目标，对现代地理地图的要素含义和内部结构进行改造，也要有机地添加名师个性化人文属性数据。设计自创专用符号、图标、图形、附件、动画控钮和使用图例等，将名师研究的文字和音视频数据与人文含义在地图上完整地呈现出来。

2. 突破点

第一，首次建立民俗学专家系统的数字地图模型，改变近20年来图书馆界、地理学界、文学界等各自推出的平面网站型和统计柱图型名人著作地图模式，也改变以往加挂人文信息的文化地图模式，创制人文时空信息及其人文研究属性的名师地图。

第二，建立学者个人信息资源，改变迄今为止民俗学和民间文艺学界所沿袭的民间作品和民俗实物保管模式，从专业资料型向专业研究型的人文属性信息保管利用的方向发展。

第三，建立民俗学现代大学遗产和社会公共教育软件，改变教育界和出版界编制课程课本类教育软件的局限，利用数字化优势，创造名师教育与高校学科整体教育配套产品，也推出社会公共教育新产品。

(三)地图结构、图例与释例方法

数字名师地图，依据钟敬文工作站的建设理念，以名师个人命名为主，也部分地使用名师培养学术团队及其后续工程成果，根据名师信息资源的民俗学基础研究成果，按名师百年人生时空数据的分布分类，符合数字地图产品的应用目标，编制成数字地图系列，解释、演示和传承名师学术文化遗产，形成名师数字地图集成。

1. 地图结构

钟敬文数字名师地图，采用组图结构，按名师学术文化遗产主题分类，共4个主题，即生平传记、学术著述、高校教育和社会活动。在每个主题之下，根据民俗学基础研究内容所决定，含两幅至多幅地图不等，形成组图，共四组组图。在每组地图中，以主图、单图和套图相配，构成完整的人文地图组合。这套地图的查询利用，可在单图和套图的不同层级上，与对应数据库或桥接数据库链接运行；也可以通过查看数字地图的图例、释例图和文字解说等方法，获取每种地图的主题范围内的人文信息，认识名师遗产的内涵，同时了解数字名师地图产品的功能和使用方法。

本套数字地图的构成，就四组组图而言，突破了民俗学的传统研究方法，展现了数字化的优势，提升了民俗学对专家研究成果的解释力。例如，"钟敬文学术著述组图"，一般看来，对这种精神性成果的可视化演示是最难的，要通过有限的地图画面展示更难。但借助数字化技术，同时利用地图优势，辅以相关图表信息，可以化解这个难题。再以钟敬文使用中国民间文学三集成资料的著述为例，我们通过系列套图，展现钟敬文的民间文艺学研究成果，主要根据民俗学的前期基础研究，发现三集成资料的三个特点，即按行政区域搜集，按自然区域享用，以及按跨文化交流的方式生存。由于三者的存在，可制成三个相应的核心节点，发展新的意义字段，生成可扩容纳入空间信息的人文属性数字数据，再编制成相应的数字民俗地图展示。具体做法是，首先，根据三集成资料按行政区域搜集的特点，使用行政地图为底图，扩充三集成省卷本和县卷本的纸介成果信息，补入七集成音视频数据信息，并将十集成信息整合，编成"钟敬文使用三集成资料区域分布数字地图"，它有利于政府开展集成遗产评估，也有利于原地民众参与文化遗产保护；其次，根据三集成作品本身按自然区域文化空间分布的民俗志生态特点，以地形地图为底图，补充空间区域民俗信息，如山区养育山歌、水乡养育船工号子等，增加民间表演个案缩放平面图像或立体图像；另外，根据在多民族多地区环境中，三集成作品往往通过跨文化交流生存的现象，如西南地区创世史诗群中的单一民族史诗和多民族史诗群共生互容等，补入国家级和地方级遗产地的集成代表作目录，展现传统民间文艺的现实日常传承规律，编成"钟敬文使用三集成资料区域分布数字地形地图"，它能提供给民俗学教学、科研使用，也有利于展现在我国这个文明古国中，文化遗产、自然遗产、文化与自然双遗产、非物质文化遗产互相依存的事实，能增进本国人民的民俗文化权利意识，推动中国与世界文明遗产交流共享。本系列地图，在使用上，可分可叠，向专业学者和社会用户皆可提供观察与研究钟敬文学术著述的新形式。其他数字名师地图依理制作。

各组的组图内容设计如下。

第一组，生平传记组图。以钟敬文先生为传主，以钟敬文百年人生成就信息为底层信息，在民俗学与数字信息学交叉研究基础上，开发带有 WebGIS 软件功能的民俗学专家系统音视频数据，以县域空间单元为基本单元，编制数字名师地图。含两幅单图。

第一幅，钟敬文学术传记数字地图，展陈钟敬文学术著述和治学活动的历程与成果。

第二幅，钟敬文生平游历数字地图，展陈钟敬文人生经历、文学诗歌创作和社会文化考察的活动历程与成果。

第二组，学术著述组图。以钟敬文民间文艺学和民俗学研究著述信息为底层信息，补充钟敬文百年人生时空数据库信息，链接相关桥接数据库，对钟敬文学术著述的重要研究学说进行演示介绍。另外，与文化部民族民间文艺发展中心研制和管理的中国民族民间文艺基础资源数据库相链接，制成辅助国家社会文化发展需要的、可以为大众遗产学服务的数字地图。含两幅地图。

第一幅，钟敬文使用民俗学资料区域分布数字地图，单图，展陈钟敬文民俗学著述中使用民俗资料的多区域多民族研究成果，也介绍他的个案研究成果。

第二幅，钟敬文使用民间文学三集成资料区域分布数字地图，套图，以带有 WebGIS 功能的行政地图和地形地图为底图，分别开发成数字地图系列套图，展陈钟敬文利用三集成资料发展中国民俗学派学说和进行民俗学高等教育的成果。

第三组，高校教育组图。以钟敬文从事高等教育成果信息为底层信息，补充国际国内学界研究钟敬文著述的信息，增加钟敬文培养的中青年学者后续工程信息，阐述钟敬文创建和长期指导的北京师范大学民俗学国家重点学科 59 年建设成果。含七幅地图。

第一幅，钟敬文民俗学高校教育数字地图，单图，介绍钟敬文创建我国民俗学高等教育的历程、教学点分布、教材建设和获奖成就。

第二幅，钟敬文培养研究生地区来源数字地图，单图，展陈钟敬文本人及其指导下的北京师范大学民俗学学科点培养研究生的区域分布状况。

第三幅，钟敬文培养研究生民族来源数字地图，单图，展陈钟敬文培养多民族生源研究生的战略，以及北京师范大学民俗学学科点整体培养多民族研究生的现状。

第四幅，钟敬文国际交流史略数字地图，单图，介绍钟敬文指导外国留学生与接待国际高级访问学者的国际化资源信息，同时介绍北京师范大学民俗学学科点对外交流国家的分布网络。

第五幅，北京师范大学民俗学专业研究生论文选题区域分布数字地图，单图，介绍钟敬文生前培养研究生的论文选题史料库和论文信息，也扩大介绍钟门中青年学者指导研究生论文的后续研究信息。

第六幅，北京师范大学民俗学专业培养人才区域分布数字地图，单图，介绍钟敬文培养民俗学高级专业人才在国内外高等院校、科研院所和相关部门分布发展的网络信息。

第七幅，北京师范大学民俗学专业中青年教师国际交流数字地图，单图，介绍钟敬文指导北京师范大学民俗学学科点教师整体国际交流的各时期状况和成果。

第四组，社会活动组图。以钟敬文参与民俗学社团和文化社团建设、参与政府高教、政协和学术文化咨询信息为底层信息，补充必要的社会工作背景信息，编制数字地图，表现钟敬文社会活动成果，体现他毕生奉献民众文化事业在国家和地方各界产生的影响力。含两幅地图。

第一幅，钟敬文文化考察与中国现代文学创作素材分布数字地图，体现钟敬文从事作家文化考察的战时工作、历史活动及其地区分布，介绍他在这些考察中所撰写的文化诗歌素材与当地重大社会事件和文化事件的联系。

第二幅，钟敬文民俗学讲演与中国民俗学地方组织分布数字地图，展现钟敬文自20世纪20年代至90年代末，在南北高校、国内外民俗学传习班和地方民俗学会进行民俗知识讲演的成果，特别体现他在改革开放后，在晚年高龄岁月中，全面重建我国各地民俗学学会的历程，同时介绍在钟敬文指导下恢复建设的中央和地方民俗学会组织的分布现状。

2. 图例、图示和图表

根据钟敬文学术文化成果的纸介资源积累基础，根据本站的民俗学研究、传承和社会应用目标，在数字名师地图的要素中，创用可以承载多元民俗含义和多种人文属性功能的图例或图示。这些图例或图示，也成为民俗学数字地图的必要扩充信息部分。共7种。

（1）图例

数字名师地图的图例，依据地图标准图例，同时根据数字名师地图的图名所使用的民俗学概念或民俗资料术语内涵，创制符合地图图例规范的民俗学观点性图例。例如：在"钟敬文学术传记数字地图"中，根据图名"学术传记地图"涵盖的民俗学者研究钟敬文"治学活动"的主要观点，制作了点状图例，同时将图例标示为："治学活动地点"。

（2）主图基本信息表

在数字名师地图的图例设计符合地图图例规范的前提下，制作主图基本信息表说明使用底图和研究数据出处；还要编制其他辅助标识，对数字地图的图例不能承载的信息部分，采用一定比例的辅助图示或其他标识解决。它们是在

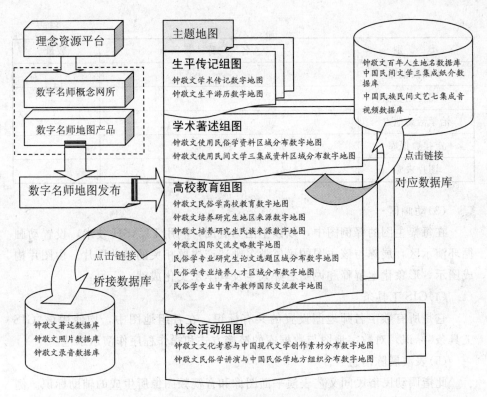

图 2.15 数字名师地图逻辑关系结构图

数字名师地图中，与图例相配合，所设计并呈现于数字名师地图之上的，有补充图例意义的相关组配信息符号，包括数字地图和数据库的查询工具释例、动画区的演示图片与文字说明、后台资源数据的研究图表等。主图基本信息统计表是其中的一种，它承担了辅助图例延伸解释功能的独特角色。

在这里特别要说明主图基本信息表的构成。它在内容上，包括每幅主图和相关单图，或单图的套图内，以及在它们的所有释例图中，所表达的所有民俗学名师数字地图的底图信息、地图构成信息、数据库信息和图片版权信息等。它附设在各主图的下方，是该主图范围内的所有数字地图运行中重点展示钟敬文学术文化成果的时空数据构成和民俗地图人文内涵要点一览表。本表格式如下。

表 2.18　钟敬文学术传记数字地图(1903～2002 年)基本信息样表

类　　别	名　　　称	数量
底图来源		
底图比例尺		

续表

类　　别	名　　称	数量
本图数据库		
本图使用数据		
治学活动地点		
链接数据库		
图片来源		

（3）动画区

在每幅主图的释例图中，以该主图为底图，利用 FLASH 技术，设置动画循环演示区，展陈与该主图的民俗学名师遗产主题相关的精选图片。由图片构成图示，形象化地解释和说明名师人生及其学术文化成就。

（4）GIS 工具条

它是所有数字名师地图设置的共有标识。在各组地图中，均使用该"GIS 工具条"标识，对数字地图与数据库的链接方式和操作程序作演示示范。

（5）表演展陈信息

此指调动民俗民间文艺表演平面图像和音视频图像所生成的辅助标识。例如：在"钟敬文使用民间文学三集成资料区域分布数字地图（遥感地图）"中，使用了表演性展陈标识，主要由蒙古族非物质文化遗产长调《云青马》的现场表演图像，再与内蒙古自治区的数字地图相叠加，组合生成对集成所收非物质文化遗产代表作的"蒙古族长调"的象征图标。

（6）后台资源分析统计样稿

此指对数字名师地图的后台资源库的部分底层数据予以调取，赋予民俗学分析意义后，提到数字地图上来，使用统计数据分析结果，解释数字地图的使用方法，并提供进一步研究的课题。例如：在"钟敬文使用民俗学资料区域分布数字地图"中，使用后台资源库的数字分析数据制成下表。

表 2.19　钟敬文研究故事类型名称与时间分布表

代码	故事类型名称	研究时间（年）
1	孟姜女	1925/1979
2	巧女与呆女婿	1928/1931
3	刘三姐	1928/1981

续表

代码	故事类型名称	研究时间(年)
4	中国民间故事型式	1929～1931
5	田螺娘	1930/1931
6	蛇郎	1930
7	水灾	1931
8	徐文长	1931
9	灰姑娘	1931/1932/1991
10	女娲	1931/1980/1990
11	洪水后兄妹结婚再造人类	1931/1990
12	老虎外婆	1931/1932
13	青蛙王子	1931/1932
14	天鹅处女	1932
15	植物起源	1932
16	老獭稚	1934
17	老鼠嫁女	1935/1987/1991
18	槃瓠始祖	1936 /1990

在数字名师地图上，后台资源库信息研究图表，用文字与故事类型资料地点的对应标注图表和数据统计表，构成研究性标识信息。

后台资源研究标识信息的民俗学分析性意义，由民俗学者利用前期成果添加，它要由民俗学者在进行基础研究后完成，并有利于继续开发这方面的研究课题。以钟敬文研究故事类型所使用资料的地名为例，这些地名的查找和提取，要求熟悉民俗学纸介成果的传统资源和表达方式，并予以正确识别。仅从艾伯华《中国民间故事类型》所使用的钟敬文研究故事类型资料看，[①] 我们在提取地名时，要从原著已分成三类的研究文献中做复原提取。

第一，区域地点。在省域或省域以上范围流传的大扩布故事类型，如"蛇郎"故事的资料地点上，从前曾注"中国南部"等除西北以外的中国大部分地区，

---

① ［德］艾伯华（Wolf Eberhard）：《中国民间故事类型》，王燕生、周祖生译，北京，商务印书馆，1999。

在艾伯华此著中，对"中国南部"，转为三种注释，即"中国南部：出处不详"、"中国南部的非汉族人"和"中国南部"，在三种注释下面，作了资料地点的地市级或县级空间单元的出处统计。① 我们在看到这种情况后，经查找钟敬文原作，确认为故事传播的区域地点。

第二，历史文献地点。艾伯华使用钟敬文故事类型资料，还采用了多种文献注释的方法。例如：

> 菜花郎，呆女婿的故事、地方传说、妇女旬刊、妇女与儿童、干宝、搜神记、广州民间故事、荆楚岁时记、苦茶庵、周作人、论衡、王充、录异传、民间（月刊）、民俗（周刊）、民俗学集镌、民众教育季刊、酉阳杂俎、段成式、天问、屈原、民间趣事、三五历记、徐整、神异经、东方朔、述异记、任昉、太平广记、李昉、晏子春秋、子不语、袁枚、史记、司马迁、中华童谣集、中山大学语言历史研究所周刊。②

在制作数字名师地图的图示时，要熟悉艾伯华的这种分类文献，也要熟悉钟敬文研究故事类型的讨论方式，再选择钟敬文故事类型资料地点。

第三，人名地点。这种文献与与以上的历史文献互有重复，大体是对相关资料的不同体例再注释。但因艾伯华在不同的文献分类中，有时也会增加信息，故需将两者对照使用。例如：

> 班固、段成式、冯梦龙、干宝、顾颉刚、郭璞、蒲松龄、宗懔、句道兴、何景明、林兰、刘万章、钟敬文、袁枚。③

在这种文献中，艾伯华直接提到了"钟敬文"，同时又补充了"宗懔"、"刘

---

① ［德］艾伯华（Wolf Eberhard）：《中国民间故事类型》，王燕生、周祖生译，441、443～444 页，北京，商务印书馆，1999。

② ［德］艾伯华（Wolf Eberhard）：《中国民间故事类型》，王燕生、周祖生译，"本书使用的参考文献"，455～474 页，北京，商务印书馆，1999。这段引文据作者在艾伯华所作"本书使用的参考文献"索引中查询钟敬文故事类型资料后编制，以免引文过长，说明文字繁冗。详见原文。

③ ［德］艾伯华（Wolf Eberhard）：《中国民间故事类型》，王燕生、周祖生译，"中文书刊作者索引"，479～480 页，北京，商务印书馆，1999。这段引文也是作者根据查找艾伯华所作"中文书刊作者索引"后编制的，以避免引文冗长，特此说明，详见原文。

万章"等名字，这对我们使用人名查找目标数据是有参考价值的。

（7）个案缩放

此指对数字地图中的重点研究个案，对其中已消失或濒危消失的资料，可出示历史遗迹的手迹、碑刻、谱谍等史料，并利用 GIS 工具条的缩放功能，根据数字地图运行的需要或用户的需要，加以展陈，说明读取地图信息的方式和要点。

3. 释例方法

数字名师地图的套图，在性质上，是一种释例地图。它将对单图的多元人文属性数据的解释，按照民俗学者要重点阐述的对象，按其观点和目标分类，再拆成多张大同小异的地图，每张地图集中阐释一个观点，逐一分张说明。这些分张释例图是单图含义的延伸，把它们合起来读取，能发挥套图的数字拉链效益。例如，在"钟敬文生平游历数字地图"中，含3张释例图，分别是：①动画区释例，②数据库释例，③后台资源研究的释例。总之，通过释例的方法，可以辅助达到数字名师地图的研究、应用和传承的目标。

（四）数字名师地图样图（草图）

图 2.16 钟敬文学术传记地图样图（草图）

图 2.17　钟敬文培养研究生地区来源地图样图(草图)

第二节　纪念站

　　钟敬文工作站的成果形式有两种，一是概念化产品，二是应用软件产品。在本章中，在阐述建站方案之后，要讨论它的成果形式。在本节中，重点讨论它的概念化产品，即数字网所。

一、数字民俗概念网所

　　数字民俗概念网所，简称"数字网所"，它是按照现代民俗学前沿研究中的概念所设计构建的网上研究所和工作平台。它根据民俗学的对象、方法和思潮在国际社会的发展趋势，主要根据中国实际，重点根据钟敬文中国民俗学派学说的目标；同时，在我国民俗学高等教育发展的现阶段上，考虑民俗学作为人文科学在研究上、中、下层文化关系上的优势作用，考虑民俗学在阐释民族民俗文化权利中被价值化和被国内外认同的过程，考虑在当代世界环境和中国学术文化发展的宏观背景下，理解和分析"中国民俗学之父"的大量著述和社会活动的信息含量，所提取的一批核心概念。这些概念可以概括名师个案，兼有普遍传承意义，在理念上带有一定的超前性。本站使用这些概念，设计网所方案，搭建结构构架，实施探索项目。

数字网所的创制，分三个分站，即纪念站、研究站和遗产站。在三站的实施项目中，均按网所概念框架的系统，开展分站组建。

在钟敬文工作站中，数字网所的概念，借助数字化集成理论和技术工具去实践，在目前阶段，它们有的能实现，也有的不能实现，其中实现的部分约占八成以上。但这个比例并不能说明成败。那些暂时不能实现的部分，虽所余不多，但不等于其概念所涵盖的问题不重要，而可能是受到我们目前交叉学科研究程度的局限，也可能是我们自己还没有把概念与项目之间的对应通道想清楚。数字概念网所的魅力正在于，它能把灰色的理论"绿化"，也能让民俗学者在"绿化"中保持平静的心态，逐步攻克剩下的灰地。

二、纪念站的数据合成与链接控钮

钟敬文工作站的数字概念网所，在结构上设三站，在项目实施中将三站共同建成。在三站中，纪念站，是数字网所的本体部分，承载钟敬文本人生平成就被制成数字遗产化的全部数据信息，是三站中的核心站。它的建设和运行，体现了民俗学数字化的基础研究成果。它由民俗学者唱主角，以数字化的方式，纪念、研究和传承钟敬文大学遗产的工作。

本节主要介绍在纪念站中，把数字网所的概念，转化为产品的样式和内容，包括：如何在纪念站中把数字网所概念系统和设计方案具体化？如何确定纪念站的用户对象和展陈范围？如何撰写纪念站的文字说明？如何把多媒体数据综合为网站发展信息？等等。弄清这些问题，能理顺纪念站的研制步骤，提前布置多学科攻关合龙的操作点，也能为同步实施的研究站和遗产站廓清界面，并清晰地展现三站的统一风格和共性中的差异点，既共享信息，也节约资源，让数字网所的名师精华遗产品貌、概念设计的超前驱动和社会应用的创意，都得到全面发挥。

纪念站的用户对象，分国际交流、高校教育和社会用户三类，主要展示钟敬文生平成就的纪念价值。

纪念站的数据收集原则，为钟敬文个人生平、学术、思想、创作等方面公认成就的数字数据、钟敬文纪念性文献的数字数据，以及钟敬文生前教学科研的内容、成就与其社会历史背景的数字数据，演示和传承钟敬文一生形成纪念性展品的多方面学术文化财富。

纪念站由多媒体数据合成，将民俗学者的多媒体实时演示信息，以展示结构再设计、确定核心提示语和绘制图表的方式，综合规划，然后通过技术合成，实现建站目标。

文字：纪念站

合成：

1. "纪念站＋进入"，点击后链接。

2. "纪念站"三字用动画效果，浮出、放大、定格、居中。

3. "纪念站"两侧用墙面效果，推出、放大、墙面出字，配照片。

4. 由墙面字或照片对称点击，可高亮显示，同时可链接数据库或数字名师地图。

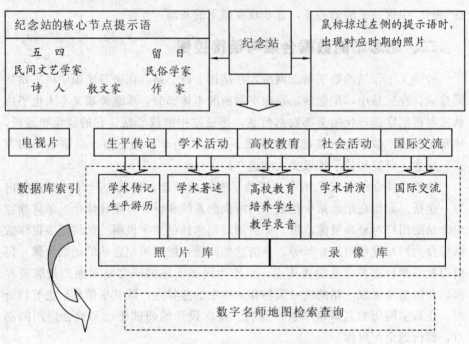

图2.18　纪念站数字合成逻辑框图

三、纪念站音视频数据的文字说明

撰写纪念站的音视频数据演示文字说明，要符合数字网所的三个要求：一是提纲挈领地说明纪念站的钟敬文学术文化遗产的内涵，二是针对音视频数据演播画面做对应的口语化解释，三是面向现代公共信息广场进行传承。

在纪念站中，所撰写的文字说明，以及电视片的文字脚本，应配合数字数据的演播进行解说，增强展陈效果。共三种：民俗学家钟敬文、文学家钟敬文和教育家钟敬文，以下分别列出。

钟敬文与北京师范大学民俗学国家重点学科
纪 念 篇

(一)民俗学家钟敬文

钟敬文教授是国际国内著名民俗学家和民间文艺学家,是国际公认的"中国民俗学之父",是中国民俗学和民间文艺学两门学科的理论奠基人,是北京师范大学中国民俗学国家重点学科的创建者。

钟敬文教授于1903年出生于广东省海丰县。幼年习诗,少年成名,青年时代已成为蜚声文坛的现代诗人和作家,被当时文坛誉为"步冰心之后武"。五四时期投身北京大学歌谣学运动,受到五四新文化运动的前驱胡适的高度评价,胡适在《白话文学史》中称赞他和顾颉刚、周作人等为中国现代民间文学运动做出了开辟性的工作。钟敬文早年留学日本早稻田大学,专攻民俗学、神话学和文化人类学,1937年抗战爆发前回国,投入抗日前线的写作工作。在1949年前,他分别在岭南大学、中山大学、浙江大学、浙江民众教育实验学校、西湖国立艺术学院、江苏无锡教育学院、北京香山幼儿教育师范学院、香港达德学院等校执教。1949年5月,应周总理之邀,从香港回到内地,1949年秋到北京高校工作,在北京大学、北京师范大学和辅仁大学三校担任教授,开创了新中国的民间文艺学课程。1951~1952年高校院系调整,他留任北京师范大学执教,为一级教授,并历任副教务长、科学研究部主任、中文系主任和民间文学教研室主任等职。1981年被国务院授予第一批博士生导师,直至2002年以百岁高龄辞世,一直率领着北京师范大学民俗学国家重点学科的建设。

钟敬文教授在北京师范大学工作长达53年,在这里开创了现代中国大学史上第一个民俗学学术重镇、民俗学高级专业人才培养基地和民俗学国际学术交流中心。他把一生最有成就的岁月、最热忱的心血和最旺盛的创造精力,都无私地奉献给了北京师范大学民俗学国家重点的建设,使本专业在国内高教界实现了10个第一。

1953年,钟敬文教授在北京师范大学招收新中国第一批民间文学专业的研究生。

1955年,钟敬文教授在北京师范大学成立了全国第一个民间文学教研室。

1980年,钟敬文教授被国务院授予首批博士生导师,本专业成为全国第一个民俗学博士点，以后又成为全国第一个博士后流动站。

1980年，钟敬文教授主编中国现代大学教育史上的第一本民间文艺学教科书《民间文学概论》出版；后获教育部和北京市高校优秀教材一等奖。

1988年，本专业成为国内第一个民俗学国家重点学科。

1996年，本专业成为国内高校文科第一批211工程试点单位。

1998年，钟敬文主编中国现代大学教育史上的第一本民俗学教科书《民俗学概论》出版；后获中国国家图书奖提名奖和国家级教学成果奖。

2000年，钟敬文教授成为全国高校民俗学专业唯一的全国优秀教师称号获得者。

2001年，本专业成为教育部第一批人文社科研究国家重点研究基地，创建了民俗典籍文字研究中心。

2003年，本专业再度成为全国高校文科民俗学专业211二期工程试点单位。

钟敬文教授一生出版著作67部，撰写论文300余篇，另外撰写和发表了大量的诗词散文作品，在民俗学、文艺学、现代文学、古典文学等多学科领域里都取得了卓越的成就。这些学术成果和文学创作大都是在北京师范大学完成的。他从中年到晚年一直在北京师范大学工作，把北京师范大学建成了一块民俗学的精神福地和学者乐园。他怀着对祖国和对人民的深情热爱，对追求真理、捍卫真理的执著热情和对从事高等师范教育事业的强烈责任感，始终无私奉献、勤奋耕耘、为北京师范大学民俗学和民间文艺学课程体系的创建、为以北京师范大学为基地的民俗学大批后学的培养，做出了不可磨灭的重大历史贡献。他博大精深的学问修养、极其严谨的治学态度、精益求精的工作精神和高度敬业的处事态度，也给民俗学专业的全体师生留下了深远的影响。

53年来，由于钟敬文教授的影响，北京师范大学民俗学学科点一直是大师云集的摇篮。季羡林、费孝通、张岱年、启功等许多国学大师都长期担任本专业的长期通讯研究员。

53年来，北京师范大学民俗学为国内高校和科研院所培养和输送了大批高级专业人才，现在国内高校和科研院所的绝大多数学术骨干人才都是北京师范大学输送的。

53年来，本专业承担了广泛的国际合作和国际交流任务，曾接待来自世界五大洲许多国家的著名汉学家和留学生。在他们中间，苏联著名汉学家李福亲、美国著名历史学家欧达伟、法国著名人类学家劳格文、澳大利亚著名民俗学和人类学家贺大卫、日本著名民俗学家伊藤清司、韩国著名民俗学家任东权，以及著名美籍华裔历史学家洪长泰等，他们都蜚声海内外汉学界，与钟老交谊深厚，并在钟老身后继续支持本专业的重点学科建设。

53 年来，钟敬文教授始终重视参与政府的文化建设事业，晚年还以八旬高龄，投入了文化部发动的中国民间文学三套集成的搜集编纂工作，为我国政府后来强调的非物质文化遗产保护事业奠定了重要的前期基础。他还应邀在很多社会学术团体中兼职，曾长期担任民间文艺家协会主席、中国民俗学会主席、中国文联委员、中华诗词学会副主席等，作出了多方面的社会贡献。

钟敬文教授在生命的最后几年里，面对现代化和全球化对民族传统文化的冲击，集平生学问之大成，提出了建立中国民俗学学派的学说，把他的学术成就推向了历史的巅峰。

这是一个曾经拥有大师的国家级重点学科，这是一个已经辉煌了半个多世纪的高校文科示范性学科，这是一个依然年年岁岁、迎来送往无数青年学子的特色学科。它的历史，注定了它的未来；它的大师精神，养育它的创新之路。

斯人已去，学问向前。我们凝望钟老，我们自强不息。

(二)民间文艺学家钟敬文

钟敬文先生是国内外知名的民俗学家和民间文艺学家，同时也是中国现代文学史上的诗人、散文家、作家和文艺理论家。他在诗歌文学的创作上取得较大的成就，曾与一批五四文学大家俞平伯、朱自清、谢冰心、郁达夫等往来唱和，文学风格清绝朗俊，其散文《碧云寺的秋色》等被收入中学课本，影响广泛，在中国现代文学史上占有一席之地。当他从文学转向民俗学研究后，由于对创作和理论两者兼通，也决定了他的经验论治学风格，为他开创民间文艺学和民俗学两门学问，提供了特别敏锐的洞察力和艺术分析能力。

钟敬文先生，1903 年 3 月 20 日生，广东海丰人。原名谭宗，入学后更名敬文，笔名静闻、静君、金粟等。1922 年秋毕业于广东陆安师范。先生的幼年和少年时代是在晚清和辛亥革命时期度过的，起初念私塾，后来进了新式学堂的小学和师范学校。从青年时代起，参加五四运动，自

1924 年开始给北京大学《歌谣》周刊投稿，搜集家乡的传说故事在报刊上发表，还与同学合作出版了新诗集《三朵花》，他一生都没有放弃文学创作，在二三十年代的《少年先锋》、《民间文艺》和《民俗》杂志上发表了很多新诗和散文，出版了散文集《荔枝小品》(1927)、《西湖漫拾》(1929)、《湖上散记》(1930)、新诗集《海滨的二月》(1929)和《文艺短论》(1929)，这些著作后来都被一版再版。

钟敬文先生的新文学创作起点是从伟大的五四运动开始的。1926 年秋至 1927 年夏，他入岭南大学深造，半工半读，结识了后来成为中国现代进步音乐大师的冼星海。1927 年秋，他进入中山大学，给傅斯年先生做助教，兼任预科国文讲师。傅斯年是五四新文化运动的前驱，时任中山大学文学院院长兼中文系主任，提倡新文化思想，教学作风精干，引起了先生的敬佩。1927 年年底，他参与了顾颉刚教授等发动组织的中国民俗学会，并成为少数几位重要的核心人物之一，负责编辑《民间文艺》和《民俗》周刊，发展了他的文学和理论双才能。

钟敬文先生于 20 世纪 30 年代侧重从事民间文艺学研究后，仍未放弃文学创作，并在民间文艺学研究的选题和对象上，也注意与文学艺术有联系的方面。1928 年秋至 1929 年夏，他转至浙江教书，任杭州高级商业学校教师兼浙江大学国文系讲师，从 1929 年起专任浙江大学国文系讲师，这时他出版了一系列民间文艺短论和随笔，如《民间文艺丛话》(1928)、《疍歌》(1928)、《歌谣短论》(1928)、《客音情歌集》(1929)和《楚辞中的神话和传说》(1928 年发表，1930 年出版单行本)，对南方少数民族神话传说进行了探讨，并与茅盾所采用的西方人类学观点展开讨论。他还与杨成志合译《印欧民间故事型式表》(1928)，撰写了《中国民间故事型式》(1929 开始)，借鉴 AT 类型法，并自己创用民俗志分类法，开启了中国故事类型研究的实践。1930 年秋至 1933 年春，任浙江民众教育实验学校教师，主讲民众教育专修科和民众教师师范科的国文课程，首次开设民间文学课，编写了我国第一本民间文学专业理论基础教材《民间文学纲要》。他撰写了《民间文学与民众教育》的论文，提出了民间文学公共教育思想。他因受国民党右派的打击从广东来到浙江，但他并不气馁，他在杭州与同仁创办了中国民俗学会，还撰写了《中国民俗学运动歌》(1932)，用音乐艺术语言表现了一种锲而不舍的勇气。

1934 年春，钟敬文先生放下教鞭，赴日本东京早稻田大学文学院研究部留学，专攻民俗学、神话学和文化学。在日本期间，他发表了论文

《民间文艺学的建设》，成为中国现代民间文艺学的开辟之作。他还日本的学术刊物上发表了《老獭稚传说的发生地》、《槃瓠神话的考察》等论文，建立了自己的民间文艺学研究个案。

从日本回国后，钟敬文先生在处理文学创作和学术研究的关系上产生了两个变化：一是把民间文艺学作为民俗学的一部分，同时也从事文学创作；二是受到法国社会人类学家迪尔凯姆和俄国早期马克思主义的影响，开始对社会组织民俗做尝试研究。他的实验室是大学和战场，他仍然从事文学创作。他亲身投入了中国的反法西斯战斗，并把国粹和国风艺术都当作抗敌武器。1936年夏至1937年秋，先生任浙江民众教育实验学校国文教师，兼西湖国立艺术研究院文艺导师。他为《民众教育》月刊编辑了"民间艺术"专号，举办了民间图画展览，编辑出版了《民间文化资料小丛书》，把民俗图像及其文化内涵研究提到议事日程上。这一举动也是与当时兴起的通俗文艺运动相关的。1938年春至1938年夏，在抗战中，他辗转到达广西桂林，在迁至那里的江苏无锡教育学院和北京香山幼儿教育师范学校任教，讲授国文，不久投笔从戎，加入广州四战区政治部，后随军迁至曲江。他以作家的身份，到粤北前线考察军民抗战事迹，写作了《抗日的民间老英雄》、《指挥刀与诗笔》、《牛脊背》、《残破的东洞》等报告文学，编辑了《良口之战》的报告文学集。后由于国民党对抗战工作的牵制，他回到中山大学任教，此间他还出版了新诗集《未来的春》（1940）和诗论集《诗心》，刊印了旧诗集《东南集》（1939）。他受到拜伦和罗曼·罗兰等英法爱国作家的影响，始终保持着强烈的爱国热情和人道主义同情心，为国家民族的和平复兴奋力创作。由于战争的原因，他离开了书斋，没有多少时间写论文，只发表了《民间艺术新探究的新展开》一文，对自我学术的转变做了一点总结，但他却以富有使命感的创作力，让自己的战时岁月变得充实。

钟敬文先生自20世纪40年代中期起倾向马克思主义，并谨慎地开始使用方言文学和政治学的方法。1947年秋至1948年冬，他在香港达德学院文哲系任教，同时担任方言文学研究会会长，撰写了《关于方言文学运动理论断片》等系列文章，还发表了评论延安解放区作品《王贵与李香香》的文章。1949年5月，他和一批文化界著名人士由香港乘"总统号"轮船经天津到达北京，参加了全国第一届文代会，并在北京大学、北京师范大学和辅仁大学三校任教。1950年，参与筹建中国民间文艺研究会，历任副理事长、副主席，同时担任《民间文艺集刊》、《民间文学》、《文学遗产》

和《光明日报》"民间文艺"副刊的编委。这时他发表了《口头文学:一宗重大的民俗文化财产》一文(1950),热情肯定民间文学的文化地位和学术地位,他所提出的民间文学是中国文化史的"财产"的思想,与后来他强调的民族民间文学遗产的思想,是一脉相承的。

在20世纪50年代初期和中期,在当时的社会背景下,钟敬文先生在学术上、高校教育工作上和社会活动上都受到苏联的影响。他积极为高校普遍设置民间文学课程而撰写文章,呼吁奔走,终于从高校制度上,把民间文学研究事业巩固下来。直至1957年被错划为右派停止工作,他一直都在理想王国中热情百倍地工作,他试图利用新中国给他提供的一切机会,实现从五四和抗战后形成的"人民的学问"的思想。他组织翻译了《苏联口头文学概论》,并为之撰写了中译本序,认真总结了他接受马克思主义和苏联民间文艺学理论的认识。由于他后来沉寂的境遇,他不能把这种想法继续下去。在人生的低谷中,他顽强地从事研究和写作,撰写了《晚清民间文艺学史试探》、《晚晴革命派著作家的民间文艺学》、《晚清革命派著作家对民间文学的运用》和《晚清改良派学者的民间文学见解》(1960~1964年),开辟了中国民间文艺学史研究的新方向。他在这期间创作的诗集《晋南草》,展露了他在乡间蜗居中,志存天风海涛的忘我境界。

钟敬文先生自1979年至20世纪末进入了新的学术活跃期,在全国"思想解放"的氛围中,从日本时期形成的文化史观念切入,并经过建立民俗文化学的途径,全面转向民俗学(含民间文艺学)的学科建设。相应的散文诗歌创作也成为复出后的人生欢歌和事业宣言。他在恢复工作不久,便写下了"争分夺秒余生事,宁用回头叹逝川?"的诗句,以极大的迫切感,忘我地投入学科恢复重建的工作。他与顾颉刚、马学良等七教授一起,倡议重建了中国民俗学会,并连续四届担任理事长。他南征北旅,到兰州、昆明、丹东、沈阳、上海、宁波、烟台、杭州、绍兴、贵阳、桂林、石家庄、成都、广州和京郊门头沟等地,为各地高校教育者、民间文学和民俗学工作者讲学,还撰文为黑龙江、吉林、江苏、河南、山西、江西、广西、内蒙古、西藏、新疆等地的民俗学教育和学术活动提出指导意见,并随手写了考察国情民俗的诗篇。他长期在民艺事业中从事文学创作,成为他始终关注理论与作品两者的源头活水,为不久后投入文化部发动的中国民族民间文艺十大集成搜集整理工作打下了坚实基础。现在这些资料都已变成不可再生资源,被高度重视和保管利用。

步入晚境后的钟敬文在学术反思和开放环境中发展自己的学说兼创

作，混合型的论题和成果源源不断。他还在校内外从事大量与文学事业有关的社会活动，承担了很多社会兼职，包括中国文联委员、中国民间文艺家协会主席、中国诗词学会副会长等。

钟敬文先生在晚年获得了诸多荣誉，多次获得教育界先进工作者、劳动模范、优秀教师等光荣称号，受到党和国家的一再表彰，同时被中国文联授予终身成就奖。

钟敬文先生于 2002 年 1 月 10 日逝世，享年 99 岁。

(三)教育家钟敬文

钟敬文教授是中国现代民俗学教育事业的奠基人，他一生殚精竭力于民俗学教育事业，在民俗学高等教育体制创建、民俗学国家重点学科建设、全国通用民俗学教材创编、民俗学高级专业人才培养与民俗学社会公共教育上，都作出了开拓性的重要历史贡献。

钟敬文教授是中国高校师范教育史上从教时间最长的学者，执教长达80年。早在 1923 年，他在故乡广东开始教书时，已受到北京大学新文化运动的影响，把教学和组织学生搜集民间文学资料结合起来，开始了民间文艺学采风调查课程的实践。1929 年，他转到杭州执教，已开始从事民间文艺学的专业教育。当时，他一方面从事民俗资料的搜集出版和民俗理论的探索；另一方面，又在浙江大学等校尽力于从事民间文学教育工作。他还在浙江民众教育实践学校教书，最早开辟了民俗学社会公共教育的领域。抗战时期和解放战争时期，他在广州中山大学及香港达德学院任教，都讲授过《民间文学》这门功课。新中国成立后，他在北京师范大学任教。从此，他致力于民间文艺学的课程建设，把民间文艺学搬上新中国的大学课堂。他同时还在北京大学、辅仁大学中文系兼授此课。

钟敬文认为，教育的关键在教材，教材是培养师资和扩大生源的共同渠道。他一生主持编纂了中国大学教育史上第一部民间文艺学教育和民俗学教材，它们都在民俗学高等教育事业中发挥了重要影响。早在 20 世纪30 年代初，他就编写了我国最早的民间文艺学教材《民间文学纲要》。自20 世纪 40 年代至建国初，他都在一系列新开辟的专业研究方向上，使用了自编教材，持续进行教材探索。1979 年，他受教育部的委托，主办民间文学教师进修班，同时主动领导学员们共同编纂《民间文学概论》的大学文科教材，于当年完成。多年来，此教本一直被高校使用。20 年后，他为使国内大学能普遍开设"民俗学"的课程，又组织力量，编纂出版了《民俗学概论》。钟敬文教授所主编这些新教材，不但表现了他的先见之明，也在民俗学教学实践中发挥了应有的作用。实践证明，钟敬文教授的努力是有它的客观依据和社会效应的①。

钟敬文教授长期培养研究生高级专业人才。1953 年，他招收了一批民间文学（当时借用苏联的名称，叫"人民口头创作"）研究生。这批毕业的研究生后来大都成为我国这方面教师的骨干。1979 年，他又招收了一批攻读民间文学硕士学位的研究生，于 1982 年毕业。1986 年，他招收了新中国第一位民俗学专业的博士研究生，于 1989 年毕业。从 1981 年起，钟敬文教授所领导的北京师范大学中文系民间文学教研室，被教育部定为这方面（包括民俗学和民间文艺学）的博士培养授予点，也是全国本学科唯一的博士点。20 年来，这个教研室培养了大批博、硕研究生。

钟先生重视民俗学高等教育的全面建设，从根本上推进了高校民俗学学科的创新发展。1988 年、2002 年和 2007 年，北京师范大学民俗学学科点三次被评为国家级重点学科，1996 年后持续进入 211 工程一、二、三期，2000 年获国家级教学成果一等奖，2003 年和 2005 年进入 985 工程。现在查阅北京师范大学民俗学国家重点学科的成果，能找到众多引用钟敬文教授著述的文章，发现师生披露某种学术思想的最初思想基础；能看到这类文章所产生重大学科意义和社会影响，能发现其中对传统与继承的深刻理解；能看到老中青人才的合理结构和学科后劲；还能找到源源不断的国际国内项目课题。一个学科点的存贮如此富有，是该学科的学术研究、教育事业和社会利用的价值所在，也是钟先生对此深具长远眼光和及早规划的结果。

钟敬文教授开创和发展了我国的民俗学和民间文艺学的教育基础研究和人才培养事业学，他是我国高校教育界民俗学学科的一代宗师。

在建设纪念站的过程中，《钟敬文与民俗学国家重点学科》的电视片曾给北京师范大学民俗学专业的师生播放，开展国家重点学科传统教育，激励师生以

---

① 钟敬文：《民间文学纲要》，铅印本，1931 年编写，在浙江民众教育实验学校使用。钟敬文：《钟敬文教育与文化文存》，241 页，海口，南海出版公司，1991。关于钟敬文组织编写的民间文艺学高校教材，参见钟敬文主编：《民间文学概论》，上海，上海文艺出版社，1980。此教材有配套作品教材，参见钟敬文主编：《民间文学作品选》（上、下），上海，上海文艺出版社，1980。关于钟敬文组织编写的民俗学教材，参见钟敬文主编：《民俗学概论》，上海，上海文艺出版社，1998。

宗师钟敬文为榜样，树立国家重点学科的荣誉感和责任感，继承和开拓民众学问领域，让民俗学高等教育人才在国家社会建设中起到应有的作用。

第三节　研究站

钟敬文工作站的研究站，展示钟敬文民俗学学说和相关学术思想的研究价值。研究站主要收藏和演示钟敬文学说被国内外理论界研究的成果，同时也收藏和演示钟敬文学术文化成就的后续重大项目工程和中青年学者衍生成果，实现对这些成果的再研究和继续传承的目标，也为开发研制社会应用产品服务。

研究站的演示数据，为公开发表或出版的国内外研究钟敬文学说成就的纸介成果数据，相关研究钟敬文资料中的音视频数据，钟敬文指导北京师范大学民俗学国家重点学科的中青年学者后续成果的数据，以及北京师范大学民俗学专业研究生学位论文的数据。

在上节纪念站介绍的基础上，本节重点说明研究站的延伸部分特征，包括它的网站结构、文字解说和相关内容等。

一、研究站的数据合成与链接控钮

研究站，是将民俗学者设计的多媒体实时演示信息，根据网站展示的概念和结构框架，进行再设计、确定查询数据库的核心节点提示语，进行产品化的数据合成，绘制图表的方式，最后实现建站的目标。

文字：研究站

合成：

1. 从"研究站＋进入"点击后链接；

2. "研究站"三字用动画效果，浮出、放大、定格、居中；

3. "研究站"两侧用墙壁效果，推出、放大、墙上有字或照片；

4. 由墙面字或照片对称点击，可高亮显示，同时可链接数据库或数字名师地图。

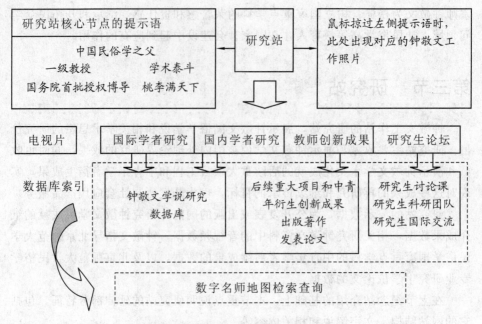

图 2.19　研究站数字合成逻辑框图

二、研究站音视频数据的文字说明

　　研究站的音视频数据演示的文字说明，由民俗学者撰写，主要体现钟敬文开创和长期指导北京师范大学民俗学国家重点学科的科研教学特点和成果。在反映基础研究与创新研究的两方面工作上，以反映创新研究为主；在反映高校专业研究与转化社会应用成果的两方面关系上，介绍本站推动名师成就的传承、共享和开发应用的各层级目标；并针对音视频数据图像的演播作相应解释。

(一)研究站的文字说明

　　在研究站中，所撰写的文字说明以及电视片的文字脚本，配合数字数据的演播进行解说，增强展陈效果。下面以反映钟敬文培养团队的后续衍生工程和中青年后学成果的《创新篇》为例说明。

钟敬文与北京师范大学民俗学国家重点学科

创 新 篇

千年枯海怒潮腾，

我也乘潮一后生。

今日像前低首拜，

灵魂终竟有真评。

——钟敬文《礼蔡元培先生像》

1983 年 6 月作于北京大学勺园

钟敬文教授在晚年创作了很多诗篇，回首平生、低首深思。从北京大学歌谣学运动走来的他，终于在 2002 年的春天，在历经了一个世纪的伟大跋涉之后，把学科建设的重任交给了他的后学。他那壮怀激烈的诗句"我也乘潮一后生"，从此在北京师范大学百年学府的沃土上，化为一曲民俗学园地里的《满江红》，期许后学、也昭示未来。

5 年来，民俗学国家重点学科在北京师范大学不间断传承大师精神的深厚传统中继续发展。

创新理念：坚持继承、注重创新、特色定位、团队奋战、保持领先力、拓展学术产出。

创新目标：实现传统人文学科现代化。

创新成果如下。

1. 研究方向

继承发展钟敬文教授的建立中国民俗学派的学说，保持原有的民俗学（民间文艺学）优势方向，同时创建历史民俗学和文化遗产学两个新方向，并取得成效。

创新点一：编纂民俗史志，首次进行中国民俗历史基础资源研究

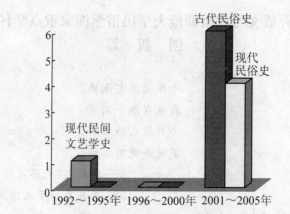

图 2. 20　民俗学研究方向数量变化

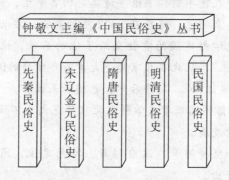

图 2. 21　钟敬文主编《中国民俗史》丛书体系图

创新点二：加强文理结合，首次完成民俗图像电子典藏库

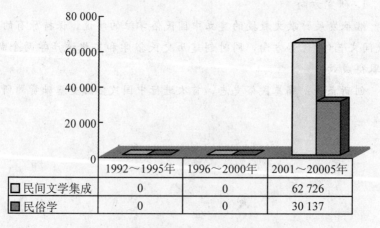

	1992~1995年	1996~2000年	2001~20005年
□民间文学集成	0	0	62 726
■民俗学	0	0	30 137

图 2. 22　民俗图像电子典藏库数据量对比图

图 2.23　中国民歌资源分布图数据库

图 2.24　北京寺庙碑刻数据库

图 2.25　华北水资源与用水民俗图像典藏库

图 2.26　中国数字故事博物馆

创新点三：注重社会应用，取得水利民俗和民间手工艺等遗产保护项目成果

图 2.27　技术民俗学研究单元部分成果

2. 教学改革

创新点一：面向中国现代化、全球化进程中的民俗学新课程

共享课程资源网络

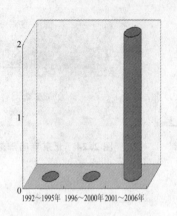

社会学课程
与清华大学社会学系共享
民间宗教学
与北京大学东方学系共享

图 2.28 民俗学共享课程资源网络图

创新点二：建设北京重点高校民俗学、社会学共享课程资源网络

创新点三：组建研究生科研项目团队，培养专业研究和文化项目两用人才

3. 科研项目

创新点一：改善科研经费结构与数量

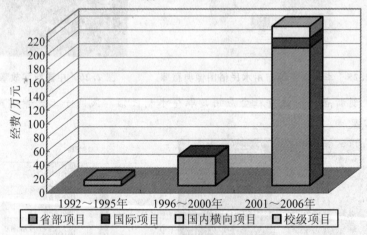

图 2.29 民俗学科研经费结构与数量图

创新点二：增加国际前沿课题和国内创新课题

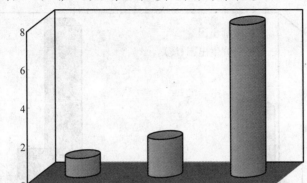

图 2.30　国际合作项目柱状图

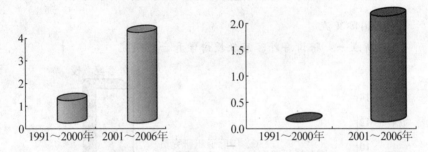

(a)政府文化部门合作课题(三集成数据库)柱状图　　　(b) 企业文化创新课题柱状图

图 2.31　国内横向项目与创新课题柱状图

4. 人才培养

创新点一：建设现代知识体系中的民俗学人才结构框架

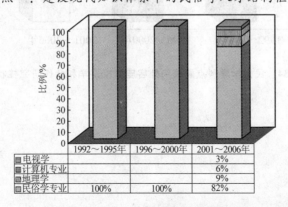

	1992～1995年	1996～2000年	2001～2006年
电视学			3%
计算机专业			6%
地理学			9%
民俗学专业	100%	100%	82%

图 2.32　民俗学专业人才结构变化柱状图

创新点二：民俗学高级专业人才教育国际化

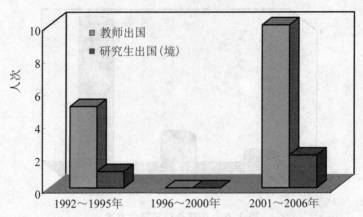

图 2.33 民俗学学科点教师(带研究生)出国(境)学术交流统计图

5. 国际交流

创新点一：聘请海外客座教授讲学和合作研究

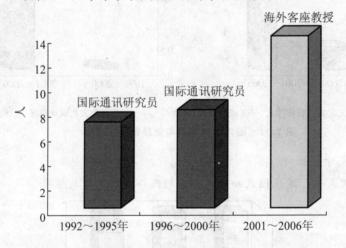

图 2.34 民俗学学科点聘请海外客座教授讲学和合作研究柱状图

创新点二：国际前沿课题学术讲座

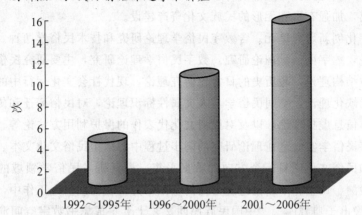

图 2.35 民俗学学科点国际前沿课题学术讲座柱状图

5 年来，民俗学学科点加强建设现代民俗学知识结构体系，在理论创新和教学科研改革上不断进取，获得了国内外同行的好评。

"今日像前低首拜，灵魂终竟有真评"。今天，我们在先师钟敬文教授低首沉思五四的地方，也沉思他创造的经典，告慰他不朽的灵魂。我们将面向 21 世纪的中国社会发展和民俗学事业，继续奋斗。

研究站在建设过程中，上述电视片《创新篇》曾向北京师范大学民俗学专业师生播放，同时还开办了"钟敬文工作站·研究站"的"研究生论坛"，概念网所促进了民俗学专业研究生培养模式的改革。民俗学专业师生学习前辈学者怀着对祖国和对人民事业的真诚热爱所作出的终生奉献和巨大贡献，树立正确的人生理想，培养高层人才的专业思想和全面健康的人格素质，训练科学严谨的治学态度，养成精益求精的工作作风，作敬业、奉献、创新、有价值的学术研究和社会应用探索。

(二)研究站收藏的中青年后学成果及其数字化管理

北京师范大学民俗学国家重点学科继承发展钟敬文学说的成果之一，是创立了数字民俗学校实验室，对钟敬文人生成就的精神遗产进行数字化的转化、保存和传承，对后续创新工程和中青年学者的成果进行数字化管理。

本项探索是理论民俗学和应用民俗学的交叉分支，是钟敬文建立中国民俗学派学说的创新尝试，其学术目标有三：一是激活民俗学理论的应用性，二是提高民俗学方法的应用能力，三是拓展高校民俗学基础研究的社会服务功能，在全球多元文化交流和竞争的背景下，促进中国民俗学研究成果和民俗文化杰作的推出，加强有形和无形的民族文化资产建设。

数字化创新研究单元。含数字民俗学理论研究和技术民俗学两种。

第一，数字民俗学理论研究。数字民俗学理论研究，主要研究民俗学地方社会定位结构理论，超历史的日常化研究理论，现代社会文化运行中的下层历史元素稀缺化理论，空间民俗学与人文属性标识理论，对民俗变迁和传承过程中的群体信息虚拟理论，以及对民俗文化代表作的保护利用方法论等。

数字民俗学实验室在理论研究的同步过程中，承担民俗文化文本、民俗文化技术和民俗文化项目三个方向的数据采集，探索研发民俗学领域的文化产品，以检测、调整和不断推进这方面的基础研究。在初期研究工作中，已建成"民俗图像电子典藏库"、"中国民族民间文艺十套集成志书数字空间演示模型（以中国民间歌曲集成、中国民间舞蹈集成和中国戏曲志为主）"、"中国数字故事博物馆"和"钟敬文工作站"。

第二，技术民俗学研究单元。从民俗学视角切入，运用数字信息学理论，对传统民间手工艺和民间行业技术等对象，进行交叉研究，产出纸介著述、数据库和数字地图等综合性研究成果。在传统手工艺民俗学方面，主要研究手工造纸、制盐、制铜、打铁、制陶、纺织、制糖民俗，创建数字手工艺民俗志。在民间行业技术方面，主要研究水铺业、金石碑刻业、铁业、铜业、玉器业、账簿业、粮油业、煤业、扎糊业等行业技术知识和行业社会组织，创建数字手工行业志。出版著作《云南民族民间工艺技术》、《数字行业民俗志》和《数字碑刻民俗志》等。①

该项研究渗透到民俗学教学中，将研究生教学与数字项目锻炼相结合，开展数字化民俗数据贮存与管理操作培训，开设了大小型讲座培训 24 种，培养文理科交叉研究博、硕研究生 4 届；制作民俗学前沿课程课件共 6 种，含"社会学原理"、"民间宗教学"、"全球化、女性学与发展"、"社会性别与公共政策"、"性别、高等教育与发展"和"歌曲与现代中国"等教学光盘，建立了民俗学教学光盘数据库。

数字民俗学的建设，已体现出明显的学术价值和社会作用。在国内外同行中，它首次建立了中国民俗民间文学数据基础资源库和中国民俗学数字科研数

---

① 李晓岑、朱霞：《云南民族民间工艺技术》，北京，中国书籍出版社，2005。周锦章：《数字行业民俗志》，北京，北京师范大学出版社，2009。鞠熙：《数字碑刻民俗志》，北京，北京师范大学出版社，2009。

字化逻辑表达框架和展示平台，将钟敬文学术文化成就与发展信息给予现代化的展示和交流，更新了民俗学国家重点学科的特色，扩大了北京师范大学民俗学成果的国际交流领域，对国内高校民俗学专业信息管理和研究能力的提升，提供了个案。它还促使民俗学高校研究走出高校象牙塔，服务国家社会的重大文化需求项目，为政府非物质文化遗产保护决策提供了学术支持；也在一定程度上，为企业正确开发民俗文化遗产提供了专业参考意见。

第四节 遗产站

遗产站，展示钟敬文学术文化成就的传承价值，采集和收藏可转化为现代大学史遗产和社会公共文化遗产的数据部分，加以研究开发，建成本站。

遗产站编辑和收藏钟敬文生前使用实物中具有精神遗产象征意义的数据，如故居和藏书的数据、钟敬文本人的音视频数据、国家知名人士和文化艺术界故交与钟敬文往来的手迹数据等，它们体现了钟敬文卓越的社会贡献和在国内外的历史影响。

遗产站的目标有两个：一是把钟敬文名师成就数字遗产化，转化为现代大学遗产，促进其向现代社会和未来传承；二是研制、展陈和推出数字名师地图集，形成数字文化产品，扩大社会应用范围。

一、遗产站的数据合成与链接控钮

遗产站，由准备钟敬文工作站中适合遗产化的多媒体数据合成，进行再度开发，制成数字产品。设计有助于传承演示和社会应用的结构方案，确定核心节点提示语，然后通过数字技术合成，实现建站目标。

文字：遗产站

合成：

1."遗产站＋进入"点击后链接；

2."遗产站"三字用动画效果，浮出、放大、定格、居中；

3."遗产站"两侧用墙壁效果，推出、放大、墙上有字或照片；

4. 由墙面字或照片对称点击，可高亮显示，同时可链接数据库或数字名师地图。

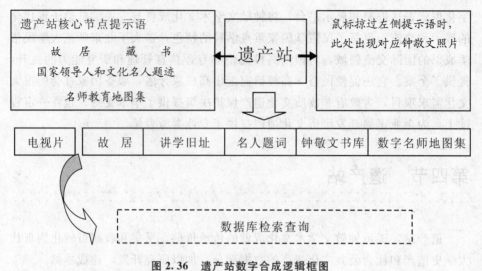

图 2.36 遗产站数字合成逻辑框图

二、遗产站音视频数据的文字说明

撰写遗产站的音视频数据演示文字说明，由民俗学者撰写，要求符合数字网所对遗产站的三个要求：一是展示名师成就遗产化的内容，二是解释名师遗产在现代大学教育和社会公共文化遗产建设中的位置和作用，三是对遗产站的音视频数据演播画面作对应解释。

在遗产站中，所撰写的文字说明，以及电视片的文字脚本，配合数字数据的演播进行解说。遗产站内容共三种：钟敬文故居和讲学旧址、钟敬文书库和名人手迹。它们可以部分地反映钟敬文生平和学术文化成就现代大学遗产化的内容，以下举述大要。

钟敬文与北京师范大学民俗学国家重点学科
遗 产 篇

北京师范大学百年学府名师云集，他们拥有一批名师学术文化遗产，钟敬文教授是其中之一。

钟敬文教授的一生几与北京师范大学同龄，他的民俗学学说和民俗学高等教育体系的创立是与北京师范大学的历史分不开的。因此，他的学术文化遗产是北京师范大学现代大学教育遗产的重要组成部分。这种大学遗产是一个特殊的教育博物馆，它记录了一个民俗学学术大师治学执教生涯的活态历史，记录了他的社会、时代所允许他发展的基础条件，也记录了他生前身后所具有的巨大国内影响和重要世界影响。

钟敬文学术遗产的内涵是丰富的，以下主要介绍三部分。

（一）钟敬文故居和讲学旧址

北京西单石驸马胡同新文化街 47 号。这是一所位于北京中心地带的明清四合院建筑。1949 年夏，钟敬文教授从香港回内地后，直至 20 世纪 50 年代中期，都一直住在这里。他从这里驱车至中南海，受到毛泽东、周恩来等国家领导人的多次接见；他从这里走到附近的《光明日报》旧址，为该报创立了"文学遗产"专栏，并发表了很多民间文艺学研究文章。他在 50 年代撰写的许多重要著述，如论文《口头文学：一宗重大的民族文化财产》和著作《民间文艺新论集》等，① 都是在这里完成的。在此期间，他还与周扬、郭沫若和老舍等一起，创建了中国民间文艺研究会，并在北京师范大学创建了民俗学教学科研体制。

北京师范大学小红楼 2 单元 7 号。这是一所俄式红砖小楼，钟敬文教授自"文革"后期到逝世前，一直住在这里。我国高校恢复高考制度后的北京师范大学民俗学专业招生、重点学科建设、国际交流和诸多国家级和省部级学术荣誉的获得，都与这座小红楼有关。它成为钟敬文教授晚年焕发青春、鞠躬尽瘁，为中国民俗学事业写作、教学与研究工作的起点和终点。

敬文讲堂。这是北京师范大学最大的一座专供中外学者讲演的场所，现代化设备齐全，可供 500 人同时听讲，钟敬文教授等几位北京师范大学"文革"后硕果仅存的大师级学者都曾在这里为全校师生作过讲演。该场所原名"五百座"，2002 年改为"敬文讲堂"，长久纪念钟敬文教授为北京师范大学、乃至中国的师范教育事业所作的巨大贡献。匾额手迹为启功教授亲题，因此也有重要文物价值。

（二）钟敬文书库

钟敬文教授的平生藏书，有学术大师个人书库的特点。

---

① 钟敬文：《口头文学：一宗重大的民族文化财产》，原作写于 1950 年，收入钟敬文：《钟敬文民间文学论集》，1～20 页，上海，上海文艺出版社，1982。钟敬文主编：《民间文艺新论集》，北京，北京中外出版社，1950。

一是富有中外珍本。藏书以日文为主，还有英文、俄文、法文、德文和韩文著作。这些书都是他辛苦积攒个人经费求购的，很多原版书为国内仅有，如詹姆森（Raymond D. Jameson）《中国民俗学三讲》①。在古籍中，以晚清诗词笔记著作最为珍贵，有不少珍本。一些民国本子也是珍稀藏本，如韩伯耆的《绿云楼诗抄》。还有一些现代著作在国家图书馆也是库本书，不外借，对民俗学研究来说是相当珍贵的。

二是个人全套著作。钟老一生出版各类著作六七十种，发表论文 300 余篇，都有家藏，而且是原版。还有不少手稿，记录了钟敬文学术思想的形成与发展，都有重要价值。

三是学科结构著作。钟老穷毕生精力创设民俗学和民间文艺学，他的藏书体现了这两门学科的理论结构和理论来源。这方面的书籍，包括民俗学、文化学、考古学、音乐学、戏曲学、文艺学、人类学、语言学、社会学和民族学等，在他处是无法找到的。很多书的作者，都是该领域中的大师，封内都有他们给钟老的题赠真迹，其中不少人现已作古，其珍贵之处可想而知。

四是学术交流和社会活动成果。钟老生前承担很多社会职务，参加了大量的学术活动和社会活动，这些活动后来也形成了著作成果。如钟老曾担任《文艺报》、《光明日报》"文学遗产"等多家报刊的编委和撰稿。20 世纪 50 年代曾参与发动新中国的民间文学搜集运动和资料积累，70 年代末参与文化部中国民族民间文艺十集成重点项目的成果等。这些成果均已出书，并为钟老家藏，是一笔宝贵的财富。

（三）名人手迹

钟敬文教授生前多次受到国家领导人的接见，也与许多著名文学艺术家等素有交往，他们为钟敬文留下了很多题记手迹和绘画等，这笔资料历时长达七八十年，是一份不可替代的历史遗产。以下是其中的部分名人手迹。

---

① ［美］R. D. 詹姆斯：（Raymond D. Jameson）：《一个外国人眼中的中国民俗》（*The Three Lectures on Chinese Folklore*），田小杭、阎苹译，上海，上海文艺出版社，1995。

周恩来手迹

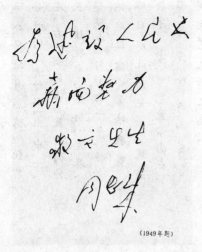

（1949 年题）

為建設人民文
藝而努力
敬文先生
周恩来
（1949 年题）

周扬手迹

敬文同志：
　　您从事民间文学和民俗学研究，勤勤恳恳，数十年
如一日，成绩卓著，众所共仰。兹值您八十高寿，
特向您表示祝贺，愿您健康长寿！
　　　　　　　　　　　　　　周扬
　　　　　　　　　　　　　　三月十八日
　　　　　　　　　　　　　　（1983 年题）

夏衍手迹

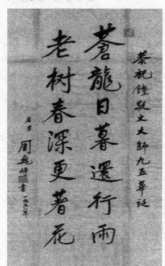

三八年泛舟荔湾，飲茶粤海，同游者曾以『上、中、下、左、右』相笑谑，蓋指尚仲衣、鍾敬文、夏衍、左恭、郁风也。匆匆四十年，鍾老飽經风霜，豪情胜昔。昨日以此册見示，嘱書數字留念，可見童心尚在。願節勞珍攝，目覩文艺复興之盛。

夏衍　己未、岁末。

周巍峙手迹

蒼龍日暮還行雨
老树春深更著花

恭祝鍾敬文大師九五華诞

后学　周巍峙　書　一九九八年

钱钟书手迹

热烈祝贺锺敬文大师九八高寿大禧

淵雅大度
老而弥光

周巍峙 恭书 二〇〇一年

敬翁道席 達教經年伏維
杖履雲善述作弘多慰如所
诵項奉
惠賜吟卷丞諷誦一過壯志
豪情清詞麗句美具難并
古人云肯宿意新於
公見之矣先此複謝即頌
年祺

晚

錢锺書敬上 廿七日

夏承焘手迹

古如無李杜子亦解高吟肯拾
千夫唾虚劳一世心江湖秋（秋）浩
荡魂梦夜飞沉脱手疑神助青
灯似水深

静闻先生大作唾弃谰言开径独行病中不
能细读漫题早年里作一首聊见敬怀
草草命笔不胜惶恐

承焘谨书　乙卯中秋

俞平伯手迹

承贺岁又惠示大作新词情文并茂
後叠尤妙敬写呈近拈里唱难酬
周甲韶华虚度一年容易秋
静闻先生吟教　一九七七元旦试笔　弟俞平伯

冬二句　休将时世（妆也）问衰翁新
装传衡裹　明代于天津设卫俗称卫裹
唐宫　任尔追踪雄婴终归啜　杜诗不闻夏殷
泣途穷能诛褒姐　袁中自诛褒姐斥责杨氏归美玄宗诗史之笔也　是英雄　裙裾即裙字拟
魄煞北门公　唐高宗朝北门学士韶事武氏　生花南董笔
平未是草调寄临江仙

朱光潜手迹

易安而從見斯人
骨秀神清自不群
身遭离乱多憂患
古今一例以诗鸣
独爱長篇题早早
深衷淺语见童心
誰説舊瓶忌新酒
此论未公吾不憑
题涉江诗词二绝
敬文老兄赐正

朱光潜

唐弢手迹

海濤何事捲天風捲起狂
瀾八極中歷盡艱難終不
悔先生豪氣勝元龍

書賀

鍾老教學六十周年　唐弢　一九八三年

177

朱东润手迹

中国写作研究会

敬文先生：

顷由 中玉兄转致 大作，感甚感甚。

沐诵大作，深感韵律铿锵而以深厚之感情寄之，诗坛词坫，独发一时，不胜钦佩。

今年学位委员会开会，原为1981年所预定，未容时在后月。两年以来，弟益形衰惫，至时倘健康许可，自当黾勉北上，再亲道范。先此奉陈。顺颂

健康

弟朱东润谨上

1983.3.16

叶圣陶手迹

静闻吾兄大鉴：接赐示三诗，循诵再三，弥感亲切。弟亦有赠李一诗，别纸录呈。即请

吟安。

弟叶圣陶 四月十四日

丁玲手迹

三十年前，并桌开会，彬彬有礼，印象很深。我曾尚言："总常落在浪涛的漩涡。"三十年后，又同桌饮酒，听你的新诗。觉得思想解放，潇洒自如。我窃以为实在太好，八十老翁仍如此精神焕发。实中华之福！敬文同志索书。聊此

丁玲
1984

廖辅叔手迹

回首途逾半纪，倾盖始神交，荔支（枝）方缀小品，旋买奈良刀。一夕陀城灰烬，九日翁江风雨，感愤秃霜毫。惊破黄花梦，帷幄亦危巢。向光明，知曲折，耐煎熬。天旋日转，容易天堑驾天桥。漫道看朱成碧，且喜自民间积，名播五洲遥。传薪接力，岁岁醉蟠桃。学

水调歌头一阕奉祝
敬文先生八十大寿　辅叔

启功手迹

神禹導洪流，愚公移王屋。有志事竟
成，初基燦在目。
開基誠不易，成業更艱難。持此必
勝心，戰彼萬濤瀾！

中國民俗學會成立，口占二絕。玆民俗學與民間文學講
習班同學將結業，書此贈別，并以共勉！鍾敬文撰。

一九八三年八月中旬
啓功書

　　北京师范大学教育遗产的内涵是与两句名训相关的：一句是古训"厚德载物，自强不息"，一句是校训"学高为师，身正为范"。在全球竞争、科技创新、经济发达和呼吁人文的时代，钟敬文等学术大师虽然离我们而远去，然而，经过北京师范大学高等师范教育的洗礼，通过民俗学国家重点学科建设的平台，争取做人格完备的学者，力争为国家社会和人民事业的发展全力奋斗和获取荣誉，这将永远是广大后学与前辈大师的心中之约、历史之约和未来之约。大师留给我们遗产，遗产也应该因我们的继往开来而生辉久远。

第三章　数字名师地图

　　钟敬文工作站的另一种成果形式是数字名师地图集。它是钟敬文工作站首次研制开发的应用软件新产品。它以数字民俗地图的形式，将钟敬文名师遗产物质化，促进将民俗学名师遗产转化为社会公共教育事业的新财富。

第一节　数字名师地图发布

一、卷首

（一）封面

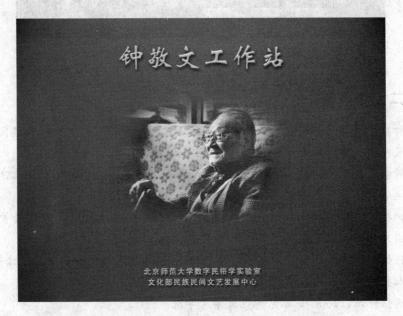

图 3.1　钟敬文工作站封面

（二）封内

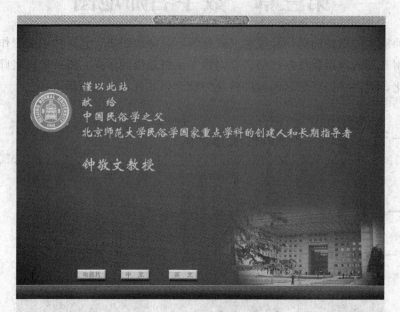

图 3.2　钟敬文工作站封内

二、版权页

钟敬文工作站的版权，归北京师范大学民俗学实验室和文化部民族民间文艺发展中心所有，项目主持人和方案总设计：董晓萍、李松。

钟敬文工作站所使用的钟敬文生平、学术、教育和地图数据，由北京师范大学主管，主管人：董晓萍、王静爱。

钟敬文工作站所使用的中国民族民间文艺集成原始数据，为政府管理数据，由文化部民族民间文艺发展中心主管，主管人：李松、张刚。

任何未经许可的复制和销售行为，均违反《中华人民共和国著作权法》，其行为人将承担相应的民事责任和行政责任。

通信地址：100875 北京师范大学文学院

100009 北京东城区北河沿大街甲 83 号

文化部民族民间文艺发展中心

网址：http://dfsl.bnu.edu.cn

http://www.china8000.cn

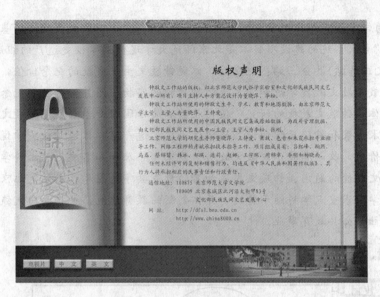

图 3.3　钟敬文工作站版权页

三、欢迎词

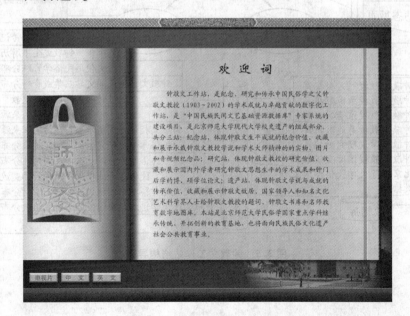

图 3.4　钟敬文工作站欢迎词

钟敬文工作站，是纪念、研究和传承中国民俗学之父钟敬文教授(1903～

2002)的学术成就与卓越贡献的数字化工作站,是"中国民族民间文艺基础资源数据库"专家系统的建设项目,是北京师范大学现代大学校史遗产的组成部分。(钟敬文工作站)共分三站:纪念站,体现钟敬文生平成就的纪念价值,收藏和展示承载钟敬文教授学说和学术大师精神的的实物、图片和音视频纪念品;研究站,体现钟敬文教授的研究价值,收藏和展示国内外学者研究钟敬文思想生平的学术成果和钟门后学的博、硕学位论文;遗产站,体现钟敬文学说与成就的传承价值,收藏和展示钟敬文故居、国家领导人和知名文化艺术科学界人士给钟敬文教授的题词、钟敬文书库和名师教育数字地图库。本站是北京师范大学民俗学国家重点学科继承传统、开拓创新的教育基地,也将面向民族民俗文化遗产社会公共教育事业。

四、导图

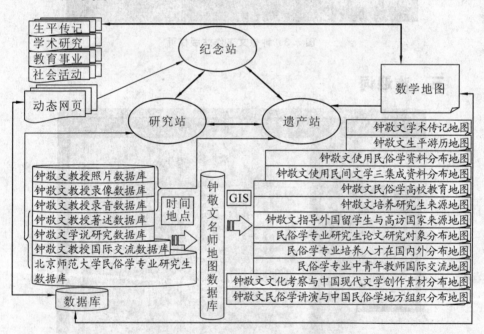

图 3.5　钟敬文工作站结构导图

五、地图站

（一）电视片《钟敬文教授与北京师范大学民俗学国家重点学科》画面剪辑

图 3.6 电视片《钟敬文教授与北京师范大学民俗学国家重点学科》画面剪辑

（二）由数字名师地图进入三站展厅

图 3.7 三站界面与链接

1. 纪念站展厅

图 3.8　纪念站展厅

图 3.9　纪念站查询

2. 研究站展厅

图 3.10 研究站展厅

图 3.11 研究站查询示意图

3. 遗产站展厅

图 3.12　遗产站展厅

图 3.13　遗产站查询示意图

六、开放工作室

(一)后台资源库

钟敬文工作站设后台资源库,本库将后台资源存储在各客户机中,通过本站的工作台总体控制,按照民俗学基础研究成果,根据工作站的逻辑结构,对资源分类采集和输入,上传到工作站的服务器上,然后作主题分类贮存。所有资源的人文属性信息,含空间单元信息,被贮存在钟敬文百年人生时空数据集的主题数据库中。另有一部分数字数据,如钟敬文学术著述数据、钟敬文照片数据和钟敬文录音数据等,被贮存在桥接数据库中。在这两种类型的数据库中,各自的分类数据,均被纳入不同命名的子库中;同时也分储于服务器的相应文件夹中。后台资源库为数字概念网所和数字名师地图产品共同提供数据资源。

图 3.14   后台资源库界面示意图

(二)软件库

钟敬文工作站的软件库,支撑数据库、制作和发布网页,并合成数字概念网所;制作和发布数字名师地图,并形成民俗学专家系统数字地图集成。

软件库的结构框图如下:

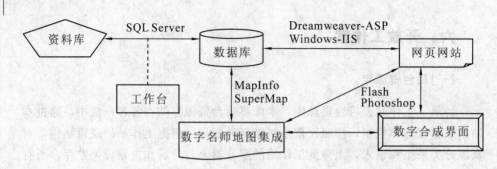

图 3.15　软件库的结构框图

　　支撑数据库。本软件库目前使用功能比较强大，而操作相对简单，利用硬件要求不太高的 SQL Server 数据库软件，建立不同类别的数据库系统。数字数据的录入、存储和编辑，均采用 B/S 结构，在工作台的控制下实行操作。对纸介成果的原始数据，使用文本输入框的表单形式提交；对音视频数据，包括平面图像、照片、录音、录像等，统一归为多媒体资源，使用无组件上传的形式提交，将这类数字资源上传到服务器。在操作系统的各数据库中，仅保留该资源在服务器中的存储路径。通过这种工作方式，减小数据库文件容量压力，提高工作站的访问速度。

　　制作和发布网页。使用网络技术软件，主要使用 Dreamwearer 软件进行 ASP 编程，使用 Windows 系统的 IIS 服务进行网站发布。

　　制作和发布数字名师地图。使用目前国际通用的、兼容性好而且比较精简的 GIS 软件 MapInfo 系统，制作大部分的地图。同时，使用更适合民俗学研究目标所要求的、功能更加强大的 SuperMap 软件，制作表达多元人文属性含义和多元功能的特殊需求地图，如"钟敬文使用民间文学三集成资料区域分布数字地图"等。此外，使用 Flash 软件，在数字名师地图上，建立动画区，配置钟敬文工作照片和著述图片，插入经民俗学分析研究的后台资源数据统计和说明文字等，以使数字名师地图的操作更为明晰，更容易投入到民俗学研究、遗产传承和社会公共教育等领域中进行使用。

　　数字合成，本库主要使用 Photoshop 软件，对平面图像做美工设计制作，应用 Flash 软件完成数字合成。

(三) 工作台

　　钟敬文工作站的工作台采用 B/S 结构，以下是"钟敬文学术著述数据库"的录入界面。

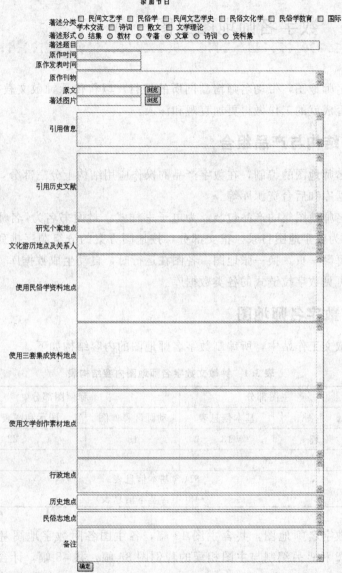

图 3.16　"钟敬文学术著述数据库"录入界面

　　在钟敬文工作站中，工作台的实际操作，主要利用浏览器，对数据进行输入和编辑。

第二节 数字名师地图组图

数字名师地图，带动名师精品网所的运行，以将传承钟敬文教授的人生、治学和教育成就的工作做得更加直观和深入。

一、结构与产品组合

数字名师地图的编制，在数字产品的操作应用结构上分三部分，即数字地图集、数据库和后台资源库等。

数字名师地图集的产品包装，为电子书样式。封面书名为《名师教育地图集》，封内为数字地图目录。正文部分，按地图方案的分组顺序排列。使用动画效果，每翻一页，换一张地图。各图在运行时，自动生成数据库，点击查询部位后，可见数字拉链式的各类数据库。

二、数字名师地图

在钟敬文工作站中，所编制数字名师地图的内容结构如下。

表 3.1 钟敬文数字名师地图内容结构表

分类	主图部分		释例图部分	
	主图	基本信息表	动画区释例图	图示和图表释例图
数量	13	13	13	22
合计	26		35	
总计	61(含基本信息表) 48(不含基本信息表)			

这套数字名师地图，共含主图 13 幅，各主图各附数字地图基本信息表 1 种，共 13 种；另编制与主图相配的释例图 35 幅，共 48 幅，计含地图与图表共 61 种。

在使用数字名师地图集时，专业学者、文化项目人员和社会用户等，可以按照各自需要的目标，浏览、分析主图和释例图，链接对应数据库或桥接数据库，得到相应的结果。读者或用户通过使用数字名师地图产品，结合使用本书的其他部分，包括阅读正文内容和查询钟敬文工作站数字辞典等，可获得对钟敬文学术文化遗产和相关民俗学研究成果的全面认识。

附录　钟敬文工作站数字辞典

附录一　钟敬文工作站中文版数字辞典

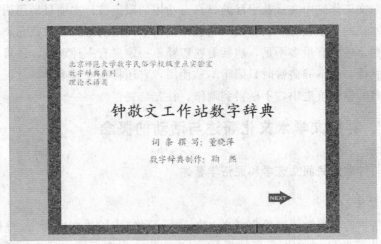

附图 1　钟敬文工作站数字辞典界面

　　钟敬文工作站数字辞典，解释本站所创用的主要概念和工作术语，附带说明本站的研究方法。共分四部分。第一部分，钟敬文学术文化著述与活动概念。该部分含钟敬文著述和钟敬文社会活动两方面：在钟敬文著述方面，在概念解释上，主要以钟敬文先生本人的理论观点做界定，同时作者也考虑数字辞典的特点，做了适当归纳和整理；在钟敬文社会活动方面，主要根据多年师从先师的学习心得撰写。其他三部分，分别为：民俗学数字化的理念、概念网所术语和概念产品术语；它们都是在本次理论研究和数字化实践中首次创用的概念或术语，能够说明作者对钟敬文工作站数字化探索的基本认识。作者也试以钟敬文工作站为个案，大体说明这部分概念或术语在北京师范大学民俗学实验室的整体系列项目中的应用含义和规范范围。

　　钟敬文工作站中文版数字辞典，具有分类辞典的特征。在词条编写体例上，采用分类辞典形式。在各部分词条中，有类目概念或术语，也有次生概念或术语，它们按照钟敬文民俗学理论体系，同时也按照在本站数字逻辑框架中的位置，以类相从，分级排列；既体现各概念术语之间的人文联系，也展示它们在各数据库中担任属性数据的位置。

钟敬文工作站中文版数字辞典，具有人文资源的整合性。在内容说明上，它与前面的正文相一致；但在资源归纳上，它也有与前面的正文不一致的地方。它不是机械地抽取和重复正文的文字，而是借助数字辞典的空间，进一步有效地整合人文资源，以帮助社会用户从多角度、更宏观的层面上，增加对本站使用方法的了解。

钟敬文工作站中文版数字辞典，具有功用的限定性。本项目所用词语，已经通过本站的数据检测和初步成果检验。但由于本站的绝大多数概念和术语为首次创用，还会有很多不足，包括有些解释不一定只有一种观点，还可以补充其他见解等，故本辞典暂时只限于本站使用，它还将在今后本学科点民俗学数字化项目的整体推进中，不断得到调整、补充与完善。

一、钟敬文学术文化著述与活动的概念

(一)钟敬文民间文艺学和民俗学著述

1. 总论

民俗学的中国学派。民俗学的中国学派简称"中国民俗学派"。钟敬文在1999年出版的《建立中国民俗学派》一书中提出，应在经济全球化的背景下和现代多元文化交流的形势下，在世界民俗学环境中，建设和保持中国民俗学自己的立场和特色。这一学说的核心观点是一国多民族民俗学。它的学术目标是建成具有民族民俗传统与现代民俗权利要素的民俗文化科学。它的结构不是一个概念，而是一个学说体系，内容包括理论民俗学、记录民俗学(民俗志学)、历史民俗学、现代民俗学和应用民俗学等。在每个学问之下，还有各自的拓展分支。钟敬文通过提出此学说，对他在1980年后提出的民俗学是系统科学的思想作了发展，也对他一生的民俗学、民间文艺学研究和相关治学活动作了历史性的总结。

中国民族民间文艺十大集成志书工程。该工程于1979年启动，由文化部发动，属于全国艺术科学规划重大项目，在全国范围内，搜集编纂包括传统民歌、民间舞蹈、民间戏曲、民间说唱和民间故事等所有民间文化资源在内的民间文化资料著作，为世界同行所瞩目。钟敬文先参加了其中的中国民间文学三套集成工程的组织领导工作，并担任中国民间故事集成主编。

中国民族民间文艺十大文艺集成志书。中国民族民间文艺十大文艺集成志书，又称"中国民族民间文艺十大集成工程"，在本站中，也简称"十集成"。它们是：中国民间歌曲集成、中国民族民间舞蹈集成、中国戏曲志、中国戏曲音乐集成、中国曲艺志、中国曲艺音乐集成、中国民族民间器乐曲集成、中国民间故事集成、中国谚语集成和中国歌谣集成。

中国民间文学三套集成。该集成又称"三套集成"，在本站中，也简称"三集成"。它们是"中国民族民间文艺十大文艺集成志书"中的民间文艺志书，包括：中国民间故事集成、中国民间歌谣集成和中国民间谚语集成。

中国故事集成省卷本。中国故事集成省卷本指以国内省级单位为范围，搜集编纂民间故事作品，简称"省卷本"。现已出版中国民间故事集成省卷本 28 卷，全部出齐为 30 卷，共约 0.4 亿字。

中国故事集成县卷本。中国故事集成县卷本指以国内县级单位为范围，搜集编纂的民间故事作品，简称"县卷本"。当时我国有 2 375 个县，共有县卷本 1 588 册，共约 2.28 亿字。

钟敬文使用三集成著作。钟敬文使用三集成著作指钟敬文使用中国民间文学三套集成的资料，研究或讨论三集成的意义、功用和使用范围的著述。自 1980～1999 年，他在至少二三十种论文或著作中提到三集成。仅从论文看，就有《洪水后兄妹再殖人类神话》等二十余篇；从著作看，主要有《话说民间文化》、《我与中国二十世纪》、《民间文艺学及其历史》、《钟敬文学述》和《建立中国民俗学派》等。

2. 民间文艺学

民间文学。民间文学，指依靠口头传播的文学，是一种传承的文学。它在口传过程中，要经历各种不同时代和不同心理的人们的传述和修改，要产生出许多异文。研究者为了探究它，就要把许多异文归纳成"类型"，以便进一步进行研究。

民间文艺学。这是一种特殊的文艺学，研究的是民间文学自身的特点。它强调民间文学既是文学现象，又是民俗现象。但一般文艺学者和文学史学者在研究上，不大注意到民间文学本身的特点，而是用一般文学规律去对待它，把它等同于一般专业作家的书面文学。钟敬文由于深入到这种民众创作的实际，不赞成这种观念。

《民间文艺学的建设》。这是钟敬文首次提出"民间文艺学"概念的论文题目。原文最初发表于 1936 年的《艺风》月刊。钟敬文在此文中，对民间文学的性质已有了一个比较完整的认识，认为根据对象的特点，应该建立一种独立的学科，以使它更好地发展。20 世纪 80 年代以后，他又发展了自己的思想，提出对民间文学和民俗现象的科学体系结构作整体思考，参见《建立新的民间文艺学的一些设想》和《关于民俗学的结构体系的设想》。他的民间文艺学研究代表作有：《天鹅处女型故事》、《蛇郎故事试探》、《中国的植物神话传说》、《老獭稚型传说之发生地》、《盘瓠传说考察》、《刘三姐传说试论》；《马王堆汉墓帛画的神话史意义》、《洪水后兄妹再殖人类神话》和《中日民间故事比较泛说》等。

民间文学"流传地"研究。 这是根据故事讲述人及其共享群体本身所认同的社会区域暨文化空间开展的研究。它强调恢复民间文学传承的民俗志生态环境，体现民间文学在当地自然环境、社会环境和历史传统的共同结构中，自我选择、加工和流传的整体特征，也体现天才民间讲述人擅长与当地整体环境互动的优秀素质和个人贡献。

民间文学流传地研究的方法。 该方法具有以下含义：第一，用国内外公认一流学术成果，从其已对民间故事文本与流传地关系所作出的研究中，重点从口头传统的现代传承作品中，划定研究对象和范围；而不仅是重复民间故事历史文献研究的成果；第二，在自然环境、文化空间和地理区位的整体结构中，恢复民间文学发生和传承的民俗文化生态网络，并在这个网络中，对民间文学流传地的形貌、内涵和特征加以研究，展现民间文学的活态生命力，而不再只盯着它们被学科分解后放在书架上成为一个个孤立的标本；第三，根据民间文学的口头传统性质，把中国民间文学记录文本，与相同区域内搜集的中国民族民间音乐、民间舞蹈和民间器乐资料等，作整合研究。

民间文学与书面文献的关系。 第一，两者在中国文化史上有混合，到了五四才被论层划分，但这不能代替两者混合的历史；第二，一部分民间文学的传承有历史文献化的过程，其中部分成为地方史或国家史，同时也建立了中国民间文学被记录的历史形式；第三，两者在民族情感和价值观上是相连通的，共同构建了民族共同体的遗产文化。钟敬文在这方面研究的代表作有：《口头文学：一宗重大的民族文化遗产》、《晚清革命派作家对民间文学的运用》、《中国民间文艺学的形成与发展》等。

3. 民俗学

民俗学。 民俗学是研究贴切人民生活的、范围广泛的文化现象的一种整体科学。

钟敬文对民俗学的理论贡献。 钟敬文对民俗学的理论贡献主要有两点：第一，中国文化三层说。中国文化有上、中、下三个层次。上层文化，指过去社会的地主阶级——主要是以贵族、士大夫和附属于他们的知识分子为代表所拥有和传播的文化，也就是所谓的经典文化或精英文化；中层文化，指唐、宋以来，都市发达，从而居住在那里的市民——商人，及各种附着于它的城市居民的文化，在中国文学史上，元、明以来流行的戏曲小说和时调俗曲等都属于它的范围；下层的文化的享用者是农村的大量农民和小市镇的手工业艺人等，他们的文学种类，就是口头文学。这三种文化各有自己的特点和风格，又有其共同的地方。所谓民族的凝聚力，正是从这里产生的。第二，倡立民俗文化学。与他的民俗学思想相比，他的民俗文化学是将民俗学与文化学交叉建设，从文化的视角延伸和扩展民俗学。而这种文化的对象，不是泛指的文化，而是中国文化。它产生了三个导向，一是将民俗事象纳入中国文化史研究，加强了对中国历史文献中记载的民俗史料的研究；二是将民俗学纳入中国社会文化整体框架中研究，使民俗学研究基层社会文化的优势得到突显；三是将民俗学的应用成果纳入现代国家社会重大文化建设需求中，探寻人类共享文明的途径，为我国后来兴起的非物质文化遗产保护工作奠定了理论基础。

4. 民俗文化学

民俗文化学。它指把民俗学的对象视为一种文化现象，并从民俗学与文化学相交叉的视角进行研究。钟敬文在《山海经之文化史的探究》一文中，首次提出远古信仰、古代科学知识及神话传说等，都是文化现象。20 世纪 80 年代以后，随着他对民俗学的不断探索和国内文化学的兴起，他的这种学科意识更为明显，并于 1980 年在《"五四"时期民俗文化学的兴起》一文中，提出了"民俗文化学"的学科名称。

钟敬文民俗文化学说的社会效应。第一，它在"文革"之后，提升了国内重视民族文化的公众诉求和社会使命感；第二，它达成了政府文化部门与大学专业学者的合作，产生了制定相应社会公共政策的系列举措。第三，它在接踵而来的现代化和全球化中，对集成成果转化为特殊国情资源起到了促进作用。

5. 民俗志学

民俗志分类方法。该方法指钟敬文自 20 世纪 20 年代起，参考 AT 编码，但主要根据中国故事的实际，所创用的民间故事分类方法。在这种方法中，钟敬文按照中国民间故事的命名习惯、主题分布、情节结构形式，在 20 世纪前期，自己制作了中国民间故事类型 52 个；在 20 世纪后期，他继续在撰写论文中制作类型，一生共制作中国故事类型近百个。

钟敬文对民俗志学的理论贡献。第一，民间文学与民俗志。有两个问题：一是在原型与异文的研究上，多民族的民族志可以互补，但在原型和异文的区分上要慎重；二是采用原型和异文比较与文化分层的方法相结合，可获得相对整合文本，但不等于搜集即文本。第二，口头与表演。从表演学上看，民间叙事和民间韵文是交叉出现的，将要思考口头表演的本质，对形式研究与内容研究作统一处理；思考口头表演的原有文化，对民间文学与民俗学、人类学等作多学科思考；思考口头表演的文化真实，搜集文本与田野资料，进行互补研究。第三，内容与形式。一种民间文艺现象，从现代人的理性视角上看，是不平衡的，但从民俗视角上看，是平衡的，如果讲纯理性，梁祝化蝶的传说就没有千古传唱的基础。

（二）钟敬文文学创作

文学创作。 文学创作指钟敬文的散文、诗歌、报告文学和文学理论等作品。他的散文名著有《荔枝小品》、《西湖漫拾》、《湖上散记》、《钟敬文散文选》和《履迹心痕》等，诗歌代表作有《未来的春》和《天风海涛室诗选》等，报告文学集有《战地报告文学集》，文学理论代表作有《兰窗诗论集》等。他的文学创作，成为民俗学研究中的形象思维部分；他的民俗学研究，也给文学创作增加了学者抒怀的功能。

（三）钟敬文民俗学高等教育

民俗学高等教育战略。 该战略指钟敬文在开创中国民俗学的历程中，重视在大学体制中将民俗学专业化，培养高层专业人才。1949 年以后，他全力推进民俗学的大学教育战略，主编并出版了中国大学教育史上的两部专业教科书《民间文学概论》和《民俗学概论》，创建了北京师范大学民俗学国家重点学科，直到晚年，仍率领同仁开展教学改革，调整专业方向，增加田野作业工作量，提高专业培养质量。他为民俗学专业培养了大批博士、硕士研究生和留学生。

多民族生源培养计划。 钟敬文的该计划指钟敬文有意识地招收多民族生源，晚年招收了来自西南、西北和东北地区的少数民族研究生，并亲自指导。这一计划的宗旨，是让多民族研究生团队成为我国民俗学研究在多民族地区全面开花的种子，同时为民俗学公共教育事业奠定基础。

（四）钟敬文社会活动

钟敬文社会活动。 在钟敬文工作站中，它也被称为"钟敬文治学活动"，分专业学历教育、多学科学者往来、中国民俗学会活动、社会考察活动和国际交流活动。

专业学历教育。 它指钟敬文留学日本专攻民俗学和神话学的学术经历。他此前投入北京大学的歌谣搜集活动，在中山大学和浙江大学开展民间文艺学和民俗学的搜集研究，为留日学习奠定了必要的基础。

多学科学者往来。 它指钟敬文常年利用参加高校会议的机会与老朋友见面交谈，开展多学科交流。晚年后，他通过参加外专业博士研究生答辩会和社会各界的会议，与同行和民俗学相邻学科的学者交流，促进了民俗学在我国人文社会科学整体系统中的发展。

中国民俗学会。它是中国民俗学研究和社会活动的社团组织，钟敬文参加了中国最早的中山大学民俗学会的筹建工作，他在青年时代选择民俗学为终生职业，也与参加当时的民俗学会活动有关。1979年后，他恢复工作，曾连续四次担任中国民俗学会理事长。

社会考察。钟敬文在大量治学从教工作以外，还在各时期参加了社会考察，包括搜集民间文学中的社会考察、抗战前线的社会考察、20世纪50年代随中国作家西北考察团的文化考察，以及改革开放后在各地讲演旅行中的国情考察等。

国际化学术推广网络。钟敬文致力于民俗民间文化研究的国际互致信息，在国际交流中推广中国民俗学信息。他认为，每个民族虽然都创造了自己的文化，但是需要不同民族间的文化交流。通过办班、学者交流、交换信息的方法，可以建立国际同行间的学术推广网络。

钟敬文社会活动的特点。第一，不断地致力于民俗学机构的建立；第二，长期自己致力于并积极号召国内对民俗资料的挖掘和整理工作；第三，开辟民俗学社会公共教育事业。

二、民俗学数字化的理念

(一)民俗学数字化

1. 数字民俗研究

数字民俗研究。该研究指民俗学与数字信息科学相结合，所进行的交叉研究探索。在这里，数字化已不是原来的理工科技术名词，而被纳入到民俗学的知识体系中，将数字典藏和数字博物馆的理念相结合，按照民俗学的研究目标，开发民俗资料数字数据，防止海量民俗信息泛滥，解决民俗学用以往的理论和方法所长期没有解决的问题，创建物质化数字民俗产品。

民俗学大学遗产。在本项目中，它有两个含义，一是指确有思想发明，并产生重要社会影响，可以为人类优秀文明增加财富的民俗学治学成果；二是在现代大学教育史上，那些值得被保留接续，传给未来社会的民俗学教育成果。这两方面的呈现都要有一定的物化形式。在钟敬文工作站中，被数字化的大学遗产对象，重点是钟敬文中国民俗学派学说系统。

数字化社会公共学术新财富。在数字环境下，建设民俗学社会公共学术新财富，要解决两个问题：一是传统文科研究手段的现代化；二是民俗学前期研究与数字化工程的关系。在解决这些学术问题后，要根据社会公共遗产教育和未来传承的需求，设计方案，制作应用产品，提供社会服务。

2. 传统文科研究手段现代化

传统文科研究手段现代化。它指在民俗学前期研究成果上，改变过去长期依赖纸介书本的研究方法，借助现代数字化理念进行民俗学自我概念的革新，并开发数字化高科技中的适用部分，所产生的一系列新方法，重点是建立数字运行环境、多媒体实时传输系统、多元化多可能性属性节点的桥接技术和时空数据库等。在新方法中，传统纸介研究方法的优点得到保留，传统纸介方法所不能保存和开发的民俗传承过程和文化空间信息等得到呈现，民俗学研究精品的遗产化方式也得到解决。

3. 数字民俗研究的几个概念

数字环境。它有两层含义：一是外部含义，指建立数字民俗研究所需要的数字仪器、数字氛围、数字技术、数字项目团队和数字产品等硬件部分；二是内部含义，指恢复重建民俗生态社会的数字运行环境，再现民俗传承和民俗时空运作的历史价值和社会现实意义。在现代化和全球化进程中，很多传统民俗生态环境遭到破坏或消失后，这种数字运行环境的建设就变得更为迫切和更有价值。在数字化工程中，民俗学者也在数字环境下，发展数字民俗的概念群，发展出民俗学的新概念，解决民俗学的学术困扰问题，开发民俗学的新产品。

数字整合。在钟敬文工作站中，它指以数字化的现代手段研究民俗学名师的生平学说数据，并按其人文属性和数字逻辑，建立元数据和数据集，进行时空框架内的数据整合，演示名师与社会主流文化建设共进的史实。重点组建先师生平、学术、创作和社会活动的数据资源，全面展示民俗学名师的特征。

数字拉链。它指在数字民俗对象的研究中，针对民俗学对象的区域差异、民族差异、文化认同差异、代际差异和性别差异，所进行的多元兼容性逻辑框架设计方式。它要兼顾民俗自身的差异，也要兼顾跨文化背景下的民俗解读者和享用者的差异。数字化工程，是把所有的差异按原样作成数据，再按差异的生态分类打包，再按差异的研究分类打包，再按差异的用户分类打包。然后用一个可以求同存异的文化项目为总拉链，把这些打包产品都放进去，封口拉上，使之组装成型。打开拉链，民俗对象之间的差异犹存；合上拉链，民俗对象的总体文化象征就能显示出来。

（二）钟敬文工作站

1. 总论

钟敬文工作站。在数字环境下，建立钟敬文工作站，主要根据现代民俗学理论与方法论的基本问题，讨论民俗学与数字信息学的几个接触点。首先，它是民俗学本身长期探索又悬而未决的问题；其次，经民俗学者开展数字化的交叉研究，把学术圈内的理论问题予以最大限度的思想集结，给予最深层次的数据含义扩充，进行文化逻辑上的有序整理和简明解释，钟敬文中国民俗学派学说正是这类基本问题；再次，它为民俗学社会公共教育所需要，要通过对钟敬文学术文化成就作数字信息开发，使之更适合现代公共教育的社会氛围，能以现代人熟悉的介质形式和互动语言，反映名师的整体社会贡献。同时，也能还原民俗学与民俗作品密切相关的基本面貌；最后，它是民俗学经典遗产的个性化数字博物馆，主要从学者生平著述、国内外研究、社会效益和弟子后续工程中，展现民俗学科奠基人的原创贡献和大师魅力。我们抓住这些生长点，从民俗学的角度，建设数字人文研究的基本课题，在此基础上，研制钟敬文工作站的数字产品。

中国民俗学派学说数字化。它指对钟敬文学说和社会文化成就的数字化，并以中国民俗学派学说为核心节点开展工作。主要借助数字信息学的文化逻辑和信息意义的提取要求，从宏观逻辑宏观和微观数据两端，找到数据间的链接关系，以最简明的语言，以可填写的形式，将中国民俗学派的内涵和特征予以阐明和演示，使民俗学和数字化在理念和技术上达到最佳结合。

钟敬文学说遗产化原则。其原则有三个：第一，分析在民俗学基础理论和中国民俗学派学说体系的建设中，民俗学延续传统的组合方式，从研究传统、教育传统和社会传统三方面，将钟敬文成就转化为大学教育的共同遗产；第二，体现钟敬文团队的后续专精成果的不中断传承，将民俗学建成吸引现代青年一代和具有未来意识的学科；第三，通过物化的形式，体现传承的宗旨。

2. 总方案

钟敬文工作站方案。它是梳理、构架、阐述和展陈钟敬文纸介著述成就的数字化成果，是建设钟敬文网上研究所和研制数字遗产产品的总纲。该方案共分三部分：总体框架方案、技术路线方案和地图编制方案。

工作站方案的评价标准。它是指以钟敬文学说为依据，参考后续工程成果，结合国内外研究信息，所建立的一套适合钟敬文名师成就数字化，适合民俗学学术评估，也适合社会公共需求的，针对不同数据的分析和评估尺度，钟敬文工作站三站。它指钟敬文工作站的三个数字展厅，或者三个演示平台，包括纪念站、研究站和遗产站。

纪念站。本站是钟敬文工作站的展示厅之一，展现钟敬文生平成就的纪念价值。其中，采集和收藏了钟敬文教授的个人生平、学术传记、文化游历、教育成就和社会影响等实物展品和文物图片等。

研究站。本站是钟敬文工作站的展示厅之一，展示钟敬文民俗学学说和相关学术思想的研究价值、钟敬文学说被国内外理论界讨论和评价的成果。在本站内，钟敬文奠基学说衍生为北京师范大学民俗学后续重大项目工程和被本专业博、硕研究生论文所延续的成果，并实现网上展播和交流。

遗产站。本站是钟敬文工作站的展示厅之一，展现钟敬文思想成就的传承价值。本站是在采集和收藏其中可转化为现代大学史遗产和社会公共文化遗产部分的基础上，加以研究开发制成的。

三、概念网站术语

1. 概念网所

数字民俗概念网所。简称"概念王网"或"数字网所"，是按照现代民俗学前沿研究中的概念设计构建的网上研究所和工作平台。它根据民俗学的对象、方法和思潮在国际社会中的发展趋势，主要根据中国实际，重点根据钟敬文中国民俗学派学说的目标，在我国民俗学高等教育发展的现阶段上，也考虑民俗学作为人文科学在研究上、中、下层文化关系上的优势作用，与在阐释民族民俗文化权利中被价值化和被国内外认同的过程，在当代世界环境和中国学术文化发展的宏观背景下，理解和分析"中国民俗学之父"的大量著述和社会活动的信息含量，从中提取一批核心概念。这些概念能概括名师个案，兼有普遍传承意义，在理念上带有一定的超前性。本站使用这些概念，设计网所方案，搭建结构构架，实施探索项目。概念网所中的概念，在目前阶段，有的能实现，也有的不能实现。虽然不能实现的部分所余不多，但不等于它们所涵盖的问题不重要。推进数字概念网所的价值，正在于能将灰色的理论"绿化"，也能驱动学者不停止理论攻关及进行理论与应用结合的探索。

2. 技术路线方案

钟敬文工作站技术路线方案。它是实现钟敬文工作站总体设计思想的数字信息学交叉内容与技术描述：一是提出符合民俗学名师研究成果和学科性质的关键技术和应用软件；二是根据核心节点，提出技术合成的思路；三是为相关各数据库链接预留数字接口和意义字段。

3. 数据库的意义字段和数字接口

意义字段。它指精准表达核心节点的字段意义群。

数字接口。它是在建立各种专题和主题数据库中，所预留的宽场域、多样化的数据库连通接口。

4. 时空数据集

钟敬文人生时空数据。该数据有两层含义。第一层含义，指时间数据，即钟敬文的人生轨迹和学术文化活动的时间点分布。在采集数据时，从这些可以确定的时间点上，提取他的个人著述和其他外界研究成果的信息量。第二层含义，指空间数据，即钟敬文的人生社会和学术文化圈活动的分布地点。在采集数据时，可以在这些明确的地点上，提取他的个人著作和他人研究成果的信息量。钟敬文的人生学术历程，在时间点、空间点与数据信息的分配上，均匀而饱满，适合作个人化的时空数据提取。

钟敬文百年人生地名库。该地名库的含义是，对所采集的时空数据，经过进一步的民俗学分析，作最小意义单元的提取。主要是根据时空数据所能自成结构的，可传达名师教学研究、文学创作或社会活动内涵的完整信息群的意义分布，找出最小完整信息单位，再压缩到含有时间点的区域地名上，作再次输入，然后在数字环境下予以表达。这种地名库，以地图地名为原地名，将已经过研究的民俗学信息，包括名师研究基本观点信息、名师社会关系网信息、名师研究对象的民间文学作品信息、名师文学作品信息等，有序地填入和编制，形成最小集合单元的类名，即基本单元地名。名师地名库是主题数据库，基本单元地名的位置，是设在主题数据库下的专题库。我们提取到一个个民俗学信息意义的地名后，再分门别类地放到这些专题库中去，最后合成名师百年人生地名库。

5. 基本单元地名

基本单元地名。它指钟敬文百年人生地名库下属的专题数据库。分三个子库，即行政地名库、历史地名库和民俗志地名库。

行政地名。它来自行政地图上的原地名，但又吸收了时空数据分析后的名师生平地点、工作地点和社会历史背景地点的信息，按照名师人生学术的轨迹，加以重新编制，形成新的地名数据。

历史地名。它来自历史地理地图的原地名，也可能现在仍是行政地图上的现地名或变迁地名，但它又被添加了时空分析数据，并对照名师论文和文章，或外界研究名师的文章，依上下文的实际意义，编入相关历史文献地点信息、文物古迹地点信息、历史人物和历史事件地点信息等，形成了新的历史地名数据样式。

民俗志地名。它来自行政地图或历史地理地图上的原地名，但不是这种地名的原意，只是借助这种地名表达的指代性寓意。它有时是行政地图和历史地理地图上的地名，有时是在行政地图和历史地理地图上根本不存在的地名，是一种虚拟地名，或他界故事的地名。但是，这种地理上的虚拟地名却在地方文化空间中具有实实在在的意义，可以凝聚地方人群和地方文化事件，并有长期传统。我们也把这种地名称作"精神地名"。它借助自然地点，用想像的、超现实的、民俗的、宗教的意义加以附会，以体现这类地名的连续象征性和不中断传承价值。它所包括的要素成分有：艺术比喻、童年文化、故乡回忆、民间文学流传地、民俗或宗教象征地点和民间称谓等。

6. 合成样本

合成样本。它指在实际提取三类地名后，对交叉呈现的地名，或某地名被用作几种类别的现象，如"西湖"既是行政地名，又是历史地名，又是民俗志地名等，制成可以传达这些不同情况的综合样本。在合成样本中，还增加了原文的"发表时间"和"内容摘要"几列，采集人可以对照"内容摘要"的完整意义信息，分别在一种地名、两种地名或三种地名的栏目中，据实填写，这样就可以在填表后，得到所需要的综合数据信息。

不同数据节点的对应逻辑。它指在数字数据对纸介数据信息点进行扩张后，所采取的控制对策。在符合民俗学目标的对应逻辑中，可以让各专题数据集按照民俗文化多元意义与多可能性的功能属性有序存放。同时，根据对多元背景和多可能性用户选择的倾向考察，建立核心节点。在核心节点上，设计对应通道，保证了数据图像的多渠道畅行和使用。

7. 核心节点

区域化数据采集样本。它指从纸介研究成果中，提取原始文本数据，编制采集样本，但由于纸介成果不是数字化成果，有一些空间信息是以其他方式在原著中呈现的，如放在引文和注释中，或隐含在上下文中和背景资料中，等等。它包括论文题目、区域原文、流传范围和区域民族等方面的信息。

论文题目。它指钟敬文使用三集成资料撰写和出版的著述，分论文、专著和结集三种。以论文为底层资料来源的基本单元，用"论文题目"标识，在论文中采集原文数据。

区域原文。它指钟敬文在著述原文中涉及一些民间文艺流传地的区域或地名，相关的上下文完整信息。大致有三种情况，即民间文艺作品的流传区域、学者对民间文艺作品的搜集研究地和民间文艺运动的社会思潮发生地。

流传范围。在民间文艺学上，"流传范围"和"流传地"是两个概念，彼此稍有区别。"流传地"大多是指民间文艺作品的搜集地点和讲述地点，分成两条记录，旨在保存搜集者和讲述人双方的背景资料；"流传范围"是学者对母题原型的各种异式作品的"流传地"加以比较后，取得某种分析结果，以后在表达这种结果时，所使用的研究性概念。

区域民族。在区域数据采集工作中，设立"区域民族"的术语，有两个属性：一是民间文艺作品区域传承的多民族主体；二是民间文艺作品区域多样性的相互差异。"区域民族"，是对这种数据属性的共同标识。

8. 集成遗产目录

集成遗产目录。它指在钟敬文使用三集成资料中，所涌现的与世界文化遗产、自然遗产、文化与自然双遗产和非物质文化遗产相关的资料目录。

采集钟敬文百年人生地名库的防止海量信息原则。该原则包括：第一，学术精华原则；第二，政府评估原则；第三，遗产作品原则。

四、概念产品术语

(一)数据库

钟敬文音视频地图数据库。它指与钟敬文名师地图数据库链接的音视频资料数据资源。它也可以通过链接"后台数据库"，获得声音、图像和相关背景数据，形成该数据库的整体系统。

钟敬文工作站后台数据库。它含资源库、软件库和工作台。它是钟敬文工作站的基础资源数据库，采用分建子库、总站链接的数字拉链产品办法，建立核心节点，按人文属性的意义单元制作，按数字逻辑的大框架检测使用。

中国民族民间文艺基础资源数据库。它是中国民间文艺十大集成志书的大型数据库，由文化部民族民间文艺发展中心与清华同方公司联合研制，由文化部民族民间文艺发展中心管理和授权发布。在钟敬文工作站中，钟敬文使用中国民间文学三套集成的音视频数据的数字名师部分，与该数据库链接共享。

(二)地图软件

1. 地图绘制方案

地图方案。它指钟敬文工作站中的名师数字地图绘制方案。钟敬文工作站，配有一定数量的插图、解说文字和音视频数据，展示民俗学名师传承的主要问题；同时也纳入空间信息，展示时空信息综合分析的成果。地图方案的设计和使用，改善了以往民俗学者所习惯的时间研究框架，采用了时空数据结合的研究框架，具有民俗学方法论上的建设意义。它也是本站的数字化产品，与概念网所相配套，共同把建设钟敬文工作站的理念变为现实。

2. 数字名师地图

数字名师地图。它也称"钟敬文数字音视频地图"。它是钟敬文工作站首次研制开发的应用软件新产品。它以数字民俗地图的形式，将钟敬文名师遗产物质化；同时进一步带动名师精品网所的运行，将传承钟敬文教授的人生、治学和教育成就的工作，做得更直观、也更深入。它还促进将名师遗产转化为社会公共遗产教育事业新财富的发展。

3. 数字名师地图组图

数字名师地图组图。数字名师地图，按钟敬文时空数据类别，在结构上，分成四组地图，即生平传记组图、学术著述组图、高校教育组图和社会活动组图。每组地图含 2~6 个单图不等，各单图之间互证互补，形成套图。

生平传记组图。该组图以钟敬文先生为传主，以钟敬文人生历程信息为底层信息，适当使用音视频数据，开发 WebGIS 软件，以县域文化空间为基本单元，编制的数字地图。共含两幅单图：第一幅，钟敬文学术传记数字地图，以钟敬文学术活动数据为主绘制而成；第二幅，钟敬文生平游历数字地图，以钟敬文文化活动数据为主绘制而成。

学术著述组图。该组图以钟敬文民间文艺学和民俗学著作所研究的资料地点、个案地点或钟敬文先生治学活动地点为节点，在节点上输入对应时空数据，链接音视频数据库，同时与文化部民族民间文艺发展中心管理的中国民族民间文艺基础资源数据库相链接，开发 WebGIS 软件自带数据库，以县域文化空间为基本单元，编制的数字地图。共含两幅单图：第一幅，钟敬文使用民俗学资料区域分布数字地图；第二幅，钟敬文使用民间文学三集成资料区域分布数字地图。

高校教育组图。该组图以钟敬文从事高等教育数据为中心，开发 WebGIS 软件，以省(市)域空间为基本单元，编制的数字地图。根据研究钟敬文民俗学大学教育思想、多民族生源培养观点和建设国际高校教育推广网络的需要绘制。共含 7 幅单图：第一幅，钟敬文民俗学高校教育数字地图；第二幅，钟敬文培养研究生地区来源数字地图；第三幅，钟敬文培养研究生民族来源数字地图；第四幅，钟敬文国际交流史略数字地图；第五幅，民俗学专业研究生论文选题区域分布数字地图；第六幅，民俗学专业培养人才区域分布数字地图；第七幅，民俗学专业中青年教师国际交流数字地图。

社会活动组图。该组图以钟敬文从事社会文化考察和社团建设活动数据为主，开发 WebGIS 软件，以县域为基本单元，链接后台数据库，编制的数字地图。共含两幅单图：第一幅，钟敬文文化考察与中国现代文学创作素材分布数字地图；第二幅，钟敬文民俗学讲演与中国民俗学地方组织分布数字地图。

4. 组图、单图与套图的关系

钟敬文使用民间文学三集成资料分布数字地图。兹对钟敬文名师地图的组图、单图与套图的关系举例说明。例如，在钟敬文学术著述组图中，"钟敬文使用民间文学三集成资料区域分布数字地图"是单图。单图是专题地图，在该单图中，以钟敬文使用民间文学三集成资料的著作为例，展现他研究民间文艺学的成果。该单图主要以自然地理地图为底图，以钟敬文利用三集成资料的纸介研究文本为底层信息制作。另外，还要根据民俗学研究和民间文艺作品共同呈现的行政区域集成采集、区域地理文化生成、跨文化扩布交流现象，分别使用行政地图和地形地貌地图为底图，再把已采集的钟敬文使用三集成著述的"论文题目"、"区域原文"、"引用集成"、"原著分类"、"流传范围"和"区域民族"等数据，从"区域"数据库中提取出来，再利用 GIS 技术，把民俗学区域数据库与纸图和电子地图结合，制成"钟敬文使用民间文学三集成资料区域分布数字地图"。这个单图，实际上由系列套图构成，包括"钟敬文使用民间文学三集成资料区域分布数字地图"，共 4 种，均以行政地图为底图编制；"钟敬文使用民间文学三集成资料区域分布数字地图"，共 5 种，均以地形地图为底图编制。在套图中，我们重点在民间文艺作品传承交叉点较多的"钟敬文使用民间文学三集成资料区域分布数字地形地图"中，对应钟敬文区域定点研究的时空数据，输入集成讲述人或表演者的音视频数据，建立了多媒体传输系统，这样就扩充了原纸介成果的内涵，也拓展了数字名师地图的运行空间，提升了它的民俗解释能力。在这个套图系列中，各类地图可分可叠，向专业学者和社会用户提供了观察与研究的新形式，是一种有理论体系、有集成文本和有空间传输表演图像的结构性人文地图。其他数字名师地图，依据同理制作，但在表达钟敬文学术文化成就上各有侧重。

附录二　钟敬文工作站英文版数字辞典

北京师范大学数字民俗学校级重点实验室
数字辞典系列
理论术语类

钟敬文工作站英文版数字辞典

The English Digital Dictionary of Professor Zhong Jingwen's Workstation

中文撰稿: 董晓萍
Chinese writer: Dong Xiaoping
英文翻译: 马 磊
English translator: Ma Lei
英文审校: [英]玛丽·杰弗
Revised by: Mary Jaffer
数字辞典制作: 鞠 熙
Digital dictionary worker: Ju Xi

NEXT

附图 2　钟敬文工作站英文版数字辞典(汉英对照)界面

钟敬文工作站英文版数字辞典	The Chinese-English Digital Dictionary of Professor Zhong Jingwen's Workstation
中文撰稿: 董晓萍	Chinese writer: Dong Xiaoping
英文翻译: 马 磊	English translator: Ma Lei
英文审校: [英]玛丽·杰弗	Revised by: Mary Jaffer
数字辞典数据库制作: 鞠 熙	Database operator of the digital dictionary: Ju Xi

　　钟敬文工作站英文版数字辞典,是本站的双语工作平台,提供给国际交流使用。它在钟敬文工作站中文版的基础上,根据民俗学名师数字化产品演示和传承的目标,也根据双语对译交流的特征,尝试建立本站英文版的词语系统。共分三部分:一、搜集引擎用语;二、数字名师地图操

The Digital English Dictionary of Professor Zhong Jingwen's Workstation is a platform for international exchange. It is built on the basis of the Digital Chinese Dictionary of Professor Zhong Jingwen's Workstation, and aims to demonstrate and transmit of the digital reproductions of the master of folklore. Its major feature is that it is a bilingual English-Chinese version of the work-

作用语；三、配合音视频数据演播的电视片文稿。

station's key words system. It consists of three parts：1. words for search engine；2. words for operating digital master maps；3. manuscripts for TV serials.

本站英文版数字辞典的发布形式，为汉英对照。在搜索引擎用语和数字名师地图操作用语两部分，按双语分类辞条的形式编制；在电视片的文稿部分，按全文双语对照的形式编制，以方便读者对照查阅双语原文。

Users can search either by Chinese or English key words. In part Ⅰ and part Ⅱ, readers can find both Chinese and English version of digital vocabulary entries. In part Ⅲ, readers can look at both Chinese and English versions of the manuscripts.

本站英文版数字辞典的翻译和查询，采用开放系统，与北京师范大学民俗学学科点的"中国数字故事博物馆"等其他数字民俗产品的英文版链接使用。

The translation and search engine of this Digital English Dictionary is user-friendly, and can be linked with the English version of digital folklore reproductions in the Digital Chinese Story Museum, under the heading of Folklore on Beijing Normal University's website.

第Ⅰ部分　钟敬文工作站搜索引擎用语

Part Ⅰ　Words for search engine in Professor Zhong Jingwen's Workstation Interface with Professor Zhong Jingwen's Workstation

一、总站界面

(一)卷首　　　　　　　**Contents of interface**
1. 封面　　　　　　　　Front cover
2. 封内　　　　　　　　Introduction to the research team

(二)版权页　　　　　　**Copyright page**
1. 版权声明　　　　　　Copyright declaration
2. 项目主持人　　　　　Scholar in charge of the project

3. 版权单位	Copyright owners
4. 联系地址	Contact address
5. 查询网址	Contact website

(三)欢迎词	**Welcome speech**
1. 传主	Subject of the biography
2. 本站内容特征	Content features of the workstation
3. 本站目标	Target of the workstation

(四)导图	**Guide map**
1. 参观导图	Visit map
2. 平面结构图	Map of the framework

二、数据库　　　　Database

(一)钟敬文音视频数据库	**Voice and video numerical database of Professor Zhong Jingwen**
(二)钟敬文专题数据库	**Analogical database of Professor Zhong Jingwen**
1. 钟敬文照片数据库	Photo analogical database of Professor Zhong Jingwen
2. 钟敬文录像数据库	Video analogical database of Professor Zhong Jingwen
3. 钟敬文录音数据库	Voice analogical database of Professor Zhong Jingwen
(三)钟敬文著述数据库	**Publication numerical database of Professor Zhong Jingwen**
1. 钟敬文民间文艺学著述数据库	Publication numerical database on study of folk literature and arts of Professor Zhong Jingwen
2. 钟敬文民俗学著述数据库	Publication numerical database on folklore study of Professor Zhong Jingwen
3. 钟敬文民间文艺学史著述数据库	Publication numerical database on study of history of folk literature and arts of Professor Zhong Jingwen

4. 钟敬文民俗文化学著述数据库 Publication numerical database of folk culture research of Professor Zhong Jingwen

5. 钟敬文民俗学教育著述数据库 Publication numerical database on study of folklore education of Professor Zhong Jingwen

6. 钟敬文国际学术交流著述数据库 Publication numerical database of international academic exchange of Professor Zhong Jingwen

(四)钟敬文学说研究数据库 **References numerical database on the theory of Professor Zhong Jingwen from international and Chinese scholars**

(五)钟敬文研究生论文数据库 **Numerical database of graduates' theses and dissertations under the instruction of Professor Zhong Jingwen**

(六)钟敬文国际交流数据库 **Numerical database of international exchange of Professor Zhong Jingwen**

三、数字民俗概念网所 Concepts formulated by website based on interdisciplinary research between applying folklore study and computer science

(一)纪念站 **Commemoration station**

1. 纪念站界面 Interface with commemoration station

2. 纪念站查询 Commemoration station search

(1)纪念站数字合成逻辑框图 Logical framework of commemoration station

(2)纪念站查询提示语 Search hint of commemoration station

五四运动 The May 4th Movement

留日 Study in Japan

民间文艺学家 Scholar of folk literature and arts

民俗学家 Folklorist

诗人 Poet

散文家 Essayist

作家 Writer

生平传记	Biography
学术传记	Acade-mic biography
生平游历	Travel experiences
学术活动	Academic activities
学术著作	Academic publications
治学活动	Education，teaching and research experiences
高校教育	Higher education
高校教材	Textbooks for higher education
师资团队	Teaching team
研究生培养	Graduate education
教学录音	Teaching recordings
社会活动	Social activities
社会兼职	Part-time social posts
社会考察	Social investigation
文化考察	Cultural investigation
国际交流	International exchange
国际同行交流	International exchange with fellow scholars
培养留学生	International student education
接待国际高级访问学者	Reception of international advanced academic scholars

(二)研究站	**Research station**
1. 研究站界面	Interface with research station
2. 研究站查询	Research station search
(1)研究站数字合成逻辑框图	Logical framework of research station
(2)研究站查询提示语	Search hint of research station
中国民俗学之父	The father of Chinese folklore study
一级教授	First rank professor
学术泰斗	Academic pioneer
国务院首批博士研究生导师	The first group of advisers to PhD candidates granted by the State Council

桃李满天下	Having students in every nook and cranny of the country
国际学者研究	Research done by international scholars
国内学者研究	Research done by Chinese scholars
教师创新成果	Lnnovation achievements of fellow teachers
后续衍生重大项目	Major programs of Professor Zhong Jingwen's followers
中青年学者后续成果	Later achievements of young and middle-aged scholars
研究生论坛	Graduate forum
研究生科研团队	Research team of graduate students
研究生国际交流	International exchange of graduate students
（三）遗产站	**Heritage station**
1. 遗产站界面	Interface with heritage station
2. 遗产站查询	Heritage station search
1）遗产站数字合成逻辑框图	Logical framework of heritage station
2）遗产站查询提示语	Search hint of heritage station
钟敬文故居	Former residences of Professor Zhong Jingwen
钟敬文讲学旧址	Former teaching sites of Professor Zhong Jingwen
钟敬文藏书	Library of Professor Zhong Jingwen
名人手迹	Calligraphy of celebrities
名师教育地图集	Education atlas of Professor Zhong Jingwen

第Ⅱ部分　数字名师地图

Part Ⅱ　Digital atlas of Professor Zhong Jingwen

第一单元　生平传记　Unit Ⅰ　Biography atlas

组图

图 1　钟敬文学术传记数字地图（1923～2002 年）　Figure 1　Digital academic biographic map of Professor Zhong Jingwen（1923～2002）

图 1.1　钟敬文学术传记数字地图动画区释例图（1923～2002 年）

Figure 1.1　Digital academic biographic explanation flash map of Professor Zhong Jingwen（1923～2002）

图 1.2　钟敬文学术传记数字地图数据库释例图（1923～2002 年）

Figure 1.2　Digital academic biographic explanation database map of Professor Zhong Jingwen（1923～2002）

图 2　钟敬文生平游历数字地图（1903～2002 年）

Figure 2　Digital travel experience map of Professor Zhong Jingwen（1903～2002）

图 2.1　钟敬文生平游历数字地图动画区释例图（1903～2002 年）

Figure 2.1　Digital travel experience explanation flash map of Professor Zhong Jingwen（1903～2002）

图 2.2　钟敬文生平游历数字地图数据库释例图（1903～2002 年）

Figure 2.2　Digital travel experience explanation database map of Professor Zhong Jingwen（1903～2002）

图 2.3　钟敬文生平游历数字地图后台资源研究释例图（1903～2002 年）

Figure 2.3　Digital travel experience explanation map of Professor Zhong Jingwen with backup resource research（1903～2002）

第二单元　学术著述组图

Unit Ⅱ　Atlas of academic publications

图 3　钟敬文使用民俗学资料区域分布数字地图（1922～2002 年）

Figure 3　Digital distribution map of folklore study resources used by Professor Zhong Jingwen（1922～2002）

图 3.1　钟敬文使用民俗学资料区域分布数字地图动画区释例图（1922～2002 年）

Figure 3.1　Digital distribution explanation flash map of folklore study resources used by Professor Zhong Jingwen（1922～2002）

图 3.2　钟敬文使用民俗学资料区域分布数字地图 GIS 工具条释例图（1922～2002 年）

Figure 3.2　Digital distribution explanation map of folklore study resources used by Professor Zhong Jingwen with GIS toolbar（1922～2002）

图 3.3 钟敬文使用民俗学资料区域分布数字地图代表作时空数据集释例图（1927～1999年）

图 3.4 钟敬文使用民俗学资料区域分布数字地图故事类型时空数据集释例图（1925～1991年）

图 4 钟敬文使用民间文学三集成资料区域分布数字地图（1980～1999年）

图 4.1 钟敬文使用民间文学三集成资料区域分布数字地图动画区释例图（1980～1999年）

图 4.2 钟敬文使用民间文学三集成资料区域分布数字地图数据库和 GIS 释例图（1980～1999年）

图 4.3 钟敬文使用民间文学三集成资料区域分布数字地图后台资源研究释例图（1980～1999年）

图 4.4 钟敬文使用民间文学三集成资料区域分布数字地形地图（1980～1999年）

图 4.5 钟敬文使用民间文学三集成资料区域分布数字地形地图数据库和 GIS 释例图（1980～1999年）

Figure 3.3 Digital distribution explanation map of folklore study resources used by Professor Zhong Jingwen with time and space data sets of master pieces (1927～1999)

Figure 3.4 Digital distribution explanation map of folklore study resources used by Professor Zhong Jingwen with time and space data sets of folktale type (1925～1991)

Figure 4 Digital distribution map of 3 collections of folk literature used by Professor Zhong Jingwen (1980～1999)

Figure 4.1 Digital distribution explanation flash map of 3 collections of folk literature used by Professor Zhong Jingwen (1980～1999)

Figure 4.2 Digital distribution explanation map of 3 collections of folk literature used by Professor Zhong Jingwen with database and GIS (1980～1999)

Figure 4.3 Digital distribution explanation map of 3 collections of folk literature used by Professor Zhong Jingwen with backup resource research(1980～1999)

Figure 4.4 Digital distribution explanation map of 3 collections of folk literature used by Professor Zhong Jingwen (landform map)(1980～1999)

Figure 4.5 Digital distribution explanation map of 3 collections of folk literature used by Professor Zhong Jingwen (landform map) with database and GIS(1980～1999)

图 4.6 钟敬文使用民间文学三集成资料区域分布数字地形地图集成遗产作品释例图（1980～1999 年）

Figure 4. 6 Digital distribution explanation map of 3 collections of folk literature used by Professor Zhong Jingwen （landform map） with information of the selected works on the list of world heritage from the 3 collections （1980～1999）

图 4.7 钟敬文使用民间文学三集成资料区域分布数字地形地图集成作品数据释例图（1980～1999 年）

Figure 4. 7 Digital distribution explanation flash map of 3 collections of folk literature used by Professor Zhong Jingwen （landform map） with information of the selected works from 3 collections of folk literature （1980～1999）

图 4.8 钟敬文使用民间文学三集成资料区域分布数字地形地图个案缩放样本释例图（1980～1999 年）

Figure 4. 8 Digital distribution explanation map of 3 collections of folk literature used by Professor Zhong Jingwen （landform map） sample of case study with zoom function（1980～1999）

第三单元 高校教育组图

Unit Ⅲ Atlas of higher education

图 5 钟敬文民俗学高校教育数字地图（1927～2002 年）

Figure 5 Digital map of folklore study by Professor Zhong Jingwen at universities （1927～2002）

图 5.1 钟敬文民俗学高校教育数字地图动画区释例图（1927～2002 年）

Figure 5. 1 Digital explanation flash map of folklore study by Professor Zhong Jingwen at universities （1927～2002）

图 5.2 钟敬文民俗学高校教育数字地图主要从教地点和民俗学教材释例图（1927～2002 年）

Figure 5. 2 Digital explanation map of major sites of teaching and textbooks of folklore study by Professor Zhong Jingwen at universities （1927～2002）

图 6 钟敬文培养研究生地区来源数字地图（1953～2002 年）

Figure 6 Digital map of geographical sources of graduate students instructed by Professor Zhong Jingwen and his team （1953～2002）

图 6.1　钟敬文培养研究生地区来源数字地图动画区释例图（1953～2002 年）

图 6.2　钟敬文培养研究生地区来源数字地图数据库释例图（1953～2002 年）

图 7　钟敬文培养研究生民族来源数字地图（1953～2002 年）

图 7.1　钟敬文培养研究生民族来源数字地图动画区释例图（1953～2002 年）

图 7.2　钟敬文培养研究生民族来源数字地图数据库释例图（1953～2002 年）

图 8　钟敬文国际交流史略数字地图（1932～2002 年）

图 8.1　钟敬文国际交流史略数字地图动画区释例图（1932～2002 年）

图 8.2　钟敬文国际交流史略数字地图数据库释例图（1932～2002 年）

图 9　北京师范大学民俗学专业研究生学位论文选题区域分布数字地图（1981～2008 年）

Figure 6.1　Digital explanation flash map of geographical sources of graduate students instructed by Professor Zhong Jingwen and his team（1953～2002）

Figure 6.2　Digital explanation database map of geographical sources of graduate students instructed by Professor Zhong Jingwen and his team（1953～2002）

Figure 7　Digital map of ethnic sources of graduate students instructed by Professor Zhong Jingwen and his team（1953～2002）

Figure 7.1　Digital explanation flash map of ethnic sources of graduate students instructed by Professor Zhong Jingwen and his team（1953～2002）

Figure 7.2　Digital explanation database map of ethnic sources of graduate students instructed by Professor Zhong Jingwen and his team（1953～2002）

Figure 8　Digital map of a brief history of Professor Zhong Jingwen's international exchange（1932～2002）

Figure 8.1　Digital explanation flash map of a brief history of Professor Zhong Jingwen's international exchange（1932～2002）

Figure 8.2　Digital explanation database map of a brief history of Professor Zhong Jingwen's international exchange（1932～2002）

Figure 9　Digital distribution map of research subjects of BNU graduates' theses and dissertations（1981～2008）

图 9.1 北京师范大学民俗学专业研究生学位论文选题区域分布数字地图动画区释例图（1981～2008 年）

图 9.2 北京师范大学民俗学研究生学位论文选题区域分布数字地图学术史和课题数据库释例图（1981～2008 年）

图 10 北京师范大学民俗学专业培养人才区域分布数字地图（1953～2008 年）

图 10.1 北京师范大学民俗学专业培养人才区域分布数字地图动画区释例图（1981～2008 年）

图 10.2 北京师范大学民俗学专业培养人才区域分布数字地图数据库释例图（1981～2008 年）

图 11 北京师范大学民俗学专业中青年教师国际交流数字地图（1994～2008 年）

图 11.1 北京师范大学民俗学专业中青年教师国际交流数字地图动画区释例图（1994～2008 年）

图 11.2 北京师范大学民俗学专业中青年教师国际交流数字地图数据库释例图（1994～2008 年）

Figure 9.1 Digital distribution explanation flash map of research subjects of BNU graduates' theses and dissertations (1981～2008)

Figure 9.2 Digital distribution explanation database map of research subjects and literature reviews of BNU graduates' theses and dissertations (1981～2008)

Figure 10 Digital distribution map of folklore professionals graduated from BNU (1953～2008)

Figure 10.1 Digital distribution explanation flash map of folklore professionals graduated from BNU (1953～2008)

Figure 10.2 Digital distribution explanation database map of folklore professionals graduated from BNU (1953～2008)

Figure 11 Digital map of international exchange of young and middle aged teachers in folklore study at BNU(1994～2008)

Figure 11.1 Digital explanation flash map of international exchange of young and middle aged teachers in folklore study at BNU (1994～2008)

Figure 11.2 Digital explanation database map of international exchange of young and middle aged teachers in folklore study at BNU(1994～2008)

第四单元 社会活动组图

Unit Ⅳ Atlas of social activities

图 12 钟敬文文化考察与中国现代文学创作素材分布数字地图（1924～2002 年）

Figure 12 Digital distribution map of cultural investigations and works sources in Chinese modern literature by Professor Zhong Jingwen (1924～2002)

图 12.1 钟敬文文化考察与中国现代文学创作素材分布数字地图动画区释例图（1924～2002 年）

Figure 12.1 Digital distribution explanation flash map of cultural investigations and works sources in Chinese modern literature by Professor Zhong Jingwen (1924～2002)

图 12.2 钟敬文文化考察与中国现代文学创作素材分布数字地图后台资源研究释例图（1924～2002 年）

Figure 12.2 Digital distribution map of cultural investigations and works sources in Chinese modern literature by Professor Zhong Jingwen with backup resource research (1924～2002)

图 13 钟敬文民俗学讲演与中国民俗学地方组织分布数字地图（1928～1997 年）

Figure 13 Digital distribution map of folklore lectures delivered by Professor Zhong Jingwen and local folklore societies (1928～1997)

图 13.1 钟敬文民俗学讲演与中国民俗学地方组织分布数字地图动画区释例图（1928～1997 年）

Figure 13.1 Digital distribution explanation flash map of folklore lectures delivered by Professor Zhong Jingwen and local folklore societies (1928～1997)

图 13.2 钟敬文民俗学讲演与中国民俗学地方组织分布数字地图个案缩放释例图（1928～1997 年）

Figure 13.2 Digital distribution explanation map of folklore lectures delivered by Professor Zhong Jingwen and local folklore societies with sample of case study with zoom function (1928～1997)

219

第Ⅲ部分　钟敬文工作站电视片

Part Ⅲ　TV serials of Professor Zhong Jingwen's Workstation

一、纪念站电视片解说词
1. Monologue of Commemoration Station TV serial

钟敬文与北京师范大学
民俗学国家重点学科
纪　念　篇

Professor Zhong Jingwen and the state key research center of folklore study at Beijing Normal University Commemoration

　　钟敬文教授是国际国内著名民俗学家和民间文艺学家、是国际公认的"中国民俗学之父"，是中国民俗学和民间文艺学两门学科的理论奠基人，是北京师范大学中国民俗学国家重点学科的创建者。

　　钟敬文教授于1903年出生于广东省海丰县。幼年习诗，少年成名，青年时代已成为蜚声文坛的现代诗人和作家，被当时文坛誉为"步冰心之后武"。五四时期投身北京大学歌谣学运动，受到五四新文化运动的前驱胡适的

Professor Zhong Jingwen was a famous scholar in folklore, folk literature and arts, internationally recognized as "the Father of Chinese Folklore Study", and a theoretical founder of Chinese folklore study and folk literature and arts, as well as a pioneer of the state key research center of folklore study at Beijing Normal University (BNU).

Professor Zhong Jingwen was born in Haifeng County, Guangdong Province, 1903. While still young, he became a well-known modern poet and writer. He was thought, "to have followed the path of writer Xie Bingxin. In the May 4th Movement, he actively participated in the Ballad Study Movement initiated by Peking University. Professor Hu Shi, one of the pio-

高度评价，胡适在《白话文学史》中称赞他和顾颉刚、周作人等为中国现代民间文学运动做出了开辟性的工作。钟敬文早年留学日本早稻田大学，专攻民俗学、神话学和文化人类学，1937年抗战爆发前回国，投入抗日前线的写作工作。在1949年前，他分别在岭南大学、中山大学、浙江大学、浙江民众教育实验学校、西湖国立艺术学院、江苏无锡教育学院、北京香山幼儿教育师范学院、香港达德学院等校执教。1949年5月，应周总理之邀，从香港回到内地，1949年秋到北京高校工作，在北京大学、北京师范大学和辅仁大学三校担任教授，开创了新中国的民间文艺学课程。1951～1952年高校院系调整，他留任北京师范大学执教，为一级教授，并历任副教务长、科学研究部主任、中文系主任和民间文学教研室主任等职。1981年被国务院授予第一批博士生导师，至2002年以百岁高龄辞世，一直率领着北京师范大学民俗学国家重点学科的建设。

neers of the May 4th Movement, spoke highly of him in his book, *History of Vernacular Literature*, in which he praised Zhong Jingwen, Gu Jiegang and Zhou Zuoren etc for their seminal work in the modern Chinese folk literature movement. In 1934, he went to study at Waseda University, Japan, majoring in Folklore Study, Mythology and Cultural Anthropology. In 1937, before the outbreak of the Sino-Japanese War, he went to the Anti-Japanese frontline, and worked on Anti-Japanese writing. Before 1949, he respectively taught in Lingnan University, Zhongshan University, Zhejiang University, Zhejiang Mass Education Experimental School, West Lake State Art College, Wuxi Education College in Jiangsu, Xiangshan Early Education Normal School in Beijing, Tateh University in Hong Kong. In May 1949, at the invitation of Premier Zhou Enlai, he came back to the mainland from Hong Kong. In the autumn of 1949, he became the first professor who offered the course, Study of Folk Literature and Arts, in Peking University, BNU and Furen University in the People's Republic of China(PRC). He was appointed as a full-time first-class professor in BNU due to the adjustment of colleges and departments in higher education between 1951 and 1952. Meanwhile, he took the position of Vice Dean of Studies, Director of the Scientific Research Department, Dean of the Chinese Language Department and head-teacher of the teaching and research sec-

钟敬文教授在北京师范大学工作长达53年，在这里开创了现代中国大学史上第一个民俗学学术重镇、民俗学高级专业人才培养基地和民俗学国际学术交流中心。他把一生最有成就的岁月、最热忱的心血和最旺盛的创造精力都无私地奉献给了北京师范大学民俗学国家重点的建设，使本专业在国内高教界实现了10个第一。

1953年，钟敬文教授在北京师范大学招收新中国第一批民间文学专业的研究生。

1955年，钟敬文教授在北京师范大学成立了全国第一个民间文学教研室。

1980年，钟敬文教授被国务院授予首批博士生导师，本专业成为全国第一个民俗学博士点，以后又成为全国第一个博士后流动站。

1980年，钟敬文教授主编的中国现代大学教育史上的第一本民间文艺学教科书

tion of Folk Literature and Arts in BNU. In 1981, the State Council granted him the first group of advisers to PhD candidates. From the year of 1981 up to the end of his life at the age of 99, he worked on the establishment of the state key research center of folklore study at BNU.

Professor Zhong Jingwen worked at BNU for more than 53 years. It is in BNU that he started the first academic folklore study in the modern history of Chinese higher education, and founded the international folklore academic exchange center and advanced folklorist-training base. He devoted himself selflessly to the establishment of the state key research center, which he promoted so vigorously that he made 10 top achievements in folklore study of Chinese higher education.

1. In 1953, Professor Zhong Jingwen admitted the first group of graduate students majoring in folk literature and arts at BNU in China.

2. In 1955, Professor Zhong Jingwen set up the first teaching and research section of folk literature and arts at BNU in China.

3. In 1980, Professor Zhong Jingwen was granted the first group of advisers to PhD candidates by the State Council. BNU is the first university, entitled to issuing PhD in Folklore Study and later becomes the first post-PhD station in China.

4. In 1980, *Introduction to Folk Literature and arts*, the first folk literature textbook in the modern history of Chinese higher education

《民间文学概论》出版；后获教育部和北京市高校优秀教材一等奖。

1988 年，本专业成为国内第一个民俗学国家重点学科。

1996 年，本专业成为国内高校文科第一批 211 工程试点单位。

1998 年，钟敬文主编的中国现代大学教育史上的第一本民俗学教科书《民俗学概论》出版；后获中国国家图书奖提名奖和国家级教学成果奖。

2000 年，钟敬文教授成为全国高校民俗学专业唯一的全国优秀教师称号获得者。

2001 年，本专业成为教育部第一批人文社科研究国家重点研究基地，创建了民俗典籍文字研究中心。

2003 年，本专业再度成为全国高校文科民俗学专业 211 二期工程试点单位。

was published with Professor Zhong Jingwen as its chief compiler. Later it won the first prize of Excellent Higher Education Textbook in Beijing, granted by the Chinese Ministry of Education.

5. In 1988, Folklore Study became the first state key research center in China.

6. In 1996, Folklore Study became a member of the first Pilot 211 Project launched by the Chinese Ministry of Education among humanities in Chinese universities.

7. In 1998, *Introduction to Folklore Study*, the first folklore study textbook in the modern history of Chinese higher education was published with Professor Zhong Jingwen as its chief compiler. Then, it won Academic Book Nominee Award and Teaching Achievement Award at the state level.

8. In 2000, Professor Zhong Jingwen became the only teacher nationwide in folklore study to win the title of National Excellent Teacher.

9. In 2001, Folklore Study became the first state key research base in humanity and social science research. The Research Center for Folklore, Ancient Writing and Chinese Characters was consequently set up by the Chinese Ministry of Education.

10. In 2003, Folklore Study once again became a member of the second Pilot 211 Project launched by the Chinese Ministry of Education among humanities departments in Chinese universities.

钟敬文教授一生撰写著作 67 部，撰写论文 300 余篇，另外撰写和发表了大量的诗词散文作品，在民俗学、文艺学、现代文学、古典文学等多学科领域里都取得了卓越的成就。而这些学术成果和文学创作大都是在北京师范大学完成的。他从中年到晚年一直在北京师范大学工作，把北京师范大学建成了一块民俗学的精神福地和学者乐园。他怀着对祖国和对人民的深情热爱，对追求真理、捍卫真理的执著热情和对从事高等师范教育事业的强烈责任感，始终无私奉献、勤奋耕耘、为北京师范大学民俗学和民间文艺学课程体系的创建、为以北京师范大学为基地的民俗学大批后学的培养，做出了不可磨灭的重大历史贡献。他博大精深的学问修养、极其严谨的治学态度、精益求精的工作精神和高度敬业的处事态度，也给民俗学专业的全体师生留下了深远的影响。

53 年来，由于钟敬文教授的影响，北京师范大学民俗学学科点一直是大师云集的摇篮。季美林、费孝通、张岱年、启功等许多国学大师都长期担任本专业的长期通讯研究员。

Throughout his life, Professor Zhong Jingwen has published 67 books, and more than 300 articles, as well as a great number of poems and prose works. He made great achievements in many fields such as folklore study, study of literature and arts, modern literature, and classical literature. It is worth noting that he accomplished most of his writing during his stay at BNU. From middle age to the end of his life, he has turned BNU into a spiritual and academic paradise for scholars in folklore study. He showed his true love toward China and the Chinese people, and had a strong sense of responsibility toward teacher training in universities. He contributed significantly to the establishment of courses such as Folklore Study and the Study of Folk Literature and Arts at BNU, and the academic training of his followers in folklore study. He had a far-reaching influence on his followers with his extensive and profound knowledge, rigid academic pursuits, committed and devoted attitude.

For 53 years, the strong influence of Professor Zhong Jingwen has made Folklore Study at BNU an attraction to leaders in other fields of study. There are many distinguished professors such as Ji Xianlin, Fei Xiaotong, Zhang Dainian, and Qi Gong etc who have been long-term

53年来,北京师范大学民俗学为国内高校和科研院所培养和输送了大批高级专业人才,现在国内高校和科研院所的绝大多数学术骨干人才都是北京师范大学输送的。

53年来,本专业承担了广泛的国际合作和国际交流任务,曾接待来自世界五大洲许多国家的著名汉学家和留学生。在他们中间,苏联著名汉学家李福亲、美国著名历史学家欧达伟、法国著名人类学家劳格文、澳大利亚著名民俗学和人类学家贺大卫、日本著名民俗学家伊藤清司、韩国著名民俗学家任东权,以及著名美籍华裔历史学家洪长泰等,他们都蜚声海内外汉学界,与钟老交谊深厚,并在钟老身后继续支持本专业的重点学科建设。

53年来,钟敬文教授始终重视参与政府的文化建设事业,晚年还以八旬高龄,投入了文化部发动的中国民间文学三套集成的搜集编纂工作,为我国政府后来强调的非物质文化遗产保护事业奠定了重要的前期基础。他

correspondent researchers of folklore study at BNU.

For 53 years, Folklore Study at BNU has trained many advanced professional folklorists who have later worked in different universities and research institutes. At present, most academic stalwarts in Chinese universities and research institutes are graduates from BNU.

For 53 years, Folklore Study at BNU has carried out many international cooperation and exchange projects. It has received many famous Sinologists and international students from different continents. Among them, we can find B. Riftin, Russian Sinologist, R. David Arkush, American historian, John Lagerwey, French anthropologist, David Holm, Australian folklorist and anthropologist, Ito Sei Ji, Japanese folklorist, Im Dong Gwon, Korean folklorist, and Chang-tai Hung, Chinese American historian. They are internationally well-known Sinologists and close friends of Professor Zhong Jingwen. After his death, they continued to promote the establishment of the state key subject.

For 53 years, Professor Zhong Jingwen actively took part in the cultural construction of the central government. When he reached his 80s, he became involved in the collecting and compiling of 3 collections of Chinese folk literature and arts sponsored by the Chinese Ministry of Culture. They laid the important preliminary foundation for the protection of intangible cul-

还应邀在很多社会学术团体中兼职，曾长期担任民间文艺家协会主席、中国民俗学会主席、中国文联委员、中华诗词学会副主席等，作出了多方面的社会贡献。

钟敬文教授在生命的最后几年里，面对现代化和全球化对民族传统文化的冲击，集平生学问之大成，提出了建立中国民俗学学派的学说，把他的学术成就推向了历史的巅峰。

这是一个曾经拥有大师的国家级重点学科，这是一个已经辉煌了半个多世纪的高校文科示范性学科，这是一个依然年年岁岁、迎来送往无数青年学子的特色学科。它的历史，注定了它的未来；它的大师精神，养育它的创新之路。

斯人已去，学问向前。我们凝望钟老，我们自强不息。

tural heritage stressed by the central government. Moreover, he was a long-term chairman of the China Society for Scholars of Folk Literature and Arts, chairman of the China Folklore Society, a member of the China Federation of Literary and Art Circles, vice chairman of the China Poetry Association. We can conclude that he has made a valuable contribution to society.

In the last years of his life, faced with the impact of modernization and globalization on Chinese traditional culture, Professor Zhong Jingwen put forward a theory for the establishment of a Chinese school of folklore study based on his life-long academic endeavor, which would be the highlight of his academic achievement.

This is a state key subject full of masters from different fields of study. It is also a model subject among universities, which has a history of over half a century. It is a special subject that welcomes and waves farewell to countless young learners. Its history determines it future: the spirits of masters shed light on its creative and innovative path to the future.

Regrettably Professor Zhong Jingwen has departed this life, but the subject continues to go forward. We look up to heaven to show our great respect to the master and constantly strive to become stronger.

二、研究站电视片解说词

2. Monologue of Research Station TV serial

钟敬文与北京师范大学
民俗学国家重点学科
创 新 篇

Professor Zhong Jingwen and the state key research center of folklore study at Beijing Normal University Innovation

千年枯海怒潮腾，
我也乘潮一后生。
今日像前低首拜，
灵魂终竟有真评。
　　——钟敬文《礼蔡元培先生像》
　　1983 年 6 月作于北京大学勺园

Worshipping in front of the statue of Cai Yuanpei
By Zhong Jingwen
June 1983
Shaoyuan, Peking University
On the sea with waves up and down,
I'm only a drifter.
Today I worship with lowered head in front of the statue,
the soul will finally get its evaluation.

钟敬文教授在晚年创作了很多诗篇，回首平生、低首深思。从北京大学歌谣学运动走来的他，终于在 2002 年的春天，在历经了一个世纪的伟大跋涉之后，把学科建设的重任交给了他的后学。他那壮怀激烈的诗句"我也乘潮一后生"，从此在北京师范大学百年学府的沃土上，化为一曲民俗学园地里的《满江红》，期许后学，也昭示未来。

Professor Zhong Jingwen wrote and published many poems of the above type to recall his life in retrospect when he reached old age. He started his folklore study early in the Ballad Study Movement initiated by Peking University, and passed the establishment of the state key subject on to his followers in the spring of 2002 after his industrious work of almost 100 years. His lofty line of the poem "I'm only a drifter," has been turned into a piece of Chinese classical poem *Manjianghong*, in the distinguished Beijing Normal University (BNU) with a history of over a century. It anticipates more followers and indicates the bright future of folklore study.

5年来，民俗学国家重点学科在北京师范大学不间断传承大师精神的深厚传统中继续发展。

创新理念：坚持继承、注重创新、特色定位、团队奋战、保持领先力、拓展学术产出。

创新目标：实现传统人文学科现代化。

创新成果如下。

1. 研究方向

继承发展钟敬文教授的建立中国民俗学派的学说，保持原有的民俗学（民间文艺学）优势方向，同时创建历史民俗学和文化遗产学两个新方向，并取得成效。

创新点一：编纂民俗史志，首次进行中国民俗历史基础资源研究

创新点二：加强文理结合，首次完成中国民俗图像电子典藏库

创新点三：注重社会应用，取得水利民俗和民间手工艺等遗产保护项目成果

2. 教学改革

创新点一：面向中国现代化、全球化进程中的民俗学新课程

In the last 5 years, Folklore Study, the state key subject, has developed continuously and passed on the spirits of masters in the long history of BNU.

Innovation concepts：insisting on transmission, focusing on innovation, aiming at specific targets, stressing teamwork, leading in folklore study with abundant academic publications.

Innovation target：modernization of traditional humanities.

Innovation achievements are listed below.

I. Research directions

Further develop Chinese school of folklore study established by Professor Zhong Jingwen, maintain the original advantageous direction of folklore (folk literature and arts), meanwhile, develop in two new directions, historical folklore study, and cultural heritage study. It has fruitful innovation achievements so far.

1. Compile the collections of Chinese ethnography, and finish basic research on the resources of Chinese folklore for the first time.

2. Combine social science with natural science, and complete the Chinese folklore database of time and space data sets for the first time.

3. Stress social application, and accomplish intangible protection programs such as water conservancy, handicraft, and heritage protection.

Ⅱ. Teaching reform

1. Offer new folklore courses to meet the challenge of Chinese modernization, and globalization.

创新点二：建设北京重点高校民俗学、社会学共享课程资源网络

创新点三：组建研究生科研项目团队、培养专业研究和文化项目两用人才

3. 科研项目

创新点一：改善科研经费结构与数量

创新点二：增加国际前沿课题和国内创新课题

4. 人才培养

创新点一：建设现代知识体系中的民俗学人才结构框架

创新点二：民俗学高级专业人才教育国际化

5. 国际交流

创新点：聘请海外客座教授讲学和合作研究

创新点二：国际前沿课题学术讲座

5 年来，民俗学学科点加强建设现代民俗学知识结构体系，在理论创新和教学科研改革上不断进取，获得了国内外同行的好评。

"今日像前低首拜，灵魂终竟有真评"。今天，我们在先师钟敬文教授低首沉思五四的地方，也沉思他创造的经典，告慰他不朽的灵

2. Set up a resource sharing network between folklore study and sociology departments in key universities in Beijing.

3. Form a research team of graduate students, available for professional research and cultural programs.

Ⅲ. Research programs

1. Reorganize the structure and quantity of scientific research funds.

2. Include more international frontline topics and domestically innovative topics.

Ⅳ. Training professionals

1. Set up a professional folklore framework in the body of modern knowledge.

2. Internationalize the education of advanced folklore professionals.

Ⅴ. International exchange

1. Invite overseas guest professors to give lectures and do cooperative research.

2. Hold academic lectures on internationally frontline topics.

Since the last 5 years, Folklore Study at BNU has improved the modern folklore knowledge system in China, and has made significant achievements in folklore theory innovation and teaching and research reform, therefore it has won favorable comments from fellow researchers and teachers worldwide.

"Today I worship with lowered head in front of the statue, the soul will finally get its evaluation." Now we stand in the place where Professor Zhong Jingwen once contribution and comfort his immortal soul with our research results.

魂。我们将面向 21 世纪的中国社会和民俗学事业，继续奋斗。

We are determined to spare no efforts to research on Chinese folklore study to meet the needs of the social development in the 21st century.

三、遗产站电视片解说词
3. Monologue of Heritage Station TV serial

钟敬文与北京师范大学
民俗学国家重点学科
遗　产　篇

Professor Zhong Jingwen and the state key research center of folklore study at Beijing Normal University Heritage

北京师范大学百年学府名师云集，他们拥有一批名师学术文化遗产，钟敬文教授是其中之一。

钟敬文教授的一生几与北京师范大学同龄，他的民俗学学说和民俗学高等教育体系的创立是与北京师范大学的历史分不开的。因此，他的学术文化遗产是北京师范大学现代大学教育遗产的重要组成部分。这种大学遗产是一个特殊的教育博物馆，它记录了一个民俗学学术大师治学执教生涯的活态历史，记录了他的社会、时代所允许他发展的基础条件，也记录了他生前身后所具有的巨

Professor Zhong Jingwen was one of our distinguished professors, a major contributor to the academic cultural heritage enjoyed by Beijing Normal University（BNU）in its century-long history.

Professor Zhong Jingwen's lifespan was almost as long as the history of BNU. The establishment of his Chinese school of folklore study and folklore study in universities cannot be separated from the history of BNU. His educational heritage is an indispensable part of the modern higher education heritage of BNU, which is now evolving into an educational museum. It records vividly the academic history of a folklore master, as well as the essential conditions of his time that allowed his professional development. More importantly, it accounts for the worldwide influence of Professor Zhong Jingwen upon his death.

大国内影响和重要世界影响。

钟敬文学术遗产的内涵是丰富的,以下主要介绍三部分。

(一)钟敬文故居和讲学旧址

北京西单石驸马胡同新文化街 47 号。这是一所位于北京中心地带的明清四合院建筑。1949 年夏,钟敬文教授从香港回内地后,直至 20 世纪 50 年代中期,都一直住在这里。他从这里驱车至中南海,受到毛泽东、周恩来等国家领导人的多次接见;他从这里走到附近的《光明日报》旧址,为该报创立了"文学遗产"专栏,并发表了很多民间文艺学研究文章。他在50 年代撰写的许多重要著述,如论文《口头文学:一宗重大的民族文化财产》和著作《民间文艺新论集》等①,都是在这里完成的。在此期间,他还与周扬、郭沫若和老舍等一起,创建了中国民间文艺研究会,并在北京师范大学创建了民俗学教学科研体制。

The abundance of his educational heritage can be introduced in three parts.

Ⅰ. Former residences and teaching sites of Professor Zhong Jingwen

1. No. 47 Xinwenhuajie, Shifuma Hutong, Xidan area, Beijing. It is a typical courtyard in Beijing from the Ming and Qing Dynasties, located in the central part of the city. Professor Zhong Jingwen lived here from the summer of 1949, when he came back to the mainland from Hong Kong till the mid 1950s. It is from here that he went to meet Chairman Mao Zedong and Premier Zhou Enlai in Zhongnanhai, the headquarter of the central government many times, travelling by bus. It is also from here that he walked to the original site of *Guangming Daily*, and became a columnist of the *Literary Legacy*, a column which he created and for which he wrote many articles on folk literature and arts. In the 1950s, he published many influential writings such as *Oral literature*, *an important national cultural wealth*, and *Collections of new theories on folk literature and arts*. During this period, he set up the Chinese Society for the Study of Folk Literature and Arts together with Zhou Yang, Guo Moruo and Laoshe (Shu Qingchun), and

---

① 钟敬文:《口头文学:一宗重大的民族文化财产》,原作写于 1950 年,收入钟敬文:《钟敬文民间文学论集》,1~20 页,上海,上海文艺出版社,1982。钟敬文主编:《民间文艺新论集》,北京,北京中外出版社,1950。

北京师范大学小红楼 2 单元 7 号。这是一所俄式红砖小楼，钟敬文教授自"文革"后期到逝世前，一直住在这里。我国高校恢复高考制度后的北京师范大学民俗学专业招生、重点学科建设、国际交流和诸多国家级和省部级学术荣誉的获得，都与这座小红楼有关。它成为钟敬文教授晚年焕发青春，鞠躬尽瘁，为中国民俗学事业写作、教学与研究工作的起点和终点。

敬文讲堂。这是北京师范大学最大的一座专供中外学者讲演的场所，现代化设备齐全，可供四五百人同时听讲，钟敬文教授等几位北京师范大学"文革"后硕果仅存的大师级学者都曾在这里为全校师生作过讲演。原名"五百座"，2002 年改为"敬文讲堂"，长久纪念钟敬文教授为北京师范大学、乃至中国的师范教育事业所作的巨大贡献。匾额手迹为启功教授亲题，因此也有重要文物价值。

worked out the teaching and research system of folklore study at BNU.

2. Rm. 7 Apt. 2 Xiaohonglou, BNU. This is a Russian style red brick building. Professor Zhong Jingwen lived here from the late part of the Cultural Revolution until the end of his life. When the Chinese government resumed College Entrance Examinations in 1977, this building was closely connected with the enrollment of folklore study students, the establishment of the state key subject, international exchange and honors won at the state, provincial and ministerial levels. It became the starting and finishing points for his writing, teaching and research on Chinese folklore.

3. Jingwen Lecture Hall. It is the biggest lecture hall at BNU for scholars at home and abroad to deliver lectures. It is well equipped with 400 comfortable seats. Professor Zhong Jingwen and a few other important professors who fortunately survived the Cultural Revolution once gave lectures here. In 2002, it was originally called 500 hard seats Auditorium, but later its name was changed into Jingwen Lecture Hall to commemorate his historical contributions to BNU and Chinese education. Professor Qi Gong personally inscirbed the name and this inscirption has become a valuable cultural relic.

（二）钟敬文书库

钟敬文教授的平生藏书，有学术大师个人书库的特点。

一是富有中外珍本。藏书以日文为主，还有英文、俄文、法文、德文和韩文著作。这些书都是他辛苦积攒个人经费求购的，很多原版书为国内仅有，如詹姆森（Raymond D. Jameson）《中国民俗学三讲》。① 在古籍中，以晚清诗词笔记著作最为珍贵，有不少珍本。一些民国本子也是珍稀藏本，如韩伯者的《绿云楼诗抄》。还有一些现代著作在国家图书馆也是库本书，不外借，对民俗学研究来说是相当珍贵的。

二是个人全套著作。钟老一生出版各类著作六七十种，发表论文 300 余篇，都有家藏，而且是原版。还有不少手稿，记录了钟敬文学术思想的形成与发展，都有重要价值。

三是学科结构著作。钟老穷毕生精力创设民俗学和民间文艺学，他的藏书体现了这两门学科的理论结构和

II. Library of Professor Zhong Jingwen

His library displays the typical features of a master.

1. Rare books from home and abroad. There are many Japanese books together with English, Russian, French, German and Korean books. He bought all these books from his personal funds and some of them such as *Three Lectures on Chinese Folklore* by Raymond D. Jameson are unobtainable elsewhere in China. Among the ancient books, the most valuable are poems and literary sketches from late Qing Dynasty and some are rare books from the Republic of China, such as *Poetry Anthology of Green Cloud House* by Han Boqi. Copies of some of his more modern books are kept by the National Library of China and extremely useful for students of folklore study.

2. His personal writings. Throughout his life, he published 67 books plus 300 or more articles. He kept all the original copies; many of these are manuscripts. They witness to the formation and development of his academic theories, and are of great value.

3. Books on the structure of Chinese folklore study. The books he collected represent his ideas of theoretical structure and the origins of two theories, folklore study and folk literature

---

① ［美］R. D. 詹姆斯（Raymond D. Jameson）：《一个外国人眼中的中国民俗》（*The Three Lectures on Chinese Folklore*），田小杭、阎苹译，上海，上海文艺出版社，1995。

理论来源。这方面的书籍，包括民俗学、文化学、考古学、音乐学、戏曲学、文艺学、人类学、语言学、社会学和民族学等，在他处是无法找到的。很多书的作者，都是该领域中的大师，封内都有他们给钟老的题赠真迹，其中不少人现已作古，其珍贵之处可想而知。

四是学术交流和社会活动成果。钟老生前承担很多社会职务，参加了大量的学术活动和社会活动，这些活动后来也形成了著作成果。如钟老曾担任《文艺报》、《光明日报》"文学遗产"等多家报刊的编委和撰稿。20世纪50年代曾参与发动新中国的民间文学搜集运动和资料积累，70年代末参与文化部中国民族民间文艺十集成重点项目的成果等。这些成果均已出书，并为钟老家藏，是一笔宝贵的财富。

（三）名人手迹

钟敬文教授生前多次受到国家领导人的接见，也与许多著名文学艺术家等素有交往，他们为钟敬文留下了很多题记手迹和绘画等，这笔资料历时长达七八十年，

and arts. They include books on folklore study, culture study, archaeology, music study, study of folk opera, study of literature and arts, anthropology, linguistics, sociology and ethnography etc, which are difficult to find elsewhere. The writers of these books are leaders in different fields of study, and many of them have signed and inscribed their books for him. We no longer have the good fortune to meet them face to face as they are now dead. This makes the books even more precious.

4. Results of academic exchange and social activities. Professor Zhong Jingwen took on many social roles and left behind many achievements. For example, he was once the editor of many newspapers such as *Study of Literature and Arts*, *Guangming Daily*, and *Literary Legacy*, and wrote articles for them. In the 1950s, he initiated and participated in the collection and collation of folk literature resources in the PRC. At the end of the 1970s, he took part in key programs sponsored by the Chinese Ministry of Culture to work on the 10 collections of Chinese ethnic folk literature and arts. They were all published and kept in his library. Their value cannot easily be measured.

Ⅲ. Paintings and calligraphy of famous people

During his life, Professor Zhong Jingwen enjoyed meetings with state leaders several times. Many of them offered him treasured scrolls of paintings and calligraphy. These cover a period of about 80 years, a matchless historical heritage.

是一份不可替代的历史遗产。

北京师范大学教育遗产的内涵是与两句名训相关的：一是古训"厚德载物，自强不息"，一是校训"学高为师，身正为范"。在全球竞争、科技创新、经济发达和呼吁人文的时代，钟敬文等学术大师虽然离我们而远去，然而，经过北京师范大学高等师范教育的洗礼，通过民俗学国家重点学科建设的平台，争取做人格完备的学者，力争为国家社会和人民事业的发展全力奋斗和获取荣誉，这将永远是广大后学与前辈大师的心中之约、历史之约和未来之约。

大师留给我们遗产，遗产也应该因我们而生辉久远。

Some quotations are closely linked with BNU educational heritage. Two are ancient："true goodness is live earth with profound virtues carrying all things", "making unremitting efforts to improve oneself". The other one is the motto of BNU："high academic achievement produces a master, good behavior produces a model teacher". Although masters such as Professor Zhong Jingwen have left us, we must face with global competition, scientific and technological innovation, developed economy and an appeal to our humanity. Those of us left behind must continue the progress of the state key subject, folklore study, which belongs to the state and to the Chinese people. This is the promise we, the followers of Professor Zhong Jingwen, have made with him in our minds, and it is our engagement with the future.

Master has left with us great heritage, which will endure forever.

附录三　钟敬文工作站书库数字辞典

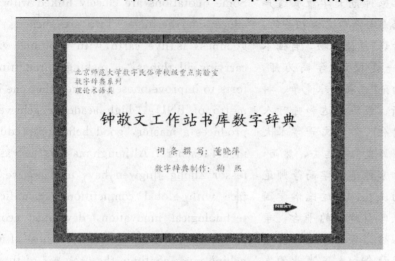

北京师范大学数字民俗学校级重点实验室
数字辞典系列
理论术语类

钟敬文工作站书库数字辞典

词条撰写：董晓萍

数字辞典制作：鞠　熙

NEXT

附图 3　钟敬文工作站书库数字辞典界面

　　钟敬文工作站书库数字辞典，是本站数据库所使用的钟敬文著述查询辞典，也是本站数据库的纸介著述来源。

　　钟敬文工作站书库数字辞典的编制方案，不再按以往纸介质成果的专题研究思路或文化项目方式遴选书目，而是反映在本站数据库的建设中，在民俗学者运用前期研究开发数字产品的探索中，在对纸介著述数据进行交叉研究并形成数字数据的过程中，所使用的书目系统。

　　本书库数字辞典的编制原则，一是忠实于纸介著述的原有编辑和出版传统，对钟敬文著述的标注，按全集、专著、结集、合集和论文等原有形式出示，对由此出现的重复论文或作品部分，并不另外剔除，而是保留其原貌，留作拼缝使用，做成宽通道的数据接口，以利读者或用户获得完整信息来源；二是体现本站数据库数字数据对书目采集的要求，在符合民俗学研究目标的前提下，纳入时间和空间单元信息，如尽量完整地采录原著的撰写、发表或出版时间地点，与本站数据库贮存的名师人生、学术、文化、教育和社会活动等其他时空数据相结合，建成时空数据集系统。对由此出现的交叉题目著作、论文或文学作品，本辞典将解释它们的内涵和功能，以利全面展现被名师著述所高度浓缩的时空民俗文化研究信息，同时也体现从事这种民俗学、数字化与现代大学遗产学的交叉研究所需要解决的一些基本问题，如人文分类原则和遗产化原则等。这类问题的存在，在传统文科纸介资料研究中可以忽略不计，但在这种多学科交叉研究中却是不能绕过的，相应书库数字辞典的建立也有其独立的方法论意义。

本书库数字辞典的功能，一是为既喜爱数字产品、也保持书面阅读习惯的读者或用户提供方便有效的查询资源，扩大对数字钟敬文工作站的利用率；二是为民俗学的同行学科、相邻学科和交叉学科等，提供进一步研究的参考书目和民俗学学术史题库，促进人文社会科学各领域的沟通和借鉴；三是为教育项目和文化遗产保护项目的开发提供民俗学术语系统，在这类项目涉及民俗研究或民俗文化研发的方案论证中，从民俗学的角度，提升其学术文化含量，保证其方案在这方面的可操作性和可持续性。

本书库数字辞典的书目数据标注体例，与数据库中的数字数据填写体例稍有差别。在钟敬文著述数据库中，作者钟敬文的名字是以专门软件自动写入的；在本数字辞典条目中，因为所有数据拥有同一位作者姓名，而读者或用户又是在查询钟敬文著述数据库时链接使用本数字辞典的，所以不必另外重复作者姓名，这部分书目数据的标注体例为：书名（论文或作品题目），撰写时间和地点，出版时间、出版地和出版社（或发表刊物与时间），其他著作收入信息、作者文末注。对其他国内外学者研究钟敬文生平学说的著述，或其他学者为钟敬文著作编纂的编著等，因作者和编者并非同属一人，在相关数据库中，均已采用手动方式一一填入作者和编者的姓名，本数字辞典也照此格式，逐一写入作者和编者的姓名，这部分说明数据的体例为：书名或论文题目、作者姓名、编者姓名、出版或发表时间、出版地和出版社，其他著作收入信息，作者文末注。

本书库数字辞典的编制目的，是采用新的人文科学研究方案和技术方法，创制民俗学专家系统数字书目，推动钟敬文学术文化遗产的传承。它是参加数字钟敬文工作站建设的北京师范大学民俗学专业全体师生，在这项工作结束后，与相识或不相识的广大读者或用户所共享的一份"家底"，它长期滋养了我们，现在我们把它还给社会。

一、钟敬文学术著述数据库书目

在数字钟敬文工作站中，钟敬文学术著述数据库书目，其"学术著述"的对象，是指钟敬文民俗学和民间文艺学著述目录，含著作和论文两种。在本站后台资源库中，这批书目数据具有底层数据、纸介著作来源数据和人文分类属性数据的多重价值，由它们所构成的数据库，是钟敬文工作站的基本库，是本站的核心支撑。在本站启动数字环境下的操作运行中，该数据库所携带的书目数据，是其他所有数据库链接过往的"环岛"。该库也设有链接"环岛"的主干道，主要与本站的对应数据库和桥接数据库连通，成为各类数据库联结一体的总"枢纽"和保障它们分层通行的主"立交桥"。

在钟敬文学术著述数据库中，对钟敬文著作的标注，因钟敬文著作的撰写、编辑和出版的时代不同，及其专业学术发展与高等教育需求背景的差异，也因现在读者或用户所了解或所持有的纸介著作版本可能以近年出版物为主，为满足读者或用户从不同角度或在不同条件下查询需求，本库对钟敬文著述的书目数据，按全集、专著、结集、编著、合集、教材和论文的原有形式采集，对它们之间的重复书目部分，尽量保留原貌，以方便读者或用户，同时也为本库链接对应数据库和桥接数据库留有宽带接口。以下在举述这些书目时，也将以这种书目数据的形式呈现。

根据本库对书目数据的采集原则，在书目数据中，保留了原著述的时间和空间信息，体现了它们在本站时空数据集系统中，被开发为时空信息单元的关节点。这方面的信息描写格式，含著述的撰写时间和地点、发表时间和地点、出版时间和地点，以及作者本人对著述撰写和出版（发表）过程的补充说明等。在纸介书目中，这类信息是被当做纸介著述本身的说明性注释对待的，一般不在书目登记时另外标出；但在数据库的书目数据中，因为数据研制使用的目标不同，却需要把它们从纸介原著注释中提取出来，让它们不再在书目登录之外闲置，而能恢复其自身已拥有的时空信息内容，与书目数据重新组合，共同呈现民俗学名师前期研究所规定的书目数据人文属性，使其学术思想成果被全面理解和传承。

（一）全集

全集，指钟敬文生平著作精选全本。钟敬文在编纂全集问题上是有个性思考的。根据钟敬文本人的意见，全集不搞大全，要在保持不同时期著述的历史原貌的前提下，适当遴选，以节省资源，提高社会效益。钟敬文著述全集，由钟敬文生前亲自审定，命名为"钟敬文文集"，共5卷，由他本人嘱弟子、助手和北京师范大学中文系相关学科的知名学者编纂。各卷卷首置"出版说明"，对此套"文集"，即"全集"的性质作了明确解释："这套文集，比较完整地辑集了钟敬文先生生平的学术论著和文艺创作的绝大部分篇章。钟先生在学艺方面涉足颇广，从事的年份又相当长（70余年），所写作已经发表或未发表的文字，自然不止于此。但是，重要的或在学艺史上与之有关的篇章大都已搜罗入集"。5卷本的书目如下。

钟敬文文集（民俗学卷），连树声编纂，合肥，安徽教育出版社，1999。

钟敬文文集（民间文艺学卷），董晓萍编纂，合肥，安徽教育出版社，2002。

钟敬文文集（诗学及文艺论卷），刘锡庆编纂，合肥，安徽教育出版社，2002。

钟敬文文集（散文随笔卷），蔡清富编纂，合肥，安徽教育出版社，2002。

钟敬文文集（诗词卷），赵仁珪编纂，合肥，安徽教育出版社，2002。

（二）专著

专著，指钟敬文本人的专题研究著作。在本数据库中，根据数字钟敬文工作站的理念和目标，重点收入了他晚年出版的民俗学集大成著作，书目如下。

建立中国民俗学派，哈尔滨，黑龙江教育出版社，1999。

（三）结集

结集，指钟敬文自编的民俗学和民间文艺学研究代表作，并收入本数据库的论文集数据。

民间文艺丛话（中大民俗学会丛书），广州，中山大学语言历史学研究所，1928。

楚辞中的神话和传说（民俗学会丛书），广州，中山大学语言历史学研究所，1930。

民间文艺学谈薮，长沙，湖南人民出版社，1981，

钟敬文民间文学论集（上），上海，上海文艺出版社，1982。

钟敬文民间文学论集（下），上海，上海文艺出版社，1985。

新的驿程，北京，中国民间文艺出版社，1987。

话说民间文化，北京，人民日报出版社，1990。

钟敬文学术论著自选集，北京，首都师范大学出版社，1994。

钟敬文民俗学论集，上海，上海文艺出版社，1998。

（四）编著

编著，指根据我国现代民俗学和民间文艺学史上的不同时期的民俗学基本问题，同时适应专业高等教育和基础研究的需要，由钟敬文本人主编，由钟敬文与其他学者共同撰写的论文集，或者由其他学者编纂的钟敬文专题论文集。它们皆为本数据库的主要书目数据。

民间文艺新论集，钟敬文编，北京，北京中外出版社，1950。

民间文艺学文丛，钟敬文主编，北京，北京师范大学出版社，1982。

民间文化讲演集，钟敬文主编，南宁，广西民族出版社，1998。

钟敬文教育与文化文存，钟敬文著，董晓萍编，海口，南海出版公司，1991。

民间文化学：梗概与兴起，钟敬文著，董晓萍编，北京，中华书局，1996。

民间文艺学及其历史，钟敬文著，董晓萍编，济南，山东教育出版社，1998。

钟敬文学述，钟敬文著，董晓萍编，杭州，浙江人民出版社，2000。

中国民间文学讲演集，钟敬文著、赵世瑜编，北京，北京师范大学出版社，1999。

(五)合集

合集，指以钟敬文的民俗学和民间文艺学论文为主，同时编入钟敬文部分文学创作与文学评论文章的杂体编著。合集分钟敬文自编和其他学者代为编辑两种，本数据库也收入了此种数据。

进入九十年代，太原，北岳出版社，1996。

钟敬文学术文化随笔，杨利慧编，北京，中国青年出版社，1996。

雪泥鸿爪——钟敬文自述，钟敬文著，敏泽主编，太原，山西人民出版社，1997。

谣俗蠡测，钟敬文著，巴莫曲布嫫、康丽编，上海，上海文艺出版社，2001。

沧海潮音，哈尔滨，黑龙江人民出版社，2002。

(六)教材

教材，指钟敬文主编的民俗学和民间文艺学高等教育教科书，以及与教材相配套的作品集。它们或已印行使用，或已正式出版，都在我国现代大学教育史上产生了深远的社会影响，是我国民俗学学科的首创教本，具有不可替代的学术史价值。这方面的书目数据是本数据库的重点对象。

民间文学大纲，油印本，杭州，浙江民众教育实验学校，1930。

民间文学概论，上海，上海文艺出版社，1980。

民俗学概论，上海，上海文艺出版社，1998。

民间文学作品选(上)，上海，上海文艺出版社，1980。

民间文学作品选(下)，上海，上海文艺出版社，1980。

(七)论文

论文，指钟敬文在民俗学整体诸科学中，在民俗学、民间文艺学、民间文艺学史、民俗文化学、神话学、故事学和传说学的不同领域创建历程中，所发表的原创性或阶段性重要观点的论文。这批论文数据的价值，不在于成为钟敬文论文总目，而在于它们是对中国现代民俗学和民间文艺学研究产生深远影响之作，有一些论文还在国际上产生一定的反响。它们大都有"作者文末注"，为本数据库所提取和贮存，以用作钟敬文学说的时空数据信息。它们中的绝大部分篇章，都曾为上述钟敬文的文集、结集、编著和合著所收入，但在编制钟敬文人生学说时空数据时，仍需要使用这些论文，从中提取准确具体的时空数据，以利进一步将纸介数据转化为数字数据，使钟敬文学术文化思想能呈现得更为丰富而具体。以下举述这批论文数据的样稿，旨在说明本库提取论文数据的民俗学要点和数据格式，对全部论文信息就不一一列举了，以避免与上述书目造成文字重复，影响读者或用户的有效阅读。

1. 民间文艺学

民间文艺学，指本数据库使用的钟敬文民间文艺学论文。

关于《诗经》中复叠篇章的意见，1927 年 5 月 28 日。钟敬文：《钟敬文民间文学论集》(下)，306～310 页，上海，上海文艺出版社，1985。钟敬文：《钟敬文文集》(民间文艺学卷)，681～685 页，合肥，安徽教育出版社，2002。

呆女婿故事试说，1928 年。钟敬文：《钟敬文民间文学论集》(下)，235～239 页，上海，上海文艺出版社，1985。钟敬文：《钟敬文文集》(民间文艺学卷)，576～580 页，合肥：安徽教育出版社，2002。

绝句与词发源于民歌——中国文学史上的一个问题，1928 年 8 月 22 日。钟敬文：《钟敬文民间文学论集》(下)，265～276 页，上海，上海文艺出版社，1985。钟敬文：《钟敬文文集》(民间文艺学卷)，686～697 页，合肥，安徽教育出版社，2002。

中国民间故事型式，1929～1931 年间。原载《开展月刊·民俗学专号》第 10、11 期合刊，1931 年 7 月。曾译载日本《民俗学》月刊，1933 年。钟敬文：《钟敬文民间文学论集》(下)，342～356 页，上海，上海文艺出版社，1985。钟敬文：《钟敬文文集》(民间文艺学卷)，620～636 页，合肥：安徽教育出版社，2002。

蛇郎故事试探，1930 年 9 月 1 日，钟敬文：《钟敬文民间文学论集》（下），192～208 页，上海，上海文艺出版社，1985。钟敬文：《钟敬文文集》（民间文艺学卷），559～575 页，合肥：安徽教育出版社，2002。

中国的水灾传说，1931 年 1 月 28 日黄昏，原载《民众教育季刊》第 1 卷第 2 号，1931 年 2 月。钟敬文：《钟敬文民间文学论集》（下），163～191 页，上海，上海文艺出版社，1985。钟敬文：《钟敬文文集》（民间文艺学卷），441～471 页，合肥，安徽教育出版社，2002。

中国的地方传说，1931 年 5 月 31 日。原载《开展月刊·民俗学专号》第 10、11 期合刊，1931 年 7 月。钟敬文《钟敬文民间文学论集》（下），74～100 页，上海，上海文艺出版社，1985。钟敬文：《钟敬文文集》（民间文艺学卷），472～499 页，合肥，安徽教育出版社，2002。

中国的天鹅处女型故事——献给西村真次和顾颉刚两先生，1932 年夏，原载《民众教育季刊》第 3 卷第 1 号，1933 年 1 月。钟敬文：《钟敬文民间文学论集》（下），36～73 页，上海，上海文艺出版社，1985。钟敬文：《钟敬文文集》（民间文艺学卷），581～619 页，合肥，安徽教育出版社，2002。

中国神话之文化史的价值——序清水君的《太阳和月亮》，1933 年 8 月，《青年界》第 4 卷第 1 期，1933 年 8 月。钟敬文：《钟敬文民间文学论集》（下），357～363 页，上海，上海文艺出版社，1985。钟敬文：《民俗文化学：梗概与兴起》，167～174 页，北京：中华书局，1996。

老獭稚型传说的发生地——三个分布于朝鲜、越南及中国的同型传说的发生地域试断，1934 年 8 月 10 日，此文起草于杭州，赴日后曾交日本《民族学研究》创刊号发表。后又转载于《艺风》1934 年第 2 卷第 12 期。钟敬文：《钟敬文民间文学论集》（下），128～148 页，上海，上海文艺出版社，1985。钟敬文：《钟敬文文集》（民间文艺学卷），500～521 页，合肥，安徽教育出版社，2002。

民间文艺学的建设，1935 年 11 月 4 日晨，收入钟敬文：《钟敬文民间文学论集》（下），1～12 页，上海，上海文艺出版社，1985。钟敬文：《钟敬文学术论著自选集》，3～15 页，北京，首都师范大学出版社，1994，民间文艺学编。钟敬文：《民间文艺学及其历史》，3～16 页，济南，山东教育出版社，1998。钟敬文：《钟敬文文集》（民间文艺学卷），3～14 页，合肥，安徽教育出版社，2002。

中国民谣机能试论，1936 年春夏间，原载《民众教育月刊·民间艺术专号》第 5 卷第 4、5 号合刊，1937 年 2 月。作者文末注："这篇小论，是几年前给一位外国学者的一部中国民谣译本写的序文（自然，原文结束的地方，那一段关于译本本身的话现在略去了）。……一九四二年三月"。钟敬文：《钟敬文民间文学论集》（下），252～264页，上海，上海文艺出版社，1985。钟敬文：《钟敬文文集》（民间文艺学卷），698～711页，合肥，安徽教育出版社，2002。钟敬文：《民间文艺学及其历史》，209～224页，济南，山东教育出版社，1998。作者在《我与浙江民间文化》中说明"此文作于东京，回国后始正式发表"。参见钟敬文：《话说民间文化》，142页，北京，人民日报出版社，1990。

槃瓠神话的考察，1936年夏，钟敬文：《钟敬文民间文学论集》（下），101～127页，上海，上海文艺出版社，1985。钟敬文：《钟敬文学术论著自选集》，194～222页，北京，首都师范大学出版社，1994。钟敬文：《民间文艺学及其历史》，129～156页，济南，山东教育出版社，1998年，甲编。钟敬文：《钟敬文文集》（民间文艺学卷），412～440页，合肥，安徽教育出版社，2002。

《中国农谚》"序"，1936～1937年间，费洁心编，《中国农谚》，上海：中华书局，1941。钟敬文：《民间文艺谈薮》，206～209页，长沙，湖南人民出版社，1981。钟敬文：《钟敬文文集》（民间文艺学卷），757～760页，合肥，安徽教育出版社，2002。

民众文艺之教育的意义，1937年在浙江省电台的播讲稿，根据刘焕林的记录稿整理。钟敬文：《民间文艺谈薮》，41～44页，长沙，湖南人民出版社，1981。钟敬文：《钟敬文文集》（民间文艺学卷），137～140页，合肥，安徽教育出版社，2002。

民间讽刺诗，1949年春间。钟敬文：《民间文艺谈薮》，106～118页，长沙：湖南人民出版社，1981。钟敬文：《钟敬文文集》（民间文艺学卷），712～724页，合肥，安徽教育出版社，2002。

一年来的新民间文艺学活动，1950年9月18日。钟敬文：《民间文艺谈薮》，269～280页，长沙：湖南人民出版社，1981。钟敬文：《民间文艺学及其历史》，490～501页，济南，山东教育出版社，1998，乙编。钟敬文：《钟敬文文集》（民间文艺学卷），788～798页，合肥，安徽教育出版社，2002。

口头文学：一宗重大的民族文化财产，1950年开国纪念日前夕，钟敬文：《钟敬文文集》（民间文艺学卷），29～48页，合肥，安徽教育出版社，2002。钟敬文：《民间文艺学及其历史》，50～69页，济南，山东教育出版社，1998，甲编。

民间文艺学上的新收获，1951年9月20日。钟敬文：《民间文艺谈薮》，

281～293 页，长沙，湖南人民出版社，1981。钟敬文：《钟敬文文集》（民间文艺学卷），799～810 页，合肥，安徽教育出版社，2002。

歌谣与妇女婚姻问题，1953 年 3 月 11 日。钟敬文：《钟敬文民间文学论集》（上），45～73 页，上海，上海文艺出版社，1982。钟敬文：《钟敬文文集》（民间文艺学卷），725～753 页，合肥，安徽教育出版社，2002。

高等学校应该设置"人民口头创作"课，1957 年 5 月 6 日。钟敬文：《民间文艺谈薮》，85～90 页，长沙，湖南人民出版社，1981。钟敬文：《钟敬文文集》（民间文艺学卷），162～167 页，合肥，安徽教育出版社，2002。

人民口头创作在民众生活中的位置和作用，1975～1985 年间，钟敬文：《民间文艺谈薮》，30～35 页，长沙，湖南人民出版社，1981。钟敬文：《钟敬文文集》（民间文艺学卷），131～136 页，合肥，安徽教育出版社，2002。

马王堆汉墓帛画的神话史意义，1973 年春夏之间写成，1978 年夏订正。原载《中华文史论丛》1979 年第 2 辑。钟敬文：《钟敬文民间文学论集》（上），121～147 页，上海，上海文艺出版社，1982。钟敬文：《钟敬文学术论著自选集》，248～275 页，北京，首都师范大学出版社，1994。

谈谈新近的民族民间文学工作——在兰州《中国少数民族文学作品选讲》教材编写及学术讨论会（扩大）上的讲话，1978 年 12 月 21 日。钟敬文：《民间文艺谈薮》，294～298 页，长沙，湖南人民出版社，1981。钟敬文：《钟敬文文集》（民间文艺学卷），811～815 页，合肥，安徽教育出版社，2002。

为孟姜女冤案平反，1978 年 9 月 9 日初稿，1979 年 2 月末改订。原载《民间文学》1979 年第 7 期。钟敬文：《钟敬文民间文学论集》（上），74～92 页。钟敬文：《民间文艺学及其历史》，157～175 页，济南，山东教育出版社，1998，甲编。钟敬文：《钟敬文文集》（民间文艺学卷），540～558 页，合肥，安徽教育出版社，2002。

谈框子——周总理六月十九日讲话读后随笔，1979 年 2 月 7 日，原载《民间文学》1979 年第 3 期。钟敬文：《民间文艺谈薮》，45～82 页，长沙，湖南人民出版社，1981。

把我国民间文艺学提高到新的水平，1979 年，原载《民间文学》1980 年第 2 期。钟敬文：《民间文艺学及其历史》，30～49 页，济南，山东教育出版社，1998 年，甲编。在《钟敬文学术论著自选集》中，该文标题为《把我国民间文艺学提高到新的水平——在中国民间文学工作者第二次代表大会上的发言》，北京，首都师范大学出版社，16～36 页，1994，民间文艺学编。钟敬文：《民间文艺学及其历史》，3～16 页，济南，山东教育出版社，1998。钟敬文：《钟敬文文集》(民间文艺学卷)，第一编，85～104 页，合肥，安徽教育出版社，2002。

"五四"前后的歌谣学运动，1979 年 1 月 29 日初稿，1979 年 2 月 28 日改稿。原载《民间文学》1979 年第 4 期。钟敬文：《民间文艺学及其历史》，408～424 页，济南，山东教育出版社，1998，乙编。钟敬文：《钟敬文文集》(民间文艺学卷)，353～369 页，合肥，安徽教育出版社，2002。

三十年来我国民间文学调查采录工作——它的历程、方式、方法及成果，1980 年中旬。钟敬文：《民间文艺学及其历史》，509～517 页，济南，山东教育出版社，1998。钟敬文：《钟敬文文集》(民间文艺学卷)，833～841 页，合肥，安徽教育出版社，2002。

建立具有中国特点的民间文艺学——1980 年 7 月在昆明云南大学《思想战线》编辑部召开的座谈会上的发言，原载《思想战线》1980 年第 5 期。钟敬文：《新的驿程》，123～130 页，北京，中国民间文艺出版社，1986。

四年来我国民间文学事业的恢复和发展，1980 年 10 月 31 日，原载《民间文学》1980 年第 12 期。钟敬文：《民间文艺学及其历史》，502～509 页，济南，山东教育出版社，1998，甲编。钟敬文：《新的驿程》，234～249 页，北京，中国民间文艺出版社，1987。钟敬文：《钟敬文文集》(民间文艺学卷)，816～822 页，合肥，安徽教育出版社，2002。作者文末"附记"："这篇短文，是应一个向海外发稿的新闻社的要求撰写的，内容简要地论述反正后四年来的民间文学事业的发展情况。它对于国内一般读者也许有些用处，因交《民间文学》(1980 年第 12 期)发表"。

作为民间文艺学者的鲁迅，1981 年 7 月 24 日，原载《文学评论》，1982(1)。钟敬文：《钟敬文民间文学论集》(上)，371～403 页，上海，上海文艺出版社，1982。钟敬文：《民间文艺学及其历史》，448～481 页，济南，山东教育出版社，1998，乙编。文末注："1981 年 7 月 24 日脱稿于京西宾馆"。

加强民间文艺学的研究工作，1981 年 8 月 16 日，钟敬文主编《民间文艺学文丛》第一辑，"卷头语"，1～11 页，北京，北京师范大学出版社，1982。钟敬文：《钟敬文学术论著自选集》中的题目为《加强民间文艺学的研究工作——〈民间文艺学文丛〉代卷头语》，37～49 页，1994。钟敬文：《钟敬文文集》(民间文艺学卷)，第一编，63～75 页，合肥，安徽教育出版社，2002。

刘三姐传说试论，1981 年 10 月 24 日，《稻·舟·祭》(松本信广先生追悼论文集)，日本东京，六兴出版社，1982 年 9 月。编者附注，《钟敬文文集》中仅收录了全文的第二部分，即作者对"前代文字记录之功过"的论述。钟敬文：

《钟敬文民间文学论集》(上)，全文收录，93～120页，上海，上海文艺出版社，1982。钟敬文：《钟敬文文集》(民间文艺学卷)，522～528页，合肥，安徽教育出版社，2002。

顾颉刚和他的《孟姜女故事研究》，1981年12月2日，《孟姜女故事论文集》，北京，中国民间文艺出版社，1983。钟敬文：《新的驿程》，297～302页，北京，中国民间文艺出版社，1986。钟敬文：《钟敬文文集》(民间文艺学卷)，533～539页，合肥，安徽教育出版社，2002。此处标题为：《孟姜女故事论文集》"序"。编者附注，"此文原是作者为《孟姜女故事论文集》撰写的序言。在收入《钟敬文文集》时对原题略作修改"。

挺进中的民间文艺学——一九八一年我国民间文艺活动鸟瞰，1982。原载《北京师范大学学报》1982年第5期。钟敬文：《新的驿程》，246～254页，北京，中国民间文艺出版社，1987。钟敬文：《钟敬文文集》(民间文艺学卷)，823～832页，合肥，安徽教育出版社，2002。

《中国现代民间文艺学史》说明书(节录)，1983年2月16日。为北京师大中文系民间文学研究室所担任的国家"六五"科学研究规划项目《中国现代民间文艺学史》草拟的。

文末附记："这篇说明书，是为北京师大中文系民间文学研究室所担任的国家'六五'科学研究规划项目《中国现代民间文艺学史》草拟的，它曾由该部分规划小组通过，并为该项目编写组共同的工作纲领"。钟敬文：《新的驿程》，541～545页，北京，中国民间文艺出版社，1987。钟敬文：《钟敬文文集》(民间文艺学卷)，782～787页，合肥，安徽教育出版社，2002。

建立新民间文艺学的一些设想，1983年4月11日。原载《民间文学论坛》1983年第3期，钟敬文：《钟敬文文集》(民间文艺学卷)，第一编，49～62页，合肥，安徽教育出版社，2002。钟敬文：《民间文艺学及其历史》，16～29页，济南，山东教育出版社，1998，甲编。文末注："此文原为作者1983年4月11日在中国民间文艺研究会第二届年会上的讲话"。

民间文学述要，1984年。《北京师范大学学报》1984年第5期。原载《中国大百科全书》(中国文学)，第一分册，545～548页，1986。钟敬文：《民间文艺学及其历史》，70～84页，济南，山东教育出版社，1998。钟敬文：《钟敬文文集》(民间文艺学卷)，第一编，15～28页，合肥，安徽教育出版社，2002。

中国民间文艺学的形成与发展，1984。《文艺研究》1984年第6期。钟敬文：《新的驿程》，3～16页，北京，中国民间文艺出版社，1987。钟敬文：

《钟敬文学术论著自选集》，50～65 页，北京，首都师范大学出版社，1994。钟敬文：《民间文艺学及其历史》，225～239 页，济南，山东教育出版社，1998。钟敬文：《钟敬文文集》（民间文艺学卷），193～207 页，合肥，安徽教育出版社，2002。

《浙江风物传说》"序"，1985 年 4 月 14 日。原载《风俗》1986 年第 6 期。钟敬文：《新的驿程》，314～317 页，北京，中国民间文艺出版社，1986。钟敬文：《钟敬文文集》（民间文艺学卷），529～532 页，合肥，安徽教育出版社，2002。

记录和探索少数民族民间文学的一个榜样——马学良《素园集》序，1986 年 10 月。钟敬文：《钟敬文文集》（民间文艺学卷），156～161 页，合肥，安徽教育出版社，2002。

《中华谜书集成》"序"，1989 年 5 月 22 日。高伯瑜与邱景衡、诸家瑜等编《中华谜书集成》，北京，人民日报出版社，1991。钟敬文：《钟敬文学术论著自选集》，408～416 页，北京，首都师范大学出版社，1994。钟敬文：《钟敬文文集》（民间文艺学卷），761～766 页，合肥，安徽教育出版社，2002。

《杭州市故事卷》"序"，1989 年冬。钟敬文：《钟敬文文集》（民间文艺学卷），637～641 页，合肥，安徽教育出版社，2002。

洪水后兄妹再殖人类神话——对这类神话中二三问题的考察，并以之就商于伊藤清司、大林太良两教授，1990 年 4 月 26 日。原载《中国与日本文化研究》第一集。钟敬文：《钟敬文学术论著自选集》，223～247 页，北京，首都师范大学出版社，1994。钟敬文：《民俗文化学：梗概与兴起》，220～247 页，北京，中华书局，1996。钟敬文：《钟敬文民俗学论集》，78～100 页，上海，上海文艺出版社，1998。作者文末附记："本文写作过程中，在确定论点、整理和核对资料等方面，得到董晓萍女士的大力相助，谨此致谢"。

中日民间故事比较泛说，1991 年 2 月中旬。钟敬文：《钟敬文学术论著自选集》，367～400 页，北京，首都师范大学出版社，1994。钟敬文：《民间文艺学及其历史》，176～208 页，济南，山东教育出版社，1998。钟敬文：《钟敬文文集》（民间文艺学卷），642～671 页，合肥，安徽教育出版社，2002。

雪中送炭——在《格萨尔学集成》首发式上的讲话，1991 年春。钟敬文：《钟敬文文集》（民间文艺学卷），754～756 页，合肥，安徽教育出版社，2002。

民族传统文艺的巨大作用，1991 年。收入钟敬文：《民间文艺学及其历史》，题目为《民族民间文艺的巨大作用》，110～115 页，济南，山东教育出版社，1998。文末注："此文据作者在民族传统文艺十套集成志书工作会议上的讲话录音记录稿整理而成(1991.8)，曾刊于文化部《全国艺术科学规划领导小组简报》总 68 期"。钟敬文：《钟敬文文集》（民间文艺学卷），第一编，105～110 页，合肥，安徽教育出版社，2002。

谈谈民间文学在大学中文系课程中的位置，1996 年 8 月 24 日。《钟敬文文集》（民间文艺学卷），168～176 页，合肥，安徽教育出版社，2002。

我与中国现代民间文艺学——《民间文艺学及其历史》"自序"，1997 年 9 月 3 日。钟敬文：《民间文艺学及其历史》，1～11 页，山东，山东教育出版社，1998。

口头文艺在民俗学研究上的位置，2000 年初秋，2001 年 3 月。译文发表于小岛瓔礼教授退官纪念论集刊行委员会、比较民俗学会编《比较民俗学のために——小岛瓔礼教授退官纪念论集》，高木立子译。钟敬文：《钟敬文文集》（民间文艺学卷），177～189 页，合肥，安徽教育出版社，2002。

2. 民俗学

民俗学指本数据库中使用的钟敬文民俗学论文数据。

纪念两位早死的民俗学致力者——白启明先生与刘策奇先生，1926 年清明次日。钟敬文：《钟敬文文集》（民俗学卷），325～328 页，合肥，安徽教育出版社，2002。

数年来民俗学工作的小结账，1928 年 3 月 21 日。《民俗》第 1 期。钟敬文：《钟敬文文集》（民俗学卷），258～261 页，合肥，安徽教育出版社，2002。

金华斗牛的风俗，1931 年 6 月 2 日。原载《民众教育季刊》（后收入《开展月刊·民俗学专号》，1931 年第 10、11 期合刊。钟敬文：《钟敬文学术论著自选集》，539～555 页，北京，首都师范大学出版社，1994。钟敬文：《钟敬文民俗学论集》，213～229 页，上海，上海文艺出版社，1998。钟敬文：《钟敬文文集》（民俗学卷），232～246 页，合肥，安徽教育出版社，2002。作者文末注："一九三一年六月二日于杭州"。

中国古代民俗中的鼠，1935 年末。作者附记："今年是'鼠儿年'。为了要供给他们杂志的'新年号'以一些应景的文章，去年十一月下旬某一天，东京一家月刊社的编辑者，跑到我的寓所，要我给写一篇关于'鼠的民俗学'的文字。时间很匆促，篇幅也颇有限制；因为不便推辞，我终于答应了。这篇小文就是那时所写下的中文底稿，——发表的时候，是译成了日本文的。现在《民俗》季刊的编者，一再来函催稿，而一时实在写不出比较像样的论文。不得已，便把这篇还不曾和国人见过面的旧文稿，校读一回付邮了。文中不备不妥的地方，请大家原谅吧。一九三六年十一月五日于杭州"。钟敬文：《钟敬文文集》（民俗学卷），212～225 页，合肥，安徽教育出版社，1999。

民间图画展览的意义——为民间图画展览会作，1937 年 2 月。钟敬文：《民间文艺谈薮》，238～241 页，长沙，湖南人民出版社，1981。钟敬文：《钟敬文文集》（民俗学卷），280～283 页，合肥，安徽教育出版社，2002。

民间艺术探究的新展开，1939～1940 年。钟敬文：《民间文艺谈薮》，231～237 页，长沙，湖南人民出版社，1981。钟敬文：《钟敬文文集》（民俗学卷），305～310 页，合肥，安徽教育出版社，2002。

被闲却的民间艺术，1943 年秋。钟敬文：《民间文艺谈薮》，223～230 页，长沙，湖南人民出版社，1981。作者附志："抗战前两三年，我因为受法国社会学和德国民俗学的触发，对于中国民俗学搜集和研究范围，觉得有加以开拓的必要。因为民间各种制度（原始政治、法律、经济等），民间科学、伦理以及民间一般艺术和语言等，过去我们的搜集者和研究者比较忽略或者不理睬，而它们正是很重要的民俗事象。为了把这种意思传达给一班同道并自己亲做些示例的工作，我写了几篇'号召式'的短文和编了两三册专载这类民俗资料的书刊。这篇《被闲却的民间艺术》，就是当时写下的关于艺术方面的短文中的一篇。抗战以后，一般的社会情势激变了，文化活动上的情形也起了很大变动。以前不大引人注意的民间艺术——特别是当中的民间音乐、民间戏剧、民间跳舞等都被人们记录起来，讨论起来了，而且情形相当热闹（关于这点，我三年前曾经发表过《民间艺术探究的新展开》一文）。这自然是值得我们大大拍掌的事情。可是，从事这种学术新工作的，多是那些救亡工作者和少数艺术界的专家，民俗学方面的同道却很少参加……我觉得关于这种工作，现在还是有继续加以号召的必要。所以，把这篇不完备的旧稿子，稍加点窜重新刊布出来，希望能够唤起更多学术界人士的注意，并去尝试这种值得尝试的工作。一九四三年秋作者附志于坪石"。

进一步挖掘和发扬人民固有的艺术——庆祝第一届全国民间音乐舞蹈会演大会，1953 年 4 月 2 日。钟敬文：《民间文艺谈薮》，242～247 页，长沙，湖南人民出版社，1981。钟敬文：《钟敬文文集》（民俗学卷），300～304 页，合肥，安徽教育出版社，2002。

看了乐亭皮影戏以后，1963 年 2 月 21 日。钟敬文：《民间文艺谈薮》，257～265 页，长沙，湖南人民出版社，1981。钟敬文：《钟敬文文集》（民俗学卷），284～292 页，合肥，安徽教育出版社，2002。作者文末注："一九六三年二月二十一日于北京城郊。"

民俗学与民间文学——一九七九年七月在北京师大暑期民间文学讲习班上的讲话，1980 年 1 月 20 日。原载《民间文学论丛》，中国民间文艺出版社，

1981 年 6 月。钟敬文：《新的驿程》，403～422 页，北京，中国民间文艺出版社，1987。作者附记："这篇稿子，是根据一九七九年八月十八日讲话的记录稿整理出来的。写文章和讲话虽然基本上是相同的，但到底也有些差别。加以那次上讲台，准备颇欠充分，讲话的缺点是在不少。因此，在这回整理过程中，不免有些删除，有所订正和补充。结果，多少改变了些原来面目，但是主要的意思和结构，还是本来那个样子。我希望当日那些听过讲话的同志，在读到这个整理稿时，对我讲话的意思，能得到更清楚一些的理解。末了，我想附带说一下，篇中所引用定义及分类译文，一部分是借用解放前我国学者的成果，对其中有的文字曾经作过一点调整。特此说明，并表感谢之意"。

民俗学及其作用，1982 年 8 月 30 日。原载《中国民俗学会会刊》，第 1 期，1983 年 12 月。作者附记："本文是应《人民日报》的'答读者栏'写的。一九八二年十月下旬，浙江民俗学会成立，也曾在会中印发过。一九八二年八月三十日于北京西郊"。钟敬文：《新的驿程》，399～402 页，北京，中国民间文艺出版社，1987。钟敬文：《钟敬文文集》（民俗学卷），82～86 页，合肥，安徽教育出版社，2002。

民俗学的历史、问题和今后的工作，1983 年 10 月 24 日。《中国民俗学会会刊》，1984 年 2 期。作者文末附记："这篇讲词，是刘铁梁、李稚田两位同志根据当时的录音整理的。原词实在讲得有点汗漫。经过一番修改，还远不能使自己满意。但一时无力精改，只好让它去出丑了。1983 年 10 月 24 日"。钟敬文：《钟敬文文集》（民俗学卷），59～80 页，合肥，安徽教育出版社，2002。

民俗学，1985 年。原载《百科知识》1985 年第 3 期。作者附记："这篇小文是我不久前为《中国大百科全书·民族卷》试写的条目"。钟敬文：《新的驿程》，394～398 页，北京，中国民间文艺出版社，1986。钟敬文：《钟敬文文集》（民俗学卷），3～7 页，合肥，安徽教育出版社，2002。

民俗学与古典文学——答《文史知识》编辑部同志访问的谈话记录，1985 年。原载《文史知识》，1985 年第 10 期。钟敬文：《钟敬文文集》（民俗学卷），180～191 页，合肥，安徽教育出版社，2002。钟敬文：《钟敬文学术论著自选集》，582～595 页，北京，首都师范大学出版社，1994，民俗学编。钟敬文：《钟敬文民俗学论集》，252～264 页，上海，上海文艺出版社，1998。

六十年的回顾——纪念中山大学民俗学会创立六十周年，1987 年 8 月 30 日。原载《民间文学论坛》，1987 年第 6 期。作者文末注："一九八七年八月三十日于北京师大"。钟敬文：《话说民间文化》，125～134 页，北京，人民日报出版社，1990。在《民间文艺学及其历史》中，此文标题改为《60 年的回顾》。

钟敬文：《民间文艺学及其历史》，482～489 页，济南，山东教育出版社，1998。钟敬文：《钟敬文文集》（民俗学卷），344～350 页，合肥，安徽教育出版社，2002。编者文末注释："本文原系作者为纪念广州中山大学民俗学会创立 60 周年特为撰写。因其中多所涉及我国现代民间文艺学史的宝贵资料，故而收入本书。"

我与浙江民间文化，1987 年 9 月 14 日。原载《北京师范大学学报》1988 年第 2 期，文末注："一九八七年九月十四日于西子湖畔"，"董晓萍整理"。整理者附注："这篇讲稿，是一九八七年九月中旬钟敬文先生在杭州所作的民俗学讲话内容之一（副标题：《我在杭州时期的民俗学活动》）。听讲者为杭州各文化机关部分工作者。另一讲题为《浙江民俗学活动的历史、现状及今后应致力的几项工作》，讲词也已经整理出来，待发表。"钟敬文：《钟敬文文集》（民俗学卷），329～343 页，合肥，安徽教育出版社，2002。总结了钟老和中国民俗学会在从广州到杭州（主要是杭州时期）的学术活动和理论总结。

浙江民俗学工作的历史、现状及今后应致力的事项，1987 年 9 月中旬。原载《浙江师范大学学报》1988 年第 1 期。此文标题注："这是作者于一九八七年九月中旬在杭州部分文化界同志集会上的讲话。关于现代民俗学情况部分因另有讲话，从略。"作者文末注："董晓萍整理"。钟敬文：《钟敬文文集》（民俗学卷），171～179 页，合肥，安徽教育出版社，2002。

民俗学的对象、功能及学习研究方法——在全国第二届民俗学讲习班上的讲话，1987 年 9 月。钟敬文：《钟敬文文集》（民俗学卷），48～58 页，合肥，安徽教育出版社，2002。

关于民俗学结构体系的设想，1990 年 12 月。原载《北京师范大学学报》1991 年第 2 期，作者附记："这是一九八六年末，中国民俗学会在北京召开第二次学术讨论会，我在会上所作的讲演（后来又在教研室讲过一次）。讲稿由董晓萍同志根据录音并参考我的讲话笔记整理而成。这里要附点声明，就是当时讲话里某些地方引用的著作例子不尽典型，因为当时未能找到很合适的作品。现在趁校稿之便，参考年来出版新成就，略作调整，希望能使它达到比较合适的地步。一九九〇年十二月，记于北京师大宿舍"。钟敬文：《钟敬文学术论著自选集》，417～433 页，北京，首都师范大学出版社，1994，民俗学编。钟敬文：《钟敬文民俗学论集》，138～153 页，上海，上海文艺出版社，1998。钟敬文：《钟敬文文集》（民俗学卷），33～47 页，合肥，安徽教育出版社，2002。

七十年学术经历纪程——《钟敬文学术论著自选集》"自序"，1993 年 5 月 20 日。钟敬文：《钟敬文学术论著自选集》，北京，首都师范大学出版社，

1994。钟敬文：《钟敬文文集》（民间文艺学卷），893～916 页，合肥，安徽教育出版社，2002。

《钟敬文文集》（民俗学卷）"自序"，1993 年 8 月 20 日草成，1997 年 2 月 12 日重订。在钟敬文：《钟敬文学述》中此文题目改为《我的民俗学学术活动与研究》，钟敬文：《钟敬文学述》，54～82 页，杭州，浙江人民出版社，2000。编者文末注："《钟敬文文集·民俗学卷》'自序'节录，1997 年"。钟敬文：《钟敬文文集》（民俗学卷），1～26 页，合肥，安徽教育出版社，2002。作者文末注："自序于京郊八大处"。

中国民居漫话，1994 年 7 月下旬。钟敬文：《钟敬文文集》（民俗学卷），272～279 页，合肥，安徽教育出版社，2002。作者文末注："一九九四年七月下旬于京郊西下庄，时年九一"。

谈谈民俗学研究中的几个问题——在北京首届"民俗论坛"上的讲话，1995 年 5 月。钟敬文：《钟敬文文集》（民俗学卷），87～91 页，合肥，安徽教育出版社，2002。

我在学术上的几点反思与体会，1997 年 12 月 28 日。原载《北京师范大学学报》1998 年第 6 期。钟敬文：《钟敬文学述》中的标题为《学术上的反思与体会》。钟敬文：《钟敬文学述》，125～136 页，董晓萍编，杭州，浙江人民出版社，2000。钟敬文：《钟敬文文集》（民间文艺学卷），906～916 页，合肥，安徽教育出版社，2002。编者附注："本文是《我与中国民俗学》的节录，《钟敬文文集》仅收录了第四部分"。

中国民俗史与民俗学史，2000，钟敬文遗作，董晓萍记录并整理。原载《民俗典籍文字研究》（第 1 辑），1～17 页，北京，商务印书馆，2003。整理者附记：钟敬文教授晚年给他的博士生主讲"中国民俗史与民俗学史"课程，每届在一年级下学期和二年级上学期开课，整个课程历时一年，连续多届。授课的方式为博士生轮流做读书报告和导师讲授相结合，中间多有师生插话和对话，最后钟老做导论式的讲解，所言积累而成讲义。当时我忝任钟老的学术助手，有幸每课随听，并遵嘱做录音。本文是根据钟老给 1997、1998 两级博士生讲课的录音带整理而成的，在讲义大纲和讲演录文上，都尽量保持了钟老本人的思维与讲课风格，使读者能够了解他的大学讲义的原貌……"。

3. 民间文艺学史

民间文艺学史，指本数据库使用的钟敬文民间文艺学史论文数据。

晚清时期民间文艺学史试探，钟敬文：《钟敬文民间文学论集》（上），195～211 页，上海，上海文艺出版社，1982。

晚清革命派著作家的民间文艺学，1963 年 7 月 5 日初稿，《北京师范大学学报》(社会科学学报)，1963 年第 2 期。钟敬文：《钟敬文民间文学论集》(上)，212~261 页，上海，上海文艺出版社，1982。钟敬文：《钟敬文学术论著自选集》，75~126 页，北京，首都师范大学出版社，1994。钟敬文：《民间文艺学及其历史》，265~314 页，济南，山东教育出版社，1998，乙编。钟敬文：《钟敬文文集》(民间文艺学卷)，208~258 页，合肥，安徽教育出版社，2002。

晚清革命派作家对民间文学的运用，1963 年 8 月 6 日夜作完，1983 年 12 月 26 日订正。钟敬文：《钟敬文民间文学论集》(上)，262~289 页，上海，上海文艺出版社，1982。钟敬文：《民间文艺学及其历史》，315~342 页，济南，山东教育出版社，1998，乙编。钟敬文：《钟敬文文集》(民间文艺学卷)，259~286 页，合肥，安徽教育出版社，2002。

晚清改良派学者的民间文学见解，1964 年 3 月 17 日写完，1982 年 1 月 10 日订正。钟敬文：《钟敬文民间文学论集》(上)，290~353 页，上海，上海文艺出版社，1982。钟敬文：《钟敬文学术论著自选集》，127~193 页，北京，首都师范大学出版社，1994。钟敬文：《民间文艺学及其历史》，343~407 页，济南，山东教育出版社，1998，乙编。钟敬文：《钟敬文文集》(民间文艺学卷)，287~352 页，合肥，安徽教育出版社，2002。

4. 民俗文化学

民俗文化学，指本数据库使用的钟敬文民俗文化学论文数据。

我国古代民众的医药学知识——《山海经之文化史的研究》中的一章，1931 年 11 月 6 日。原载《民众教育季刊》第 2 卷第 1 号，1931 年 11 月。作者文末注："一九三一年十一月六日西溪芦花如云时写成"。钟敬文：《钟敬文文集》(民俗学卷)，191~211 页，合肥，安徽教育出版社，2002。钟敬文在《我与浙江民间文化》中说明，此文原名"《山海经》中的医药学"，钟敬文：《话说民间文化》，第 142 页，北京，人民日报出版社，1990。

从文化史角度看《老鼠娶亲》，1987 年 2 月 7 日。原载《中国文化报》1987 年 2 月。钟敬文：《话说民间文化》，67~70 页，北京，人民日报出版社。钟敬文：《民俗文化学：梗概与兴起》，248~251 页，北京，中华书局，1996。钟敬文：《钟敬文文集》(民俗学卷)，228~231 页，合肥，安徽教育出版社，2002。作者文末注："一九八七年二月七日于北京师大"。

屈原与民俗文化，1988 年 2 月 5 日。原载《群言》1988 年第 4 期。钟敬文：《钟敬文文集》(民俗学卷)，311~315 页，合肥，安徽教育出版社，2002。钟敬文：《话说民间文化》，61～66 页，北京，人民日报出版社，1990。钟敬文：《民俗文化学：梗概与兴起》，252～257 页，北京，中华书局，1996。作者文末注："一九八八年二月五日于小红楼"。

民间节日的情趣，1988 年。原载《光明日报》，1988 年 2 月 21 日。钟敬文：《话说民间文化》，57～60 页，北京，人民日报出版社。钟敬文：《钟敬文文集》（民俗学卷），316～318 页，合肥，安徽教育出版社，2002。

节日与文化，1988 年。原载《人民日报》1988 年 3 月 11 日。钟敬文：《钟敬文文集》（民俗学卷），319～321 页，合肥，安徽教育出版社，2002。钟敬文：《话说民间文化》，53～56 页，北京，人民日报出版社。钟敬文：《民俗文化学：梗概与兴起》，258～261 页，北京，中华书局，1996。

"五四"时期民俗文化学的兴起——呈献于顾颉刚、董作宾诸故人之灵，1989 年 3 月 25 日。原载《北京师范大学学报》1989 年第 3 期。收入《"五四"运动与中国文化建设——"五四"运动七十周年学术讨论会论文选》，北京，社会科学出版社，1989 年 10 月。钟敬文：《钟敬文学术论著自选集》，489～538 页，北京，首都师范大学出版社，1994。钟敬文：《民俗文化学：梗概与兴起》，85～142 页，北京，中华书局，1996。在钟敬文：《钟敬文民俗学论集》中，此文标题改为《"五四"时期民俗文化学的兴起》。钟敬文：《钟敬文民俗学论集》，292～341 页，上海，上海文艺出版社，1998。钟敬文：《钟敬文文集》（民俗学卷），104～149 页，合肥，安徽教育出版社，2002。

"五四"时期口承文艺的发掘，1989。钟敬文：《钟敬文学术论著自选集》，500～509 页，北京，首都师范大学出版社，1994 年。钟敬文：《民间文艺学及其历史》，425～434 页，济南，山东教育出版社，1998。编者文末注："本文节录自作者所撰《"五四"时期民俗文化学的兴起》（乙节，1989）"。

"五四"时期通俗文学研究工作的抬头，1989。钟敬文：《钟敬文学术论著自选集》，509～521 页，北京，首都师范大学出版社，1994。钟敬文：《民间文艺学及其历史》，435～447 页，济南，山东教育出版社，1998，乙编。编者文末注："本文节录自作者所撰《"五四"时期民俗文化学的兴起》（丙节，1989）"。

重视民族精神的支柱，1989 年 10 月 4 日。钟敬文：《钟敬文文集》（民俗学卷），258～260 页，合肥，安徽教育出版社，2002。作者在文末注："一九九四年十月四日于北京师大小红楼"。

民俗文化学发凡，1991 年 3 月 14 日。原载《北京师范大学学报》1992 年第 5 期。文末注："于民间文化讲习班初讲，1991 年 10 月 6 日于北京师大中文系再讲，董晓萍整理"。钟敬文：《民俗文化学：梗概与兴起》，3～35 页，北京，中华书局，1986。标题注释："此文原为讲演稿。我曾分别与 1991 年 3 月和 10 月两次在北京师范大学民间文化讲习班上作过同题目的学术讲座。后经董晓萍同志整理，由《北京师范大学学报》(庆祝建校 90 周年专辑)1992 年第 5 期发表"。钟敬文：《钟敬文学术论著自选集》，460～488 页，北京，首都师范大学出版社，1994，民俗学编。钟敬文：《钟敬文民俗学论集》，265～291 页，上海，上海文艺出版社，1998。钟敬文：《钟敬文文集》(民俗学卷)，8～32 页，合肥，安徽教育出版社，2002。

民俗文化的民族凝聚力——为"增强中华民族凝聚力学术讨论会"作，1994 年 1 月中旬，作者在文末注："一九九四年一月中旬于北京师大励耘红楼，时年九一"。钟敬文：《钟敬文文集》(民俗学卷)，261～271 页，合肥，安徽教育出版社，2002。此文标题释："此文曾提交'增强中华民族凝聚力学术讨论会'(1994)作会议论文。"钟敬文：《民俗文化学：梗概与兴起》，47～60 页，北京，中华书局，1996。

传统文化随想，1994 年夏。钟敬文：《钟敬文文集》(民俗学卷)，247～257 页，合肥，安徽教育出版社，2002。作者文末注："一九九四年夏作"。

5. 民俗志学

民俗志学，指本数据库使用的钟敬文民俗志学论文数据。

论民族志在古典神话研究上的作用——以《女娲娘娘补天》新资料为例证，1980 年 10 月 22 日。钟敬文：《钟敬文民间文学论集》(上)，148～172 页，上海，上海文艺出版社，1982。钟敬文：《钟敬文学术论著自选集》，556～581 页，北京，首都师范大学出版社，1994。钟敬文：《民间文艺学及其历史》，85～109 页，济南，山东教育出版社，1998。

二、钟敬文文学创作和文艺理论数据库书目

钟敬文不仅是中国民俗学之父，也是中国现代文学史上的著名散文家、诗人、作家和文艺批评家。本数据库的另一类重要内容，是收藏了他在文学创作和文学评论领域中所出版的、并在数据库中转为时空分析数据的一批代表作，包括散文、诗词、报告文学和文学诗歌评论等。分著作和论文两部分举述。

(一)著作

著作，指本数据库使用的、已出版的钟敬文散文集、诗词集和文学批评论集等。

1. 散文集

散文集，指本数据库使用的钟敬文散文作品集要目。

荔枝小品，上海，北新书局，1927。

西湖漫拾，上海，北新书局，1929。

湖上散记，上海，明日书局，1930。

钟敬文散文选集，钟敬文著，蔡清富编，天津，百花文艺出版社，1989。

钟敬文散文，钟敬文著，杨哲编，北京，广播电视出版社，1993。

履迹心痕，北京，中国旅游出版社，2000。

2. 诗词集

诗词集，指本数据库使用的钟敬文诗词作品集要目。

海滨的二月，上海，北新书局，1930。

未来的春，上海，言行社，1940。

天风海涛室诗词钞，北京，文丛出版社，1982。

3. 文艺理论

文艺理论，指本数据库使用的钟敬文文学批评和诗歌评论文集，包括钟敬文个人的编著、译著和其他学者为钟敬文的文艺评论文章编纂的结集要目。

柳花集，上海，利群图书公司，1930。

诗心，上海，诗创作社，1942。

鲁迅的印象，（日）增田涉著，钟敬文译，长沙，湖南人民出版社，1980。

关于鲁迅的论考与回想，西安，陕西人民出版社，1982。

兰窗诗论集，北京，北京师范大学出版社，1993。

寻找鲁迅、鲁迅印象，钟敬文撰、译，王得后编，北京，北京出版社，2002。

(二)作品要目

以下举述钟敬文文学创作和文艺理论作品的数据样稿，主要说明本库提取这批数据的格式，但不再列举全部作品信息，以避免造成文字重复。读者或用户可通过查询本数据库，浏览这批书目的整体信息。

1. 散文

散文，指本数据库使用的钟敬文散文作品要目。

水仙花，1924年2月8日。钟敬文：《钟敬文文集》(散文随笔卷)，3～4页，合肥，安徽教育出版社，2002。

荔枝，1925年7月19日。《东方杂志》1925年第19期。钟敬文：《钟敬文文集》(散文随笔卷)，5～8 页，合肥，安徽教育出版社，2002。

花的故事，1925 年 12 月 1 日。《文学周刊》，1926 年 1 月 10 日第 207 期，钟敬文：《钟敬文文集》(散文随笔卷)，9～11 页，合肥，安徽教育出版社，2002。

嚼槟榔的风俗，1926 年 1 月 24 日。钟敬文：《钟敬文文集》(散文随笔卷)，12～15 页，合肥，安徽教育出版社，2002。

羊城风景片题记，1928 年 1 月 16 日。钟敬文：《履迹心痕》，7～11 页，北京，中国旅游出版社，2000。钟敬文：《钟敬文文集》(散文随笔卷)，52～56 页，合肥，安徽教育出版社，2002。

海行日述——寄呈縈君，1928 年 9 月 7～16 日。钟敬文：《海行日述(游记集)》。钟敬文：《履迹心痕》，12～32 页，北京，中国旅游出版社，2000。钟敬文：《钟敬文文集》(散文随笔卷)，57～79 页，合肥，安徽教育出版社，2002。

钱塘江的夜潮，1928 年 10 月 13 日。钟敬文：《履迹心痕》，68～71 页，北京，中国旅游出版社，2000。钟敬文：《钟敬文文集》(散文随笔卷)，80～84 页，合肥，安徽教育出版社，2002。

重阳节游灵隐，1928 年 10 月 28 日。钟敬文：《履迹心痕》，62～65 页，北京，中国旅游出版社，2000。钟敬文：《钟敬文文集》(散文随笔卷)，85～89 页，合肥，安徽教育出版社，2002。

西湖的雪景——献给许多不能与我共欣赏的朋友，1929 年 1 月末日。钟敬文：《履迹心痕》，77～83 页，北京，中国旅游出版社，2000。钟敬文：《钟敬文文集》(散文随笔卷)，90～96 页，合肥，安徽教育出版社，2002。

金陵记游，1929 年 5 月 25 日。《一般》，第 9 卷第 2 号，1929 年 10 月 5 日。钟敬文：《履迹心痕》，84～96 页，北京，中国旅游出版社，2000。钟敬文：《钟敬文文集》(散文随笔卷)，97～110 页，合肥，安徽教育出版社，2002。

重游苏州，1929 年 7 月 18 日。《一般》，第 9 卷第 3 号，1929 年 11 月 5 日。钟敬文：《履迹心痕》，102～109 页，北京，中国旅游出版社，2000。钟敬文：《钟敬文文集》(散文随笔卷)，111～119 页，合肥，安徽教育出版社，2002。

游龙井，1929 年 7～8 月间。钟敬文：《履迹心痕》，114～120 页，北京，中国旅游出版社，2000。钟敬文：《钟敬文文集》(散文随笔卷)，120～126 页，合肥，安徽教育出版社，2002。

买红墨水之行，1929年7～8月间。钟敬文：《履迹心痕》，110～113页，北京，中国旅游出版社，2000。钟敬文：《钟敬文文集》（散文随笔卷），133～136页，合肥，安徽教育出版社，2002。

到烟霞洞去。钟敬文：《履迹心痕》，135～140页，北京，中国旅游出版社，2000。钟敬文：《钟敬文文集》（散文随笔卷），137～143页，合肥，安徽教育出版社，2002。

九溪十八涧。钟敬文：《履迹心痕》，141～146页，北京，中国旅游出版社，2000。钟敬文：《钟敬文文集》（散文随笔卷），144～150页，合肥，安徽教育出版社，2002。

泛月，1929年。钟敬文：《履迹心痕》，130～134页，北京，中国旅游出版社，2000。钟敬文：《钟敬文文集》（散文随笔卷），151～155页，合肥，安徽教育出版社，2002。

为了民谣的旅行，1933年9月4日。《艺风》，1933年，第1卷第9期。钟敬文：《履迹心痕》，147～149页，北京，中国旅游出版社，2000。钟敬文：《钟敬文文集》（散文随笔卷），194～196页，合肥，安徽教育出版社，2002。

郁达夫先生的印象，1933年6月18日。1934年6月《青年界》，第6卷第1期。钟敬文：《钟敬文文集》（散文随笔卷），283～287页，合肥，安徽教育出版社，2002。

悼高尔基翁，1936年夏。钟敬文：《钟敬文文集》（散文随笔卷），292～295页，合肥，安徽教育出版社，2002。

故人的一侧面——纪念尚仲衣博士，1940年春。钟敬文：《钟敬文文集》（散文随笔卷），301～305页，合肥，安徽教育出版社，2002。

纪念托尔斯泰，1940年2月7日，1943年5月15日。《青年文艺》第5期。钟敬文：《钟敬文文集》（散文随笔卷），309页，合肥，安徽教育出版社，2002。

纪念泰戈尔，1942年。钟敬文：《钟敬文文集》（散文随笔卷），314～318页，合肥，安徽教育出版社，2002。

纪念罗曼·罗兰先生，1946年春。钟敬文：《钟敬文文集》（散文随笔卷），319～322页，合肥，安徽教育出版社，2002。

罗曼·罗兰对俄国二月革命的见解，1947年秋。钟敬文：《钟敬文文集》（散文随笔卷），326～328页，合肥，安徽教育出版社，2002。

一个生死于理想的人——回忆彭湃同志，1947年初冬。钟敬文：《钟敬文文集》（散文随笔卷），329～334页，合肥，安徽教育出版社，2002。

人民的歌手——回忆冼星海同志，1947 年冬。1947 年《群众周报》。钟敬文：《钟敬文文集》（散文随笔卷），335～340 页，合肥，安徽教育出版社，2002。

一个榜样，一篇宣言——追悼朱佩弦（自清）先生，1948 年 9 月 21 日。《小说》，1948 年，第 1 卷第 4 期。钟敬文：《钟敬文文集》（散文随笔卷），341～347 页，合肥，安徽教育出版社，2002。

碧云寺的秋色，1956 年 10 月 28 日。北京日报，1956 年 11 月 14 日。钟敬文：《履迹心痕》，179～183 页，北京，中国旅游出版社，2000。钟敬文：《钟敬文文集》（散文随笔卷），197～201 页，合肥，安徽教育出版社，2002。

孙中山纪念堂前的月夜，1956 年 11 月 8 日。《教师报》，1956 年 11 月。钟敬文：《履迹心痕》，184～186 页，北京，中国旅游出版社，2000。钟敬文：《钟敬文文集》（散文随笔卷），202～205 页，合肥，安徽教育出版社，2002。

增田涉教授的周年祭，1978 年 3 月 17 日。1979 年，《文丛》。钟敬文：《钟敬文文集》（散文随笔卷），356～363 页，合肥，安徽教育出版社，2002。

回忆谷柳，1978 年岁暮。钟敬文：《钟敬文文集》（散文随笔卷），364～369 页，合肥，安徽教育出版社，2002。

纪念民间文艺创作家老舍先生，1984 年 3 月 15 日。1984 年 4 月，《民间文学》。钟敬文：《钟敬文文集》（散文随笔卷），370～373 页，合肥，安徽教育出版社，2002。

缅怀尚仲衣博士，1988 年 11 月 29 日。钟敬文：《钟敬文文集》（散文随笔卷），404～408 页，合肥，安徽教育出版社，2002。

悼念周扬同志，1989 年 8 月 13 日。1989 年 11 月，《民间文学》。钟敬文：《钟敬文文集》（散文随笔卷），409～417 页，合肥，安徽教育出版社，2002。

回忆黎锦熙先生，1989 年 9 月 12 日。1989 年 11 月，《群言》。钟敬文：《钟敬文文集》（散文随笔卷），418～421 页，合肥，安徽教育出版社，2002。

追怀秦牧同志，1992 年 11 月 15 日。1993 年 1 月，《群言》。钟敬文：《钟敬文文集》（散文随笔卷），430～435 页，合肥，安徽教育出版社，2002。

春长在——敬悼冰心女士，1999 年 3 月 13 日。钟敬文：《钟敬文文集》（散文随笔卷），443～447 页，合肥，安徽教育出版社，2002。

2. 诗词

诗词，指本数据库使用的钟敬文诗词作品要目。

题画为周六平先生作，1921 年前后。钟敬文：《钟敬文文集》（诗词卷），3 页，合肥，安徽教育出版社，2002。

西湖杂诗（夜泛），1928～1929 年。钟敬文：《钟敬文文集》（诗词卷），7 页，合肥，安徽教育出版社，2002。

西湖杂诗（曼殊上人墓二首），1928～1929 年。钟敬文：《钟敬文文集》（诗词卷），7 页，合肥，安徽教育出版社，2002。

西湖杂诗（湖居有怀二首），1928～1929 年。钟敬文：《钟敬文文集》（诗词卷），8 页，合肥，安徽教育出版社，2002。

西湖杂诗（失题一首），1928～1929 年。钟敬文：《钟敬文文集》（诗词卷），8 页，合肥，安徽教育出版社，2002。

南昌访滕王阁故址，1933～1936 年。钟敬文：《钟敬文文集》（诗词卷），11 页，合肥，安徽教育出版社，2002。

别杭州东渡，1933～1936 年。钟敬文：《钟敬文文集》（诗词卷），12 页，合肥，安徽教育出版社，2002。

东居杂诗（赠实藤惠秀教授），1933～1936 年。钟敬文：《钟敬文文集》（诗词卷），13 页，合肥，安徽教育出版社，2002。

闻鲁迅先生逝世口占，1936 年。钟敬文：《钟敬文文集》（诗词卷），16 页，合肥，安徽教育出版社，2002。

病床读法国某诗人对巴比塞之评论有感，1937～1938 年。钟敬文：《钟敬文文集》（诗词卷），17 页，合肥，安徽教育出版社，2002。

将去连州别河西友人，1939 年。钟敬文：《钟敬文文集》（诗词卷），27 页，合肥，安徽教育出版社，2002。

东居杂诗（海滨晚步诵曼殊吊拜伦诗有感），1933～1936 年。钟敬文：《钟敬文文集》（诗词卷），13 页，合肥，安徽教育出版社，2002。

东居杂诗（远眺忽忆太湖旧游），1933～1936 年。钟敬文：《钟敬文文集》（诗词卷），13 页，合肥，安徽教育出版社，2002。

东居杂诗（过奈良故都），1933～1936 年。钟敬文：《钟敬文文集》（诗词卷），14 页，合肥，安徽教育出版社，2002。

东居杂诗（除夕从大阪归东京车中），1933～1936 年。钟敬文：《钟敬文文集》（诗词卷），14 页，合肥，安徽教育出版社，2002。

东居杂诗（悼平内逍遥博士），1933～1936 年。钟敬文：《钟敬文文集》（诗词卷），14 页，合肥，安徽教育出版社，2002。

湘粤道中戏赠郁君，1937～1938 年。钟敬文：《钟敬文文集》（诗词卷），26 页，合肥，安徽教育出版社，2002。

东居杂诗（寄赠 W. 爱伯华博士杭州二绝），1933～1936 年。钟敬文：《钟敬文文集》(诗词卷)，15 页，合肥，安徽教育出版社，2002。

赠救亡青年，1937～1938 年。钟敬文：《钟敬文文集》(诗词卷)，21 页，合肥，安徽教育出版社，2002。

舟行赠友，1937～1938 年。钟敬文：《钟敬文文集》(诗词卷)，22 页，合肥，安徽教育出版社，2002。

村居书感(次一帆原韵)，1937～1938 年。钟敬文：《钟敬文文集》(诗词卷)，22 页，合肥，安徽教育出版社，2002。数字辞典编辑注：一帆，指陈秋帆女士。

得秋帆桂林书诗以答之，1939 年。钟敬文：《钟敬文文集》(诗词卷)，28 页，合肥，安徽教育出版社，2002。

悼尚仲衣博士，1939 年。钟敬文：《钟敬文文集》(诗词卷)，29 页，合肥，安徽教育出版社，2002。

送别胥之同志，1939 年。钟敬文：《钟敬文文集》(诗词卷)，30 页，合肥，安徽教育出版社，2002。

过阳山县，1939 年。钟敬文：《钟敬文文集》(诗词卷)，31 页，合肥，安徽教育出版社，2002。

夜过英德城，1939 年。钟敬文：《钟敬文文集》(诗词卷)，32 页，合肥，安徽教育出版社，2002。

柳州谒柳宗元祠，1939 年。钟敬文：《钟敬文文集》(诗词卷)，33 页，合肥，安徽教育出版社，2002。

韶关赠别叶兆南同志，1939 年。钟敬文：《钟敬文文集》(诗词卷)，34 页，合肥，安徽教育出版社，2002。

读放翁诗偶感书寄故乡旧友，1939 年。钟敬文：《钟敬文文集》(诗词卷)，36 页，合肥，安徽教育出版社，2002。

读田汉《京沪征尘》感赋，1939 年。钟敬文：《钟敬文文集》(诗词卷)，38 页，合肥，安徽教育出版社，2002。

赠抗日老英雄萧阿彬，1939 年。钟敬文：《钟敬文文集》(诗词卷)，41 页，合肥，安徽教育出版社，2002。

赠鹿地亘，1939 年。钟敬文：《钟敬文文集》(诗词卷)，42 页，合肥，安徽教育出版社，2002。

怀人绝句(林林)，1943 年。钟敬文：《钟敬文文集》(诗词卷)，44 页，合肥，安徽教育出版社，2002。

怀人绝句(周学普)，1943 年。钟敬文：《钟敬文文集》(诗词卷)，44 页，合肥，安徽教育出版社，2002。

怀人绝句（黄药眠），1943 年。钟敬文：《钟敬文文集》（诗词卷），45 页，合肥，安徽教育出版社，2002。

怀人绝句（廖辅叔），1943 年。钟敬文：《钟敬文文集》（诗词卷），45 页，合肥，安徽教育出版社，2002。

追怀仲衣博士，1943 年。钟敬文：《钟敬文文集》（诗词卷），47 页，合肥，安徽教育出版社，2002。

怀光瑞同志，1944 年。钟敬文：《钟敬文文集》（诗词卷），48 页，合肥，安徽教育出版社，2002。数字辞典编辑注：孙光瑞（即夏衍）。

闻法国解放喜赋，1944 年。钟敬文：《钟敬文文集》（诗词卷），49 页，合肥，安徽教育出版社，2002。

重登连县燕喜亭，1944 年。钟敬文：《钟敬文文集》（诗词卷），52 页，合肥，安徽教育出版社，2002。

怀坪石，1945 年。钟敬文：《钟敬文文集》（诗词卷），58 页，合肥，安徽教育出版社，2002。

送苗子赴蜀，1945 年。钟敬文：《钟敬文文集》（诗词卷），59 页，合肥，安徽教育出版社，2002。

寿彭泽民丈，1948～1949 年。钟敬文：《钟敬文文集》（诗词卷），70 页，合肥，安徽教育出版社，2002。

送别达德学院文哲系同学回国参加解放大陆工作，1948～1949 年。钟敬文：《钟敬文文集》（诗词卷），71 页，合肥，安徽教育出版社，2002。

西北纪行诗行（延安城一绝），1956 年。钟敬文：《钟敬文文集》（诗词卷），72 页，合肥，安徽教育出版社，2002。

西北纪行诗行（参观延城外东方红农业合作社），1956 年。钟敬文：《钟敬文文集》（诗词卷），73 页，合肥，安徽教育出版社，2002。

西北纪行诗行（杜甫川一律），1956 年。钟敬文：《钟敬文文集》（诗词卷），74 页，合肥，安徽教育出版社，2002。

西北纪行诗行（别西安往兰州道上作），1956 年。钟敬文：《钟敬文文集》（诗词卷），75 页，合肥，安徽教育出版社，2002。

西北纪行诗行（兰州），1956 年。钟敬文：《钟敬文文集》（诗词卷），76 页，合肥，安徽教育出版社，2002。

西北纪行诗行（题同行画师在五泉山公园所作壁画），1956 年。钟敬文：《钟敬文文集》（诗词卷），77 页，合肥，安徽教育出版社，2002。

西北纪行诗行（由酒泉赴张掖道中），1956 年。钟敬文：《钟敬文文集》（诗词卷），78 页，合肥，安徽教育出版社，2002。

西北纪行诗行（见沙漠上有从事农业开拓者），1956 年。钟敬文：《钟敬文文集》（诗词卷），79 页，合肥，安徽教育出版社，2002。

参加街道掏粪劳动，1961～1962 年。钟敬文：《钟敬文文集》（诗词卷），80 页，合肥，安徽教育出版社，2002。

祝迩冬五十生辰三首，1961～1962 年。钟敬文：《钟敬文文集》（诗词卷），81 页，合肥，安徽教育出版社，2002。

元宵文化界人士集人民大会堂联欢，1963 年。钟敬文：《钟敬文文集》（诗词卷），82 页，合肥，安徽教育出版社，2002。

二月十七日雪后与友人游陶然亭，1963 年。钟敬文：《钟敬文文集》（诗词卷），83 页，合肥，安徽教育出版社，2002。

四月十一日独赴白纸坊访崇效寺牡丹，至则寺已改为小学校，牡丹闻亦尽移中山公园等处，感而赋此，1963 年。钟敬文：《钟敬文文集》（诗词卷），84 页，合肥，安徽教育出版社，2002。

八月廿八日与龚彬、秋帆及宜儿游香山（双清别墅吊纳兰成德），1963 年。钟敬文：《钟敬文文集》（诗词卷），85 页，合肥，安徽教育出版社，2002。

八月晦日访居甫于城西寓所归成五绝寄之，1963 年。钟敬文：《钟敬文文集》（诗词卷），87 页，合肥，安徽教育出版社，2002。数字辞典编辑注：居甫，即廖辅叔。

西山杂诗（晨起闻国际歌），1963 年。钟敬文：《钟敬文文集》（诗词卷），89 页，合肥，安徽教育出版社，2002。

西山杂诗（长安寺里送生娘娘庙），1963 年。钟敬文：《钟敬文文集》（诗词卷），89 页，合肥，安徽教育出版社，2002。

重读郑思肖《心史》六首，1963 年。钟敬文：《钟敬文文集》（诗词卷），90～91 页，合肥，安徽教育出版社，2002。

冬夜寓斋小集，1963 年。钟敬文：《钟敬文文集》（诗词卷），92 页，合肥，安徽教育出版社，2002。数字辞典编辑注：寓斋，黄谷柳、秋耘、次日，谷柳南归，王蒙西行。

瘦石与秀芳结婚祝词，1963 年。钟敬文：《钟敬文文集》（诗词卷），93 页，合肥，安徽教育出版社，2002。

六十回忆杂诗，1964 年。钟敬文：《钟敬文文集》（诗词卷），94 页，合肥，安徽教育出版社，2002。

甲辰端午八宝山扫柳亚子先生墓六首，1964 年。钟敬文：《钟敬文文集》（诗词卷），112～114 页，合肥，安徽教育出版社，2002。

观原子弹试验时之火球与蘑菇状云图二首，1964 年。钟敬文：《钟敬文文集》（诗词卷），116 页，合肥，安徽教育出版社，2002。

衡水杂诗，1964 年。钟敬文：《钟敬文文集》（诗词卷），117～119 页，合肥，安徽教育出版社，2002。

甲辰岁暮杂咏（思故乡），1964 年。钟敬文：《钟敬文文集》（诗词卷），120 页，合肥，安徽教育出版社，2002。

甲辰岁暮杂咏（北京民），1964 年。钟敬文：《钟敬文文集》（诗词卷），123 页，合肥，安徽教育出版社，2002。

甲辰岁暮杂咏（东坡生辰作），1964 年。钟敬文：《钟敬文文集》（诗词卷），124 页，合肥，安徽教育出版社，2002。

旧历六月中山花房看花感赋，1964 年前后。钟敬文：《钟敬文文集》（诗词卷），125 页，合肥，安徽教育出版社，2002。

车过故宫外书所见，1964 年前后，钟敬文：《钟敬文文集》（诗词卷），127 页，合肥，安徽教育出版社，2002。

题胡主席垂钓图，1964 年前后，钟敬文：《钟敬文文集》（诗词卷），128 页，合肥，安徽教育出版社，2002。

读胡主席《狱中日记诗抄》，1964 年前后，钟敬文：《钟敬文文集》（诗词卷），129～130 页，合肥，安徽教育出版社，2002。

满江红·游颐和园，1964 年。钟敬文：《钟敬文文集》（诗词卷），446 页，合肥，安徽教育出版社，2002。

念奴娇·题瘦石所藏朱彝尊《梧月词序》墨迹卷子，1965 年。钟敬文：《钟敬文文集》（诗词卷），447 页，合肥，安徽教育出版社，2002。

雪后游贝子公园，1965～1966 年。钟敬文：《钟敬文文集》（诗词卷），133 页，合肥，安徽教育出版社，2002。

金缕曲·六十四度生辰，1966 年。钟敬文：《钟敬文文集》（诗词卷），448 页，合肥，安徽教育出版社，2002。

菩萨蛮·别家赴临汾干校，1971 年。钟敬文：《钟敬文文集》（诗词卷），450 页，合肥，安徽教育出版社，2002。

清平乐·砖窑上看水，1971 年。钟敬文：《钟敬文文集》（诗词卷），452 页，合肥，安徽教育出版社，2002。

菩萨蛮·见麦熟有感，1971 年。钟敬文：《钟敬文文集》（诗词卷），453

页，合肥，安徽教育出版社，2002。

满江红·陈毅元帅悼词，1971 年。钟敬文：《钟敬文文集》（诗词卷），454 页，合肥，安徽教育出版社，2002。

晋南吟（移种胡桃），1971 年。钟敬文：《钟敬文文集》（诗词卷），136 页，合肥，安徽教育出版社，2002。

晋南吟（荷锹观渠），1971 年。钟敬文：《钟敬文文集》（诗词卷），137 页，合肥，安徽教育出版社，2002。

晋南吟（劳动节抒怀），1971 年。钟敬文：《钟敬文文集》（诗词卷），138 页，合肥，安徽教育出版社，2002。

晋南吟（"五四"青年节），1971 年。钟敬文：《钟敬文文集》（诗词卷），139 页，合肥，安徽教育出版社，2002。

晋南吟（陈援庵先生悼词，1971 年。钟敬文：《钟敬文文集》（诗词卷），140 页，合肥，安徽教育出版社，2002。

晋南吟（山沟里割草口占），1971 年。钟敬文：《钟敬文文集》（诗词卷），141 页，合肥，安徽教育出版社，2002。

晋南吟（夜看守葡萄园），1971 年。钟敬文：《钟敬文文集》（诗词卷），142 页，合肥，安徽教育出版社，2002。

晋南吟（吃棒子有感），1971 年。钟敬文：《钟敬文文集》（诗词卷），143 页，合肥，安徽教育出版社，2002。

晋南吟（初见高粱穗作二首），1971 年。钟敬文：《钟敬文文集》（诗词卷），144 页，合肥，安徽教育出版社，2002。

晋南吟（鸦儿沟外棉花地即景二首），1971 年。钟敬文：《钟敬文文集》（诗词卷），145 页，合肥，安徽教育出版社，2002。

晋南吟（农村新景二首），1971 年。钟敬文：《钟敬文文集》（诗词卷），146 页，合肥，安徽教育出版社，2002。

晋南吟（中秋节三绝），1971 年。钟敬文：《钟敬文文集》（诗词卷），147 页，合肥，安徽教育出版社，2002。

晋南吟（游太原晋祠），1971 年。钟敬文：《钟敬文文集》（诗词卷），148 页，合肥，安徽教育出版社，2002。

晋南吟（红草吟），1971 年。钟敬文：《钟敬文文集》（诗词卷），149 页，合肥，安徽教育出版社，2002。

晋南吟（访崔凤标歌），1971 年。钟敬文：《钟敬文文集》（诗词卷），150 页，合肥，安徽教育出版社，2002。

晋南吟（送宗达同志回京参加编纂词典工作），1971 年。钟敬文：《钟敬文文集》（诗词卷），151 页，合肥，安徽教育出版社，2002。数字辞典编辑注：宗达，即陆宗达。

中日复交二律，1972 年。钟敬文：《钟敬文文集》（诗词卷），152～153 页，合肥，安徽教育出版社，2002。

满江红·埃德加·斯诺先生哀词，1972 年。钟敬文：《钟敬文文集》（诗词卷），455 页，合肥，安徽教育出版社，2002。

高阳台·十一月四日与友人同赴八宝山扫柳亚子先生墓，1973 年。钟敬文：《钟敬文文集》（诗词卷），458 页，合肥，安徽教育出版社，2002。

临江仙·乙卯夏访鲁迅纪念馆，1973 年。钟敬文：《钟敬文文集》（诗词卷），459 页，合肥，安徽教育出版社，2002。

闻章士钊先生在香港逝世感赋，1973 年。钟敬文：《钟敬文文集》（诗词卷），155 页，合肥，安徽教育出版社，2002。

题柳亚子先生见和一九四七年除夕诗影片二绝，1973～1975 年。钟敬文：《钟敬文文集》（诗词卷），156 页，合肥，安徽教育出版社，2002。

题一九四八年元旦与柳亚子先生同摄旧照片，1973～1975 年。钟敬文：《钟敬文文集》（诗词卷），157 页，合肥，安徽教育出版社，2002。

移居四绝，1973～1975 年。钟敬文：《钟敬文文集》（诗词卷），158 页，合肥，安徽教育出版社，2002。

重礼柳亚子先生墓，1973～1975 年。钟敬文：《钟敬文文集》（诗词卷），159 页，合肥，安徽教育出版社，2002。

题友人所辑郁达夫诗词集三首，1973～1975 年。钟敬文：《钟敬文文集》（诗词卷），160 页，合肥，安徽教育出版社，2002。

读黎著钱玄同先生传二首，1973～1975 年。钟敬文：《钟敬文文集》（诗词卷），161 页，合肥，安徽教育出版社，2002。

题台氏手写《鲁迅遗诗抄》二绝，1973～1975 年。钟敬文：《钟敬文文集》（诗词卷），162 页，合肥，安徽教育出版社，2002。

听系领导宣布历史审查结论后口占，1973～1975 年。钟敬文：《钟敬文文集》（诗词卷），166 页，合肥，安徽教育出版社，2002。

题正民忆父文后二绝，1973～1975 年。钟敬文：《钟敬文文集》（诗词卷），169 页，合肥，安徽教育出版社，2002。

赠姚雪垠同志，1973～1975 年。钟敬文：《钟敬文文集》（诗词卷），170 页，合肥，安徽教育出版社，2002。

读史二绝，1973～1975 年。钟敬文：《钟敬文文集》(诗词卷)，174 页，合肥，安徽教育出版社，2002。

岁暮抒怀，1973～1975 年。钟敬文：《钟敬文文集》(诗词卷)，177 页，合肥，安徽教育出版社，2002。

满江红·郁达夫先生殉难三十周年纪念，1975 年。钟敬文：《钟敬文文集》(诗词卷)，460 页，合肥，安徽教育出版社，2002。

金缕曲二首·听《黄河大合唱》，1975 年。钟敬文：《钟敬文文集》(诗词卷)，461～463 页，合肥，安徽教育出版社，2002。

唐多令·送别居甫，1975 年。钟敬文：《钟敬文文集》(诗词卷)，464 页，合肥，安徽教育出版社，2002。

水调歌头·与旧日海丰中学同学小集，1975 年。钟敬文：《钟敬文文集》(诗词卷)，466 页，合肥，安徽教育出版社，2002。

减字木兰花·再悼周总理，1976 年。钟敬文：《钟敬文文集》(诗词卷)，467 页，合肥，安徽教育出版社，2002。

水龙吟·参加冯雪峰同志追悼会，1976 年。钟敬文：《钟敬文文集》(诗词卷)，468 页，合肥，安徽教育出版社，2002。

周总理悼词五首，1976 年。钟敬文：《钟敬文文集》(诗词卷)，178～179 页，合肥，安徽教育出版社，2002。

丙辰清明前过天安门口占，1976 年。钟敬文：《钟敬文文集》(诗词卷)，180 页，合肥，安徽教育出版社，2002。

地震中杂咏，1976 年。钟敬文：《钟敬文文集》(诗词卷)，182～183 页，合肥，安徽教育出版社，2002。

地震时集体露宿书感，1976 年。钟敬文：《钟敬文文集》(诗词卷)，184 页，合肥，安徽教育出版社，2002。

岁暮赠秦牧，1976 年。钟敬文：《钟敬文文集》(诗词卷)，185 页，合肥，安徽教育出版社，2002。

一月九日过天安门书事，1977 年。钟敬文：《钟敬文文集》(诗词卷)，186 页，合肥，安徽教育出版社，2002。

七五初度，1977 年。钟敬文：《钟敬文文集》(诗词卷)，189 页，合肥，安徽教育出版社，2002。

悼阿英同志，1977 年。钟敬文：《钟敬文文集》(诗词卷)，189 页，合肥，安徽教育出版社，2002。

悼何其芳同志，1977 年。钟敬文：《钟敬文文集》(诗词卷)，191 页，合肥，安徽教育出版社，2002。

喜燕郊北来，1977年。钟敬文：《钟敬文文集》(诗词卷)，192页，合肥，安徽教育出版社，2002。

悼龚彬同志，1977年。钟敬文：《钟敬文文集》(诗词卷)，196页，合肥，安徽教育出版社，2002。数字辞典编辑注：龚彬，即梅龚彬。

太平花三绝，1977年。钟敬文：《钟敬文文集》(诗词卷)，198页，合肥，安徽教育出版社，2002。(注：此花过去北京只清宫有之，今则满植于公私园囿矣。)

悼谷柳同志，1977年。钟敬文：《钟敬文文集》(诗词卷)，199页，合肥，安徽教育出版社，2002。(注：一九四七、一九四八年间，我与谷柳同避难香港。)

悼春台二首——回忆同参加西北参观团时情事，1977年。钟敬文：《钟敬文文集》(诗词卷)，200页，合肥，安徽教育出版社，2002。

悼梁品如教授，1977年。钟敬文：《钟敬文文集》(诗词卷)，201页，合肥，安徽教育出版社，2002。(注：教授旧寓南窗下有其手植太平花一株，年时予曾与共赏。)

颂侯苏林，1977年。钟敬文：《钟敬文文集》(诗词卷)，202页，合肥，安徽教育出版社，2002。

满庭芳·访所谓"曹雪芹故居"，1977年。钟敬文：《钟敬文文集》(诗词卷)，471页，合肥，安徽教育出版社，2002。

虞美人·读圣陶先生兰陵王，1977年。钟敬文：《钟敬文文集》(诗词卷)，473页，合肥，安徽教育出版社，2002。

金缕曲·悼王亚南同志，1977年。钟敬文：《钟敬文文集》(诗词卷)，474页，合肥，安徽教育出版社，2002。

玉楼春·读香港《新晚报》有感，1977年。钟敬文：《钟敬文文集》(诗词卷)，475页，合肥，安徽教育出版社，2002。

玉楼春·喜晤绀弩，1977年。钟敬文：《钟敬文文集》(诗词卷)，477页，合肥，安徽教育出版社，2002。

金缕曲·出席第四届文代会抒情，1977年。钟敬文：《钟敬文文集》(诗词卷)，478页，合肥，安徽教育出版社，2002。

北京市文联扩大理事会杂咏，1978年。钟敬文：《钟敬文文集》(诗词卷)，合肥，安徽教育出版社，203～206页，2002。苏叔阳、老舍、周恩来、新凤霞等。

旅兰杂诗（少数民族文学教材会议二首），1978 年 10～11 月。钟敬文：《钟敬文文集》（诗词卷），207 页，合肥，安徽教育出版社，2002。

旅兰杂诗（听谈格萨尔王传史诗被毁情况），1978 年 10～11 月。钟敬文：《钟敬文文集》（诗词卷），208 页，合肥，安徽教育出版社，2002。

旅兰杂诗（观陇剧《枫洛池》二首），1978 年 10～11 月。钟敬文：《钟敬文文集》（诗词卷），209 页，合肥，安徽教育出版社，2002。

旅兰杂诗（敬答王沂暖教授诗二首），1978 年 10～11 月。钟敬文：《钟敬文文集》（诗词卷），210 页，合肥，安徽教育出版社，2002。

旅兰杂诗（赠《阿诗玛》整理者黄铁同志二首），1978 年 10～11 月。钟敬文：《钟敬文文集》（诗词卷），211 页，合肥，安徽教育出版社，2002。

平伯先生见示祝文代会诗赋二绝以酬，1979 年。钟敬文：《钟敬文文集》（诗词卷），218 页，合肥，安徽教育出版社，2002。

会余杂咏七绝六首（"五四"纪念），1979 年 5 月。钟敬文：《钟敬文文集》（诗词卷），219 页，合肥，安徽教育出版社，2002。

会余杂咏七绝六首（争鸣），1979 年 5 月。钟敬文：《钟敬文文集》（诗词卷），219 页，合肥，安徽教育出版社，2002。

会余杂咏七绝六首（破除偶像），1979 年 5 月。钟敬文：《钟敬文文集》（诗词卷），220 页，合肥，安徽教育出版社，2002。

会余杂咏七绝六首（赠杨公骥教授），1979 年 5 月。钟敬文：《钟敬文文集》（诗词卷），220 页，合肥，安徽教育出版社，2002。

会余杂咏七绝六首（赠楼栖教授），1979 年 5 月。钟敬文：《钟敬文文集》（诗词卷），220 页，合肥，安徽教育出版社，2002。

北戴河小休杂诗八首（山海关），1979 年。钟敬文：《钟敬文文集》（诗词卷），224 页，合肥，安徽教育出版社，2002。

北戴河小休杂诗八首（孟姜女庙二绝），1979 年。钟敬文：《钟敬文文集》（诗词卷），225 页，合肥，安徽教育出版社，2002。

参加北京市政协会议吟草有感二首，1979 年。钟敬文：《钟敬文文集》（诗词卷），227 页，合肥，安徽教育出版社，2002。

会中赠友三首（赠王力教授），1979 年。钟敬文：《钟敬文文集》（诗词卷），228 页，合肥，安徽教育出版社，2002。

会中赠友三首（赠尹瘦石教授），1979 年。钟敬文：《钟敬文文集》（诗词卷），229 页，合肥，安徽教育出版社，2002。

参观国际机场候机室壁画，1979 年。钟敬文：《钟敬文文集》（诗词卷），

230 页，合肥，安徽教育出版社，2002。

旅滇杂诗(吊闻一多烈士二首)，1980 年。钟敬文：《钟敬文文集》(诗词卷)，235 页，合肥，安徽教育出版社，2002。

旅滇杂诗(大观楼古绝三首)，1980 年。钟敬文：《钟敬文文集》(诗词卷)，237 页，合肥，安徽教育出版社，2002。

旅滇杂诗(赠民族民间文学理论师训班同学诸君)，1980 年。钟敬文：《钟敬文文集》(诗词卷)，238 页，合肥，安徽教育出版社，2002。

旅滇杂诗(谢云大民族民间文学研究室诸同志，1980 年。钟敬文：《钟敬文文集》(诗词卷)，239 页，合肥，安徽教育出版社，2002。

旅滇杂诗(赠江应梁教授)，1980 年。钟敬文：《钟敬文文集》(诗词卷)，241 页，合肥，安徽教育出版社，2002。

庆中秋佳节兼怀在台故人二首，1980 年。钟敬文：《钟敬文文集》(诗词卷)，合肥，安徽教育出版社，2002。钟敬文：《钟敬文文集》(诗词卷)，243 页，合肥，安徽教育出版社，2002。

赠日本口承文艺学会代表访华团诸先生三首，1980 年。钟敬文：《钟敬文文集》(诗词卷)，244 页，合肥，安徽教育出版社，2002。

续前题分赠四首(赠直江广治博士)，1980 年。钟敬文：《钟敬文文集》(诗词卷)，245 页，合肥，安徽教育出版社，2002。

续前题分赠四首(赠伊藤清司教授)，1980 年。钟敬文：《钟敬文文集》(诗词卷)，245 页，合肥，安徽教育出版社，2002。(注：谓伊藤教授之老师松本信广先生。)

续前题分赠四首(赠加藤千代女士)，1980 年。钟敬文：《钟敬文文集》(诗词卷)，246 页，合肥，安徽教育出版社，2002。

续前题分赠四首(赠乾寻女士)，1980 年。钟敬文：《钟敬文文集》(诗词卷)，246 页，合肥，安徽教育出版社，2002。

中国共产党成立六十周年，1981 年。钟敬文：《钟敬文文集》(诗词卷)，248 页，合肥，安徽教育出版社，2002。

京西宾馆杂咏(深夜阅读教育部学科评议会有关资料)，1981 年。钟敬文：《钟敬文文集》(诗词卷)，249 页，合肥，安徽教育出版社，2002。

丹东之行口占，1981 年。钟敬文：《钟敬文文集》(诗词卷)，250 页，合肥，安徽教育出版社，2002。

汉俳试作五首(赠来访的松枝茂夫教授三首)，1981 年。钟敬文：《钟敬文文集》(诗词卷)，481～482 页，合肥，安徽教育出版社，2002。

八十抒怀，1982 年。钟敬文：《钟敬文文集》（诗词卷），251 页，合肥，安徽教育出版社，2002。

出席北京市劳模大会二首，1982 年。钟敬文：《钟敬文文集》（诗词卷），253 页，合肥，安徽教育出版社，2002。

南行杂诗（宁波市），1982 年 10～11 月。钟敬文：《钟敬文文集》（诗词卷），254 页，合肥，安徽教育出版社，2002。

南行杂诗（天一阁二绝），1982 年 10～11 月。钟敬文：《钟敬文文集》（诗词卷），256 页，合肥，安徽教育出版社，2002。

南行杂诗（重到西湖），1982 年 10～11 月。钟敬文：《钟敬文文集》（诗词卷），258 页，合肥，安徽教育出版社，2002。

南行杂诗（谒岳武穆祠墓），1982 年 10～11 月。钟敬文：《钟敬文文集》（诗词卷），259 页，合肥，安徽教育出版社，2002。

南行杂诗（秋瑾女侠立像），1982 年 10～11 月。钟敬文：《钟敬文文集》（诗词卷），260 页，合肥，安徽教育出版社，2002。

南行杂诗（追怀刘大白先生），1982 年 10～11 月。钟敬文：《钟敬文文集》（诗词卷），261 页，合肥，安徽教育出版社，2002。

南行杂诗（重晤许钦文同志），1982 年 10～11 月。钟敬文：《钟敬文文集》（诗词卷），262 页，合肥，安徽教育出版社，2002。

南行杂诗（寻访达夫故居风雨茅庐），1982 年 10～11 月。钟敬文：《钟敬文文集》（诗词卷），263 页，合肥，安徽教育出版社，2002。

南行杂诗（书感示秋帆），1982 年 10～11 月。钟敬文：《钟敬文文集》（诗词卷），264 页，合肥，安徽教育出版社，2002。

南行杂诗（别杭州民间文艺研究会诸同志），1982 年 10～11 月。钟敬文：《钟敬文文集》（诗词卷），266 页，合肥，安徽教育出版社，2002。

南行杂诗（上海抒情），1982 年 10～11 月。钟敬文：《钟敬文文集》（诗词卷），268 页，合肥，安徽教育出版社，2002。

南行杂诗（题《绿云楼诗存》二绝并序），1982 年 10～11 月。钟敬文：《钟敬文文集》（诗词卷），270 页，合肥，安徽教育出版社，2002。

南行杂诗（别上海民间文艺研究会诸同志），1982 年 10～11 月。钟敬文：《钟敬文文集》（诗词卷），271 页，合肥，安徽教育出版社，2002。

桂林小诗三首（传经），1983 年 2～3 月。钟敬文：《钟敬文文集》（诗词卷），272 页，合肥，安徽教育出版社，2002。注：一九三八年春初至夏末，我小住桂林南城（明代遗构"古旁门"之旁），在当时南迁之江苏无锡教育学院任教。该院校时校址在漓江东岸。

中国民俗学会成立口占两首，1983 年。钟敬文：《钟敬文文集》(诗词卷)，274 页，合肥，安徽教育出版社，2002。

礼像二首(礼李大钊烈士像)，1983 年。钟敬文：《钟敬文文集》(诗词卷)，275 页，合肥，安徽教育出版社，2002。

礼像二首(礼蔡元培先生像)，1983 年。钟敬文：《钟敬文文集》(诗词卷)，275 页，合肥，安徽教育出版社，2002。

送樱井龙彦君归国，1983 年。钟敬文：《钟敬文文集》(诗词卷)，276 页，合肥，安徽教育出版社，2002。

汉俳四首(赠别"日本老舍著作爱好者第三次访华团"诸君)，1984 年。钟敬文：《钟敬文文集》(诗词卷)，483～484 页，合肥，安徽教育出版社，2002。

汉俳四首(送大林、荒木、野村三教授南下访问)，1984 年。钟敬文：《钟敬文文集》(诗词卷)，485～486 页，合肥，安徽教育出版社，2002。

作协四次代表大会杂诗(回忆第一次文代会)，1985 年。钟敬文：《钟敬文文集》(诗词卷)，280 页，合肥，安徽教育出版社，2002。

作协四次代表大会杂诗(纪念诗人柯仲平)，1985 年。钟敬文：《钟敬文文集》(诗词卷)，281 页，合肥，安徽教育出版社，2002。

胶东吟草(秦桥遗迹)，1985 年 7 月。钟敬文：《钟敬文文集》(诗词卷)，282 页，合肥，安徽教育出版社，2002。

胶东吟草(日主祠)，1985 年 7 月。钟敬文：《钟敬文文集》(诗词卷)，283 页，合肥，安徽教育出版社，2002。

胶东吟草(烟台市)，1985 年 7 月。钟敬文：《钟敬文文集》(诗词卷)，285 页，合肥，安徽教育出版社，2002。

胶东吟草(怀淳于髡)，1985 年 7 月。钟敬文：《钟敬文文集》(诗词卷)，286 页，合肥，安徽教育出版社，2002。

胶东吟草(重读东坡《登州海市》诗)，1985 年 7 月。钟敬文：《钟敬文文集》(诗词卷)，287 页，合肥，安徽教育出版社，2002。

胶东吟草(怀戚继光)，1985 年 7 月。钟敬文：《钟敬文文集》(诗词卷)，288 页，合肥，安徽教育出版社，2002。

祝贺俞平伯先生，1986 年 1 月。钟敬文：《钟敬文文集》(诗词卷)，292 页，合肥，安徽教育出版社，2002。

劳动节登天安门城楼，1986 年 5 月。钟敬文：《钟敬文文集》(诗词卷)，293 页，合肥，安徽教育出版社，2002。

　　保护民间文化二首，1986 年 5 月。钟敬文：《钟敬文文集》(诗词卷)，294 页，合肥，安徽教育出版社，2002。注：北京文化界人士在民委招待所召开民间文化座谈会。

　　兰州吟卷(黄河母亲像)，1986 年 8～9 月。钟敬文：《钟敬文文集》(诗词卷)，298 页，合肥，安徽教育出版社，2002。

　　兰州吟卷(怀王沂暖先生)，1986 年 8～9 月。钟敬文：《钟敬文文集》(诗词卷)，300 页，合肥，安徽教育出版社，2002。

　　兰州吟卷(忆邓宝珊将军)，1986 年 8～9 月，钟敬文：《钟敬文文集》(诗词卷)，301 页，合肥，安徽教育出版社，2002。

　　兰州吟卷(赠柯杨同志)，1986 年 8～9 月。钟敬文：《钟敬文文集》(诗词卷)，305，合肥，安徽教育出版社，2002。

　　成都杂咏(杜甫草堂三绝)，1986 年 10～11 月。钟敬文：《钟敬文文集》(诗词卷)，310 页，合肥，安徽教育出版社，2002。

　　成都杂咏(武侯祠)，1986 年 10～11 月。钟敬文：《钟敬文文集》(诗词卷)，311 页，合肥，安徽教育出版社，2002。

　　成都杂咏(都江堰吊李冰太守)，1986 年 10～11 月。钟敬文：《钟敬文文集》(诗词卷)，312 页，合肥，安徽教育出版社，2002。

　　成都杂咏(桂湖怀杨升庵)，1986 年 10～11 月。钟敬文：《钟敬文文集》(诗词卷)，313 页，合肥，安徽教育出版社，2002。

　　成都杂咏(青城山抒怀)，1986 年 10～11 月。钟敬文：《钟敬文文集》(诗词卷)，314 页，合肥，安徽教育出版社，2002。

　　成都杂咏(薛涛井)，1986 年 10～11 月。钟敬文：《钟敬文文集》(诗词卷)，315 页，合肥，安徽教育出版社，2002。

　　成都杂咏(望江楼公园)，1986 年 10～11 月。钟敬文：《钟敬文文集》(诗词卷)，316 页，合肥，安徽教育出版社，2002。

　　成都杂咏(赠三教授)，1986 年 10～11 月。钟敬文：《钟敬文文集》(诗词卷)，317 页，合肥，安徽教育出版社，2002。数字辞典编辑注："三教授"指缪钺、杨明照、王文才。

　　成都杂咏(怀清诗人张问陶)，1986 年 10～11 月。钟敬文：《钟敬文文集》(诗词卷)，318 页，合肥，安徽教育出版社，2002。

　　成都杂咏(宾馆怀艾芜同志)，1986 年 10～11 月。钟敬文：《钟敬文文集》(诗词卷)，319 页，合肥，安徽教育出版社，2002。

　　成都杂咏(将去成都口占)，1986 年 11 月。钟敬文：《钟敬文文集》(诗词卷)，321页，合肥，安徽教育出版社，2002。

黔南行诗词稿(京筑机上口占)，1987年3月。钟敬文：《钟敬文文集》(诗词卷)，322页，合肥，安徽教育出版社，2002。

黔南行诗词稿(黔灵公园)，1987年3月。钟敬文：《钟敬文文集》(诗词卷)，323页，合肥，安徽教育出版社，2002。

黔南行诗词稿(花溪)，1987年3月。钟敬文：《钟敬文文集》(诗词卷)，324页，合肥，安徽教育出版社，2002。

黔南行诗词稿(赠与会诸中青年同志)，1987年3月。钟敬文：《钟敬文文集》(诗词卷)，326页，合肥，安徽教育出版社，2002。数字辞典编辑注：诸中青年同志，指此赴贵州参加全国中青年民俗学研讨会者。

黔南行诗词稿(黄果树观瀑)，1987年3月。钟敬文：《钟敬文文集》(诗词卷)，329页，合肥，安徽教育出版社，2002。

黔南行诗词稿(赠田兵同志)，1987年3月。钟敬文：《钟敬文文集》(诗词卷)，330页，合肥，安徽教育出版社，2002。

黔南行诗词稿(赠布依族伍隆萱同志)，1987年3月。钟敬文：《钟敬文文集》(诗词卷)，331页，合肥，安徽教育出版社，2002。

黔南行诗词稿(阅历一绝示晓萍)，1987年3月。钟敬文：《钟敬文文集》(诗词卷)，332页，合肥，安徽教育出版社，2002。

丁卯浙行吟草(谒岳庙)，1987年9月。钟敬文：《钟敬文文集》(诗词卷)，333页，合肥，安徽教育出版社，2002。

丁卯浙行吟草(西泠桥畔寻秋帆旧寓)，1987年9月。钟敬文：《钟敬文文集》(诗词卷)，334页，合肥，安徽教育出版社，2002。

丁卯浙行吟草(怀许钦文同志)，1987年9月。钟敬文：《钟敬文文集》(诗词卷)，335页，合肥，安徽教育出版社，2002。作者诗末注："钦文故居在保俶山后，予旧寓杭时，为其常客。五年前游杭，犹与彼晤谈，留影于西湖医院。但不久，彼即逝世。此次予再来杭，居新新饭店，举头即见清瘦的保俶塔，不能不眷念故人也"。

丁卯浙行吟草(赠陈学昭女士)，1987年9月。钟敬文：《钟敬文文集》(诗词卷)，338页，合肥，安徽教育出版社，2002。

丁卯浙行吟草(怀苏曼殊大师二绝)，1987年9月。钟敬文：《钟敬文文集》(诗词卷)，339页，合肥，安徽教育出版社，2002。

丁卯浙行吟草(雨中与诸同志游兰亭)，1987年9月。钟敬文：《钟敬文文集》(诗词卷)，340页，合肥，安徽教育出版社，2002。

丁卯浙行吟草(谒禹王庙歌),1987 年 9 月。钟敬文:《钟敬文文集》(诗词卷),341 页,合肥,安徽教育出版社,2002。

丁卯浙行吟草(过轩亭口),1987 年 9 月。钟敬文:《钟敬文文集》(诗词卷),342 页,合肥,安徽教育出版社,2002。

丁卯浙行吟草(绍游憾事),1987 年 9 月。钟敬文:《钟敬文文集》(诗词卷),343 页,合肥,安徽教育出版社,2002。

丁卯浙行吟草(与浙学界同志讲中国民俗学会旧事后感赋),1987 年 9 月。钟敬文:《钟敬文文集》(诗词卷),344 页,合肥,安徽教育出版社,2002。

丁卯浙行吟草(勉浙江学界同人),1987 年 9 月。钟敬文:《钟敬文文集》(诗词卷),345 页,合肥,安徽教育出版社,2002。

浪淘沙·去贵阳别与会诸同志,1987 年。钟敬文:《钟敬文文集》(诗词卷),488 页,合肥,安徽教育出版社,2002。

满江红·访鲁迅纪念馆及故居,1987 年。钟敬文:《钟敬文文集》(诗词卷),489 页,合肥,安徽教育出版社,2002。

汉俳五首(赠加藤女士),1988 年。钟敬文:《钟敬文文集》(诗词卷),490 页,合肥,安徽教育出版社,2002。

菩萨蛮二首(参加五届文代会),1988 年。钟敬文:《钟敬文文集》(诗词卷),492~493 页,合肥,安徽教育出版社,2002。

天风海涛室诗词近稿(金秋诗会抒怀),1987~1988 年,1987 年 9 月。钟敬文:《钟敬文文集》(诗词卷),347 页,合肥,安徽教育出版社,2002。

天风海涛室诗词近稿(住医院偶感一律),1987~1988 年。钟敬文:《钟敬文文集》(诗词卷),348 页,合肥,安徽教育出版社,2002。

西峰寺杂诗三首(观革命史陈列室),1987~1988 年。钟敬文:《钟敬文文集》(诗词卷),352 页,合肥,安徽教育出版社,2002。

戊辰秋与默涵同志游密云水库感赋,1987~1988 年。钟敬文:《钟敬文文集》(诗词卷),355 页,合肥,安徽教育出版社,2002。

清华园二绝(怀朱自清先生),1987~1988 年。钟敬文:《钟敬文文集》(诗词卷),356 页,合肥,安徽教育出版社,2002。

以与仁恺先生通电话事告元伯教授后口占,1987~1988 年。钟敬文:《钟敬文文集》(诗词卷),357 页,合肥,安徽教育出版社,2002。

住院杂诗(赠王蒙同志),1989 年。钟敬文:《钟敬文文集》(诗词卷),358 页,合肥,安徽教育出版社,2002。

住院杂诗(倒睫动手术后作),1989 年。钟敬文:《钟敬文文集》(诗词卷),

359 页，合肥，安徽教育出版社，2002。

住院杂诗(思念聂绀弩、黄药眠诸故人)，1989 年。钟敬文：《钟敬文文集》(诗词卷)，359 页，合肥，安徽教育出版社，2002。

住院杂诗(追怀秋帆)，1989 年。钟敬文：《钟敬文文集》(诗词卷)，360 页，合肥，安徽教育出版社，2002。

广州行杂诗(访中大旧址大钟楼怀鲁迅二首)，1989 年。钟敬文：《钟敬文文集》(诗词卷)，362 页，合肥，安徽教育出版社，2002。

广州行杂诗(过昌兴新街感赋二首)，1989 年。钟敬文：《钟敬文文集》(诗词卷)，363 页，合肥，安徽教育出版社，2002。

广州行杂诗(纪念尚仲衣博士四绝)，1989 年。钟敬文：《钟敬文文集》(诗词卷)，364～365 页，合肥，安徽教育出版社，2002。

广州行杂诗(岭大旧址怀冼星海同志二首)，1989 年。钟敬文：《钟敬文文集》(诗词卷)，366 页，合肥，安徽教育出版社，2002。

广州行杂诗(岭大故址怀刘潜初烈士二首)，1989 年。钟敬文：《钟敬文文集》(诗词卷)，367 页，合肥，安徽教育出版社，2002。

大连杂咏(初到大连开发区之夜)，1989 年。钟敬文：《钟敬文文集》(诗词卷)，369 页，合肥，安徽教育出版社，2002。

大连杂咏(民间艺术节)，1989 年。钟敬文：《钟敬文文集》(诗词卷)，371 页，合肥，安徽教育出版社，2002。

齐鲁行诗稿(赴济南车中口占)，1989 年。钟敬文：《钟敬文文集》(诗词卷)，374 页，合肥，安徽教育出版社，2002。

齐鲁行诗稿(大明湖)，1990 年。钟敬文：《钟敬文文集》(诗词卷)，375 页，合肥，安徽教育出版社，2002。

菩萨蛮·礼辛稼轩纪念祠堂，1990 年。钟敬文：《钟敬文文集》(诗词卷)，494 页，合肥，安徽教育出版社，2002。

水调歌头·访翠亨村孙中山故居，1990 年。钟敬文：《钟敬文文集》(诗词卷)，495 页，合肥，安徽教育出版社，2002。

齐鲁行诗稿(有感于遗山济南杂诗)，1990 年。钟敬文：《钟敬文文集》(诗词卷)，376 页，合肥，安徽教育出版社，2002。

齐鲁行诗稿(李清照纪念堂二首)，1990 年。钟敬文：《钟敬文文集》(诗词卷)，377 页，合肥，安徽教育出版社，2002。

齐鲁行诗稿(英雄山烈士陵园吊刘谦初同志)，1990 年。钟敬文：《钟敬文文集》(诗词卷)，378 页，合肥，安徽教育出版社，2002。

齐鲁行诗稿（怀王世祯二绝），1990 年。钟敬文：《钟敬文文集》（诗词卷），379 页，合肥，安徽教育出版社，2002。

齐鲁行诗稿（曲阜礼孔三绝），1990 年。钟敬文：《钟敬文文集》（诗词卷），381～382 页，合肥，安徽教育出版社，2002。

齐鲁行诗稿（泰山杂咏七首），1990 年。钟敬文：《钟敬文文集》（诗词卷），384～386 页，合肥，安徽教育出版社，2002。

齐鲁行诗稿（送别袁珂同志回川），1990 年。钟敬文：《钟敬文文集》（诗词卷），387 页，合肥，安徽教育出版社，2002。

香山杂诗（游锦绣中华），1990 年。钟敬文：《钟敬文文集》（诗词卷），390 页，合肥，安徽教育出版社，2002。

香山杂诗（怀容闳），1990 年。钟敬文：《钟敬文文集》（诗词卷），392 页，合肥，安徽教育出版社，2002。

香山杂诗（珠海市吊苏曼殊四绝），1990 年。钟敬文：《钟敬文文集》（诗词卷），393～394 页，合肥，安徽教育出版社，2002。

香山杂诗（别珠海市），1990 年。钟敬文：《钟敬文文集》（诗词卷），395 页，合肥，安徽教育出版社，2002。

小汤山杂诗（小住），1990 年。钟敬文：《钟敬文文集》（诗词卷），396 页，合肥，安徽教育出版社，2002。

小汤山杂诗（怀聂绀弩），1990 年。钟敬文：《钟敬文文集》（诗词卷），396 页，合肥，安徽教育出版社，2002。

教师节抒怀，1990 年 9 月。钟敬文：《钟敬文文集》（诗词卷），398 页，合肥，安徽教育出版社，2002。

祝中国民间文艺家协会成立四十周年，1990 年。钟敬文：《钟敬文文集》（诗词卷），399 页，合肥，安徽教育出版社，2002。

文坛四祝六首（祝冰心九十寿辰第一首），1990 年。钟敬文：《钟敬文文集》（诗词卷），400 页，合肥，安徽教育出版社，2002。

文坛四祝六首（祝夏老九十寿辰），1990 年。钟敬文：《钟敬文文集》（诗词卷），403 页，合肥，安徽教育出版社，2002。

文坛四祝六首（祝克家同志八五寿辰），1990 年。钟敬文：《钟敬文文集》（诗词卷），404 页，合肥，安徽教育出版社，2002。

文坛四祝六首（祝林林同志八十寿辰），1990 年。钟敬文：《钟敬文文集》（诗词卷），405 页，合肥，安徽教育出版社，2002。

九十自寿，1990～1993 年。钟敬文：《钟敬文文集》（诗词卷），406 页，合肥，安徽教育出版社，2002。

千金为寿，1990～1993 年。钟敬文：《钟敬文文集》(诗词卷)，407 页，合肥，安徽教育出版社，2002。

祝元白(启功)先生八十寿辰，1990～1993 年。钟敬文：《钟敬文文集》(诗词卷)，408 页，合肥，安徽教育出版社，2002。

回忆唐弢同志二绝，1990～1993 年。钟敬文：《钟敬文文集》(诗词卷)，409 页，合肥，安徽教育出版社，2002。

疗养院杂咏(重刊两部少作散文集题记写成后感赋)，1990～1993 年。钟敬文：《钟敬文文集》(诗词卷)，410 页，合肥，安徽教育出版社，2002。

疗养院杂咏(读史偶书)，1990～1993 年。钟敬文：《钟敬文文集》(诗词卷)，411 页，合肥，安徽教育出版社，2002。

疗养院杂咏(药园即景)，1990～1993 年。钟敬文：《钟敬文文集》(诗词卷)，412 页，合肥，安徽教育出版社，2002。

疗养院杂咏(静坐)，1990～1993 年。钟敬文：《钟敬文文集》(诗词卷)，412 页，合肥，安徽教育出版社，2002。

燕市及近畿杂咏(过菜市口抒怀)，1990～1993 年。钟敬文：《钟敬文文集》(诗词卷)，414 页，合肥，安徽教育出版社，2002。

燕市及近畿杂咏(北海公园快雪堂观腊梅)，1990～1993 年。钟敬文：《钟敬文文集》(诗词卷)，414 页，合肥，安徽教育出版社，2002。

燕市及近畿杂咏(游颐和园苏州街二绝)，1990～1993 年。钟敬文：《钟敬文文集》(诗词卷)，414～415 页，合肥，安徽教育出版社，2002。

燕市及近畿杂咏(游定陵前柿园口占)，1990～1993 年。钟敬文：《钟敬文文集》(诗词卷)，415 页，合肥，安徽教育出版社，2002。

南望抒情(怀青山达德学院)，1990～1993 年。钟敬文：《钟敬文文集》(诗词卷)，418 页，合肥，安徽教育出版社，2002。

南望抒情(怀郁达夫先生)，1990～1993 年。钟敬文：《钟敬文文集》(诗词卷)，418 页，合肥，安徽教育出版社，2002。

纪念老友绀弩同志九十冥寿，1990～1993 年。钟敬文：《钟敬文文集》(诗词卷)，419 页，合肥，安徽教育出版社，2002。

修辞贵立诚，1990～1993 年。钟敬文：《钟敬文文集》(诗词卷)，420 页，合肥，安徽教育出版社，2002。

临江仙·题《歌谣》周刊，1993 年。钟敬文：《钟敬文文集》(诗词卷)，496 页，合肥，安徽教育出版社，2002。

游卢沟桥感旧，1994 年。钟敬文：《钟敬文文集》（诗词卷），421 页，合肥，安徽教育出版社，2002。

纪念"一二·九"六十周年，1995 年。钟敬文：《钟敬文文集》（诗词卷），422 页，合肥，安徽教育出版社，2002。

小疾口占，1996 年。钟敬文：《钟敬文文集》（诗词卷），423 页，合肥，安徽教育出版社，2002。

九五生辰书怀（一），1997 年。钟敬文：《钟敬文文集》（诗词卷），424 页，合肥，安徽教育出版社，2002。

题杨成志博士诗集二绝句，1997 年。钟敬文：《钟敬文文集》（诗词卷），426 页，合肥，安徽教育出版社，2002。

香港回归书感，1997 年。钟敬文：《钟敬文文集》（诗词卷），427 页，合肥，安徽教育出版社，2002。

庆祝《文学评论》创刊四十周年二首，1997 年。钟敬文：《钟敬文文集》（诗词卷），429 页，合肥，安徽教育出版社，2002。

贺第二届民间文学奖获得者，1997 年。钟敬文：《钟敬文文集》（诗词卷），430 页，合肥，安徽教育出版社，2002。

钟程唱和诗，1998 年。钟敬文：《钟敬文文集》（诗词卷），432 页，合肥，安徽教育出版社，2002。数字辞典编辑注：程，指程千帆。

《魏建功文集》题词三首，1998 年。钟敬文：《钟敬文文集》（诗词卷），433～434 页，合肥，安徽教育出版社，2002。

题羡林教授《散文汇编》一绝，1999 年。钟敬文：《钟敬文文集》（诗词卷），436 页，合肥，安徽教育出版社，2002。

春游陶然亭示诸同学，1999 年。钟敬文：《钟敬文文集》（诗词卷），437 页，合肥，安徽教育出版社，2002。

致元白，2000 年。钟敬文：《钟敬文文集》（诗词卷），438 页，合肥，安徽教育出版社，2002。

怀念彭湃烈士四绝，2000 年。钟敬文：《钟敬文文集》（诗词卷），439～440 页，合肥，安徽教育出版社，2002。

拟百岁自省一律，2001 年。钟敬文：《钟敬文文集》（诗词卷），441 页，合肥，安徽教育出版社，2002。

病中口占一绝，2001 年 8 月。钟敬文：《钟敬文文集》（诗词卷），442 页，合肥，安徽教育出版社，2002。

3. 报告文学

报告文学指本数据库使用的钟敬文报告文学作品要目。

银盏坳，1940 年秋。钟敬文：《履迹心痕》，155～161 页，北京，中国旅游出版社，2000。

石桥塘，1940 年秋。钟敬文：《履迹心痕》，162～169 页，北京，中国旅游出版社，2000。

残破的东洞，1940 年秋。钟敬文：《履迹心痕》，170～173 页，北京，中国旅游出版社，2000。

牛脊背。钟敬文：《履迹心痕》，174～178 页，北京，中国旅游出版社，2000。

4. 文艺理论

文艺理论，指本数据库使用的钟敬文文学评论和诗词评论论文要目。

诗话，1992 年 1 月 17 日。钟敬文：《钟敬文文集》（诗学及文艺论卷），46～96 页，合肥，安徽教育出版社，2002。

谈兴诗，1927 年 5 月 28 日。钟敬文：《钟敬文文集》（诗学及文艺论卷），97～102 页，合肥，安徽教育出版社，2002。

盲人摸象式的诗谈，1928 年 10 月 14 日。钟敬文：《钟敬文文集》（诗学及文艺论卷），103～112 页，合肥，安徽教育出版社，2002。

试谈小品文，1928 年 10 月 16 日。钟敬文：《钟敬文文集》（诗学及文艺论卷），278～281 页，合肥，安徽教育出版社，2002。

莫干山与诗，1929 年 8 月 3 日。钟敬文：《钟敬文文集》（诗学及文艺论卷），113～117 页，合肥，安徽教育出版社，2002。

天问室琐语，1936 年。钟敬文：《钟敬文文集》（诗学及文艺论卷），183～199 页，合肥，安徽教育出版社，2002。

与艺术工作者的谈话——在一个艺宣队的留别会上的讲话，1938 年。钟敬文：《钟敬文文集》（诗学及文艺论卷），254～259 页，合肥，安徽教育出版社，2002。

青年政治工作者与文艺，1938 年。钟敬文：《钟敬文文集》（诗学及文艺论卷），260～265 页，合肥，安徽教育出版社，2002。

《民族主义文学论》"序"，1940 年代前期。钟敬文：《钟敬文文集》（诗学及文艺论卷），270～273 页，合肥，安徽教育出版社，2002。

现阶段的诗歌，1940 年。钟敬文：《钟敬文文集》（诗学及文艺论卷），118～119 页，合肥，安徽教育出版社，2002。

　　谈艺录，1940 年代前期。钟敬文：《钟敬文文集》（诗学及文艺论卷），200～209 页，合肥，安徽教育出版社，2002。

　　文艺琐语，1940 年代前期。钟敬文：《钟敬文文集》（诗学及文艺论卷），210～219 页，合肥，安徽教育出版社，2002。

　　风格论备忘，1940 年代前期。钟敬文：《钟敬文文集》（诗学及文艺论卷），220～231 页，合肥，安徽教育出版社，2002。

　　诗歌随笔两则，1941 年。钟敬文：《钟敬文文集》（诗学及文艺论卷），120～122 页，合肥，安徽教育出版社，2002。

　　诗和歌谣，1943 年。钟敬文：《钟敬文文集》（诗学及文艺论卷），123～129 页，合肥，安徽教育出版社，2002。

　　谈诗，1946 年。钟敬文：《钟敬文文集》（诗学及文艺论卷），130～139 页，合肥，安徽教育出版社，2002。

　　诗的逻辑，1946 年冬。钟敬文：《钟敬文文集》（诗学及文艺论卷），148～160 页，合肥，安徽教育出版社，2002。

　　谈散文，1946 年。钟敬文：《钟敬文文集》（诗学及文艺论卷），282～285 页，合肥，安徽教育出版社，2002。

　　对于古典文学的兴味，1946 年。钟敬文：《钟敬文文集》（诗学及文艺论卷），341～348 页，合肥，安徽教育出版社，2002。

　　略论格言式的文体——《寸铁集》自序，1948 年 1 月。钟敬文：《钟敬文文集》（诗学及文艺论卷），232～239 页，合肥，安徽教育出版社，2002。

　　方言文学试论，1948 年 2 月 29 日。钟敬文：《钟敬文文集》（诗学及文艺论卷），310～324 页，合肥，安徽教育出版社，2002。

　　悼朱佩弦先生，1948 年 8 月 19 日。钟敬文：《钟敬文文集》（诗学及文艺论卷），647～654 页，合肥，安徽教育出版社，2002。

　　屈原及其作品的教育意义，1962 年。钟敬文：《钟敬文文集》（诗学及文艺论卷），349～353 页，合肥，安徽教育出版社，2002。

　　近代进步思想与红学，1963 年 10 月。钟敬文：《钟敬文文集》（诗学及文艺论卷），366～396 页，合肥，安徽教育出版社，2002。

　　我国古代文学研究的一些问题——在古代文学研究座谈会上的发言，1982 年。钟敬文：《钟敬文文集》（诗学及文艺论卷），403～409 页，合肥，安徽教育出版社，2002。

　　谈谈对近代文学研究的一些意见——致中国近代文学全国首次学术讨论会全体同志的贺信，1982 年 10 月 12 日。钟敬文：《钟敬文文集》（诗学及文艺论卷），410～418 页，合肥，安徽教育出版社，2002。

《诸体述要》"序"，1984 年。钟敬文：《钟敬文文集》（诗学及文艺论卷），274～277 页，合肥，安徽教育出版社，2002。

达夫先生的一首佚诗——《集龚句题〈城东诗草〉》，1985 年 8 月 25 日。钟敬文：《钟敬文文集》（诗学及文艺论卷），645～646 页，合肥，安徽教育出版社，2002。

纪念阿英同志——在中国文联、作协、剧协、影协、曲协、民研会联合召开的阿英同志诞辰八十五周年学术讨论会上的发言，1985 年 2 月 28 日。钟敬文：《钟敬文文集》（诗学及文艺论卷），655～661 页，合肥，安徽教育出版社，2002。

俞平伯文学理论的优越点，1986 年。钟敬文：《钟敬文文集》（诗学及文艺论卷），295～299 页，合肥，安徽教育出版社，2002。

诗歌的功用，1987 年 8 月 4 日。钟敬文：《钟敬文文集》（诗学及文艺论卷），161～166 页，合肥，安徽教育出版社，2002。

祝中华诗词学会成立大会，1987 年 6 月。钟敬文：《钟敬文文集》（诗学及文艺论卷），167～169 页，合肥，安徽教育出版社，2002。

《中国散文鉴赏文库·现代卷》"序"，1988 年 7 月 28 日。钟敬文：《钟敬文文集》（诗学及文艺论卷），286～291 页，合肥，安徽教育出版社，2002。

珠海市吊苏曼殊四绝小序，1990 年 7 月 31 日。钟敬文：《钟敬文文集》（诗学及文艺论卷），397～399 页，合肥，安徽教育出版社，2002。

研究南社的现实意义——在南社与辛亥革命座谈会上的发言，1991 年 10 月。钟敬文：《钟敬文文集》（诗学及文艺论卷），400～402 页，合肥，安徽教育出版社，2002。

《中国现代小品散文集荟萃》"总序"，1992 年 6 月 23 日。钟敬文：《钟敬文文集》（诗学及文艺论卷），292～294 页，合肥，安徽教育出版社，2002。

《别有深情一万重》"序言"，1993 年 4 月上旬，钟敬文：《钟敬文文集》（诗学及文艺论卷），662～668 页，合肥，安徽教育出版社，2002。

《陈秋帆文集》"序"，1993 年。钟敬文：《钟敬文文集》（诗学及文艺论卷），669～673 页，合肥，安徽教育出版社，2002。

《芸香楼文艺论集》"自序"，1993 年 8 月 3 日。钟敬文：《芸香楼文艺论集》，北京，中国文联出版公司，1996，钟敬文：《钟敬文文集》（诗学及文艺论卷），173～182 页，合肥，安徽教育出版社，2002。

文学研究中的艺术欣赏和民俗学方法——在《文学评论》创刊四十周年纪念

会上的讲话，1999 年。钟敬文：《钟敬文文集》(诗学及文艺论卷)，300～305 页，合肥，安徽教育出版社，2002。

三、钟敬文搜集民间文学作品数据库书目

钟敬文搜集民间文学作品数据库书目，是钟敬文自青年时代投入五四新文化运动和北京大学歌谣学运动后，自 1924～1989 年，所搜集出版的民间文学资料集要目。这方面的数据，是呈现钟敬文民俗学和民间文艺学成就的不可或缺的组成部分。

(一)民歌集

民歌集，指本数据库收入的钟敬文搜集出版的民歌作品集要目。

疍歌，上海，开明书店，1927。

客音情歌集，上海，北新书店，1927。

粤风，北京，朴社，1927。

俍僮情歌，钟敬文、刘乾初合作，广州，中山大学语言历史学研究所，1928。

马来情歌，上海，远东图书公司，1928。

(二)故事集

故事集，指本数据库收入的钟敬文搜集出版的故事作品集要目，本数据库所使用的"故事"概念是广义，包括神话、传说和民间故事。

民间趣事，上海，北新书局，1926。

故事的坛子(刘大白记述)，上海，黎明书局，1934。

钟敬文采集口承故事集，张振犁编，郑州，黄河文艺出版社，1989。

四、钟敬文研究使用三集成资料数据库

钟敬文研究使用三集成资料数据库，指自 1979 年文化部发动中国民族民间文艺集成志书搜集编纂运动以来，在国务院全国艺术规划领导小组的具体指导下，钟敬文参加全国艺术规划办的学术活动，特别关注民间文学资料，所开展的学术研究、高等教育改革和社会文化活动的数据集成。1981 年，钟敬文开始利用这批资料进行研究。自 1984 年起，钟敬文直接参与中国民间文学三套集成搜集编纂工作，并担任中国故事卷主编。至 1999 年，钟敬文使用三集成资料，撰写了一批研究论文。他的研究对象，在早年个人在广州、杭州、日

本和留学回国后的研究基础上进行，同时也对本次三集成在全国范围内大规模搜集和多地区、多民族民间文学特征进行了综合考察和全面思考，发展了自己的理论学说。在本库中，对钟敬文这方面的学说数据进行了采集整理，同时也对他在 1949 年前后、特别是改革开放后的各时期研究数据作了对比分析，并重新作了相应的数据编辑，以利读者和用户查询使用。

(一)钟敬文故事类型基础研究

此指钟敬文一生所提出和研究中国故事类型的原创论文和原创观点数据，时间自 1925～1991 年，分 20 世纪 20～30 年代初，1934～1936 年留日期间，以及 20 世纪 80 年代改革开放后的三个时期。从这些时间点和研究地点数据中，可了解钟敬文关注三集成资料的思想由来与故事类型理论发展脉络。以下主要举述钟敬文研究中国故事类型的名称、原创观念提出年代和思想发展轨迹、最早刊发杂志和主要收存著述。

1. 孟姜女(1925 年/1979 年)

关于孟姜女故事研究的通信(五则，附顾颉刚按语)，1924～1925 年。原载《歌谣》周刊第 79、83、96 号和《北京大学国学门周刊》1929 年第 7 期，1925 年 2 月至 11 月。钟敬文:《钟敬文民间文学论集》(下)，472～483 页，上海，上海文艺出版社，1985。

为孟姜女冤案平反，1978～1979 年。原载《民间文学》1979 年第 7 期。钟敬文:《钟敬文民间文学论集》(上)，74～92 页，上海，上海文艺出版社，1982。

2. 徐文长(1931 年)

中国的地方传说，1931 年 5 月 21 日。原载《开展》月刊民俗学专号，1931 年第 10、11 期合刊，即《民俗学集镌》1931 年第 1 辑，杭州，景山书局出版，上海，开明书局代销，1931。钟敬文:《钟敬文民间文学论集》(下)，74～100 页，上海，上海文艺出版社，1985。

中国民间故事型式(大话型、吃白饭型)，1929～1931 年。原载《开展》月刊民俗学专号，1931 年第 10、11 期合刊，即《民俗学集镌》1931 年第 1 辑，杭州，景山书局出版，上海，开明书局代销，1931。钟敬文:《钟敬文民间文学论集》(下)，351、356 页，上海，上海文艺出版社，1985。

3. 巧女与呆女婿(1928 年/1931 年)

呆女婿故事比较试说，1928 年。原载《民俗》1928 年第 7 期。钟敬文：《钟敬文民间文学论集》(下)，235～239 页，上海，上海文艺出版社，1985。

中国民间故事型式(呆女婿型)，1929～1931 年。原载《开展》月刊民俗学专号，1931 年第 10、11 期合刊，即《民俗学集镌》1931 年第 1 辑，杭州，景山书局出版，上海，开明书局代销，1931。钟敬文：《钟敬文民间文学论集》(下)，354～355 页，上海，上海文艺出版社，1985。

4. 刘三姐(1928 年/ 1981 年)

关于刘三姐故事的材料(六则)，1928 年。原载《民俗》1928 年第 13、14 合刊。钟敬文：《钟敬文民间文学论集》(下)，502～505 页，上海，上海文艺出版社，1985。

刘三姐传说试论，1981 年。原载《稻·舟·祭》(日本松本信广先生追悼论文集)，(东京)六兴出版社，1982。钟敬文：《钟敬文民间文学论集》(上)，93～120 页，上海，上海文艺出版社，1982。

5. 中国民间故事类型(1929～1931 年)

中国民间故事型式，1929～1931 年。原载《开展》月刊民俗学专号，1931 年第 10、11 期合刊，即《民俗学集镌》1931 年第 1 辑，杭州，景山书局出版，上海，开明书局代销，1931。钟敬文：《钟敬文民间文学论集》(下)，342～356 页，上海，上海文艺出版社，1985。

6. 田螺娘(1930 年/ 1931 年)

《田螺精》后记，1930 年。原载《民众教育季刊》1931 年第 1 卷第 2 号。

中国民间故事试探(《田螺精》后记)，1930 年。钟敬文：《钟敬文民间文学论集》(下)，224～233 页，上海，上海文艺出版社，1985。

中国民间故事型式(螺女型)，1929～1931 年。原载《开展》月刊民俗学专号，1931 年第 10、11 期合刊，即《民俗学集镌》1931 年第 1 辑，杭州，景山书局出版，上海，开明书局代销，1931。钟敬文：《钟敬文民间文学论集》(下)，348 页，上海，上海文艺出版社，1985。

7. 水灾型（1931 年）

中国的水灾传说，1931 年 1 月 28 日。原载《民众教育季刊》，1931 年第 1 卷第 2 号。钟敬文：《钟敬文民间文学论集》（下），163～191 页，上海，上海文艺出版社，1985。

8. 老鼠嫁女（1935 年/ 1987 年/ 1991 年）

中国古代民俗中的鼠，1935 年末。原载《民俗》季刊，1937 年第 1 卷第 2 期。钟敬文：《钟敬文文集》（民俗学卷），212～225 页，合肥，安徽教育出版社，1999。

从文化史角度看《老鼠娶亲》，1987 年 2 月 7 日。原载《中国文化报》，1987 年 2 月。钟敬文：《话说民间文化》，67～70 页，北京，人民日报出版社。钟敬文：《民俗文化学：梗概与兴起》，248～251 页，北京，中华书局，1996。钟敬文：《钟敬文文集》（民俗学卷），228～231 页，合肥，安徽教育出版社，2002。作者文末注："一九八七年二月七日于北京师大"。

中日民间故事比较泛说，1991 年 2 月中旬。钟敬文：《钟敬文学术论著自选集》，367～400 页，北京，首都师范大学出版社，1994。钟敬文：《民间文艺学及其历史》，176～208 页，济南，山东教育出版社，1998。

9. 灰姑娘（1931 年/ 1932 年/ 1991 年）

中国民间故事型式（享夫福女儿型），1929～1931 年。原载《开展》月刊民俗学专号，1931 年第 10、11 期合刊，即《民俗学集镌》1931 年第 1 辑，杭州，景山书局出版，上海，开明书局代销，1931。钟敬文：《钟敬文民间文学论集》（下），346 页，上海，上海文艺出版社，1985。

中国的天鹅处女型故事——献给西村真次和顾颉刚两先生，1932 年夏，原载《民众教育季刊》第 3 卷第 1 号，1933 年 1 月。钟敬文：《钟敬文民间文学论集》（下），36～73 页，上海，上海文艺出版社，1985。钟敬文：《钟敬文文集》（民间文艺学卷），581～619 页，合肥，安徽教育出版社，2002。

中日民间故事比较泛说，1991 年 2 月中旬。钟敬文：《钟敬文学术论著自选集》，367～400 页，北京，首都师范大学出版社，1994。钟敬文：《民间文艺学及其历史》，176～208 页，济南，山东教育出版社，1998。

10．女娲型（1931 年/1980 年/ 1990 年）

中国的地方传说，1931 年 5 月 21 日。原载《开展》月刊民俗学专号，1931 年第 10、11 期合刊，即《民俗学集镌》，1931 年第 1 辑，杭州，景山书局出版，上海，开明书局代销，1931。钟敬文：《钟敬文民间文学论集》（下），74～100 页，上海，上海文艺出版社，1985。

论民族志在古典神话研究上的作用——以《女娲娘娘补天》新资料为例证，1980 年 10 月 22 日。钟敬文：《钟敬文民间文学论集》（上），148～172 页，上海，上海文艺出版社，1982。钟敬文：《钟敬文学术论著自选集》，556～581 页，北京，首都师范大学出版社，1994。钟敬文：《民间文艺学及其历史》，85～109 页，济南，山东教育出版社，1998。

洪水后兄妹再殖人类神话——对这类神话中二三问题的考察，并以之就商于伊藤清司、大林太良两教授，1990 年 4 月 26 日。钟敬文：《钟敬文学术论著自选集》，223～247 页，北京，首都师范大学出版社，1994。钟敬文：《民俗文化学：梗概与兴起》，220～247 页，北京，中华书局，1996。

11．洪水后兄妹再造人类（1931 年/1990 年）

中国的水灾传说，1931 年 1 月 28 日。原载《民众教育季刊》1931 年第 1 卷第 2 号。钟敬文：《钟敬文民间文学论集》（下），163～191 页，上海，上海文艺出版社，1985。

洪水后兄妹再殖人类神话——对这类神话中二三问题的考察，并以之就商于伊藤清司、大林太良两教授，1990 年 4 月 26 日。钟敬文：《钟敬文学术论著自选集》，223～247 页，北京，首都师范大学出版社，1994。钟敬文：《民俗文化学：梗概与兴起》，220～247 页，北京，中华书局，1996。

12．蛇郎型（1930 年）

中国民间故事型式（蛇郎型），1929～1931 年。原载《开展》月刊民俗学专号，1931 年第 10、11 期合刊，即《民俗学集镌》1931 年第 1 辑，杭州，景山书局出版，上海，开明书局代销，1931。钟敬文：《钟敬文民间文学论集》（下），345 页，上海，上海文艺出版社，1985。

蛇郎故事试探，原载《民俗学集镌》1930 年，1932 年第 2 辑。钟敬文：《钟敬文民间文学论集》（下），192～208 页，上海，上海文艺出版社，1985。

13. 老虎外婆型(1931 年/ 1932 年)

中国民间故事型式(老虎母亲或外婆型)，1929～1931 年。原载《开展》月刊民俗学专号，1931 年第 10、11 期合刊，即《民俗学集镌》1931 年第 1 辑，杭州，景山书局出版，上海，开明书局代销，1931。钟敬文：《钟敬文民间文学论集》(下)，348 页，上海，上海文艺出版社，1985。

老虎与老婆儿故事考察，1932 年。原载《民间月刊》1932 年第 2 卷第 1 期。钟敬文：《钟敬文民间文学论集》(下)，209～217 页，上海，上海文艺出版社，1985。

14. 青蛙王子型(1931 年/ 1932 年)

中国民间故事型式(蛤蟆儿子型)，1929～1931 年。原载《开展》月刊民俗学专号，1931 年第 10、11 期合刊，即《民俗学集镌》1931 年第 1 辑，杭州，景山书局出版，上海，开明书局代销，1931。钟敬文：《钟敬文民间文学论集》(下)，349～350 页，上海，上海文艺出版社，1985。

中国民间故事试探(蛤蟆儿子)。钟敬文：《钟敬文民间文学论集》(下)，218～224 页，上海，上海文艺出版社，1985。

15. 天鹅处女型(1932 年)

中国的天鹅处女型故事——献给西村真次和顾颉刚两先生，1932 年夏。原载《民众教育季刊》第 3 卷第 1 号，1933 年 1 月。钟敬文：《钟敬文民间文学论集》(下)，36～73 页，上海，上海文艺出版社，1985。钟敬文：《钟敬文文集》(民间文艺学卷)，581～619 页，合肥，安徽教育出版社，2002。

16. 植物起源型(1932 年)

中国的植物起源神话，1932 年。原载《民众教育季刊》1933 年第 3 卷第 1 号。钟敬文：《钟敬文民间文学论集》(下)，149～162 页，上海，上海文艺出版社，1985。

17. 老獭稚型(1934 年)

老獭稚型传说的发生地——三个分布于朝鲜、越南及中国的同型传说的发生地域试断，1934 年 8 月 10 日。此文起草于杭州，赴日后曾交日本《民族学研究》创刊号发表。后又转载于《艺风》1934 年第 2 卷第 12 期。钟敬文：《钟敬文民间文学论集》(下)，128～148 页，上海，上海文艺出版社，1985。钟敬文：《钟敬文文集》(民间文艺学卷)，500～521 页，合肥，安徽教育出版社，2002。

18. 槃瓠始祖型(1936 年/ 1990 年)

槃瓠神话的考察，1936 年夏。钟敬文：《钟敬文民间文学论集》(下)，101～127 页，上海，上海文艺出版社，1985。钟敬文：《钟敬文学术论著自选集》，194～222 页，北京，首都师范大学出版社，1994。钟敬文：《民间文艺学及其历史》，济南，山东教育出版社，129～156 页，1998，甲编。钟敬文：《钟敬文文集》(民间文艺学卷)，412～440 页，合肥，安徽教育出版社，2002。

洪水后兄妹再殖人类神话——对这类神话中二三问题的考察，并以之就商于伊藤清司、大林太良两教授，1990 年 4 月 26 日。钟敬文：《钟敬文学术论著自选集》，223～247 页，北京，首都师范大学出版社，1994。钟敬文：《民俗文化学：梗概与兴起》，220～247 页，北京，中华书局，1996。

(二)钟敬文研究三集成资料的著述

钟敬文研究三集成资料的著述，指钟敬文利用三集成资料开展民间文艺学、民俗学和民俗志做专业研究，并为本数据库所使用的代表作。

关于故事记录整理的忠实性问题——写在《民间故事、传说记录、整理参考材料》的前面，1980 年 3 月 17 日。原载《山茶》第 2 期。钟敬文：《钟敬文学术论著自选集》，75～126 页，北京，首都师范大学出版社，1994。钟敬文：《民间文艺学及其历史》，116～124 页，济南，山东教育出版社，1998。钟敬文：《钟敬文文集》(民间文艺学卷)，141～148 页，合肥，安徽教育出版社，2002。

论民族志在古典神话研究上的作用——以《女娲娘娘补天》新资料为例证，1980 年 10 月 22 日。钟敬文：《钟敬文民间文学论集》(上)，148～172 页，上海，上海文艺出版社，1982。钟敬文：《钟敬文学术论著自选集》，556～581 页，北京，首都师范大学出版社，1994。钟敬文：《民间文艺学及其历史》，85～109 页，济南，山东教育出版社，1998。

中国民间文艺学的形成与发展，1984 年。原载《文艺研究》1984 年第 6 期。钟敬文：《新的驿程》，3～16 页，北京，中国民间文艺出版社，1987。钟敬文：《钟敬文学术论著自选集》，50～65 页，北京，首都师范大学出版社，1994。钟敬文：《民间文艺学及其历史》，225～239 页，济南，山东教育出版社，1998。

民俗学与古典文学——答《文史知识》编辑部同志访问的谈话记录。原载《文史知识》，1985 年 10 月。钟敬文：《钟敬文学术论著自选集》，582～595 页，北京，首都师范大学出版社，1994。

民间文学集成的科学性等问题，1986 年。原载《民间文学论坛》1986 年第 3 期，钟敬文：《新的驿程》，219～225 页，北京，中国民间文艺出版社，1986。钟敬文：《中国民间文学讲演集》，278～284 页，北京，北京师范大学出版社，1999。钟敬文：《钟敬文文集》(民间文艺学卷)，149～155 页，合肥，安徽教育出版社，2002。编者附志："本文根据作者在民间文学集成第二次工作会议上的讲话记录整理的"。

大力保护民间文化——1986 年 5 月 26 日在"保护民间文化座谈会"上的发言。原载《中国文化报》，1986 年 7 月 9 日。钟敬文：《话说民间文化》，9～18 页，北京，人民日报出版社，1990。

谈谈民族的下层文化，1986 年 9 月 9 日。原载《群言》1986 第 11 期。钟敬文：《话说民间文化》，1～7 页，北京，人民日报出版社，1990。钟敬文：《民俗文化学：梗概与兴起》，40～46 页，北京，中华书局，1996。在此文标题注："此文曾由《群言》杂志 1986 年第 11 期以《谈谈民族的下层文化》的题目刊载"。在钟敬文：《民俗文化学：梗概与兴起》中，此文标题改为《民族的下层文化》。

关于文化建设问题的一点意见，1986 年。根据 1986 年钟敬文在北京师范大学东西方文化研究中心所召开的关于文化问题座谈会发言记录改写而成。原载《东西方文化研究》1987 年第 1 期。钟敬文：《话说民间文化》，34～38 页，北京，人民日报出版社，1990。

我们要建立怎样的社会主义新文化，1987 年 1 月 4 日。原载《东西方文化研究》1987 年第 2 期。钟敬文：《话说民间文化》，23～33 页，北京，人民日报出版社，1990。

关于输进西方文化问题，1987 年 2 月 6 日。原载《群言》1987 年第 4 期。钟敬文：《话说民间文化》，39～46 页，北京，人民日报出版社，1990。

民族民间文化的收集保存与新文化创造——在全国政协文化组召开的建立民族民间文化博物馆问题座谈会上的发言，1987 年。原载《中国文化报》，1987 年 3 月 11 日。钟敬文：《话说民间文化》，19～22 页，北京，人民日报出版社，1990。

洪水后兄妹再殖人类神话——对这类神话中二三问题的考察，并以之就商于伊藤清司、大林太良两教授，1990 年 4 月 26 日。钟敬文：《钟敬文学术论著自选集》，223～247 页，北京，首都师范大学出版社，1994。钟敬文：《民俗文化学：梗概与兴起》，220～247 页，北京，中华书局，1996。

中日民间故事比较泛说，1991 年 2 月中旬。钟敬文：《钟敬文学术论著自选集》，367～400 页，北京，首都师范大学出版社，1994。钟敬文：《民间文艺学及其历史》，176～208 页，济南，山东教育出版社，1998。

民族民间文艺的巨大作用，据 1991 年 8 月钟敬文在民族民间文艺十套集成志书工作会议上的讲话录音记录稿整理而成，原载文化部《全国艺术科学规划领导小组简报》总 68 期。钟敬文：《民俗文化学：梗概与兴起》，61～67 页，北京，中华书局，1996。钟敬文：《民间文艺学及其历史》，110～115 页，济南，山东教育出版社，1998。

吾侪肩负千秋业——在中国民族民间文艺集成志书出版嘉奖会上的讲话，原作于 1997 年 1 月 25 日。钟敬文：《中国民间文学讲演集》，302～305 页，北京，北京师范大学出版社，1999。

对中国当代民俗学一些问题的意见。原载《民俗》，1997 年 3 月。收入钟敬文主编：《民间文化讲演集》，1～39 页，南宁，广西民族出版社，1998。

我与中国民俗学，1997 年 12 月 28 日。原载张世林编：《学林春秋——著名学者自序集》，21～55 页，北京，中华书局，1998。钟敬文：《建立中国学派》，102～144 页，哈尔滨，黑龙江教育出版社，1999。

(三)钟敬文谈论中国民族民间文艺集成志书的诗词作品

钟敬文谈论中国民族民间文艺集成志书的诗词作品，指钟敬文欣赏、谈论三集成搜集运动，并为本数据库所使用的诗词作品。

兰州吟卷(签订十套《民族传统文艺集、志编纂》合同会上二首)，1986 年 8～9 月。钟敬文：《钟敬文文集》(诗词卷)，307 页，合肥，安徽教育出版社，2002。

成都杂咏(勉红菲)，1986 年 10～11 月。钟敬文：《钟敬文文集》(诗词卷)，320 页，合肥，安徽教育出版社，2002。原诗注：红菲为四川民研会民间文学三套集成办公室人员，刚从川大毕业出来，有志于民艺事业者。

丁卯浙行吟草(赠周巍峙同志)，1987 年 9 月。钟敬文：《钟敬文文集》(诗词卷)，336 页，合肥，安徽教育出版社，2002。

丁卯浙行吟草(赠季沉同志)，1987 年 9 月。钟敬文：《钟敬文文集》(诗词卷)，337 页，合肥，安徽教育出版社，2002。

题 E. S. 哈氏《民间故事的科学》一绝，1987～1988 年。钟敬文：《钟敬文文集》(诗词卷)，354 页，合肥，安徽教育出版社，2002。

住院杂诗(与巍峙同志谈传统文艺集成事后赋赠)，1989 年。钟敬文：《钟敬文文集》(诗词卷)，360 页，合肥，安徽教育出版社，2002。

与巍峙同志谈传统文艺集成事后赋赠，1989 年。钟敬文：《履迹心痕》，北京，中国旅游出版社，2000。杨哲编：《钟敬文生平、思想及著作》，935～936 页，石家庄，河北教育出版社，1991。

大连杂咏(赠故事记录家李明同志)，1989 年。钟敬文：《钟敬文文集》(诗词卷)，372 页，合肥，安徽教育出版社，2002。

五、钟敬文国际交流数据库书目

钟敬文国际交流数据库书目，指在这方面书目数据中，与钟敬文长期从事国际学术交流活动相关的部分，主要包括四方面内容：①20 世纪 20 年代末至 30 年代初，钟敬文与日、韩等东亚学者和艾伯华等西方学者进行早期学术交流的书目数据；②1934～1936 年，钟敬文留日期间的学术交流书目数据；③钟敬文长期指导留学生和接待国际高级访问学者的书目数据；④钟敬文与海外汉学研究中的部分民俗学和民间文艺学成果的对话。在本数据库中，根据这些数据的时空信息分布网络，同时考虑钟敬文工作站的研究目标，主要从两个方面整理和运用这方面的数据：第一，钟敬文在 1949 年前后从事国际学术交流的数据；第二，钟敬文使用三集成资料开展国际学术交流的数据。

(一)钟敬文 1949 年前后为外国民间文化研究著作中译本所撰序言要目

该要目指钟敬文在 1949 年前后，主要是 1949 年以后，为外国民间文学作品集的中译本，或者外国民间文化研究著作的中译本，所撰写的序言，并收入本数据库的论文数据。

《苏联口头文学概论》"序"，1953 年 11 月 27 日。原载连树声：《苏联口头文学概论》，上海，东方书店，1954。钟敬文：《民间文艺谈薮》，62～70 页，长沙，湖南人民出版社，1981。钟敬文：《钟敬文文集》(民间文艺学卷)，第一编，111～118 页，合肥，安徽教育出版社，2002。

《中国民间故事》"英译本序"，1982 年 3 月 20 日。原载《黑龙江民间文学》第 4 集，1982 年 3 月。钟敬文：《新的驿程》，283～290 页，北京，中国民间文艺出版社，1987。钟敬文：《钟敬文文集》(民间文艺学卷)，672～680 页，合肥，安徽教育出版社，2002。

我国学者对苏联民间文学的翻译和介绍，1984 年。原载《苏联文学》，1984 年第 4 期。编者附注："此文原载《苏联文学》1984 年第 4 期，原用标题《回顾与希望——写在〈俄罗斯民间文学专辑〉前面的话》"。钟敬文：《钟敬文文集》（民间文艺学卷），第一编，119～122 页，合肥，安徽教育出版社，2002。在此文集中对该标题略有改动。

《民俗学译文集》"序"，1985 年。钟敬文：《钟敬文学术论著自选集》，596～605 页，北京，首都师范大学出版社，1994，民间文艺学编。

民俗文化论著译丛缘起，1988 年 6 月 8 日。钟敬文：《民俗文化学：梗概与兴起》，80～81 页，北京，中华书局，1996。

谈谈民俗学的理论引进工作，2001 年 7 月。原载《清华大学学报》2003 年第 1 期。[美]阿尔伯特·贝茨·洛德（Albert Bates Lord）：《故事的歌手》"总序"，1～10 页，尹虎彬译，北京，中华书局，2004。

（二）钟敬文在三集成搜集编纂中为国际学者研究中国民间文化著作的中译本所撰序言要目

该要目指钟敬文在中国民间文学三集成搜集编纂过程中，利用三集成成果，为国际学者的相关著作撰写序言，或者钟敬文向国际学者推介三集成成果的论文数据。

丁乃通《中国民间故事类型索引》"中译本序"，1985 年 6 月 26 日。[美]丁乃通（Nai-tung Ting）：《中国民间故事类型索引》，郑建成、李琼、尚孟可、白丁译，（钟敬文）"序"，1～7 页，北京，中国民间文艺出版社，1986。原载《民间文学论坛》1986 年第 1 期。在钟敬文《钟敬文学术论著自选集》中此题目改为《中国民间故事类型索引》"序"，钟敬文：《钟敬文学术论著自选集》，401～408 页，北京，首都师范大学出版社，1994，民间文艺学编。钟敬文：《钟敬文文集》（民间文艺学卷），870～876 页，合肥，安徽教育出版社，2002。

李福清《中国神话故事论集》"中译本序"，1987 年 12 月上旬。原载《民间文学论坛》，1988 年第 3 期。在钟敬文《话说民间文化》中标题改为《序李福清博士〈中国神话故事论集〉》。钟敬文：《话说民间文化》，84～101 页，北京，人民日报出版社，1990。钟敬文：《钟敬文文集》（民间文艺学卷），847～860页，合肥，安徽教育出版社，2002。

在欢迎民俗学家 A. 邓迪斯教授会上的致辞，1990 年 5 月 22 日。钟敬文：《钟敬文文集》（民俗学卷），662～665 页，合肥，安徽教育出版社，2002。作者文末注："一九九〇年五月二十二日于北京师大"。

丰收与期望——在中日民俗比较研究学术讨论会闭幕式上的讲话，1991年3月26日。钟敬文：《钟敬文文集》（民俗学卷），660～661页，合肥，安徽教育出版社，2002。作者文末注："一九九一年三月二十六日于北大勺园"。

洪长泰《到民间去——1918～1937年的中国知识分子与民间文学运动》"中译本序"，1992年。［美］洪长泰（Chang-tai Hung）：《到民间去——1918～1937年的中国知识分子与民间文学运动》，董晓萍译，"中译本序"，1～16页，上海，上海文艺出版社，1993。钟敬文：《钟敬文文集》（民间文艺学卷），877～889页，合肥，安徽教育出版社，2002。

欧达伟《中国民众思想史论——20世纪初期～1949年华北地区的民间文献及其思想观念研究》"中译本序"，1995年6月18日。［美］欧达伟（K. David Arkush）：《中国民众思想史论——20世纪初期～1949年华北地区的民间文献及其思想观念研究》，董晓萍译，（钟敬文）"中译本序"，1～8页，北京，中央民族大学出版社，1995。在钟敬文《民俗文化学：梗概与兴起》中，此文标题改为《中国民众思想史研究的新收获》。钟敬文：《民俗文化学：梗概与兴起》，70～79页，北京，中华书局，1996。钟敬文：《钟敬文全集》（民俗学卷），连树声编，386～393页，合肥，安徽教育出版社，1999。

对民间故事探究的一些认识和意见——在亚细亚民间说话学会理事会上的讲话，1995年8月24日。钟敬文：《钟敬文文集》（民间文艺学卷），842～846页，合肥，安徽教育出版社，2002。

一位外国学者对中国民俗学的贡献——詹姆森教授《中国民间传承三讲》"中译本序"，1995年7月27日。［美］R. D. 詹姆斯（Raymond D. Jameson）《一个外国人眼中的中国民俗》，田小杭、阎苹译，（钟敬文）"序言"，1～15页，上海，上海文艺出版社，1995。作者文末注："一九九五年七月二十七日序于北京八大处，时年九二"。钟敬文：《钟敬文文集》（民俗学卷），431～441页，合肥，安徽教育出版社，2002。

中国民间文化研究的珍贵成果——伊藤教授《中国古代文化与日本——伊藤清司学术论文自选集》"中译本序"，1996年11月17日。［日］伊藤清司《中国古代文化与日本——伊藤清司学术论文自选集》，张正军译，（钟敬文）"序"，1～11页，昆明，云南大学出版社，1997。作者文末注："一九九六年十一月十七日于北京，时年九三"。钟敬文：《钟敬文文集》（民俗学卷），450～460页，合肥，安徽教育出版社，2002。

艾伯华《中国民间故事类型》"中译本序"，1998年3月。［德］艾伯华（Wolfram Eberhard）：《中国民间故事类型》，王燕生、周祖生译，刘魁立审校，"中译本序"，1～9 页，北京，商务印书馆，1999。钟敬文：《钟敬文文集》（民间文艺学卷），861～869 页，合肥，安徽教育出版社，2002。

六、钟敬文研究数据库

钟敬文研究数据库，在数据采集上，有三种信息：一是指国际学者研究钟敬文生平学说的书目数据，二是指国内学者研究钟敬文人生和学术文化成就的书目数据；三是指钟敬文培养的中青年弟子的后续衍生项目数据。在本数据库中，为促进将三种数据做比较研究，在初步采集纸介数据后，将其按著作和论文两种形式，做重新编排。这样，读者和用户可以按三种数据的原著分类进行查询和研究，也可以从著作或论文的查询进入，索取所需要数据。

（一）钟敬文生平、思想和著作研究著述

指本数据库收入的，迄今为止所出版的，国际国内学者、包括中青年学者，研究钟敬文生平和学术文化思想的著作结集数据。

钟敬文思想、生平、著作，杨哲编，石家庄，河北教育出版社，1991。

中国民俗学之父——钟敬文生涯、学艺自记与学界评述，杨哲编，合肥，安徽教育出版社，2004。

人民的学者钟敬文，北京师范大学中文系编，北京，学苑出版社，2003。

（二）钟敬文生平、思想、学说研究论文

指本数据库收入的，迄今为止所出版或发表的，国际国内学者、包括中青年学者，研究钟敬文生平和学术文化思想的论文数据。例如：顾颉刚《两广地方传说》"序"，1928 年 8 月 31 日。原载《文学周报》1928 年第 33 期。杨哲编：《钟敬文生平、思想及著作》，754～755 页，河北教育出版社，1991。

后　记

当民俗学上了银河鹊桥

在本书交卷之前，我想从个人的角度，谈谈把先师钟敬文教授生平成就研究成果数字化的初衷。我给先师当学术助手多年，在他身后，应该说说为什么这么做，也算是呈交给先师的一份学习汇报吧。

数字化，在20世纪过来人的心目中，最初还只是"计算机"。但人类靠了计算机，才登上了航天器，飞向遥远的银河探秘。中国第一台大型快速运行计算机也叫"银河"，它代表了中国科学家的梦想，也显示了自然科学的强大技术进步。更早的时候，至少在2 500年前，中国就有了歌颂银河的诗歌，发明了牛郎织女跨银河、渡鹊桥的故事，还创造了纪念银河的七夕节。银河民俗早已把科学家的梦想编织得美丽动人，而民俗学家正是研究这种美丽文化的一群人。

数字化，在21世纪人的眼中，又叫"网络"。网络本来是计算机的一种运行技术，但现在网络已成为人类获取知识的绿色通道，据说从二三岁的儿童到八九十岁的老人都会上网，没有网络的世界已匪夷所思。网络还能结成社会关系，组织文化交流，承包以往千万年修来的规矩中的不少事情，如遵守熟人民俗等。现在网络靠着虚拟一把，照样能把旧事新办，还能节约不少人际成本。网络与人文研究深度结合，还能使民族民俗传统广为传播，远比牛郎织女时代的鹊桥口传更有世界影响和后世影响，所以我们不能不重视网络。

随着现代高科技的延伸发展，现代民俗学者已可以通过数字化登上"银河鹊桥"。数字网络的金丝银线，把中国的民俗告诉世界，也让世界把民俗告诉中国，这是沧海桑田的巨变。把此书放在本丛书的最前面，正是要郑重纪念钟敬文先生等学术前辈的历史奠基之功。

说一件我和钟先生之间发生的关于计算机的小事。1992年的一天，我刚学会用计算机，不久技痒，给钟老打了一张小纸条送去，上面写着我当天完成的芝麻绿豆事情。他一眼就看出我是没事找事，问："说说就行了的事，还用计算机打印，花这么多时间？"我们双方一笑了事，但此事我至今没忘。他是要求我节省时间最严厉的人，还曾从四川带回一个"惜时如金"的条幅送我。他常告诫我学问如树，只有去掉枝蔓，才能树干结实，树大叶茂。我从这件事中悟到，学习计算机新技术，是要做旧方法做不到的事，不然新不如旧。旧法因为顺手，反而熟能生巧，也有创新的机会。后来我就用这件事时常惕励自己，要明确探寻新方法的原则和目标。因此，我多年来坚持用数字化解决民俗学界解决不了的问题，而不是拿它来当"盆景"。

不用说，数字化之于民俗学，好比盖房使用的梯子。借一句欧洲大数学家欧拉(Leonard Euler)的话说："再笨的建筑师也会盖完房子后把梯子收起来"，民俗学者也如此，我们要的是房子，不是梯子，所以本书没有写复杂的计算公式，实际上民俗学数字化也未必需要尖端的计算机技术。我们所要讲清楚的，是民俗学与数字化结合的理念和最佳交手处，这正像没有去夸耀梯子。

2006 年，钟敬文工作站建成。2007 年，我受命到美国某大学孔子学院任职，不久，在写给本校化学院一位赴美学者的信中，我戏言："你为化学工作，我为孔子工作"。这次我的一次特殊机会是在美国这个提出"数字地球"概念的信息大国，能以世界上最快的上网速度，查询世界多元文化信息，写中国民俗数字化的书，这时真有抬头看飞机的感觉，也有从飞机上找万里长城的感慨。数字化，能让人们去看天大的世界，也能让人们从海量信息中准确地找到某个最小地点。人为什么要找某个最小地点呢？因为那个最小地点可能叫"祖国"，她跟你三生有情。这种"遥看"和"遥感"的心理活动，还促使我强烈地反思先师的民俗学，也容易看到民俗学的一些基本问题。在进门的时候，这些基本问题就摆在学问的门口；在百战归来之际，它们还摆在学问的门口。现在我明白，把门口的问题说懂了，有时也需要创新。

回到钟敬文工作站上说，我还有以下几点体会。

交叉。伟业大都是在交叉地带出现。钟敬文先生开创民俗学及其多个分支学科，都是不同学问交叉成功的结果。数字化，是迄今人类最复杂的信息交叉工程，值得民俗学去交叉。交叉得好，还能壮大民俗学的实力。

兼容。人类是在与自然和社会兼容中生存的。民俗学以研究多地区、多民族文化兼容学说见长，但过去都是研究本土内部兼容文化，现在还要作跨文化的兼容研究。钟先生治民俗学的理想，是要建设民族文化主体性与现代世界民俗权利兼容的知识体系，民俗学与数字化联手，可以帮助后学承担这一使命。当然，数字化科学是一种兼容，民俗学是另一种兼容，人文现象的兼容研究还可能更复杂，但这并不妨碍把人家的好处学到手，而这个资源别处没有。

技术。现代世界多元文化交流需要高明的技术。民俗学原来擅长在原生态文化中作交流研究，现在遇到跨文化交流的世界，还要发展新技术。数字化是目前世界上公认的共享技术，看准了再用，能帮着民俗学长本事。

境界。很多前无古人的科学探索都是要在超越个人的境界中完成的，探索的过程有时竟是炼狱。钟先生和他的同时代许多学术大师都无悔无怨地走完了这个历程，他们的身教对后学来说也是无价之宝。

感谢北京师范大学各级领导对钟敬文工作站建设的支持！京剧《龙江颂》有一句台词说："一滴水也能救活一棵秧苗"。在钟敬文先生身后，我们所得到的却不止是救苗之水。在建设高校国家重点学科的大学整体战略中，钟敬文工作站等系列民俗学数字化项目得以完成，得到的是它们最需要的大学领导决策，以及大学资源整合的创新平台。

感谢教育部国家重点人文社科基地北京师范大学民俗典籍文字研究中心主任王宁教授对我的启导。在钟敬文工作站启动之前，她帮我论证；在钟敬文工作站启动之后，她给我以优待；在钟敬文工作站建成之后，她目送我们师生团队走上讲坛。她所创新发展的汉字形体学数字化工程一直是我们数字化的镜子。在此书付梓之际，我应该和我的全体团队师生向王宁教授致谢！

在钟敬文工作站中提到的国际知名学者欧达伟（R. David Arkush）、洪长泰（Chang-tai Hung）、贺大卫（David Holm）和伊藤清司等，都是先师的生前友好。这次在钟敬文工作站中，记录了他们在先师身后继续关注北京师范大学民俗学学科点的新历史。国内几位亦师亦友的学者，始终怀着对钟先生等老一代宗师的崇高敬意，在学科建设上相互支持。他们其实都是各自学科领域的带头人，每每得到他们来自本学科前沿的几条批评，都能给我壮胆。这种赐予，除了学术友谊，是用其他任何东西都换不来的，感谢李强、王邦维、马西沙、晁福林、王一川、王静爱和李松诸位。

钟敬文工作站的研究生团队成员，大都是 80 后，因考入钟先生名下的重点学科而随我念书，进入了这个工程。在书末的"致谢"页上，已有他们每个人的名字。他们以自己的热情努力，成为业内最年轻的钟敬文学术文化遗产的传承者，如果说钟敬文工作站是开放的，那么未来的"北门之管"正是他们。

北京师范大学出版社以对先师的"知根知底"，肯于帮助民俗学国家重点学科推广教学科研成果。此书也因此被敲定"出版"，并将交付社会使用和检验。特向北京师范大学出版社致谢，感谢赵月华女士，特别感谢责编毛佳女士为本书付出的长达一年的大量劳动。

董晓萍

于美国俄克拉荷马大学

Kraettli，318Apt.

2008 年 6 月 20 日

致谢与作者简介

一、郑重致谢

数字钟敬文工作站的工作平台是北京师范大学数字民俗学实验室，其建设得到北京师范大学校领导和科技处、社科处、信息网络中心、文学院和民俗典籍文字研究中心的大力支持，谨此衷心致谢！

感谢先师钟敬文教授，他所奠基和发展的中国民俗学和民间文艺学是本书的理论基础。

感谢北京师范大学校长钟秉林教授，他对北京师范大学民俗学国家重点学科的学术继承与创新发展给予了充分肯定。

感谢北京师范大学副校长史培军教授，他对创建北京师范大学数字民俗学实验室和开展文理科交叉研究给予了很多支持。

感谢北京师范大学民俗典籍文字研究中心主任王宁教授，她在 2001 年提出建立"钟敬文工作站"的实体机构计划，并始终鼓励北京师范大学民俗学学科点发展数字化项目。

感谢文化部民族民间文艺发展中心李松主任、张刚副主任。

感谢北京师范大学区域地理研究实验室主任王静爱教授。

感谢北京师范大学民俗学国家重点学科的全体在职教师、兼职教授和海外客座教授。

感谢本项目数据采集组成员，名单如下：

钟敬文著述数据采集组：鞠熙、蔡锦碧、韩冰、王宇琛

数字名师地图数据采集组：吕红峰、连莉、蔡锦碧、赵娜

中国民族民间文艺集成音视频数据采集组：杨晓南、李明、蔡锦碧、吕红峰

外景视频数据采集组：周锦章、李叶

电视片制作：郝瑛

数字名师地图样稿编绘组：吕红峰、赖彦斌、陈思

演示版软件合成组：宋继华、赖彦斌

二、作者简介

董晓萍，北京师范大学文学院教授、文学博士，原钟敬文教授学术助手，北京师范大学数字民俗学实验室主任，数字钟敬文工作站项目主持人，在本书中承担书稿全文的撰写工作。

赖彦斌，北京师范大学文学院网络工程师，理学学士、理学硕士、法学博士，北京师范大学数字民俗学实验室主要成员，在本书中承担"数字名师地图"的编绘和核校工作。

吕红峰，北京师范大学数字民俗学实验室主要成员，理学学士、理学硕士、北京师范大学文学院民俗学专业博士研究生，在本书中承担"数字名师地图"的地名数据采集、数据库制作和数字地图编绘工作。

马磊，北京师范大学外文学院副教授，加拿大圣玛丽大学教育学硕士、北京师范大学民俗学专业在职博士研究生，在本书中承担"钟敬文工作站英文版数字辞典"的英文翻译工作。

鞠熙，北京师范大学数字民俗学实验室主要成员，法学博士，北京师范大学艺术与传媒学院博士后，在本书中承担"钟敬文工作站数字辞典"数据库的制作工作。

数字名师地图

SHUZI MINGSHI DITU

生平传记组图

第一单元

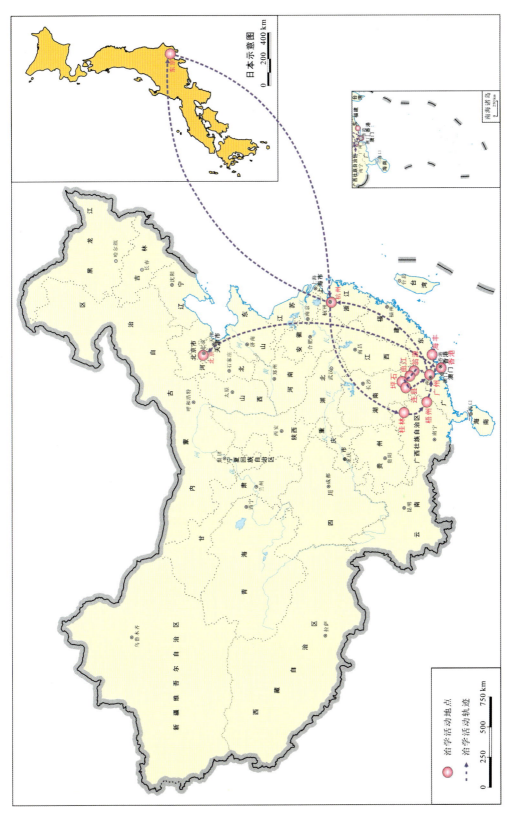

图1 钟敬文学术传记数字地图（1923～2002年）

表 1　钟敬文学术传记数字地图（1923～2002 年）基本信息表

类　别	名　　　称	数量
底图来源	国家基础地理信息信息系统《2000 年中国行政区划数字地图》。参考范毅、周敏主编：《世界地图集》、《中华人民共和国（1：1 500 万）》、《日本示意图数字地图（1：400 万）》；北京师范大学数字民俗学实验室编制页。北京·中国地图出版社，2004。	2
对应数据库	钟敬文学术传记数据库	1
主图使用数据	钟敬文治学活动时间、地点和相关民俗学时空属性数据	31
治学活动地点	海丰、广州、翁源、连县、曲江、坪石、桂林、梧州、香港、北京、杭州、（日）东京	12
链接数据库	钟敬文著述数据库、钟敬文照片数据库、钟敬文录像数据库、钟敬文录音数据库	4
本图组合套图	图 1.1　钟敬文学术传记数字地图动画区释例图（1923～2002 年） 图 1.2　钟敬文学术传记数字地图数据库释例图（1923～2002 年）	2
照片来源	①《建立中国民俗学派》封面。钟敬文：《建立中国民俗学派》。哈尔滨·黑龙江教育出版社，1999。②钟敬文教授(1999 年)。王国祥摄。③青年钟敬文在杭州寓所（20 世纪 30 年代）。④钟敬文在日本早稻田大学留学（1934～1936 年）。山曼：《钟敬文生平、思想及著作》，插图。石家庄·河北教育出版社，1991。⑤国务院学位委员会中国语言文学组评审委员会成员（右一为钟敬文，1981 年）。杨哲编：《钟敬文生平、思想及著作》，插图。石家庄·河北教育出版社，1991。	5

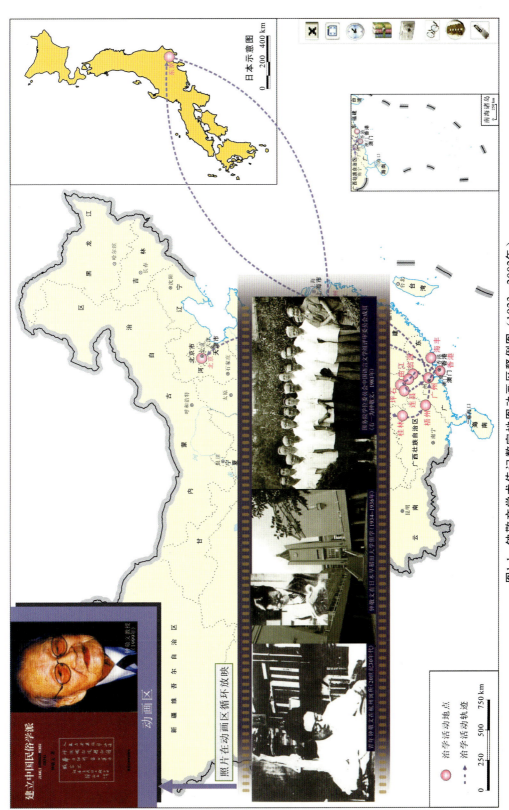

图1.1 钟敬文学术传记数字地图动画区释例图（1923～2002年）

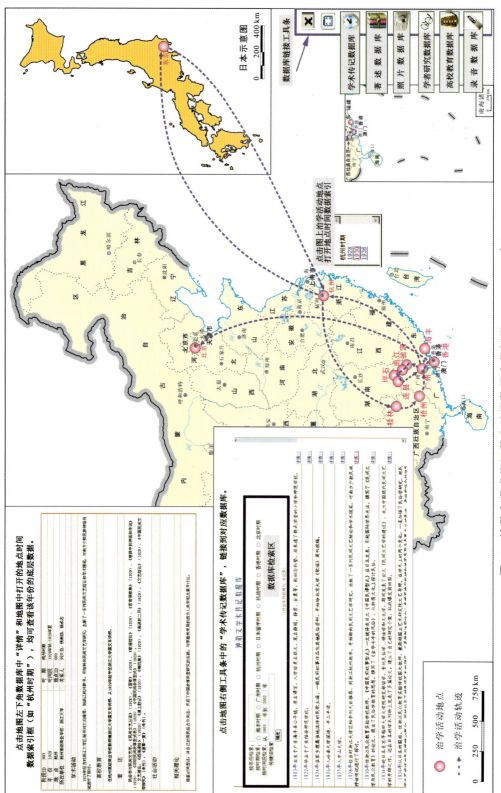

图1.2 钟敬文学术传记数字地图数据库释例图（1923~2002年）

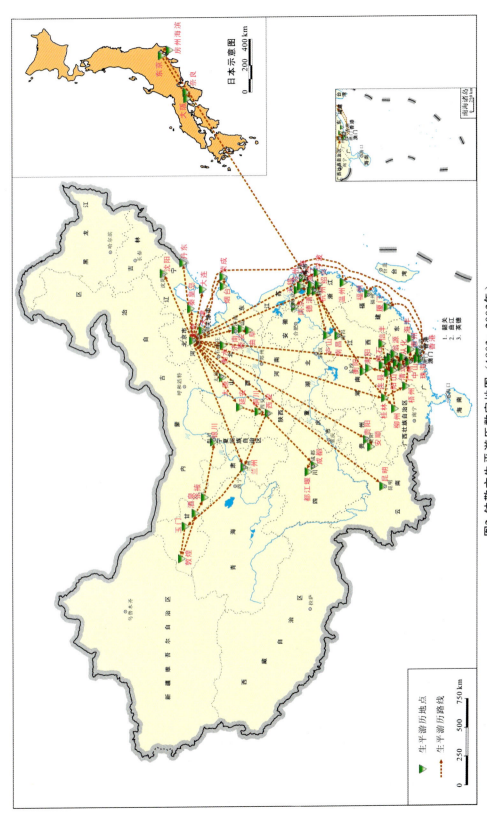

图2 钟敬文生平游历数字地图（1903～2002年）

表 2　钟敬文生平游历数字地图(1903～2002 年)基本信息表

类　别	名　称	数量
底图来源	国家基础地理信息系统《2000 年中国行政区划数字地图 1：400 万》；北京师范大学数字民俗学实验室编制《日本示意图数字地图》. 参考范昱毅、周敏主编：《世界地图集》.《中华人民共和国(1：1 500 万)》，38～39 页. 北京：中国地图出版社，2004。	2
对应数据库	钟敬文生平游历数据库	1
本图使用数据	钟敬文生平游历时间、地点和相关民俗学时空属性数据	115
生平游历(含)文化考察和社会考察地点	广州、翁源、连县、阳山、英德、清远、韶关、坪石、惠州、中山、香港、珠海、杭州、温州、海宁、德清、绍兴、宁波、曲江、福州、上海、苏州、无锡、南京、庐山、信丰、衡阳、末阳、桂林、梧州、柳州、北京、天津、延安、西安、铜川、玉门、敦煌、酒泉、张掖、银川、衡水、秦皇岛、太原、昆明、莱成、济南、烟台、曲阜、泰安、沈阳、丹东、大连、成都、都江堰、贵阳、安顺、(日)大阪、东京、(日)房州海滨、(日)奈良.	65
链接数据库	钟敬文著述数据库、钟敬文照片数据库	2
本图组合套图	图 2.1　钟敬文生平游历数字地图动画区释例图(1903～2002 年) 图 2.2　钟敬文生平游历数字地图数据库释例图(1903～2002 年) 图 2.3　钟敬文生平游历数字地图后台资源研究释例图(1903～2002 年)	3
本图释例图表	钟敬文生平游历主要地点与代表作一览表	1
照片来源	①钟敬文与夫人陈秋帆在杭州合影(20 世纪 30 年代). 山曼：《驿路万里钟敬文》. 插图. 济南、山东画报出版社，1994。②钟敬文在成都少陵草堂(1986 年). 钟敬文：《兰窗诗论集》. 插图. 北京、北京师范大学出版社，1993。③钟敬文与岳父、夫人、子女在北京寓所(20 世纪 50 年代初). 山曼：《驿路万里钟敬文》. 插图. 济南、山东画报出版社，1994。④钟敬文与柳亚子在香港(1948 年). 钟敬文：《钟敬文文学论集》(下). 插图. 上海、上海文艺出版社，1985。⑤钟敬文与夫人陈秋帆在日本房州海滨(1934 年). 杨哲编：《钟敬文生平、思想及著作》. 插图. 石家庄、河北教育出版社，1991。⑥钟敬文与同事在杭州(1929 年). 《钟敬文同文学论集》. 插图. 济南、山东画报出版社，1994。	6

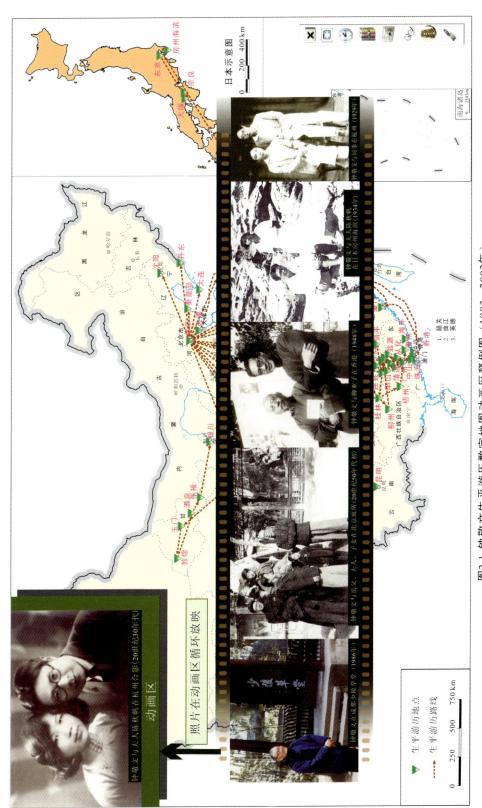

图2.1 钟敬文生平游历数字游历数字地图动画区释例图（1903～2002年）

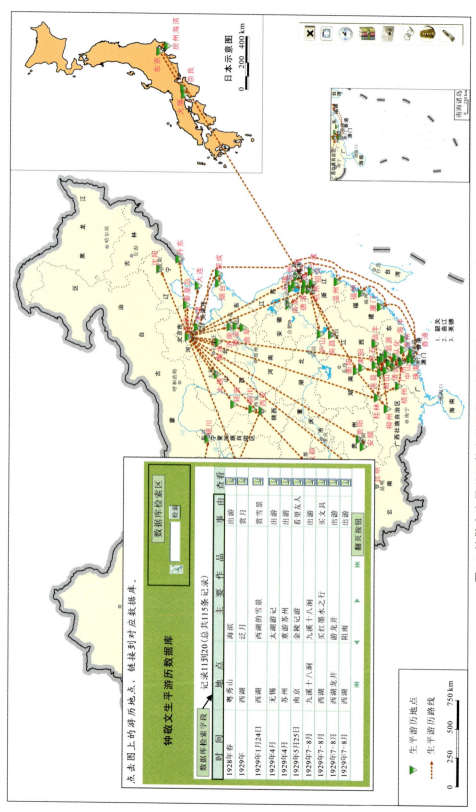

图2.2 钟敬文生平游历数字地图数据库释例图（1903～2002年）

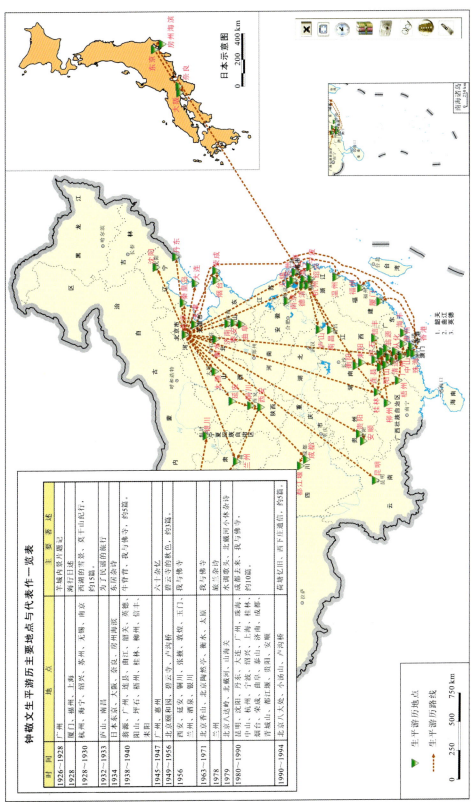

钟敬文生平游历主要地点与代表作一览表

时　间	地　　点	主　要　著　述
1926～1928	广州	羊城内凝片断记
1928	厦门、福州、上海	海行日志
1928～1930	杭州、海宁、绍兴、苏州、无锡、南京	西湖的雪景、荬平山纪行，约15篇。
1932～1933	庐山、南昌	为了民谣的旅行
1934	日本东京、大阪、奈良、房州海滨	东居杂诗
1938～1940	翁源、广州、连县、曲江、留头、英德、阳山、坪石、稻坪、桂林、柳州、信丰、来阳	牛脊背、我与佛等，约5篇。
1945～1947	广州、惠州	六十杂忆
1949～1956	北京颐和园、碧云寺、卢沟桥	碧云寺的秋色，约3篇。
1956	西安、延安、酒泉、张掖、敦煌、玉门、兰州、酒泉、银川	我与佛寺
1963～1971	北京香山、北京陶然亭、衡水、太原	我与佛寺
1978	兰州	旅兰杂诗
1979	北京八达岭、北戴河、山海关	水调歌头、北戴河小朵杂诗
1980～1990	昆明、沈阳、丹东、大连、珠海、广州、中山、宁波、绍兴、上海、桂林、烟台、荣成、泰山、济南、成都、青城山、都江堰、贵阳、安顺	成都寻王来、我与佛寺，约10篇。
1990～1994	北京八大处、小汤山、卢沟桥	荷塘忆旧、西下庄通信，约5篇。

生平游历地点
生平游历路线

0　250　500　750 km

图2.3　钟敬文游历数字地图后台资源研究释例图（1903～2002年）

第二单元　学术著述组图

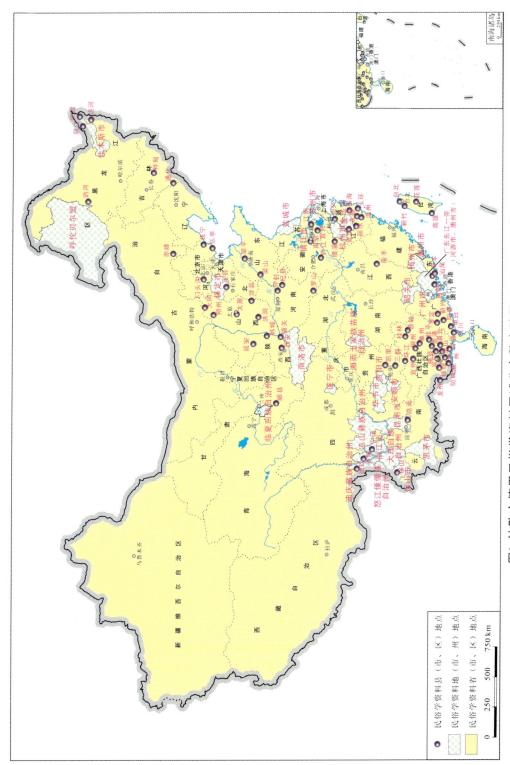

图3　钟敬文使用民俗学资料区域分布数字地图（1922～2002年）

表 3 钟敬文使用民俗学资料区域分布数字地图（1922～2002 年）基本信息表

类　别	名　　称	数量
底图来源	国家基础地理信息系统《2000 年中国行政区划数字地图（1：400 万）》	1
对应数据库	钟敬文使用民俗资料数据库、钟敬文学说研究数据库	2
本图使用数据	钟敬文论文题目和著作书名、民俗学代表作出版地、引用民俗学资料篇名和出版地，民俗资料的搜集地点和传承区域，相关民俗学时空属性数据	70
主要民俗资料地点	广东、广东东江一带（河源市）、惠州市）、梅州市、海丰、潮州市、吴川、电白、罗定、阳春、新兴、汕尾、惠阳、韶关市、广州市、广西、象州、环江、合浦、钦州、贵港、桂林、灵山、浦北、恭城、扶绥、防城港、宜州、龙州、桂平、邕宁、横县、云南、路南、德南、宁蒗、保山、中甸、昆明市、丽江市、迪庆藏族自治州、大理白族自治州、怒江傈僳族自治州、贵州、思茅市、凯里、三都、南丰、安顺市、贵阳市、四川、遂宁市、凉山彝族自治州、湖南、湘西土家族苗族自治州、江西、浙江、丽水、永嘉、玉环、金华市、杭州市、绍兴、临海、温州、台湾、江苏、南京、宜兴、盐城市、镇江市、安徽、绩溪、庐江、山东、梁山、邹平、河南、杞县、开封、苏州市、乐亭、涉县、定县、保定市、北京、门头沟、山西、大同、太原、朔县、洪洞、陕西、罗山、河北、潼关、延安、商洛市、内蒙古、赤峰、呼伦贝尔盟、甘肃、临夏回族自治州、岷县、黑龙江、饶河、讷河、抚远、西安、佳木斯市、吉林、桦甸、通化、天津、辽宁、上海、福建、湖北、海南、青海、宁夏、重庆、西藏、新疆。	128
链接数据库	钟敬文著述数据库（民俗学数据库）、钟敬文照片数据库、钟敬文录像数据库、《文化部民族民间文艺发展中心》中国节日志数据库和中国民族民俗基础资源数据库	5

类　别	名　　　称	数量
本图组合套图	图3.1 钟敬文使用民俗学资料区域分布数字地图动画区释例图(1922~2002年) 图3.2 钟敬文使用民俗学资料区域分布数字地图GIS工具条释例图(1922~2002年) 图3.3 钟敬文使用民俗学资料区域分布数字地图代表作时空数据集释例图(1927~1999年) 图3.4 钟敬文使用民俗学资料区域分布数字地图故事类型时空数据集释例图(1925~1991年)	4
本图释例图表	钟敬文使用民俗学资料一览表 钟敬文民俗学代表作时空数据一览表 钟敬文研究故事类型名称与时间分布表	3
照片来源	①钟敬文在贵阳与《苗族古歌》编者田兵等合影(1987年)，伍宇萱摄。②钟敬文在天津与花会艺人合影(1987年)，天津民俗学会考察(1987年)，天津民俗学会同仁摄。③钟敬文在天津作民俗学考察(1987年)。④钟敬文在首届中国民间艺术节上与部分民间表演艺术家在一起(1989年)。山曼：《驿路万里钟敬文》，插图，济南，山东画报出版社，1994。⑤钟敬文与民间文艺工作者在一起(1980年)。杨哲编：《钟敬文生平、思想及著作》，插图，石家庄，河北教育出版社，1991。	5

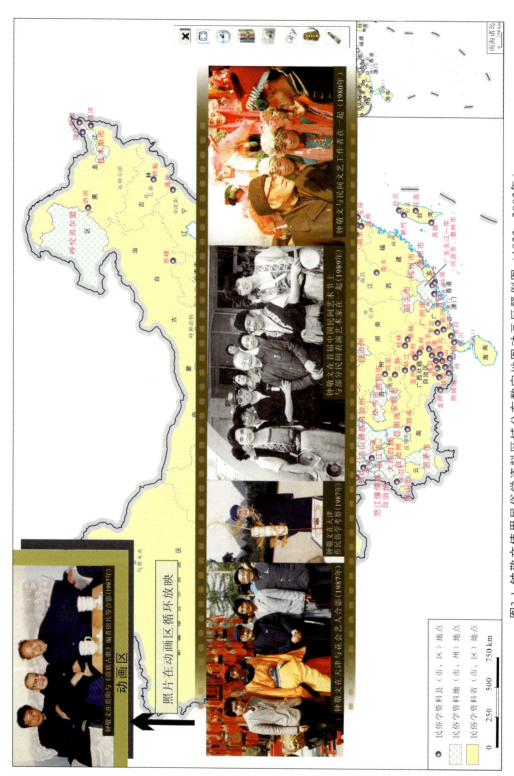

图3.1 钟敬文使用民俗学资料区域分布数字地图动画区释例图（1922～2002年）

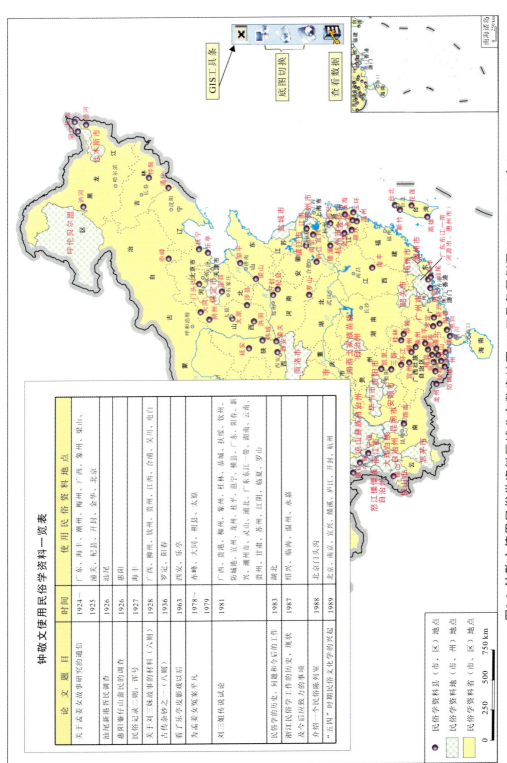

钟敬文使用民俗学资料一览表

论 文 题 目	时间	使 用 民 俗 资 料 地 点
关于孟姜女故事研究的通信	1924~	广东、海丰、潮州、梅州、广西、象州、梁山、
	1925	汕尾、杞县、开封、金华、北京
汕尾新港疍民调查	1926	汕尾
惠阳象仔山畲民的调查	1926	惠阳
民俗记录三则：符号	1927	海丰
关于刘三妹故事的材料（六则）	1928	广西、柳州、钦州、江西、合浦、吴川、电白
古佛杂钞之一（八则）	1936	罗定、阳春
看丁乐亭皮影戏以后	1963	西安、乐亭
为孟姜女纂案平凡	1978~	赤峰、大同、明县、太原
	1979	
刘三组传说试论	1981	广西、贵港、柳州、象州、桂林、恭城、扶绥、钦州、
		防城港、宜州、龙州、桂平、广东、阳春、新、
		兴、潮州市、灵山、湖北、广东东江一带、湖南、云南、
		贵州、甘肃、苏州、江阴、临夏、罗宁
民俗学的历史、问题和今后的工作	1983	湖北
浙江民俗学工作的历史、现状	1987	绍兴、临海、温州、永嘉
及今后应致力的事项		
介绍一个民俗陈列室	1988	北京门头沟
"五四"时期民俗文化学的兴起	1989	北京、南京、宜兴、镇溪、庐江、开封、杭州

● 民俗学资料县（市、区）地点
▨ 民俗学资料地（市、区、州）地点
▨ 民俗学资料省（市、区）地点

0 250 500 750 km

图3.2 钟敬文使用民俗学资料区域分布数字地图GIS工具条释例图（1922~2002年）

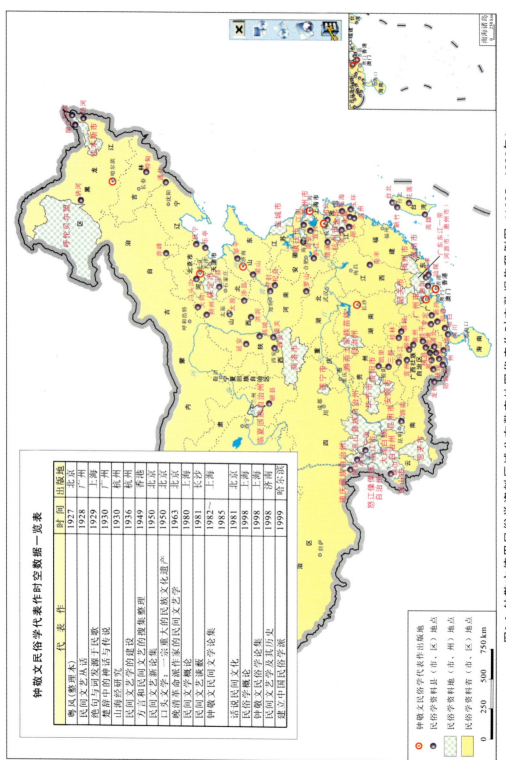

钟敬文民俗学代表作时空数据一览表

代表作	时间	出版地
粤风（整理本）	1927	北京
民间文艺丛话	1928	广州
绝句发源于民歌	1929	上海
楚辞中的神话与传说	1930	广州
山海经研究	1930	杭州
民间文艺学的建设	1936	香港
方言和民间文艺的搜集整理	1949	北京
民间文艺新论集	1950	北京
口头文学：一宗重大的民族文化遗产	1950	北京
晚清革命作家的民间文艺学	1963	上海
民间文学概论	1980	长沙
钟敬文民间文学论集	1981	上海
话说民间文化	1982~	北京
	1985	
民俗学概论	1981	上海
钟敬文民俗学论集	1998	上海
民间文艺学及其历史	1998	济南
建立中国民俗学派	1999	哈尔滨

图3.3 钟敬文使用民俗学资料区域分布数字地图代表作时空数据集释例图（1927～1999年）

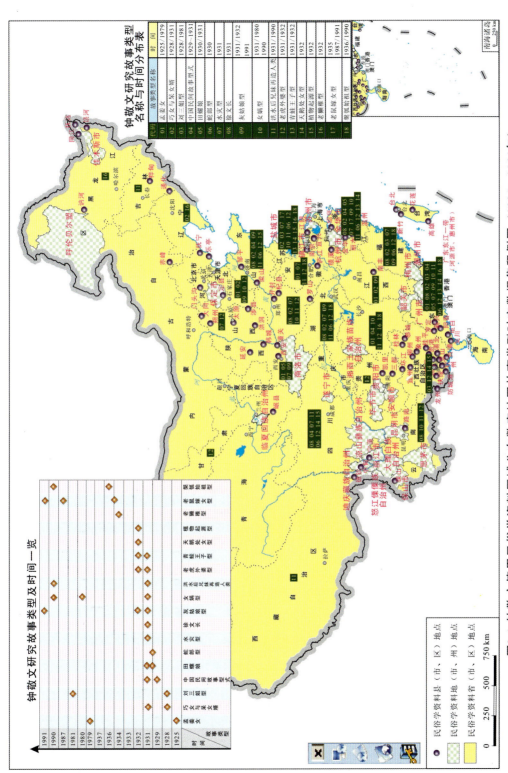

钟敬文研究故事类型名称与时间分布表

代码	故事类型名称	时间
01	孟姜女	1925/1979
02	巧女与呆女婿	1928/1931
03	刘三姐型	1928/1981
04	中国民间故事型式	1929~1931
05	田螺娘	1930/1931
06	蛇郎型	1930
07	水灾型	1931
08	徐文长	1931
09	灰姑娘型	1931/1932
10	女娲型	1931/1980 1991
11	洪水后兄妹再造人类	1931/1990
12	老虎外婆型	1931/1932
13	青蛙王子型	1931/1932
14	天鹅处女型	1932
15	植物起源型	1932
16	老獭稚型	1932
17	老鼠嫁女型	1935 1987/1991
18	螫筑始祖型	1936/1990

钟敬文研究故事类型及时间一览

故事类型 时间	孟姜女	巧女与呆女婿	刘三姐型	中国民间故事型式	田螺娘娘型	蛇郎型	水灾型	徐文长型	灰姑娘型	女娲型	洪水后兄妹再造人类	老虎外婆型	青蛙王子型	天鹅处女型	植物起源型	老獭稚型	老鼠嫁女型	螫筑始祖型
1991			◆							◆	◆						◆	◆
1990										◆	◆							◆
1987																	◆	
1981			◆															
1980									◆								
1979	◆																	
1937																		
1936																		◆
1935																	◆	
1934																		
1933																		
1932						◆						◆	◆	◆	◆	◆		
1931		◆		◆	◆	◆	◆	◆	◆	◆	◆	◆	◆					
1930				◆	◆	◆												
1929				◆														
1928		◆	◆															
1925	◆																	

图例

- 民俗学资料县（市、区）地点
- 民俗学资料地（市、州）地点
- 民俗学资料省（市、区）地点

0 250 500 750 km

图3.4 钟敬文使用民俗学资料区域分布数字地图故事类型时空数据集释例图（1925~1991年）

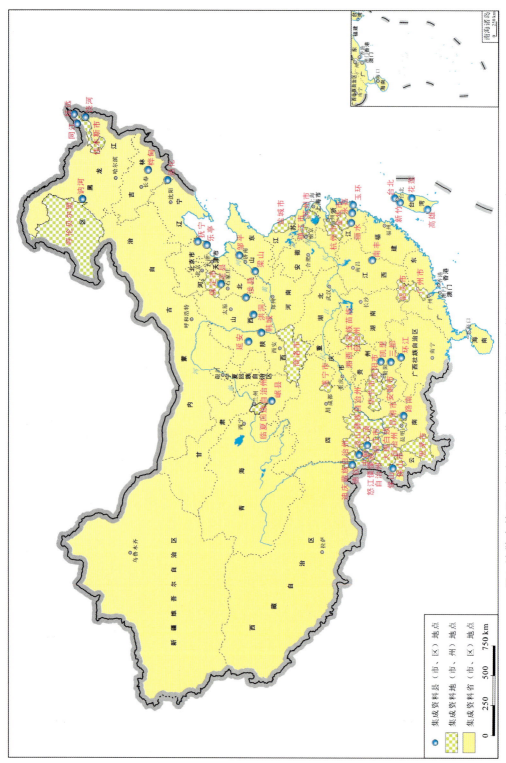

图4 钟敬文使用民间文学三集成资料区域分布数字地图（1980～1999年）

表 4 钟敬文使用民间文学三集成资料区域分布数字地图（1980～1999 年）基本信息表

类　别	名　称	数量
底图来源	国家基础地理信息系统《2000 年中国行政区划数字地图（1：400 万）》、中国科学院地理科学与资源研究所提供《中国地形图（1：400 万）》。	2
对应数据库	钟敬文使用三集成资料数据库、钟敬文文学说研究数据库	2
本图使用数据	钟敬文使用三集成资料论文题目和著作名、三集成资料篇名和编著书名、三集成资料地点、原地民族、钟敬文使用三集成故事类型时间和流传地、钟敬文研究故事类型出版地、钟敬文民间文艺学代表作时间和流传地、三集成成代表作所在世界遗产目录时间的地点、三集成成代表作个案地名	32
三集成资料地点	广东、广州市、韶关市、广西、环江、云南、德钦、保山市、宁浪、中甸、昆明市、丽江市、迪庆藏族自治州、大理白族自治州、怒江傈僳族自治州、贵州、凯里、三都、贵阳市、毕节市、安顺市、四川、遂宁市、凉山彝族自治州、湖南、湘西土家族苗族自治州、江西、南丰、浙江、丽水、永嘉、玉环、金华市、台湾、苏州市、镇江市、山东、邹平、河南、河北、乐亭、抚宁、涉县、定县、保定市、北京、山西、洪洞、陕西、延安、商洛市、甘肃、临夏回族自治州、岷县、内蒙古、呼伦贝尔盟、黑龙江、同江、抚远、饶河、讷河、佳木斯市、吉林、桦甸、通化、辽宁、上海、安徽、福建、湖北、海南、西藏、重庆、宁夏、青海、新疆。	84
相关遗产地地点	青城山、都江堰、九寨沟、黄龙、峨眉山、乐山、大足、洛阳、周口店、大同、承德、平遥、敦煌、云冈、龙门、中甸、丽江、迪庆、苏州、喀什、北京	21
链接数据库	钟敬文著述数据库（民间文艺数据库和文学创作数据库）、钟敬文文学数据库、钟敬文照片数据库、钟敬文文录数据库（文化部民族民间文艺发展中心）中国民族民俗基础资源数据库和中国节日志数据库	5

类　别	名　　　称	数量
本图组合套图	图4.1　钟敬文使用民间文学三集成资料区域分布数字地图动画区释例图（1980～1999年） 图4.2　钟敬文使用民间文学三集成资料区域分布数字地图数据库和GIS释例图（1980～1999年） 图4.3　钟敬文使用民间文学三集成资料区域分布数字地图后台资源研究释例图（1980～1999年） 图4.4　钟敬文使用民间文学三集成资料区域分布数字地形地图GIS释例图（1980～1999年） 图4.5　钟敬文使用民间文学三集成资料区域分布数字地形地图数据库地图集释例图（1980～1999年） 图4.6　钟敬文使用民间文学三集成资料区域分布数字地形地图集成遗产作品释例图（1980～1999年） 图4.7　钟敬文使用民间文学三集成资料区域分布数字地形地图集成作品数据释例图（1980～1999年） 图4.8　钟敬文使用民间文学三集成资料区域分布数字地形地图集成放样本缩放个案释例图（1980～1999年）	8
本图释例图表	钟敬文著述一览表、钟敬文使用集成遗产作品一览表、钟敬文使用集成遗产作品数据统计表	3
照片来源	①钟哲编：《钟敬文生平、思想及著作》。石家庄，河北教育出版社。1991。②钟敬文参加中国民间文艺集成书稿会议（1984年）。文化部民族民间文艺发展中心编：《中国民族民间文艺集成书概览》，插图。北京，中国青年出版社。2004。③钟敬文在"十部民族民间文艺集成书概览"，插图。北京，中国青年出版社。2004。④钟敬文与周巍峙等人合影（2000年）。北京师范大学中文系编：《人民的学者钟敬文》，插图。北京，学苑出版社。2003。⑤中国长城世界文化遗产图片。插图。北京，北京师范大学出版社。2005。⑥北京故宫世界文化遗产图片。中华人民共和国联合国教科文组织全国委员会编：《世界遗产－与我们》。插图。北京，北京师范大学出版社。2005。⑦莫高窟世界文化遗产图片。中华人民共和国联合国教科文组织全国委员会编：《世界遗产－与我们》，插图。北京，北京师范大学出版社。2005。⑧苏州古典园林世界文化遗产图片。插图。北京，北京师范大学出版社。2005。⑨九寨沟世界自然遗产图片。中华人民共和国联合国教科文组织全国委员会编：《世界遗产－与我们》，插图。北京，北京师范大学出版社。2005。⑩柯尔克孜族史诗《玛纳斯》。文化部民族民间文艺发展中心提供。2006。⑪新疆民族民间文艺《木卡姆·赛乃姆》，文化部民族民间文艺发展中心提供。2006。⑫青海民族民间文艺《花儿》，文化部民族民间文艺发展中心提供，2006。⑬蒙古族民间长调《云青马》，文化部民族民间文艺发展中心提供。2006。⑭贵州民族民间文艺《苗族古歌》，文化部民族民间文艺发展中心提供。2006。⑮江苏民族民间文艺《茉莉花》，文化部民族民间文艺发展中心提供，2006。	15

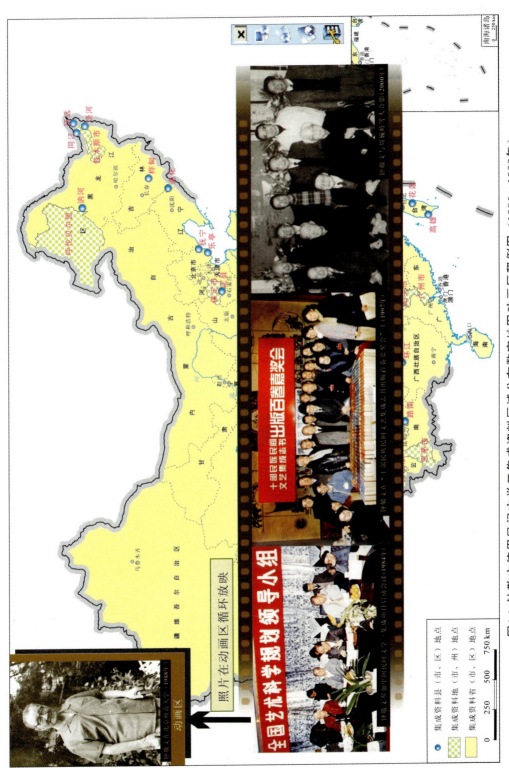

图4.1 钟敬文使用民间文学三集成资料区域分布数字地图动画区释例图（1980～1999年）

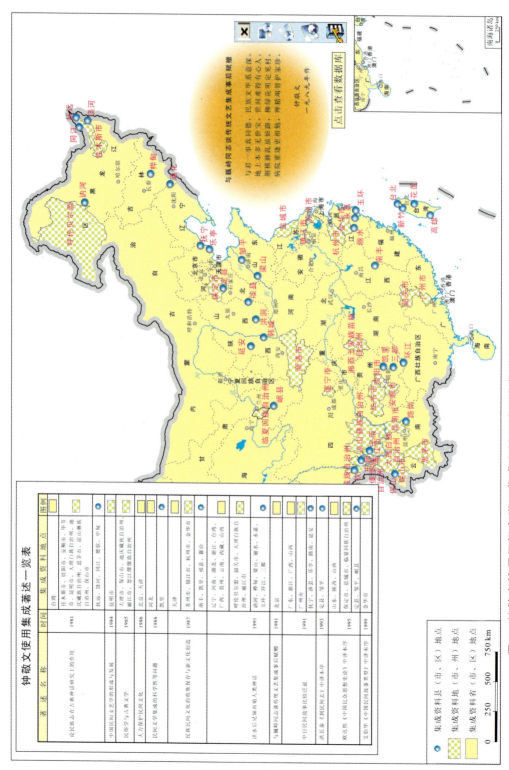

图4.2 钟敬文使用民间文学三集成资料区域分布数字地图数据库和GIS释例图（1980～1999年）

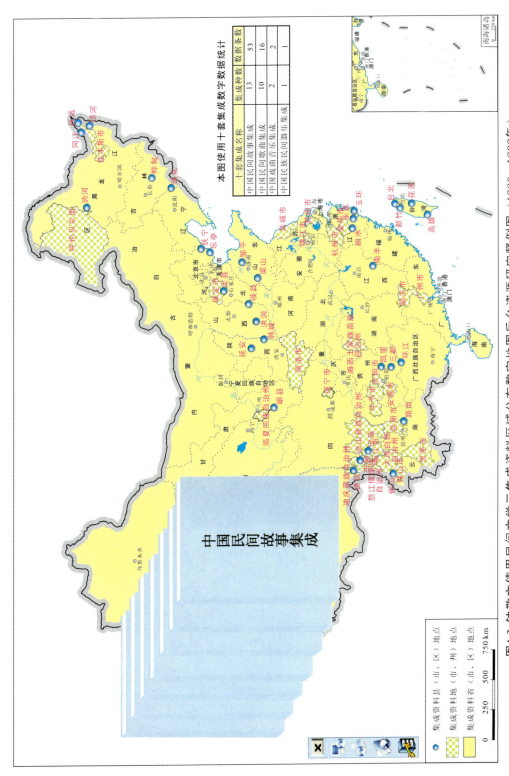

本图使用十套集成数字数据统计

十套集成名称	集成种数	数据条数
中国民间故事集成	13	53
中国民间歌曲集成	10	16
中国戏曲音乐集成	2	2
中国民族民间器乐集成	1	1

集成资料县（市、区）地点

集成资料地（市、州）地点

集成资料省（市、区）地点

0   250   500   750 km

图4.3 钟敬文使用民间文学三集成资料区域分布数字地图后台资源研究释例图（1980～1999年）

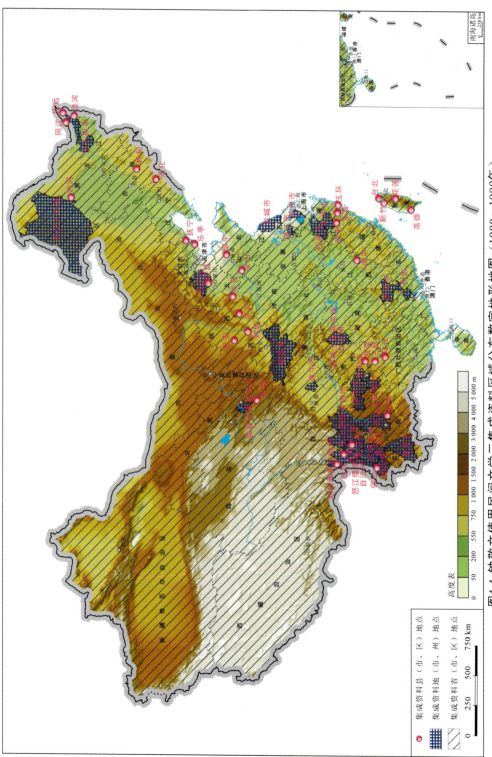

图4.4 钟敬文使用民间文学三集成资料区域分布数字地形地图（1980～1999年）

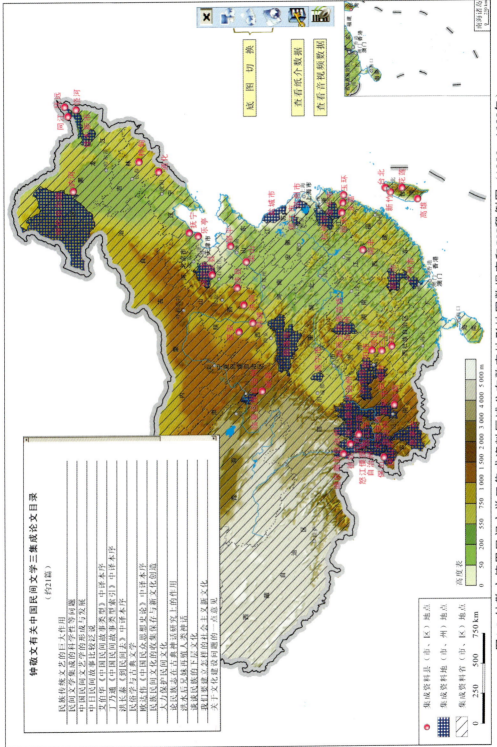

图4.5 钟敬文使用民间文学三集成资料区域分布数字地形地图数据库和GIS释例图（1980～1999年）

钟敬文有关中国民间文学三集成论文目录

（约21篇）

民族传统文艺的巨大作用
民间文学集成的科学性等问题
中国民间文艺学的形成与发展
中日民间故事比较泛说
艾伯华《中国民间故事类型》中译本序
丁乃通《中国民间故事类型索引》中译本序
洪长泰《到民间去》中译本序
民俗学与古典文学
欧达伟《中国民众思想史论》中译本序
民族民间文化的收集保存与新文化创造
大力保护民间文化
论民族志在古典神话研究上的作用
洪水后兄妹再殖人类神话
我们要建立怎样的社会主义新文化
关于文化建设问题的一点意见

高度表

	5 000 m
	4 000
	3 000
	2 000
	1 500
	1 000
	750
	550
	200
	50
	0

○ 集成资料县（市、区）地点
▦ 集成资料地（市、州）地点
╱ 集成资料省（市、区）地点

0 250 500 750 km

底图切换
查看纸介数据
查看音视频数据

南海诸岛
0 250 km

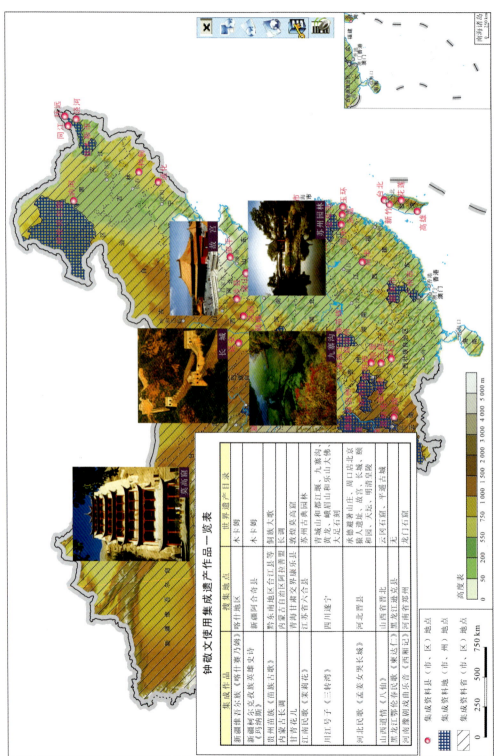

钟敬文使用民间文学三集成资料区域分布数字地形地图集成遗产作品释例图（1980～1999年）

钟敬文使用集成遗产作品一览表

集 成 作 品	搜 集 地 点	世 界 遗 产 目 录
新疆维吾尔族《喀什赛乃姆》	喀什地区	木卡姆
新疆柯尔克孜族英雄史诗《玛纳斯》	新疆阿合奇县	木卡姆
贵州苗族《苗族古歌》	黔东南地区台江县等	侗族大歌
内蒙古长调	内蒙古自治区阿拉善盟	长调
甘肃花儿	青海甘肃交界康乐县	敦煌莫高窟
江南民歌《茉莉花》	江苏省六合县	苏州古典园林
川江号子《三转弯》	四川遂宁	青城山和都江堰、九寨沟、黄龙、峨眉山和乐山大佛、大足石刻
河北民歌《孟姜女哭长城》	河北晋县	承德避暑山庄、周口店北京猿人遗址、故宫、长城、颐和园、天坛、明清皇城
山西道情《八仙》	山西省晋北	云冈石窟、平遥古城
黑龙江鄂伦春民歌《束达仁》	黑龙江逊克县	无
河南豫剧戏曲乐音《西厢记》	河南省郑州	龙门石窟

高度表

0	50	200	550	750	1 000	1 500	2 000	3 000	4 000	5 000 m

- 集成资料县（市、区）地点
- 集成资料地（市、州）地点
- 集成资料省（市、区）地点

0　　250　　500　　750 km

图4.6 钟敬文使用民间文学三集成资料区域分布数字地形地图集成遗产作品释例图（1980～1999年）

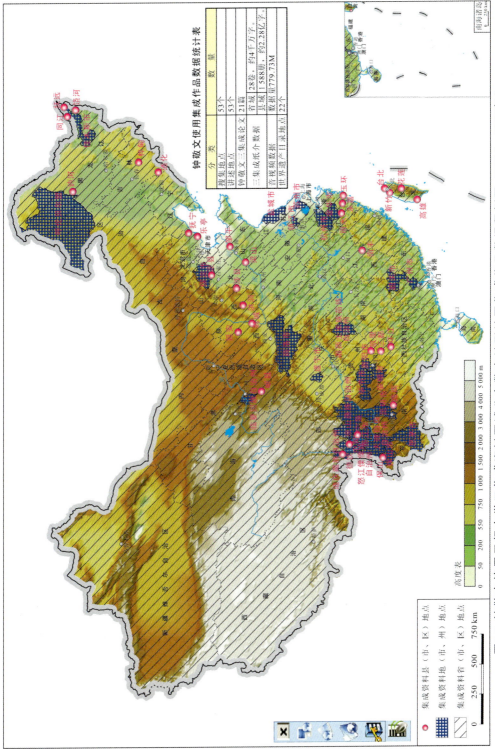

钟敬文使用集成作品数据统计表	
分 类	数 量
搜集地点	53个
讲述地点	53个
钟敬文三集成论文	21篇
三集成纸介数据	省域《28卷，约4千万字》 县域《1 588册，约2.28亿字》
音视频数据	盛域数据779.73M
世界遗产目录地点	数据点 22个

图4.7 钟敬文使用民间文学三集成资料区域分布数字地形图集成作品数据释例图（1980~1999年）

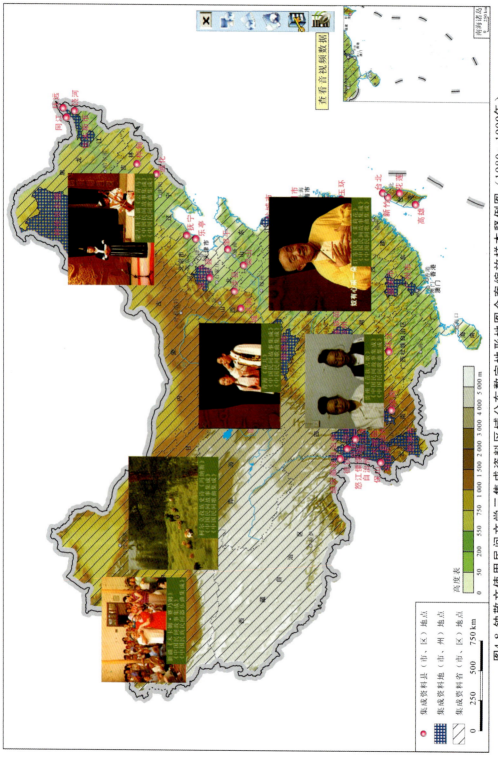

图4.8 钟敬文使用民间文学三集成资料区域分布数字地形地图图个案放样本释例图（1980～1999年）

第三单元 高校教育组图

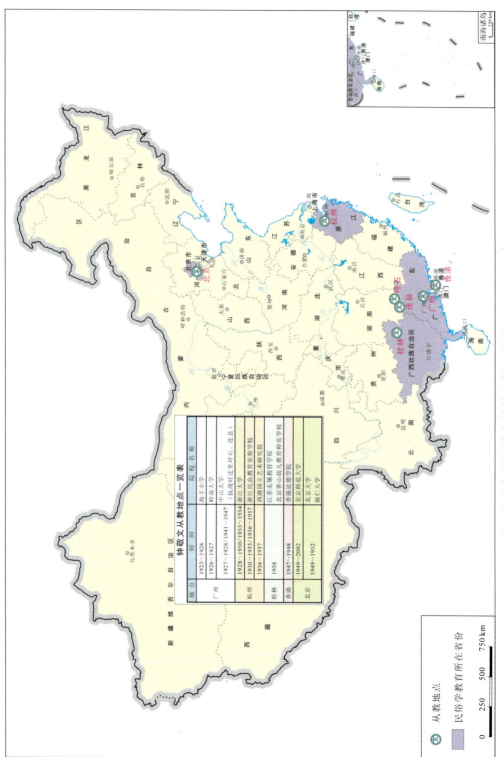

钟敬文从教地点一览表

地点	时间	院校名称
广州	1923～1926	南丰小学
	1926～1927	岭南大学
	1927～1928/1941～1947	中山大学（抗战时迁至坪石、连县）
杭州	1928～1930/1933～1934	浙江大学
	1930～1933/1936～1937	浙江民众教育实验学校
	1936～1937	西湖国立艺术研究院
桂林	1938	江苏无锡教育学院
香港	1947～1948	香港达德学院
北京	1949～2002	北京师范大学
	1949～1952	辅仁大学

图5 钟敬文民俗学高校教育数字地图（1927～2002年）

从教地点

民俗学教育所在省份

0　250　500　750 km

表 5　钟敬文民俗学高校教育数字地图(1927～2002 年)基本信息表

类　别	名　　称	数量
底图来源	国家基础地理信息系统《2000 年中国行政区划数字地图(1：400 万)》	1
对应数据库	钟敬文高校教育数据库、北京师范大学民俗学专业研究生数据库	2
本图使用数据	钟敬文从事高校教育的时间、地点和相关民俗学时空属性数据库，钟敬文培养研究生地区地点和民族地点	149
钟敬文高校执教地点	广州、杭州、桂林、坪石、连县、香港、北京	7
链接数据库	钟敬文著述数据库、钟敬文照片数据库、钟敬文录像数据库、钟敬文录音数据库	4
本图组合套图	图 5.1　钟敬文民俗学高校教育数字地图动画区释图(1927～2002 年)　图 5.2　钟敬文民俗学高校教育数字地图主要从教地点和民俗学教材释例图(1927～2002 年)	2
本图释例图表	钟敬文从教地点一览表　钟敬文编纂和主编民俗学教材一览表	2
照片来源	①钟敬文在北京大学未名湖(1957 年)。北京师范大学中文系编：《人民的学者钟敬文》，插图，北京，学苑出版社，2003。②钟敬文在香港达德学院(1947 年)。杨哲编：《钟敬文生平、思想及著作》，插图，石家庄，河北教育出版社，1991。③钟敬文与北京师范大学民间文学教研室同学合影(20 世纪 80 年代初)。钟敬文：《钟敬文民间文学论集》(上)，插图，上海，上海文艺出版社，1982。④钟敬文在北京师范大学上课(1992 年)，张书玲摄。⑤钟敬文与《民俗学概论》书稿审定组合影(1998 年)，新华社记者部提供。	5

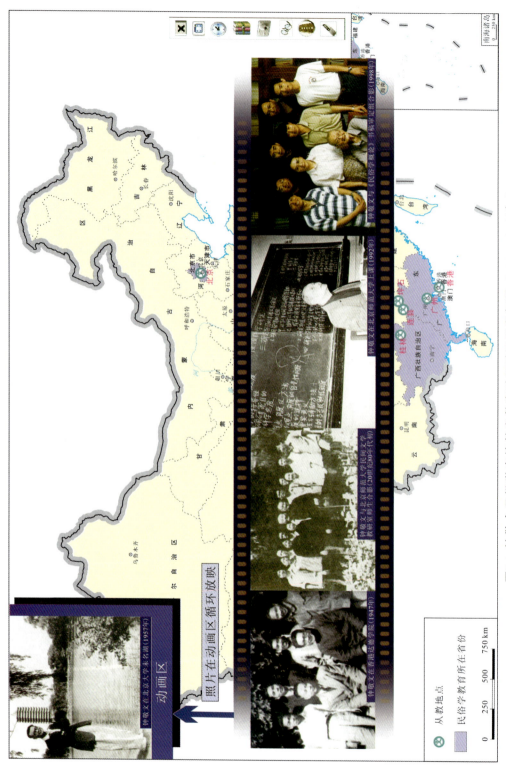

图5.1 钟敬文民俗学高校教育数字地图动画区释例图（1927～2002年）

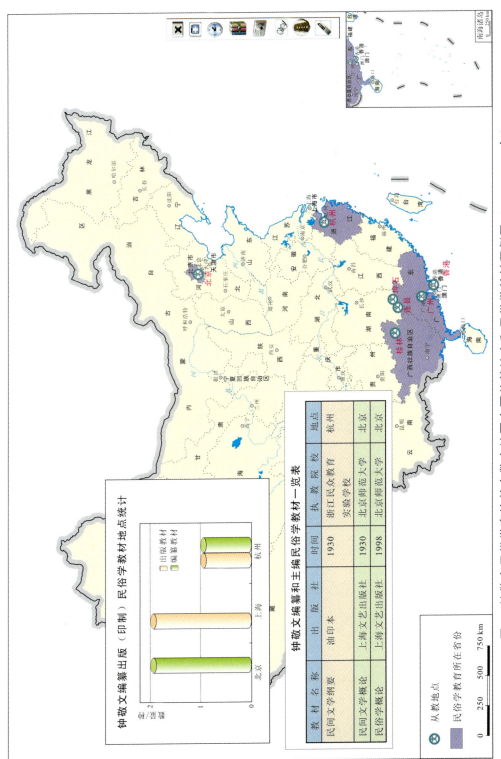

图5.2 钟敬文民俗学高校教育数字地图主要从教地点和民俗学教材释例图（1927~2002年）

钟敬文编纂和主编民俗学教材一览表

教 材 名 称	出 版 本	出 版 社	时 间	执 教 院 校	地 点
民间文学纲要	油印本		1930	浙江民众教育实验学校	杭州
民间文学概论		上海文艺出版社	1930	北京师范大学	北京
民俗学概论		上海文艺出版社	1998	北京师范大学	北京

钟敬文编纂出版（印制）民俗学教材地点统计

☒ 出版教材
☒ 编纂教材

主/喜源

2

1

0

北京　上海　杭州

⊗ 从教地点
▨ 民俗学教育所在省份

0　250　500　750 km

南海诸岛
0　250 km

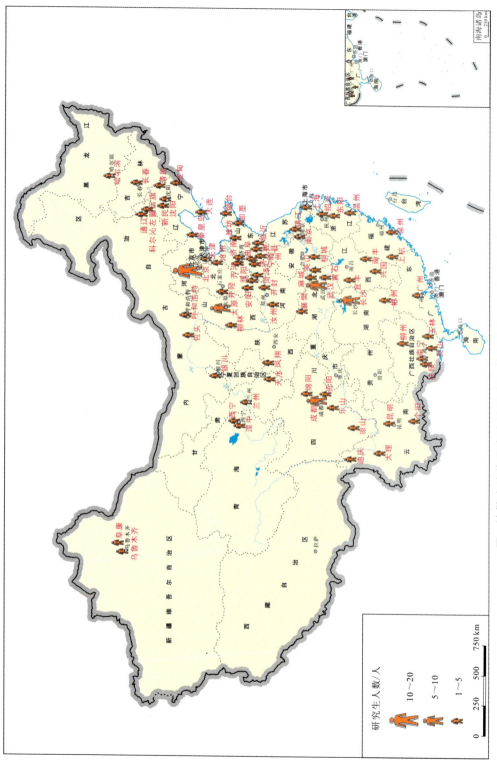

图6 钟敬文培养研究生地区来源数字地图（1953~2002年）

研究生人数/人

10~20

5~10

1~5

表 6 钟敬文培养研究生地区来源数字地图(1953～2002年)基本信息表

类 别	名 称	数量
底图来源	国家基础地理信息系《2000年中国行政区划数字地图(1：400万)》	1
对应数据库	北京师范大学民俗学专业研究生数据库	1
本图使用数据	北京师范大学民俗学专业历届研究生学历信息，学位论文信息，来源地区	136
研究生来源地	北京、天津、井陉、沧州、秦皇岛、太原、柳林、呼和浩特、包头、通辽、科尔沁左翼后旗、沈阳、新民、大连、清原、宽甸、长春、哈尔滨、上海、南京、镇江、绍兴、温州、东阳、桐城、泉州、上杭、兴国、宜丰、南丰、即墨、滕州、济南、潍坊、济宁、曲阜、临沂、费县、齐河、菏泽、开封、汝河、安阳、绵阳、濮阳、武汉、襄樊、黄石、长沙、郴州、广州、南宁、柳州、灵山、玉林、扶绥、成都、乐山、资阳、凉山、昆明、个旧、大理、大庆、迪庆、西宁、湟中、天水、银川、凤翔、兰州、乌鲁木齐、阜康。	75
链接数据库	钟敬文著述数据库、钟敬文照片数据库、钟敬文录像数据库、钟敬文录音数据库、北京师范大学民俗学专业研究生数据库	5
本图组合套图	图6.1 钟敬文培养研究生地区来源数字地图动画释例图(1953～2002年)；图6.2 钟敬文培养研究生地区来源数字地图数据库释例图(1953～2002年)	2
本图释例图表	钟敬文培养研究生地区来源数据统计表	1
照片来源	①钟敬文与金开诚、启功、马学良、杨堃、刘魁立、陈毓罴在北京师范大学图书馆前合影(1989年)，陶立璠摄。②钟敬文与家人及同仁合影(1954年)。民间文化青年论坛：http://www.pkucn.com/chenyc/thread.php?tid=5304。③钟敬文改革开放后与部分与后学合影(1983年)。杨哲编：《钟敬文生平、思想及著作》，插图，石家庄，河北教育出版社，1991。④钟敬文与北京师范大学民间文学教研室师生座谈(1997年)，郑然鹤摄。	4

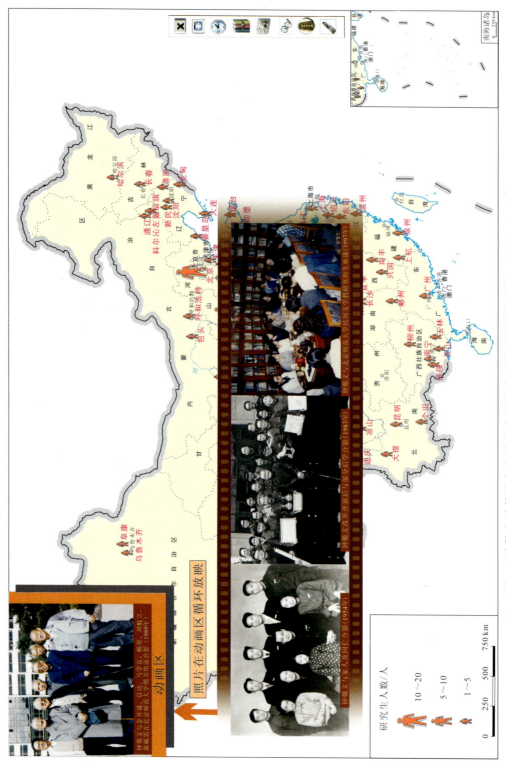

图6.1 钟敬文培养研究生地区来源数字地图动画区释例图（1953～2002年）

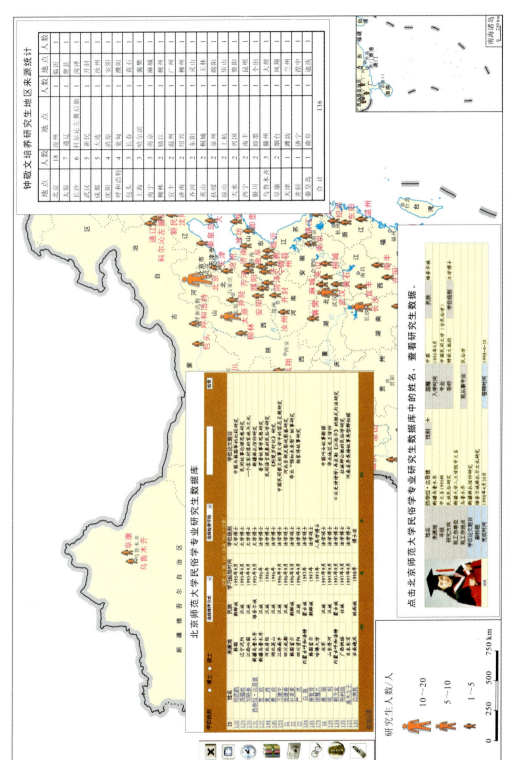

图6.2 钟敬文培养研究生地区来源数字地图数据库释例图（1953~2002年）

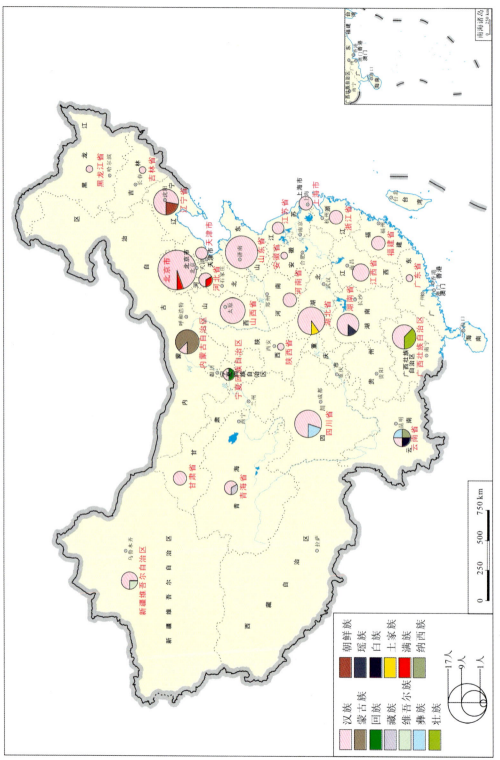

图7 钟敬文培养研究生民族来源数字地图（1953～2002年）

表 7 钟敬文培养研究生民族来源数字地图(1953~2002 年)基本信息表

类　别	名　　称	数量
底图来源	国家基础地理信息系统《2000 年中国行政区划数字地图(1：400 万)》；参考中国地图出版社编制：《中华人民共和国地图集》、《中国民族》、4 页、北京、中国地图出版社、1994。根据杜秀荣、唐建军主编《中国地图集》第 8~9 页《中国民族》(北京、中国地图出版社、2004 年第 1 版、2008 年第 8 次修订印刷)修订。	2
对应数据库	北京师范大学民俗学专业研究生数据库	1
本图使用数据	北京师范大学民俗学专业历届研究生学历信息、学位论文信息、来源民族	136
研究生民族	汉族、蒙古族、回族、藏族、维吾尔族、壮族、彝族、朝鲜族、瑶族、白族、土家族、满族、纳西族	13
链接数据库	钟敬文著述数据库、钟敬文照片数据库、钟敬文录像数据库、钟敬文录音数据库、北京师范大学民俗学专业研究生数据库	5
本图组合套图	图 7.1　钟敬文培养研究生民族来源数字地图动画区释例图(1953~2002 年) 图 7.2　钟敬文培养研究生民族来源数字地图数据库释例图(1953~2002 年)	2
本图释例图表	钟敬文培养研究生民族来源数据统计一览表	1
照片来源	①钟敬文与少数民族毕业研究生等合影(1999 年)、金篙杰摄。②钟敬文与朝鲜族、布依族青年民俗学者等在一起(1988 年)、贵州民间文艺家协会同仁摄。③钟敬文与毕业少数民族研究生和留学生等合影(2000 年)、金篙杰摄。④钟敬文在少数民族研究生和留学生博士学位论文答辩会上(1997 年)、金篙杰摄。	4

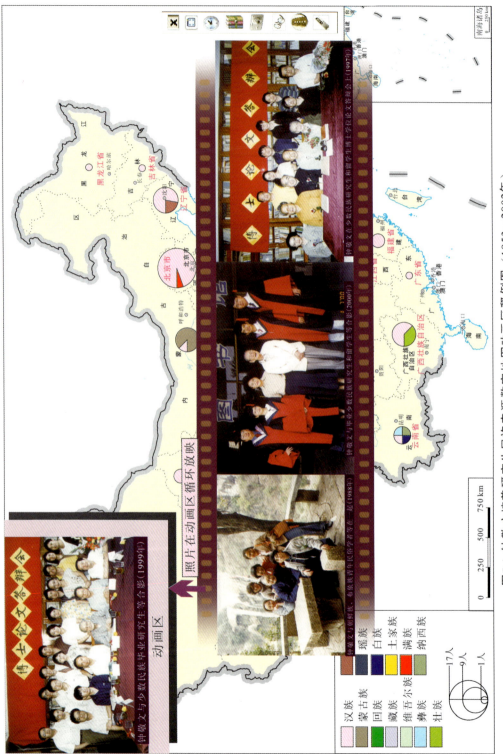

图7.1 钟敬文培养研究生民族来源数字地图动画区释例图（1953～2002年）

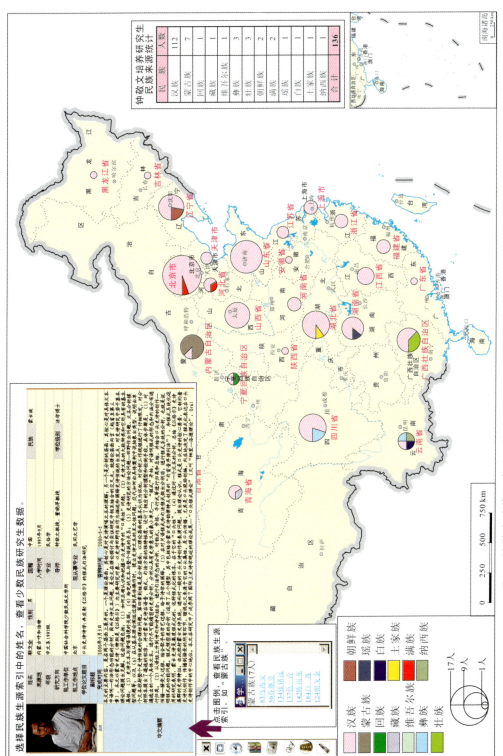

图7.2 钟敬文培养研究生民族来源数字地图数据库释例图（1953～2002年）

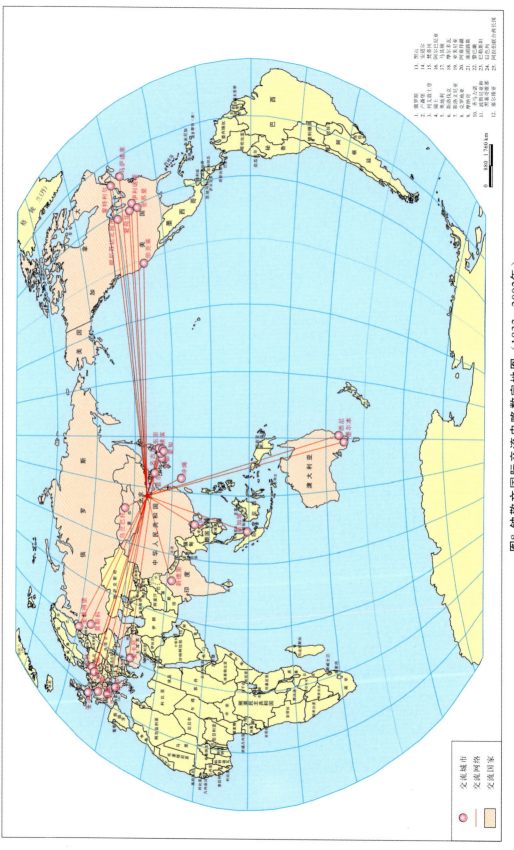

图8 钟敬文国际交流史略史数字地图（1932~2002年）

表 8　钟敬文国际交流史略数字地图（1932～2002 年）基本信息表

类　别	名　　称	数量
底图来源	北京师范大学数字民俗学实验室编制《世界地图数字地图》。参考范毅、周敏主编：《世界地图集》、《世界各国家和地区（1：8 800 万）》。26～27 页。北京·中国地图出版社，2004。	2
对应数据库	钟敬文国际交流数据库，北京师范大学民俗学专业研究生数据库	2
本图使用数据	钟敬文培养留学生和接待国际高级访问学者学历信息和学者背景信息，来源国家城市，研究地点	67
留学生和国际高级访问学者国家城市来源地	（日）东京、（日）京都、（日）名古屋、（日）横滨、（日）冲绳、（日）爱知、（美）伯克莱、（美）马萨诸塞、（美）爱荷华、（美）明尼苏达北园市、（美）密苏里、（美）伊利诺斯、（俄）莫斯科、（俄）圣彼得堡、（英）牛津、（法）巴黎、（法）里昂、（德）柏林、（德）莱比锡、（澳）墨尔本、（澳）悉尼、（加）蒙特利尔、（意）比萨、（土）安卡拉、（蒙）乌兰巴托、（印）新加坡、（印）新德里、（韩）首尔、（越）河内。	29
链接数据库	钟敬文著述数据库、钟敬文照片数据库、钟敬文录像数据库、钟敬文录音数据库、北京师范大学民俗学专业研究生数据库	5
本图组合套图	图 8.1　钟敬文国际交流史略数字地图动画区释图（1932～2002 年） 图 8.2　钟敬文国际交流史略数字地图数据库释例图（1932～2002 年）	2
照片来源	①钟敬文与俄罗斯汉学家费德林（20 世纪 90 年代）。山曼：《驿路万里钟敬文》，插图，济南·山东画报出版社，1994。②钟敬文与苏联学者李福清（1981 年）。杨编：《钟敬文生平、思想及著作》，插图，石家庄·河北教育出版社，1991。③钟敬文与德国班贝尔大学伊丽莎白赫莎教授合影（1987 年），北京师范大学外事处提供。④钟敬文与日本民俗学者福田亚细男（1992 年）。山曼：《驿路万里钟敬文》，插图，济南，山东画报出版社，1994。⑤钟敬文与美国学者欧达伟、日本学者佐野贤治，1998。⑥钟敬文与法国学者蓝克利等合影（1997 年）。钟敬文文化处提供。⑦钟敬文的日本导师西村真次先生（1935 年）。山曼：《驿路万里钟敬文》，插图，济南·山东画报出版社，1994。⑧美国学者欧达伟教授和洪长泰教授夫妇（1998 年），童晓萍摄。	8

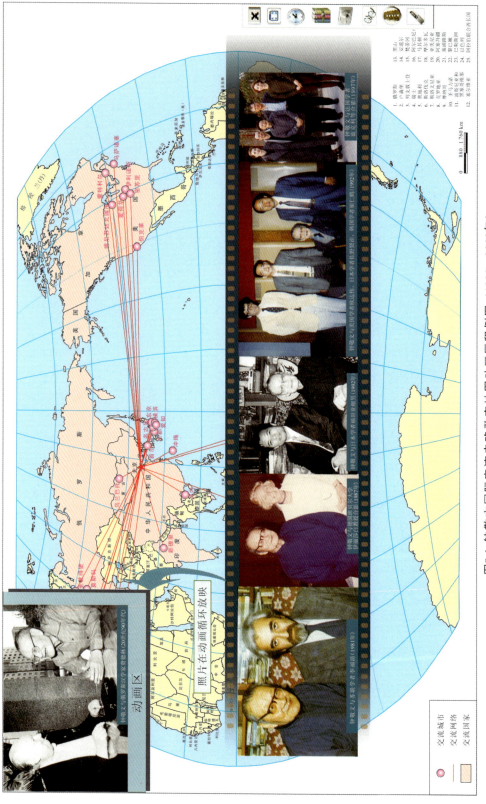

图8.1 钟敬文国际交流史略数字地图动画区释例图（1932～2002年）

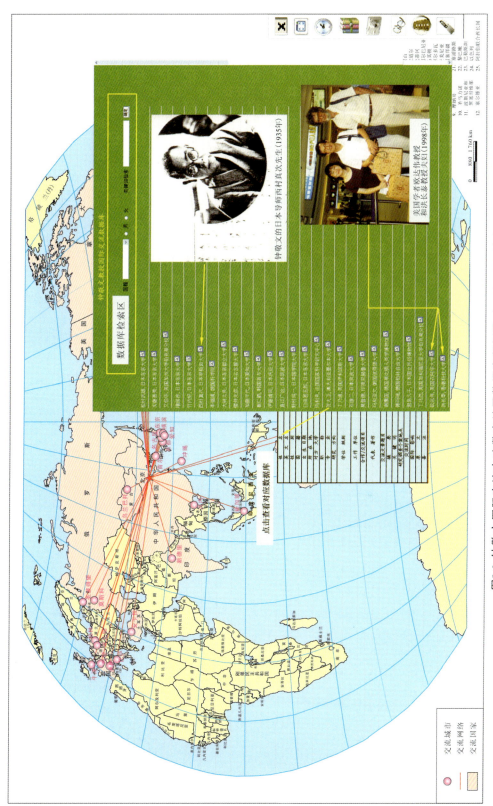

图8.2　钟敬文国际交流史略数字地图数据库释例图（1932～2002年）

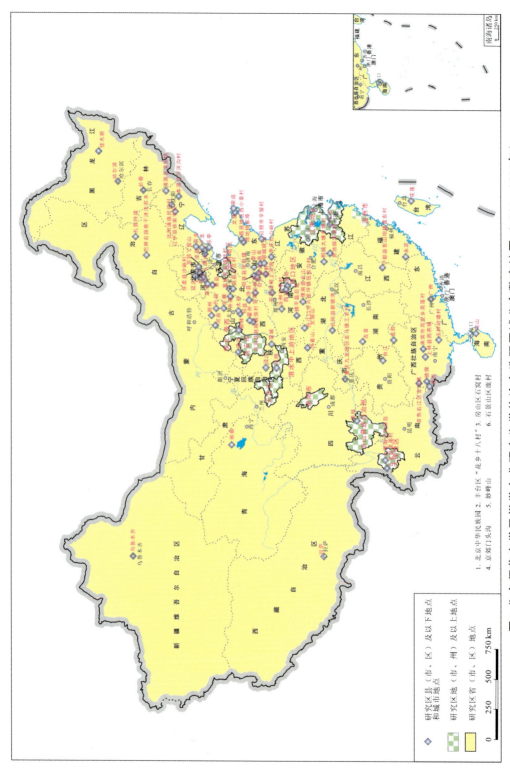

图9 北京师范大学民俗学专业研究生学位论文选题区域分布数字地图（1981～2008年）

表 9 北京师范大学民俗学专业研究生学位论文选题区域分布数字地图(1981~2008 年)基本信息表

类　别	名　　称	数量
底图来源	国家基础地理信息系统《2000 年中国行政区划数字地图（1：400 万）》	1
对应数据库	北京师范大学民俗学专业研究生数据库	1
本图使用数据	北京师范大学民俗学专业研究生学历信息、学位论文信息、民俗学学位论文选题地点	80
研究对象地点（包括县域以下乡镇和村）	北京、妙峰山、京郊丫髻山、怀柔县沙峪村、京郊山区庞村、石景山区庞村、北京中华民族园、房山区石窝村、丰台区"花乡十八村"、丰台区"花乡"、花县范庄村、延庆、青龙、卢龙、赵县范庄村、涿县、易县、涞水、沧州地区、河北、乐亭、藁城常安镇联村、井陉、唐山、洪洞县赵城镇侯村、湖州、定襄、祁县、太谷、晋西、内蒙古、扎鲁特旗、代县、柳林、洪洞县赵城镇侯村、霍州、清原县清原镇、沈阳满族民俗村、本溪县沙河沟村、巴林右旗查干沐沦苏木、辽宁、辽中县徐家屯村、清原县清原镇、安徽、桐城大塘乡塘村、贵池镇溪曹村、福建、永定、江西、江浙地区、江苏、浙江、杭州、山东、日照市辛留村、潍坊杨家埠、阳谷县张秋镇、泰山、曲阜、巨野、宁都县东山坝镇富东村、枣庄红山峪村、昌邑地区西小章村、文登、荣成、河南、淮阳、西华、豫南盘古山、镇平县后营、安阳汪家营、台前、开封清明上河园、周口地区、湖北、丹江口市六里坪镇伍家沟村、长阳县都镇湾、广西、上林县西燕镇、汝州市李村、百色右江龙川镇、王林岭塘村、龙胜、来宾市高安乡高莲村、靖西、四川、美姑、凉山彝族自治州、绵阳市、重庆、重庆九龙坡区走马镇工农村、贵州、台江、云南、云龙县诺邓村、大理南诏风情岛、大理地区、西藏、拉萨、陕西、靖边、新疆、凤翔、伏羲山、女娲山、渭水中上游地区、陕北、甘肃、泾川、青海、刚察、蒲城、乌鲁木齐、黑龙江、哈尔滨、佳木斯、吉林、长春、广东、广州、海南、琼山、湖南、台湾、花莲、宁夏、天津。	134
链接数据库	中国节日志数据库	1
本图组合套图	图 9.1 北京师范大学民俗学专业研究生学位论文选题区域分布数字地图动画区释例图（1981~2008 年） 图 9.2 北京师范大学民俗学专业研究生学位论文选题区域分布数字地图学术史和课题数据释例图（1981~2008 年）	2
照片来源	①钟敬文与中青年后学在一起（1999 年）、罗靖摄。②山西省霍县、洪洞县调查点（1997 年）、金镐摄。③河北栾城县调查点（2005 年）、董晓萍摄。④北京胡同调查点（2003 年）、萧放摄。⑤山东招远市调查点（2007 年）、肖云摄。	5

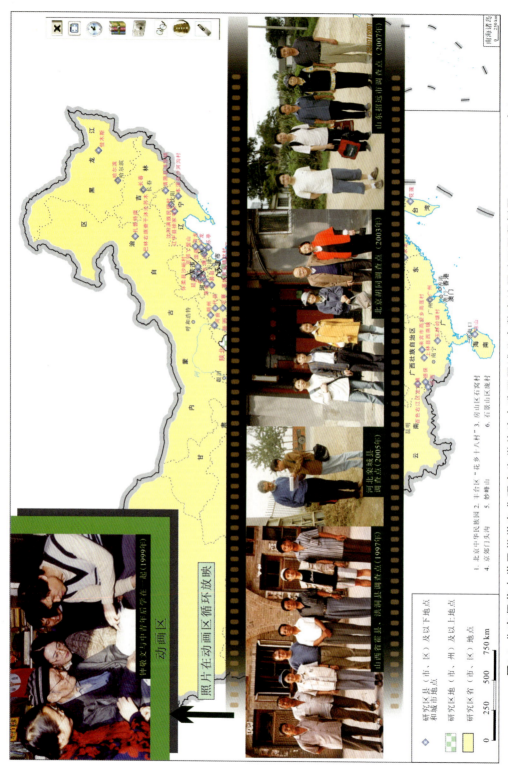

图9.1 北京师范大学民俗学专业研究生学位论文选题区域分布数字地图动画区释例图（1981～2008年）

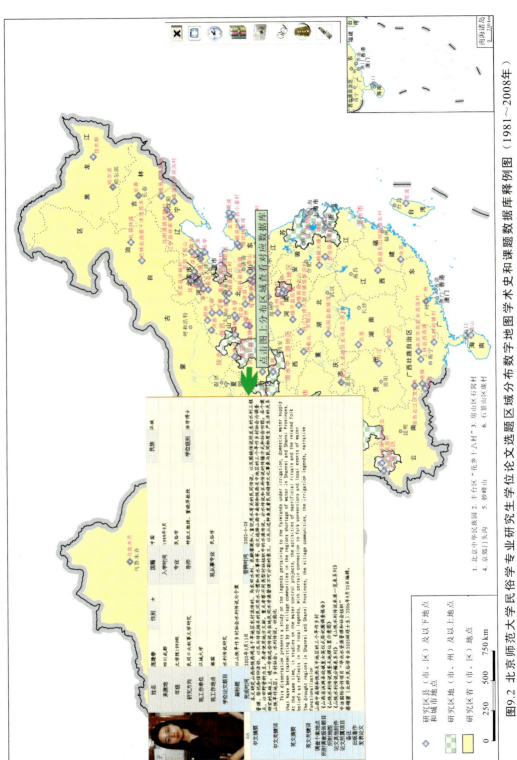

图9.2 北京师范大学民俗学专业研究生学位论文选题区域分布数字地图学术史和课题数据库释例图（1981～2008年）

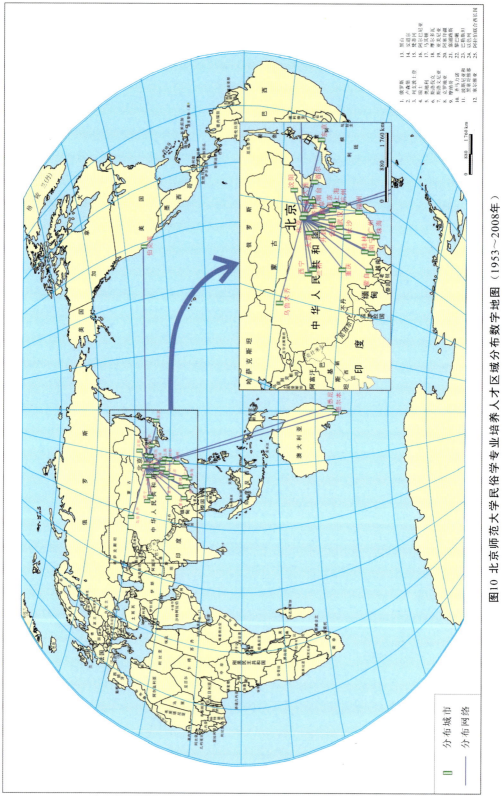

图10 北京师范大学民俗学专业培养人才区域分布数字地图（1953~2008年）

1. 俄罗斯
2. 卢森堡
3. 列支敦士登
4. 瑞士
5. 奥地利
6. 斯洛文尼亚
7. 斯洛伐克
8. 克罗地亚
9. 匈牙利
10. 摩尔多瓦
11. 波斯尼亚和
    黑塞哥维那
12. 塞尔维亚

13. 黑山
14. 安道尔
15. 梵蒂冈
16. 阿尔巴尼亚
17. 马其顿
18. 摩尔多瓦
19. 亚美尼亚
20. 阿塞拜疆
21. 塞浦路斯
22. 巴勒斯坦
23. 以色列
24. 巴林
25. 阿拉伯联合酋长国

表 10　北京师范大学民俗学专业培养人才区域分布数字地图(1953~2008 年)基本信息表

类　别	名　　　称	数量
底图来源	北京师范大学数学民俗学实验室编制《世界地图数字地图》。参考范毅、周敏主编：《世界地图集》、《世界各国家和地区(1：8 800 万)》，26~27 页，北京，中国地图出版社，2004。	2
对应数据库	北京师范大学民俗学专业研究生数据库	1
本图使用数据	北京师范大学民俗学专业研究生学历学业信息和毕业后就业信息	119
就业地点	北京、天津、太原、大连、沈阳、上海、南京、杭州、合肥、福州、济南、曲阜、烟台、开封、武汉、长沙、广州、珠海、桂林、南宁、重庆、西宁、兰州、蒙自、乌鲁木齐、(澳)悉尼、(澳)墨尔本、(美)伯克莱、(日)东京、(韩)首尔。	30
链接数据库	钟敬文照片数据库、钟敬文录像数据库、钟敬文录音数据库	3
本图组合套图	图 10.1　北京师范大学民俗学专业培养人才区域分布数字地图动画区释例图(1981~2008 年) 图 10.2　北京师范大学民俗学专业培养人才区域分布数字地图数据库释例图(1981~2008 年)	2
照片来源	①钟敬文在北京友谊宾馆(1956 年)。山曼：《驿路万里钟敬文》，插图，济南，山东画报出版社，1994。②钟敬文与北京师范大学民间文学教研室师生合影(1988 年)，刘长伟拍摄。③钟敬文在北京师范大学任教部分弟子合影(2006 年)，袁金良摄。	3

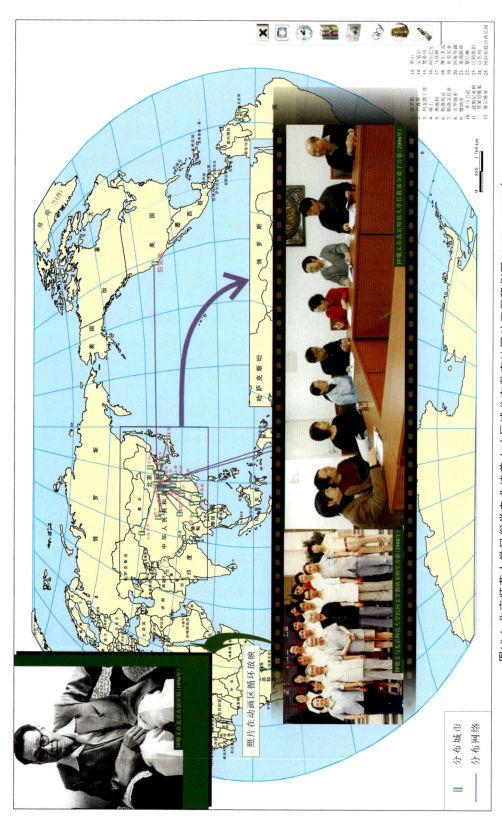

图10.1 北京师范大学民俗学专业培养人才区域分布数字地图图动画区释例图（1981～2008年）

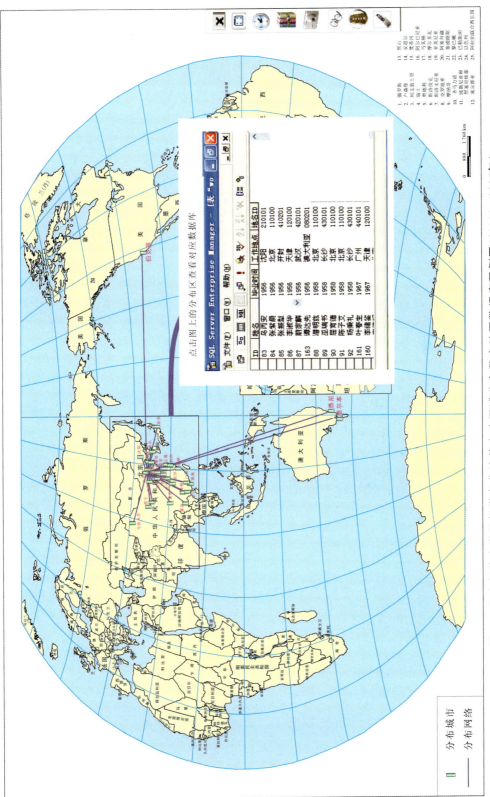

图10.2 北京师范大学民俗学专业培养人才区域分布数字地图数据库释例图（1981～2008年）

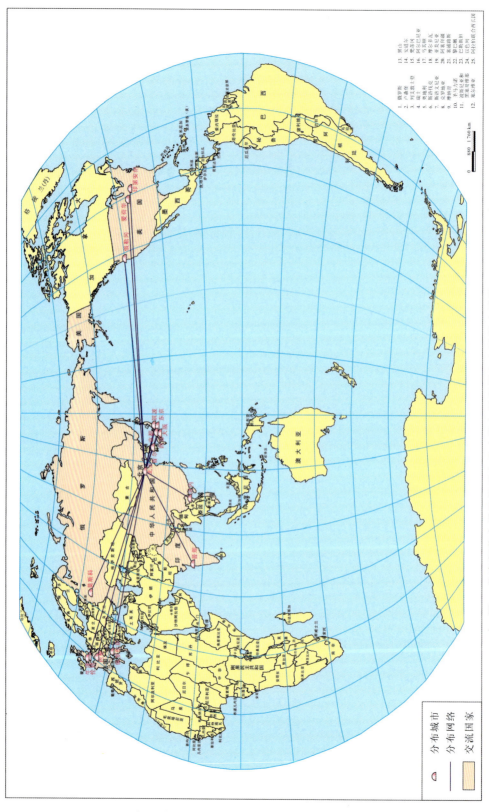

图11 北京师范大学民俗学专业中青年教师国际交流数字地图（1994～2008年）

表 11　北京师范大学民俗学专业中青年教师国际交流数字地图（1994～2008 年）基本信息表

类　别	名　　　　称	数量
底图来源	北京师范大学数字民俗实验室编制《世界地图数字地图》。参考范毅、周敏主编：《世界地图集》、《世界各国家和地区（1∶8 800 万）》。26～27 页。北京：中国地图出版社，2004。	2
对应数据库	北京师范大学民俗学专业中青年教师国际交流数据库	1
本图使用数据	北京师范大学中青年教师学历信息、出国访问和国际会议信息	22
国际交流地点	（美）爱荷华、（美）印第安纳、（美）俄勒冈、（法）巴黎、（英）伦敦、（英）牛津、（俄）莫斯科、（意）佛罗伦萨、（日）东京、（日）筑波、（日）大阪、（日）京都、（韩）首尔、（印）普那、（越）河内。	16
链接数据库	钟敬文说研究数据库、北京师范大学民俗学专业教师创新成果数据库	2
本图组合套图	图 11.1　北京师范大学民俗学专业中青年教师国际交流数字地图动画区释例图（1994～2008 年） 图 11.2　北京师范大学民俗学专业中青年教师国际交流数字地图数据库释例图（1994～2008 年）	2
照片来源	①钟敬文与美国民俗学家阿兰·邓迪斯交谈（1989 年）。山曼：《驿路万里钟敬文》，插图，山东画报出版社，1994。②董晓萍提供。③萧放在法国参加学术会议（2000 年）。董晓萍提供。③萧放在加拿大参加学术会议（2007年）。萧放提供。④色音在日本参加学术会议（2005 年）。色音提供。⑤朱霞近年在尼泊尔参加学术会议。朱霞提供。⑥赖彦斌参加中美项目合作考察（2005 年），赖彦斌提供。⑦董晓萍在印度参加会议和作调查（2004年）、人民网记者蒋小平摄。	7

图11.1 北京师范大学民俗学专业中青年教师国际交流数字地图动画区释例图（1994～2008年）

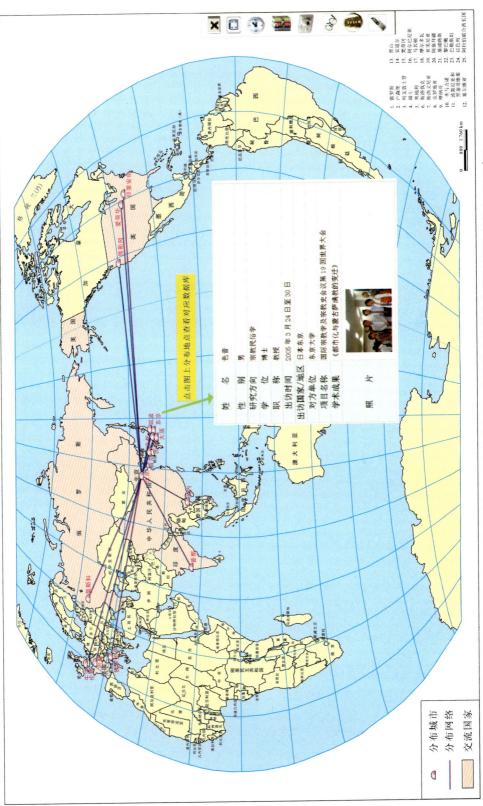

图11.2　北京师范大学民俗学专业中青年教师国际交流数字地图数据库释例图（1994~2008年）

第四单元　社会活动组图

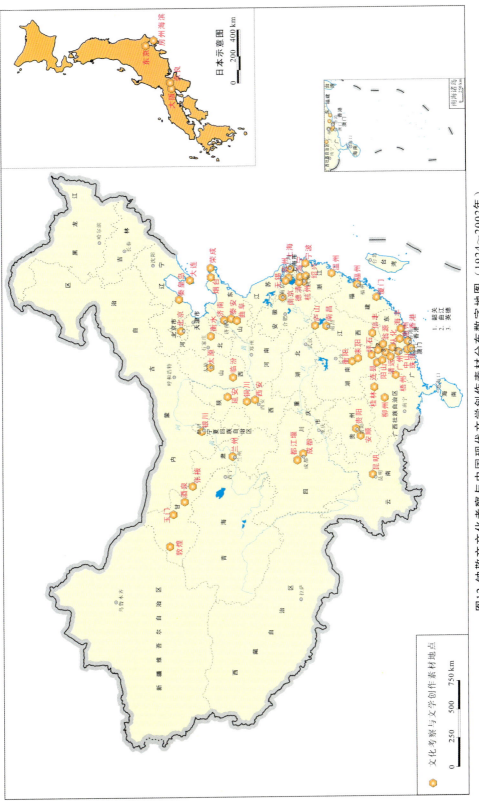

图12 钟敬文文化考察与中国现代文学创作素材分布数字地图（1924~2002年）

表 12　钟敬文文化考察与中国现代文学创作素材分布数字地图(1924～2002 年)基本信息表

类　别	名　　　称	数量
底图来源	国家基础地理信息系统《2000 年中国行政区划数字地图(1：400 万)》；中国示意图数字地图(1：400 万)。参考范毅、周敏主编：《世界地图集》、《中华人民共和国(1：1 500 万)》、《日本示意图数字地图》：北京师范大学数字民俗学实验室编制页。北京，中国地图出版社，2004。38～39	2
对应数据库	钟敬文文学创作数据库	1
本图使用数据库	钟敬文生平文学创作的时间、地点和相关文学创作，钟敬文诗歌代表作出版地点	119
钟敬文文化考察和所撰素材地点、诗歌与散文	海丰、广州、翁源、连县、英德、曲江、韶关、清远、从化、坪石、惠州、珠海、中山、香港、杭州、温州、海宁、德清、绍兴、宁波、厦门、上海、福州、南京、无锡、苏州、庐山、信丰、衡阳、未阳、桂林、梧州、柳州、北京、延安、西安、铜川、玉门、兰州、敦煌、酒泉、张掖、银川、衡水、秦皇岛、太原、临汾、昆明、荣成、烟台、济南、曲阜、泰安、大连、成都、都江堰、贵阳、安顺、(日)东京、(日)房州海滨、(日)奈良、(日)大阪。	64
链接数据库	钟敬文著述数据库、钟敬文照片数据库、钟敬文录像数据库	3
本图组合套图	图 12.1　钟敬文文化考察与中国现代文学创作素材分布数字地图动画区释例图(1924～2002 年)；图 12.2　钟敬文文化考察与中国现代文学创作素材分布数字地图后台资源研究释例图(1924～2002 年)	2
本图释例图表	钟敬文文化考察与散文代表作示意图	1
照片来源	①钟敬文与梅兰芳、黄药眠、艾青等在第一次全国文代会上(1949 年)。山曼：《驿路万里钟敬文》，插图，济南，山东画报出版社，1994。②钟敬文与郑振铎、张瑞芳、曹禺等在香港(1948 年)。山曼：《驿路万里钟敬文》，插图，济南，山东画报出版社，1994。③钟敬文与冰心合影(1988 年)，陶立璠摄。④钟敬文与大众诗歌社成员合影(1949 年)。钟敬文：《钟敬文集》，插图，合肥，安徽教育出版社，2002。⑤钟敬文与夏衍、张友渔、艾青合影(1993 年)。⑥钟敬文带领中山大学部分毕业生到桂林考察(1942 年)。山曼：《驿路万里钟敬文》，插图，济南，山东画报出版社，1994。	6

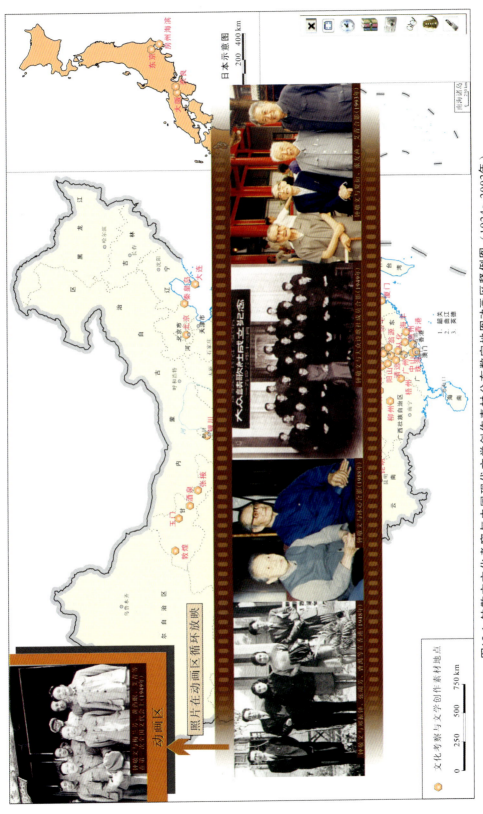

图12.1 钟敬文文化考察与中国现代文学创作素材分布数字地图动画区释例图（1924~2002年）

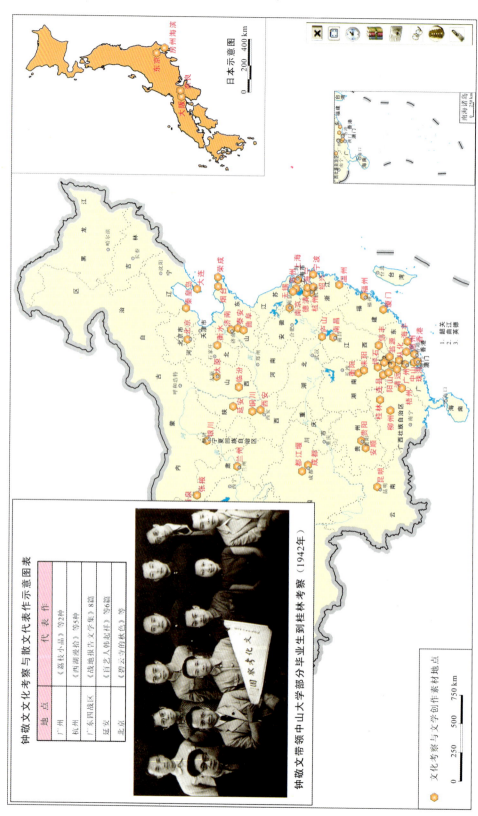

日本示意图
0 200 400 km

南海诸岛
0 250 km

钟敬文文化考察与散文代表作示意图表

地 点	代 表 作
广州	《荔枝小品》等2种
杭州	《西湖漫拾》等5种
广东阳战区	《战地报告文学集》8篇
延安	《盲艺人韩起祥》等6篇
北京	《碧云寺的秋色》等

钟敬文带领中山大学部分毕业生到桂林考察（1942年）

注记
1 韶关
2 曲江
3 英德

◇ 文化考察与文学创作素材地点

0 250 500 750 km

图12.2 钟敬文文化考察与中国现代文学创作素材分布数字地图后台资源研究释例图（1924～2002年）

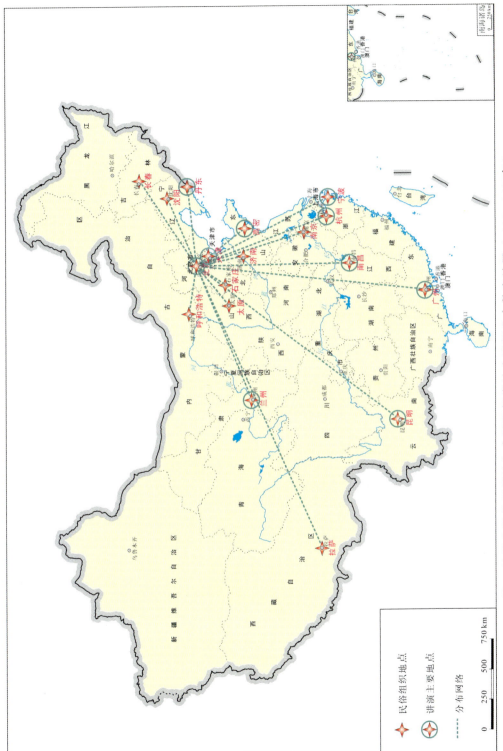

图13 钟敬文民俗学讲演与中国民俗学地方组织分布数字地图（1928～1997年）

表 13　钟敬文民俗学讲演与中国民俗学地方组织分布数字地图(1928~1997 年)基本信息表

类　别	名　　称	数量
底图来源	国家基础地理信息系统《2000 年中国行政区划数字地图(1：400 万)》	1
对应数据库	钟敬文民俗学讲演数据库、中国民俗学地方组织数据库	2
本图使用数据库名称	钟敬文民俗学培训讲演地点	43
钟敬文所到主要地方民俗学会名称	中山大学民俗学会、杭州中国民俗学会、中国民间文艺研究会(中国民间文艺家协会)、中国民俗学会、辽宁省民俗学会、浙江省民俗学会、江苏省民俗学会、山东省民俗学会、吉林省民俗学会、西藏民俗学会、广东民俗学会、江西民俗学会、内蒙古民俗学会、河北省民俗学会、山西省民俗学会、天津民俗学会	16
钟敬文为民俗学讲习班讲演主要地点	广州、杭州、北京、天津、兰州、昆明、丹东、宁波、南昌、高密	10
链接数据库	钟敬文著述数据库、钟敬文照片数据库、钟敬文录像数据库、钟敬文录音数据库	4
本图组合套图	图 13.1　钟敬文民俗学讲演与中国民俗学地方组织分布数字地图动画区释例图(1928~1997 年) 图 13.2　钟敬文民俗学讲演与中国民俗学地方组织分布数字地图个案缩放释例图(1928~1997 年)	2
照片来源	①钟敬文在全国第一次文代会上(1949 年)。钟敬文：《钟敬文民俗学论集》。插图。上海：上海文艺出版社，1998。②中国民俗学会在杭州送别钟敬文留日合影(1934 年)。钟敬文：《钟敬文文集》(民俗学卷)。插图。合肥。安徽教育出版社，2002。③周扬、林默涵等在庆祝钟敬文从事民间文学工作 60 周年座谈会上(1983 年)。杨哲编：《钟敬文生平、思想及著作》。插图。河北教育出版社，1991。④钟敬文与中国民俗学会刘魁立、王汝澜、张紫晨合影(1987 年)。杨哲编：《钟敬文生平、思想及著作》。插图。石家庄：河北教育出版社，1991。⑤钟敬文在纪念五四运动 60 周年座谈会上(1979 年)。杨哲编：《钟敬文生平、思想及著作》。插图。石家庄：河北教育出版社，1991。⑥钟敬文应天津民俗学会之邀前往讲学(1987 年)。天津民俗学会同仁。⑦钟敬文应浙江民俗学会之邀前往讲学(1987 年)。钟敬文：《钟敬文文集》(民俗学卷)。插图。合肥。安徽教育出版社。⑧钟敬文(右三)与广州中山大学民俗学会同仁(1928 年)。钟敬文：《钟敬文文集》(民俗学卷)。插图。合肥。安徽教育出版社，2002。	8

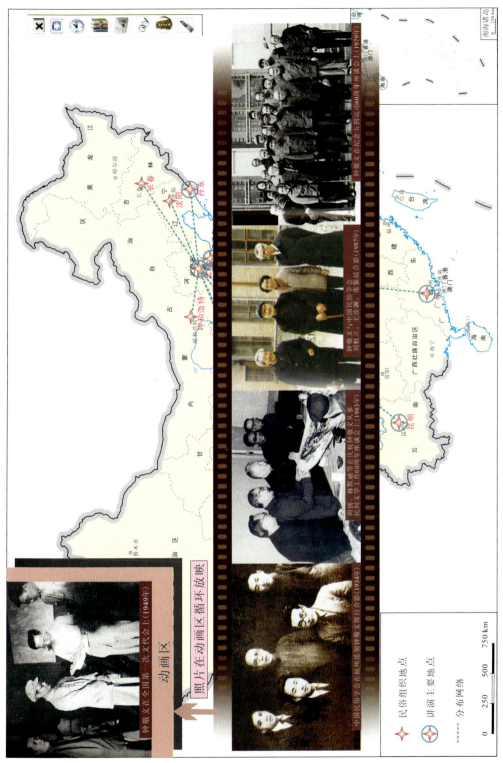

图13.1 钟敬文民俗学讲演与中国民俗学地方组织分布数字地图动画区释例图（1928~1997年）

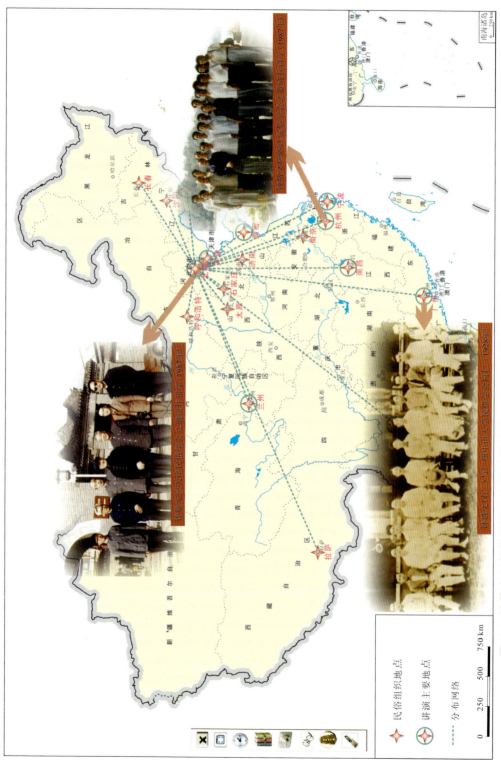

图13.2 钟敬文民俗学讲演与中国民俗学地方组织分布数字地图个案缩释例图 （1928～1997年）

钟敬文在杭州江民俗学会讲演目录（1887年）

钟敬文在三与湖大学民俗学会讲演（1928年）

钟敬文在新疆民俗学会讲演目录（1987年）

0 250 500 750 km

✦ 民俗组织地点

◎ 讲演主要地点

- - - - 分布网络